中国之魂

——小平出山

邓小平

薛庆超 / 著

CNS PUBLISHING & MEDIA | 湖南人民出版社

作者薛庆超简介

长期从事中共党史研究。历任中共中央党史研究室领导秘书（同时担任中共中央党史研究室主任胡绳、常务副主任龚育之、副主任李传华三位领导同志的秘书）、学术处处长、科研部主任助理、宣传教育局主持工作的副局长。兼任中国中共党史学会常务理事，中共中央宣传部图书阅读评论员；中国延安干部学院、中国刑警学院、中国地质大学、中国海洋大学、华北电力大学、天津工业大学、河南大学、河北师范大学、河南师范大学、青岛科技大学、青岛农业大学、遵义师范学院、洛阳师范学院、南阳师范学院、南阳理工学院、太行干部学院、红旗渠干部学院、聊城职业技术学院、石家庄科技学院等19所大学兼职教授；光明网专家委员会成员。

参与《复兴之路》《辉煌60年——庆祝新中国成立60周年》《科学发展 成就辉煌——满怀信心迎接党的十八大》《伟大胜利 历史贡献——纪念中国人民抗日战争暨世界反法西斯战争胜利70周年主题展览》等纪录片、展览的制作。中央纪念抗战70周年主题展览办公室成员，中国抗战展览代表团成员，中央纪念抗战70周年文艺晚会历史顾问、中央纪念抗战胜利宣讲团成员。曾给总书记和中央领导同志讲述中国抗战展览，在联合国总部向包括联合国常务副秘书长在内的联合国各级官员、各国驻联合国代表团、各国驻联合国记者讲述纪念中国抗日战争、世界反法西斯战争胜利暨联合国成立70周年展览。

主要著作有《中国现代史论》共10卷，《邓小平与现代中国》上、下卷，邓小平《壮丽人生》共4卷，《历史转折关头的邓小平》（荣获河南省“五个一工程奖”），《第一代中央领导集体的形成》（中共中央宣传部、国家新闻出版总署建党80周年重点图书），《中国共产党执政史》第三卷（中共中央宣传部、国家新闻出版总署新中国成立60周年重点图书）。在《人民日报》发表《凤凰涅槃 浴火重生——评大型电视纪录片〈长征〉》等文章。在《光明日报》发表《遵义会议确立毛泽东在中央领导地位的主要依据》《中国共产党走向成熟的重要标志——纪念遵义会议召开80 周年》《从拯救中国、发展中国到振兴中国——中国共产党引领中华民族从苦难走向辉煌的95年》等文章。

多次接受中央媒体采访。在中央电视台向世界讲述《中国人民抗日战争的重要意义与历史地位》，在中国国际广播电台向世界讲述《中国共产党95年历程与总书记七一讲话》，在人民网强国论坛与网民进行《从八年抗战到十四年抗战——解读中国人民抗日战争研究最新成果》的专题交流，在中共中央宣传部宣传教育局作《群众路线是党的生命线和根本工作路线》的专题讲座，在中共中央办公厅某局讲授《习近平新时代中国特色社会主义思想与实践》，在空军讲授《中国共产党与中华传统文化——从毛泽东邓小平治党治国治军到习近平治国理政》，在北京大学毛泽东管理思想高级研究班讲授《气吞山河：指挥战略决战；深思熟虑：谋划建国大业——中共中央和毛泽东从东渡黄河、进驻西柏坡到新中国成立》……

目录

第一章　“文化大革命”风暴初起

1921年中国共产党诞生后，领导中国人民进行了长期的英勇斗争，终于彻底推翻了帝国主义、封建主义和官僚资本主义在中国的统治，建立了中华人民共和国。从此，开始了中国历史的新纪元。

中华人民共和国成立后，在马克思列宁主义、毛泽东思想指导下，中国共产党领导全国各族人民进行社会主义革命和社会主义建设，取得巨大成就。社会主义制度的建立，是中国历史上最深刻最伟大的社会变革，是中国一切进步和发展的基础。

从1949年10月中华人民共和国成立到1956年，中国共产党领导全国各族人民有步骤地实现了从新民主主义到社会主义的转变，迅速恢复了国民经济并开展了有计划的经济建设，在全国绝大部分地区基本上完成了对生产资料私有制的社会主义改造。在这个历史阶段中，中国共产党确定的指导方针和基本政策是正确的，取得的胜利是辉煌的。

中华人民共和国成立后的头三年，肃清了国民党反动派在大陆的残余武装力量和土匪，实现了西藏的和平解放。建立了各地各级的人民政府，没收了官僚资本企业并把它们改造成为社会主义国营企业，统一了全国财政经济工作，稳定了物价，完成了新解放区土地制度的改革，镇压了反革命，开展了反贪污、反浪费、反官僚主义的“三反”运动，开展了反行贿、反偷税漏税、反盗骗国家财产、反偷工减料、反盗窃国家经济情报的“五反”运动。对旧中国的教育科学文化事业，进行了很有成效的改造。胜利完成繁重的社会改革任务，进行了抗美援朝战争，迅速恢复了在旧中国遭到严重破坏的国民经济，全国工农业生产1952年年底已经达到历史最高水平。

1952年，中共中央按照毛泽东的建议，提出了过渡时期的总路线：要在一个相当长的时期内，逐步实现国家的社会主义工业化，并逐步实现国家对农业、手工业和资本主义工商业的社会主义改造。

在过渡时期中，中国共产党创造性地开辟了一条适合中国特点的社会主义改造的道路。

对资本主义工商业，创造了委托加工、计划订货、统购包销、委托经销代销、公私合营、全行业公私合营等一系列从低级到高级的国家资本主义的过渡形式，最后实现了马克思和列宁曾经设想过的对资产阶级的和平赎买。

对个体农业，遵循自愿互利、典型示范和国家帮助的原则，创造了从临时互助组和常年互助组，发展到半社会主义性质的初级农业生产合作社，再发展到社会主义性质的高级农业生产合作社的过渡形式。对于个体手工业的改造，也采取了类似的方法。

在改造过程中，国家资本主义经济和合作经济表现出明显的优越性。到1956年，全国绝大部分地区基本上完成了对生产资料私有制的社会主义改造。这项工作中也有缺点和偏差。在1955年夏季以后，农业合作化以及对手工业和个体商业的改造要求过急，工作过粗，改变过快，形式也过于简单划一，以致在长时间遗留了一些问题。1956年资本主义工商业改造基本完成以后，对一部分原工商业者的使用和处理也不很适当。但整个来说，在一个几亿人口的大国中比较顺利地实现了如此复杂、困难和深刻的社会变革，促进了工农业和整个国民经济的发展，这的确是伟大的历史性胜利。

中国第一个五年计划的经济建设，依靠自己的努力，加上苏联和其他友好国家的支援，同样取得了重大的成就。一批为国家工业化所必需而过去又非常薄弱的基础工业建立了起来。从1953年到1956年，全国工业总产值平均每年递增19.6%，农业总产值平均每年递增4.8%。经济发展比较快，经济效果比较好，重要经济部门之间的比例比较协调。市场繁荣，物价稳定，人民生活显著改善。1956年4月，毛泽东发表《论十大关系》的讲话，初步总结了中国社会主义建设的经验，提出了探索适合中国国情的社会主义建设道路的任务。

1954年9月召开了中华人民共和国第一届全国人民代表大会，制定了《中华人民共和国宪法》。1955年3月召开的中国共产党全国代表会议，总结了反对高岗、饶漱石的重大斗争，增强了党的团结。1956年1月中共中央召开的知识分子问题会议和随后提出的“百花齐放、百家争鸣”方针，规定了对知识分子和教育科学文化工作的正确政策，促进了这方面事业的繁荣。由于中国共产党的正确政策、优良作风和崇高威信深入人心，广大干部、群众、青年和知识分子自觉学习马克思列宁主义、毛泽东思想，在中国共产党的领导下积极参加各项革命和建设工作，在全国形成了革命的、健康的、朝气蓬勃的社会道德风尚。

1956年9月，中共第八次全国代表大会开得很成功。大会指出：社会主义制度在我国已经基本上建立起来；我们还必须为解放台湾、为彻底完成社会主义改造、最后消灭剥削制度和继续肃清反革命残余势力而斗争，但是国内主要矛盾已经不再是工人阶级和资产阶级的矛盾，而是人民对经济文化迅速发展的需要同当前经济文化不能满足人民需要的状况之间的矛盾；全国人民的主要任务是集中力量发展社会生产力，实现国家工业化，逐步满足人民日益增长的物质和文化需要；虽然还有阶级斗争，还要加强人民民主专政，但其根本任务已经是在新的生产关系下保护和发展生产力。

中共八大坚持了1956年5月中共中央提出的“既反保守又反冒进”，即“在综合平衡中稳步前进”的经济建设方针。大会着重提出了执政党的建设问题，强调要坚持民主集中制、集体领导制度，反对个人崇拜，发展党内民主和人民民主，加强党和群众的联系。中共八大的路线是正确的，它为新时期社会主义事业的发展和党的建设指明了方向。

社会主义改造基本完成以后，中国共产党领导全国各族人民开始转入全面的大规模的社会主义建设。直到“文化大革命”前夕的十年中，虽然遭到过严重挫折，仍然取得了很大的成就。以1966年同1956年相比，全国工业固定资产按原价计算，增长了三倍。棉纱、原煤、发电量、原油、钢和机械设备等主要工业产品的产量，都有巨幅增长。从1965年起实现了石油全部自给。电子工业、石油化工等一批新兴的工业部门建设了起来。工业布局有了改善。农业的基本建设和技术改造开始大规模地展开，并逐渐收到成效。全国农业用拖拉机和化肥施用量都增长了6倍以上，农村用电量增长了70倍。高等学校的毕业生为前七年的49倍。经过整顿，教育质量得到显著提高。科学技术工作也有比较突出的成果。

中国共产党在这十年中积累了领导社会主义建设的重要经验。

毛泽东在1957年春提出必须正确区分和处理社会主义社会两类不同性质的社会矛盾，把正确处理人民内部矛盾作为国家政治生活的主题。接着，提出要“造成一个又有集中又有民主，又有纪律又有自由，又有统一意志、又有个人心情舒畅、生动活泼，那样一种政治局面”的要求。1958年，又提出要把党和国家的工作重点转到技术革命和社会主义建设上来。这些都是中共八大路线的继续发展，具有长远的指导意义。

毛泽东在领导纠正“大跃进”和人民公社化运动中的错误时提出了不能剥夺农民，不能超越阶段，反对平均主义，强调发展商品生产、遵守价值规律和做好综合平衡，主张以农轻重为序安排国民经济计划等观点。

刘少奇提出了许多生产资料可以作为商品进行流通和社会主义社会要

有两种劳动制度、两种教育制度的观点。

周恩来提出了中国知识分子绝大多数已经是劳动人民的知识分子，科学技术在中国现代化建设中具有关键性作用等观点。

陈云提出了计划指标必须切合实际，建设规模必须同国力相适应，人民生活和国家建设必须兼顾，制订计划必须做好物资、财政、信贷平衡等观点。

邓小平提出了关于整顿工业企业，改善和加强企业管理，实行职工代表大会制等观点。

朱德提出了要注意发展手工业和农业多种经营的观点。

邓子恢等同志提出了农业中要实行生产责任制的观点。

所有这些，在当时和以后都有重大的意义。

中共中央在调整国民经济的过程中陆续制定的农村人民公社工作条例草案和有关工业、商业、教育、科学、文艺等方面的工作条例草案，比较系统地总结了社会主义建设的经验，分别规定了适合当时情况的各项具体政策，至今仍然有重要的借鉴作用。

总之，中国赖以进行现代化建设的物质技术基础，很大一部分是在这个期间建设起来的；全国经济文化建设等方面的骨干力量和他们的工作经验，大部分也是在这个期间培养和积累起来的。这是这个时期党的工作的主导方面。

这十年中，党的工作在指导方针上有过严重失误，经历了曲折的发展过程。

1957年的经济工作，由于认真执行党的八大的正确方针，是新中国成立以来效果最好的年份之一。这一年在全党开展整风运动，发动群众向党提出批评建议，是发扬社会主义民主的正常步骤。在整风过程中，极少数资产阶级右派分子乘机鼓吹所谓“大鸣大放”，向党和新生的社会主义制度放肆地发动进攻，妄图取代共产党的领导，对这种进攻进行坚决的反击是完全正确和必要的。但是反右派斗争被严重地扩大化了，把一批知识分子、爱国人士和党内干部错划为“右派分子”，造成了不幸的后果。

1958年，中共八大二次会议通过的社会主义建设总路线及其基本点，其正确的一面是反映了广大人民群众迫切要求改变中国经济文化落后状况的普遍愿望，其缺点是忽视了客观的经济规律。在这次会议前后，全党同志和全国各族人民在生产建设中发挥了高度的社会主义积极性和创造精神，并取得了一定的成果。但是，由于对社会主义建设经验不足，对经济发展规律和中国经济基本情况认识不足，更由于在胜利面前滋长了骄傲自满情绪，急于求成，夸大了主观意志和主观努力的作用，没有经过认真的调查研究和试点，就在总路线提出后轻率地发动了“大跃进”运动和农村人民公社化运动，使得以高指标、瞎指挥、浮夸风和“共产风”为主要标志的“左”倾错误严重地泛滥开来。

从1958年年底到1959年7月中共中央政治局庐山会议前期，曾经努力领导全党纠正已经觉察到的错误。但是，庐山会议后期，错误地发动了对彭德怀的批判，进而在全党错误地开展了“反右倾”斗争。中共八届八中全会关于所谓“彭德怀、黄克诚、张闻天、周小舟反党集团”的决议是完全错误的。

这场斗争在政治上使党内从中央到基层的民主生活遭到严重损害，在经济上打断了纠正“左”倾错误的进程，使错误延续了更长时间。主要由于“大跃进”和“反右倾”的错误，加上自然灾害等原因，中国国民经济在1959年到1961年发生严重困难，国家和人民遭到重大损失。

1960年冬，开始纠正农村工作中的“左”倾错误，并且决定对国民经济实行“调整、巩固、充实、提高”的方针，随即在刘少奇、周恩来、陈云、邓小平等同志的主持下，制定和执行了一系列正确的政策和果断的措施，这是这个历史阶段中的重要转变。

1962年1月召开的有七千人参加的扩大的中央工作会议，初步总结了“大跃进”中的经验教训，开展了批评和自我批评。会议前后又为“反右倾”运动中被错误批判的大多数同志进行了甄别平反。此外，还给被划为“右派分子”的大多数人摘掉了“右派分子”的帽子。由于这些经济和政治的措施，从1962年到1966年国民经济得到了比较顺利的恢复和发展。

但是，“左”倾错误在经济工作的指导思想上并未得到彻底纠正，而在政治和思想文化方面还有发展。在1962年9月的中共八届十中全会上，把社会主义社会中一定范围内存在的阶级斗争扩大化和绝对化，发展了1957年反右派斗争以后提出的无产阶级同资产阶级的矛盾仍然是中国社会的主要矛盾的观点，进一步断言在整个社会主义历史阶段资产阶级都将存在和企图复辟，并成为党内产生修正主义的根源。1963年至1965年间，在部分农村和少数城市基层开展的社会主义教育运动，虽然对解决干部作风和经济管理等方面的问题起了一定作用，但由于把这些不同性质的问题都认为是阶级斗争或者是阶级斗争在党内的反映，在1964年下半年使不少基层干部受到不应有的打击，在1965年年初又错误地提出了运动的重点是整所谓“党内走资本主义道路的当权派”。在意识形态领域，也对一些文艺作品、学术观点和文艺界学术界的一些代表人物进行了错误的、过火的政治批判，在对待知识分子问题、教育科学文化问题上发生了愈来愈严重的“左”的偏差，并且在后来发展成为“文化大革命”的导火线。不过，这些错误当时还没有达到支配全局的程度。

由于全党和全国各族人民的主要注意力从1960年冬以后一直是在贯彻执行调整经济的正确方针，社会主义建设逐步地重新出现欣欣向荣的景象。中国共产党和中国人民团结一致，同甘共苦，对内克服了自己的困难，对外顶住了苏联领导集团的压力，还清了对苏联的全部债款（主要是抗美援朝中的军火债款），并且大力支援了许多国家人民的革命斗争和建设事业。1964年年底到1965年年初召开的第三届全国人民代表大会宣布：调整国民经济的任务已经基本完成，整个国民经济将进入一个新的发展时期，要努力把中国逐步建设成为一个具有现代农业、现代工业、现代国防和现代科学技术的社会主义强国。这个号召由于“文化大革命”而没有得到实行。

在“全面建设社会主义时期”，“这十年中的一切成就，是在以毛泽东同志为首的党中央集体领导下取得的。这个期间工作中的错误，责任同样也在党中央的领导集体。毛泽东同志负有主要责任，但也不能把所有错误归咎于毛泽东同志个人。这个期间，毛泽东同志在关于社会主义社会阶级斗争的理论和实践上的错误发展得越来越严重，他的个人专断作风逐步损害党的民主集中制，个人崇拜现象逐步发展。党中央未能及时纠正这些错误。林彪、江青、康生这些野心家又别有用心地利用和助长了这些错误。这就导致了‘文化大革命’的发动。”①

正如黄河九曲，终归大海一样，任何一个民族、任何一个国家、任何一个人的前进道路都绝不会像北京的长安大街一样笔直平坦。大的曲折、小的曲折，总是难免的，它不仅不能改变任何一个民族、任何一个国家、任何一个人的前进道路，反而为这种前进增添了更多的传奇色彩。

20世纪60年代后期，正当中国刚刚从“大跃进”造成的巨大困难中恢复过来，社会主义经济建设和各项事业都呈现勃勃生机的时候，所谓“史无前例的无产阶级文化大革命”在中国大地上爆发了。它犹如狂风暴雨，一下子打断了中国社会主义建设发展的正常进程。1966年5月至1976年10月的“文化大革命”，使党、国家和人民遭到新中国成立以来最严重的挫折和损失。《关于建国以来党的若干历史问题的决议》指出：这场“文化大革命”是毛泽东同志发动和领导的。他的主要论点是：一大批资产阶级的代表人物、反革命的修正主义分子，已经混进党里、政府里、军队里和文化领域的各界里，相当大的一个多数的单位领导权已经不在马克思主义者和人民群众手里，党内走资本主义道路的当权派在中央形成了一个资产阶级司令部，它有一条修正主义的政治路线和组织路线，在各省、市、自治区和中央各部门都有代理人，过去的各种斗争都不能解决问题，只有实行文化大革命，公开地、全面地、自下而上地发动广大群众来揭发上述的黑暗面，才能把被走资派篡夺的权力重新夺回来。这实质上是一个阶级推翻一个阶级的政治大革命，以后还要进行多次。这些论点主要出现在

① 《关于建国以来党的若干历史问题的决议》，1981-06-27。

作为“文化大革命”纲领性文件的《五·一六通知》和党的九大的政治报告中，并曾被概括成为所谓“无产阶级专政下继续革命的理论”，从而使“无产阶级专政下继续革命”一语有了特定的含义。①

“文化大革命”的爆发，绝不是晴天霹雳，而是有其深刻的历史原因的。

对此，邓小平1980年4月1日在同中共中央负责同志的一次谈话中进行了深刻的分析。

邓小平指出：总起来说，1957年以前，毛泽东同志的领导是正确的，1957年反右派斗争以后，错误就越来越多了。《论十大关系》是好的。《关于正确处理人民内部矛盾的问题》也是好的。《1957年夏季的形势》中还说，必须在我国建立一个现代化的工业基础和现代化的农业基础，这样，我们的社会主义的经济制度和政治制度，才能获得自己的比较充分的物质基础；为了建成社会主义，工人阶级必须有自己的技术干部队伍，必须有自己的教授、教员、科学家、新闻记者、文学家、艺术家和马克思主义理论家的队伍，这是一个庞大的队伍，人少了是不成的；要造成一个又有集中又有民主，又有纪律又有自由，又有统一意志，又有个人心情舒畅、生动活泼那样一种政治局面。两次郑州会议也开得及时。1959年上半年，是在纠正“左”的错误。庐山会议前期还讨论经济工作，彭德怀同志的信一发下来，就转变风向了。彭德怀同志的意见是正确的，作为政治局委员，向政治局主席写信，也是正常的。尽管彭德怀同志也有缺点，但对彭德怀同志的处理是完全错误的。接着就是困难时期。1961年书记处主持搞工业七十条，还搞了一个工业问题的决定。当时毛泽东同志对工业七十条很满意，很赞赏。他说，我们终究搞出一些章法来了。在这以前，还搞了农业十二条，人民公社六十条。看起来，这时候毛泽东同志还是认真纠正“左”倾错误的。他在七千人大会上的讲话也是好的。可是到1962年

① 《关于建国以来党的若干历史问题的决议》，1981-06-27。

7、8月北戴河会议，又转回去了，重提阶级斗争，提得更高了。当然，毛泽东同志在党的八届十中全会的讲话中说，不要因为提阶级斗争又干扰经济调整工作的进行。这是起了好的作用的。但是，十中全会以后，他自己又去抓阶级斗争，搞“四清”了。然后就是两个文艺批示，江青那一套陆续出来了。到1964年底、1965年初讨论“四清”，不仅提出走资本主义道路的当权派，还提出北京有两个独立王国。从1961年到1966年形势的发展可以看出来，调整工作取得了很好的成绩，经济政治形势很好，社会秩序很好……[①]

为了总结历史经验与教训，邓小平在会见一位东欧国家党的总书记时，再次指出：“文化大革命”整整耽误了我们10年时间。说深一点，社会主义时期我们的失误主要来自“左”的方面，而“左”的事情从1957年就开始了。

邓小平强调：

中国共产党在不断纠正“左”的和右的错误之后，取得了人民革命在全国的胜利，建立了中华人民共和国，开始了社会主义建设。建国后的头8年，也就是从1949年到1957年上半年，我们的发展是健康的，政策是恰当的。1957年下半年，我们在政治上开始了反右派斗争，当时反右是必要的，但扩大化了，打击面太大了。这是错误的。接着就是1958年的“大跃进”和人民公社运动，完全违背客观实际情况，头脑发热，想超高速发展。从1957年下半年开始，实际上违背了八大的路线，这一“左”，直到1976年，时间之长，差不多整整20年。“左”的极端是“文化大革命”。[②]

从邓小平的上述谈话不难看出，“文化大革命”并不是当代中国经济、政治发展的必然结果，而是1957年以后“左”的错误发展的逻辑产物。如果没有“文化大革命”的干扰破坏，中国的社会主义经济建设将会

① 《邓小平文选》，第2卷，北京，人民出版社，1994：294~296页。
② 《邓小平文选》，第3卷，北京，人民出版社，1993：253~254页。

取得更大的成就，中国的社会主义事业将会得到更加迅速的发展。

1965年10月，走向“十年内乱”的序幕缓缓拉开：

1965年10月，毛泽东在同各大区中央局第一书记的谈话中，对政治形势看得更加严重了。他说，要备战。各省要把小三线建设好。不要怕敌人不来，不要怕兵变，不要怕造反。他又说：中央出了修正主义，你们怎么办？如果中央出了修正主义，你们就造反，各省有了小三线，就可以造反嘛。过去有些人就是迷信国际，迷信中央。现在你们要注意，不管谁讲的，中央也好，中央局也好，省委也好，不正确的，你们可以不执行。①

11月10日，上海《文汇报》发表姚文元撰写的《评新编历史剧〈海瑞罢官〉》一文，揭开了“文化大革命”的序幕。吴晗的《海瑞罢官》，是在1959年4月毛泽东提倡学习海瑞精神之后开始创作，于1960年底完成的。从1962年开始，党内在对“大跃进”的错误的认识，对纠正错误、克服困难所应采取的措施的认识等问题上的分歧有所发展。在这种情况下，江青多次向毛泽东提出，《海瑞罢官》有问题，要批判。毛泽东开始时虽不同意，后来还是被说服了。从1965年初江青在上海与张春桥共同策划，一直到姚文元的文章发表，整个写作过程，是在中央政治局除毛泽东外都无人知道的秘密状态下进行的。姚文元的这篇点名批判文章，捕风捉影地把《海瑞罢官》中所写的“退田”“平冤狱”，同所谓“单干风”“翻案风”联系起来，硬说“‘退田’‘平冤狱’就是当时资产阶级反对无产阶级专政和社会主义革命的斗争焦点”，《海瑞罢官》“是一株毒草”。毛泽东批准发表这篇文章，并示意全国报刊转载。这篇文章的发表，以及随之而来的群众性的批判运动，成为发动“文化大革命”的导火线。②

12月，《红旗》杂志发表戚本禹的文章《为革命而研究历史》，对

① 中共中央党史研究室：《中国共产党历史大事记》，北京，人民出版社，1991：272页。

② 中共中央党史研究室：《中国共产党历史大事记》，北京，人民出版社，1991：272页。

著名历史学家、北京大学副校长兼历史系主任翦伯赞的历史观点进行了错误的批判。1961年以来，翦伯赞先后发表《对处理若干历史问题的初步意见》《目前史学研究中存在的几个问题》等文章，针对当时史学研究中的一些片面性观点，提出既要重视阶级观点，又要注意历史主义的正确意见。戚本禹在他的文章中，攻击翦伯赞的正确观点是“超阶级”“纯客观”的资产阶级观点。1966年3月，《红旗》杂志又发表戚本禹等三人的文章《翦伯赞同志的历史观点应当批判》，进一步给翦伯赞扣上“资产阶级史学代表人物”的帽子，说他的上述两篇文章是“反马克思主义的史学纲领”。此后在其他一些报刊上也对翦伯赞进行了指名的政治批判。“文化大革命”期间，翦伯赞终于被迫害致死。①

上海《文汇报》发表的由江青亲自策划，张春桥直接主持，姚文元捉刀写成的《评新编历史剧〈海瑞罢官〉》，无中生有地诬陷吴晗是“帝国主义和地富反坏右”的政治代理人，同无产阶级专政对抗。它名曰评《海瑞罢官》，似乎矛头是对着北京市副市长、著名历史学家吴晗，实际上“醉翁之意不在酒”，进攻的矛头直接指向当时担任中共中央政治局委员、中央书记处书记、全国人大常委会副委员长、中共北京市委第一书记、北京市市长的彭真和由彭真主持工作的中国共产党北京市委。关于这一点，林彪在中国共产党第九次全国代表大会上的报告中说得非常清楚：“对《海瑞罢官》等大毒草的批判，锋芒所向，直接指向修正主义的巢穴——刘少奇控制下的那个针插不进、水泼不进的‘独立王国’，即旧北京市委。”更深层的目标，则是指向主持中共中央第一线工作的刘少奇和邓小平。

① 中共中央党史研究室：《中国共产党历史大事记》，北京，人民出版社，1991：272~273页。

第二章　中央书记处成员受到“冲击”

上海《文汇报》发表《评新编历史剧〈海瑞罢官〉》后，对于这篇文章起草与发表的内幕和深刻背景，以及由此而引起的来势迅猛的政治批判高潮的真实目的，当时主持中共中央政治局工作的刘少奇和主持中央书记处工作的邓小平均不知道。尽管如此，刘少奇、邓小平和彭真等中央领导人，还是在力所能及的范围内，尽量试图把这场运动限制在“学术讨论”的范围内，并使运动尽可能在各级党委的领导下，有领导、有组织、有秩序地进行。他们的努力，在这场运动的初期，曾经收到过一定的效果。

吴晗是中国著名历史学者，尤其以在中国古代史，特别是明史研究中的突出造诣为史学界所称道。新中国诞生后，吴晗担任了北京市人民政府副市长，分管文教工作。工作之余，他常和邓小平等一起打桥牌，彼此熟悉，友谊深厚。邓小平不称他的名字，而叫他教授。1965年，当吴晗听到有人正准备批判他为北京京剧团写的《海瑞罢官》时，思想压力很大。彭真向邓小平反映此事后，邓小平说，马连良主演的那个海瑞戏我看过，没啥子错误嘛。有些人总想踩着别人的肩膀往上爬，对别人一知半解，抓着一点辫子，就批半天，好自己出名。我最看不起这种人。你告诉教授，没什么了不起，我们照样打牌！邓小平还对彭真说，政治和学术一定要分开，混淆在一起是最危险的。这将会堵塞言路。随后，在一次打牌中，吴晗有好几次出错了牌，后来竟索性把手中的牌全扔在桌子上说，小平同志，今天实在对不起了，我没有一点打牌的心思，我……邓小平宽慰他说，教授，别这么长吁短叹的，凡事都要乐观些。怕什么，天还能掉下来么？我今年61岁了，从我参加革命到现在，经历了那么多的风浪，都熬过来了。我的经验无非两条，第一不怕，第二乐观。向远看，向前看，一切问题都好办了。有我们给你往前顶，你总可以放心了吧？吴晗的心情平静下来，他们又继续玩起来。①

但是，吴晗担心的事情终于发生了。《评新编历史剧〈海瑞罢官〉》出笼后，吴晗感受到这是一篇不同寻常的有来头的文章。姚文元文章中咄咄逼人的气势和暗藏在文章中的杀机，令这位著名的历史学家不知所措，他在思想上的负担是不言而喻的。

邓小平作为中共中央政治局常委、中共中央总书记、主持中共中央书记处工作和中央第一线工作的负责人之一，对于未经中共中央政治局和中央书记处讨论、研究、同意，就擅自由上海《文汇报》发表文章点名批判北京市的一位副市长，并扣上种种吓人的“大帽子”，欲置人于死地而后快的情况，很不赞同。粉碎“四人帮”后，邓小平于1978年11月郑重批示：“吴晗应该平反。”1979年9月，吴晗冤案得到平反。②

然而，1965年中国事态的发展不仅愈来愈脱离正常的轨道，而且朝着日益严重的方向愈走愈远……

就在姚文元文章发表的同一天，中共中央通知：任命汪东兴为中央办

① 中共中央文献研究室：《回忆邓小平》下册，北京，中央文献出版社，1998：27页。

② 中共中央文献研究室：《邓小平年谱》1975—1997年上册，北京，中央文献出版社，2004：444页。

公厅主任，免去杨尚昆的中央办公厅主任职务。随即，长期担任中共中央书记处候补书记、中央办公厅主任的杨尚昆被调往广东，担任中共广东省委书记处书记。但杨尚昆到广东以后，却被任命为某地委副书记；尚未来得及投入工作，又被隔离审查，其“罪名”是“背着中央私设窃听器”。当作出处理杨尚昆的决定时，邓小平认为杨尚昆没有什么大不了的问题。这说明他对批判杨尚昆的不赞成和不以为然。

关于杨尚昆“背着中央私设窃听器”一事，自“文化大革命”以来一直有各种不同的说法。但是，最准确最权威的说法，应当是作为当事人之一的叶子龙的回忆了。他长期担任毛泽东的机要秘书，又是中央办公厅机要室主任。叶子龙回忆说：

我跟随毛泽东几十年，有个深切的体会，就是无论在任何时间和地点，他的一言一行，都有强烈的目的性，从不做无用的事，不说无关痛痒的话。对他讲过的话，要特别留心地记住。进城以后，我作为毛泽东机要秘书和中央机要室主任，总想尽量把毛泽东的话一字不漏地记下来。我曾多次向杨尚昆和周恩来等中央领导同志汇报过这个想法，他们也深有同感。为此，我们想了很多办法，其中一个就是录音。

录音作为现代化的记录手段，对于记录、整理、保存毛泽东等中央领导同志的重要讲话，是完全必要的，实践证明效果也是很好的。但由于种种原因，录音工作曾受到过毛泽东的几次批评。更让人始料未及的是，这件事被人为地捏造为毛泽东身边私设窃听器的事件，在“文化大革命”中成为一个株连许多人的冤案。在这件事上，我是当事人和受害人之一，有必要多讲几句。

早在延安时期，为了准确记载领导人的讲话，就培养了一批速记人员。直到新中国成立后，速记仍是记录领导讲话的主要手段。

我的想法是，要通过机要室的工作，使中央领导同志特别是毛泽东工作方便，顺心顺手；为他们提供文件信息要既快又准；传阅文件顺序流向要科学准确，快速传完；重大事情随时报告；领导同志查询问题要立即回应；会议准备和现场服务要头头是道、滴水不漏；打印文件要随来随印，准时送到等。我们的工作受到毛泽东和中央各位书记的赞许。

但是，随着时间的推移，机要室的工作也越来越不适应工作的需要了。1956年以前，机要室作为中央的核心秘书部门却没有记录人员，更没有现代化的录音设备。因此，机要室本身没有中央领导同志和毛泽东的讲话、谈话的文字和录音材料。一次，中央领导同志向机要室查阅毛泽东提出党在过渡时期总路线的时间、地点的原始材料，我们无法提供。几件事下来，我确实感到我们工作严重失职。为此，我几次与中央办公厅主任杨尚昆谈这个问题，并请示周恩来，在进一步搞好速记工作的同时，开始筹划录音工作。从1956年下半年开始陆续购置了录音设备、培训了专职录音人员。

不料，后来发生一件意想不到的事，在“文化大革命”中，变成所谓的“窃听器事件”，被诬为“在毛主席身边搞特务活动”，“为彭、罗、陆、杨反革命集团搞情报”。在中发〔66〕277号《中共中央文件》中说，杨尚昆同志“不顾中央多次关于禁止安设窃听器的决定，背着中央，私设窃听器，私录毛主席和中央常委同志讲话，盗窃党的机密”。1975年中央专案组审查小组办公室给我和周恩来的秘书康一民、刘少奇的秘书吴振英所作的政治结论中也说，他们“在杨尚昆的指使下，在毛主席身边安设窃听器，进行秘密录音活动”。

实际上，在录音的问题上，毛泽东有过具体指示。他曾亲自对我说：“录音要搞个规矩，没有规矩不成方圆嘛。”

按照毛泽东的指示，机要室着手对录音工作作了明文规定，即中央政治局常委在中央召开的大、中型会议和其他重要会议上的报告、讲话；毛泽东和其他中央领导同志与地方领导同志的重要讲话；中央召开的电话会议；中央领导同志指定的需要录音的内容。这个规定送给毛泽东看了，他表示同意。①

① 叶子龙：《叶子龙回忆录》，北京，中央文献出版社，2000：223~228页。

1980年10月，中共中央书记处批准印发的中央办公厅《关于为原中央办公厅和杨尚昆等同志平反问题的请示报告》的附件，即《关于原中央办公厅机要室“秘密录音”问题的复查报告》指出：“以上情况充分说明，原中办机要室的录音工作是正常业务工作的一部分。这项工作从它的动机、目的到效果，都是一致的，是好的。实践证明，它已经为党积累了一批珍贵档案资料，做出了积极的贡献。因此，所谓‘窃听’、‘秘密录音’、‘私录’毛主席谈话和‘盗窃党的机密’等，都是没有事实根据的，纯属政治诬陷。”①

一波未平，一波又起。1966年12月8日至15日，由毛泽东主持在上海举行了中共中央政治局常委扩大会议。在会上，林彪、叶群、吴法宪、李作鹏等人任意罗织罪名，诬陷罗瑞卿“反对突出政治”、“篡军反党”，对罗瑞卿进行突然袭击，以进一步窃取军队的领导大权。会后，罗瑞卿被调离了军事方面的领导岗位。②

1965年12月，在上海举行的中共中央政治局常委扩大会议上，由担任中共中央副主席、中央军委副主席的林彪出面，林彪的夫人叶群登台发言几个小时，空军司令员吴法宪、海军负责人李作鹏等相继“揭发批判”，无中生有地对中共中央书记处书记、国务院副总理、中央军委秘书长、中国人民解放军总参谋长罗瑞卿进行政治诬陷。

上海会议之前，对会议内容严格保密。不要说一般与会人员，就连中共中央副主席、中华人民共和国主席、国防委员会主席刘少奇和中央政治局委员、中央军委第二副主席贺龙，也不知道这次会议要研究什么问题。

上海会议开始后，林彪躲在幕后，由叶群登台发言。叶群发言三次，总计讲了十来个小时，其主要内容是：

---

① 叶子龙：《叶子龙回忆录》，北京，中央文献出版社，2000：228页。

② 中共中央党史研究室：《中国共产党历史大事记》，北京，人民出版社，1991：273页。

1.过去（我）对罗是毕恭毕敬，没有想到罗和林的关系搞得这样紧张。以后发现一些问题，不敢轻易上报，一怕看不准，二怕材料不够、不过硬，三怕给中央、军委常委出难题，四怕转移工作重点。

2.罗掌握了军队大权，又掌握了公安大权，一旦出事，损失太大。

3.罗的个人主义已发展到野心家的地步，除非林把国防部长的位置让给他。他当了国防部长又会要求更高的地位，这是无底洞。

4.1964年罗即逼林退位。林从包头回来时，刘亚楼来说：罗曾听主席说，希望林多活20年，因为林有马列主义。林约罗来，罗只待了十几分钟又走了，并说明天即出发看地形，在林问到主席有何指示时，罗才说，主席是说了希望林多活20年，因有点马列主义。

5.1964年国庆节后罗见林，大声说：病号，不能干扰，应让贤。出门后又大声喊：不要挡路。林气得昏迷过去。我家里的人从走廊上路过，听到了罗讲的这些话。林对我说：我是让贤的，但国防部长是主席、中央封的，我让贤也得让给真正的贤者。罗凭此就不能让给他。

6.刘亚楼（生前）对我说：1963年以来，我几次想和你谈几点意见，是罗交代的。

四点意见是：

1.一个人早晚要出政治舞台的，不以人的意志为转移的，我看林彪同志要上政治舞台的。（注：原文如此）

2.你的任务很重，应保护林的身体。

3.再不要干扰军队工作了。

4.放手要罗总长工作，信任他，一切交给罗负责。

“我对刘说：‘每个人都上了政治舞台。林荣誉很高了，无意再进。这是中央决定的问题，不是我们应谈的问题。刘说：‘你怎么这么迟钝。你如果办到了，林进入政治舞台，不管军队，让罗干，总长不会亏待你的。’我说：‘这是对我最大的污辱。’回来路上小孩都说：‘刘讲得不对，你答得对。爸爸又没有野心。’回家后，林说：‘你答得对，今后不准讲这个事，这是违背原则的事。’”①

叶群的“揭发”，听起来语无伦次，自相矛盾。仔细一琢磨，都是无中生有，穿凿附会。

根据林彪的旨意，吴法宪、李作鹏等也相继出马，诬陷罗瑞卿“反对突出政治”“篡军反党”。在上海会议前后，围绕着如何整倒罗瑞卿，林彪、叶群、吴法宪、李作鹏等人沆瀣一气，形成了一个以林彪为头子的集团。以后，吴法宪升任副总参谋长兼空军司令员，李作鹏升任副总参谋长兼海军第一政治委员。叶群、吴法宪、李作鹏都成为中央军委办事组成员；在中共九届一中全会上，又都成为中央政治局委员。林彪集团在“十年动乱”中一度控制军队大权，直到1971年“九一三事件”，才受到历史的惩罚。

在上海会议上，林彪、叶群、吴法宪、李作鹏等人任意罗织罪名，“揭发”罗瑞卿“反对突出政治”“篡军反党”，对罗瑞卿进行突然袭击，一举打倒了罗瑞卿。

“无产阶级文化大革命”这场以批判北京市副市长、著名历史学家吴晗所撰写的新编历史剧《海瑞罢官》为序幕的政治运动，刚一开始就整到了罗瑞卿大将的头上，不仅广大人民解放军指战员和广大党员、干部为之愕然，就连当时担任中共中央政治局委员、国务院副总理、中央军委第二副主席的贺龙也感到难以理解。因为他始终认为，罗瑞卿是毛泽东所信任的人，是高举毛泽东思想旗帜的领导干部，是拥护毛泽东的领导干部。

而罗瑞卿本人，一开始也完全被蒙在鼓里，对于上海会议要整倒自己一无所知。上海会议召开的时候，他正在云南勘察地形。

1965年12月10日，罗瑞卿接到电话通知：立即飞往上海，参加中共中央政治局常委扩大会议。

① 中国人民解放军总参谋部《罗瑞卿传》编写组：《罗瑞卿传》，北京，当代中国出版社，1996：540~542页。

飞行途中，罗瑞卿又习惯性地打开文件夹，认真批阅文件。这位心胸坦荡、光明磊落、一心一意忘我工作的共产党人，做梦也没有想到，一个精心策划的巨大罗网正张网以待，等待着他。

飞机在上海降落后，中共上海市委书记与空军司令员吴法宪正在等候。平时，吴法宪见了罗瑞卿，总是毕恭毕敬。他甚至不止一次地对罗夫人说："我们空军大院只听三个人的话，一个是主席，一个是林总，一个就是总长。"而这一次，吴法宪却态度大变，与以前判若两人，十分生硬地一个劲儿催罗瑞卿"快上车、快上车"。路上，罗瑞卿想向上海市委书记了解一下会议的内容，而上海市委书记因事前已经接到指示，不得与罗瑞卿谈会议情况，只好"顾左右而言他"。

这时，以批判罗瑞卿为主题的中共中央政治局常委扩大会议（即上海会议）已经开到了第四天，正在把一盆盆污水泼向罗瑞卿。

到了住地，当罗瑞卿得知在上海会议上对他进行了严厉批判以后，犹如晴天霹雳，一下子惊呆了。他无论如何也想不到竟然会发生这样的事。在上楼梯的时候，他连腿都迈不动了。被人扶上楼以后，罗瑞卿十分气愤地说："开会了，说我反对林彪，封锁他，对他搞突然袭击，反对突出政治。说我伸手。我没有！我没有伸手。我的工作都是党中央和毛主席任命的。我没有封锁他，我该和他讲的都和他讲了。就是有些问题我向总理、主席直接讲，听他们的指示，这是应该的。而且林彪知道，谁都知道的！……"但是，除了自己的妻子以外，没有人听他的申辩。

上海会议为什么要整倒罗瑞卿，事情要往前追溯才能说清。

在历史上，罗瑞卿和林彪本来是老战友。红军时代，林彪任红一军团军团长时，罗瑞卿任红一军团政治保卫局局长。其主要任务之一，便是保证军团首长的安全。那时候，红军高级指挥员的警卫员，都是由政治保卫局统一训练后分配的。据罗瑞卿回忆："我从第四次反'围剿'到第五次反'围剿'，以及长征的极大部分时间，都在一军团保卫局工作。""为了保卫首长，凡行军作战，我总是跟着军团的首长，那时的军团长林彪、政委聂荣臻。”到了陕北，中共中央和中央军委创办红军大学、抗日军政大学时，两人仍在一起工作，林彪任红大校大、抗大校长，罗瑞卿先后任红大教育长、抗大教育长和副校长。抗战爆发后，林彪率由红一军团等部队改编的八路军一一五师上了前线，罗瑞卿留在延安主持抗大全盘工作。两人就此分手。以后，林彪在平型关大捷后被阎锡山军队误伤，回延安治疗期间，曾对罗瑞卿主持抗大工作的成绩予以高度评价。再往后，林彪赴苏联养伤，罗瑞卿出任八路军野战政治部主任上了前线。到了延安整风和中共七大期间，林彪和罗瑞卿才又经常见面，并在中共七大上分别当选为中央委员和中央候补委员。解放战争时期，一个在东北战场，任东北野战军司令员、第四野战军司令员；一个在华北战场，任晋察冀野战军第一政治委员、华北军区政治部主任兼第十九兵团政治委员，天各一方，就难以见面了。在中共七届二中全会上，罗瑞卿曾找过林彪，要求随第四野战军渡江南下，林彪表示同意。但因毛泽东已有意让罗瑞卿出任新中国的公安部部长而未能成行。林彪为人阴鸷，寡言，性格内向，城府很深。罗瑞卿为人坦诚，热情，性格直爽，襟怀坦荡。尽管两人性格差异很大，但在战争年代没有发生过什么隔阂、冲突。

1959年庐山会议以后，林彪出任中央军委副主席、国防部长，主持中央军委日常工作。他需要一个精力充沛、办事果断、作风干练、雷厉风行、吃苦耐劳的得力助手，于是就向中央提议由罗瑞卿出任中国人民解放军总参谋长，协助自己主持中央军委的日常工作。

经中央批准，罗瑞卿于1959年9月由国务院副总理兼公安部部长一职，改任国务院副总理、国防部副部长、中央军委常委、中央军委秘书长、中国人民解放军总参谋长。10月24日，新组成的中共中央军委举行军委常委第一次会议，经研究，决定设立军委常委领导下的军委办公会议，处理军委日常工作中的一般问题，并对重大问题提出处理意见。会议还决定由罗瑞卿担任军委办公会议的召集人。

林彪本来以为罗瑞卿是自己的老部下，又是自己向中央要来担任总参谋长的，自然会对自己百依百顺，一切都听自己的。然而，事实并非如此。在一系列关系到军队建设、战略方针、工作重点等重大原则的问题上，罗瑞卿以一个共产党人的高度责任感和坚定的原则性，坚持党和人民的利益。因此，他与林彪之间，逐渐产生了诸多矛盾。

特别是在林彪养病，贺龙主持中央军委工作期间，罗瑞卿与贺龙配合默契，已经成为林彪篡党夺权的巨大障碍。

罗瑞卿到上海的时候，上海会议已经开了四天。会议之前，对于会议议题严格保密，不要说一般与会人员，就连中共中央副主席、中华人民共和国主席、国防委员会主席刘少奇和中共中央政治局委员、中央军委第二副主席贺龙，也不知道这次会议要研究什么问题。

上海会议进行中，一些与会人员对于强加给罗瑞卿的“罪状”表示了极大的怀疑。

有的领导同志说：“离奇呀，离奇！”

有的领导同志表示：“难以置信。”

中共中央总书记邓小平说：“死无对证。”意思是说，刘亚楼已经死了，无论林彪、叶群怎样捏造他的话，也没有人能出来对证了。

时任中共中央政治局委员、国务院副总理的谭震林在1979年11月17日回忆说：“上海会议期间把罗瑞卿同志整下去，大家都莫名其妙。林彪派叶群到杭州去，向毛主席告罗瑞卿的状，究竟告些什么，谁也不知道。当天晚上，毛主席就叫汪东兴派一个专车送叶群到上海，因为林彪在上海，然后就在上海开会……”

总之，久经政治风浪考验的老一辈革命家和与会的领导干部，绝不相信一贯忠心耿耿、忠于党忠于人民的罗瑞卿会是林彪、叶群所说的那种“反党分子”。

在叶群等人对罗瑞卿的“揭发”中，所谓罗瑞卿让刘亚楼转告叶群的“四条意见”，是他们整倒罗瑞卿的“重磅炮弹”。

但据“九一三事件”后吴法宪交代，又经审判林彪江青反革命集团案时吴法宪供述，所谓罗瑞卿让刘亚楼转告叶群“四条意见”一事，纯属捏造。

吴法宪在法庭上供述说：上海会议时，叶群编造了罗瑞卿对刘亚楼讲的要林彪下台的“四条”内容，叫我在会议上讲，我讲了以后（注：指吴法宪根据叶群的口授，在上海会议的发言中“揭发”了所谓“四条意见”），邓总书记、周总理和刘主席都找我谈话，了解情况。最后我就怀疑了，会议之前这个事他们都不知道。上海会议之后，叶群编造的“四条”内容，人们有怀疑，要找证明人。找谁证明呢？谁也不能证明。那么只有找刘亚楼的爱人翟云英，要翟云英证明“四条”，可翟云英根本不知道。①

当审判人员质问吴法宪：“你明明知道‘四条’是叶群编造出来的，不真实，为什么还在会上讲呢？”吴法宪回答说：“为了跟林彪。林彪、叶群叫我干什么，我就干什么。我看罗瑞卿垮了，为了顾全自己，要跟林彪。我是个怕死鬼。”②

事实上，置罗瑞卿于死地的所谓“四条意见”的发明人，正是揭发者叶群自己。叶群为了制造给罗瑞卿扣上“想当国防部长”“篡军反党”罪名的“重磅炮弹”，自己先捏造了一个“四条意见”，又口授给吴法宪。在上海会议上叶群、吴法宪发言以后，人们都不相信。叶群就让吴法宪找人证明。吴法宪拿着让秘书写好的“证明”，找翟云英签字。翟云英表示根本没听说过此事，坚决拒绝。吴法宪软磨硬泡，不达目的不罢休。翟云英只是空军司令部门诊所的一个普通医生，刘亚楼病逝后，一直处于悲痛中。现在，被吴法宪这个新上任的空军司令员没完没了地纠缠个不停，实在感到为难。她被缠得没办法，只好签了名。吴法宪也随即在上面签了

① 最高人民法院：《中华人民共和国最高人民法院特别法庭审判林彪江青反革命集团案主犯纪实》（原始记录汇编），北京，法律出版社，1982：269页。

② 最高人民法院：《中华人民共和国最高人民法院特别法庭审判林彪江青反革命集团案主犯纪实》（原始记录汇编），北京，法律出版社，1982：269页。

名，作为证明材料的“见证人”，立即拿走上报。

伪证就是这样制造出来的。

上海会议极为突然，气氛紧张，所有与会者均没有了往日的和谐与谈笑，会议文件连秘书都不能看。12月10日，罗瑞卿夫妇到上海后，罗瑞卿对上海会议要打倒他的内情尚一无所知。周恩来和邓小平奉命去与罗瑞卿谈话。临行前，邓小平特意对夫人卓琳说：“今天我们去看罗瑞卿。你也去，看看郝治平，劝劝她。”在汽车上，周恩来与邓小平都心情沉重，一言未发。到了罗瑞卿被隔离的地方，周恩来、邓小平与罗瑞卿在楼下谈话。卓琳与郝治平上楼后，卓琳只对郝治平说了一句“你放宽心些”，便控制不住地哽咽起来。后来“文化大革命”中批判邓小平时，说邓小平包庇罗瑞卿的“证据”之一便是说上海会议批判罗瑞卿期间，卓琳与郝治平抱头痛哭。

邓小平作为主持中央书记处工作的中央总书记，对中央书记处书记罗瑞卿的情况是了解的，对罗瑞卿的工作是满意的。邓小平夫妇平时与罗瑞卿夫妇关系也十分融洽。因此，邓小平对诬陷罗瑞卿的所谓“材料”根本就不相信。对于批判罗瑞卿，邓小平是抵制的。此后，军队在北京开会批判罗瑞卿时，毛泽东指定邓小平等主持会议。邓小平的态度仍然是抵制的。他后来说：“我被指定为主持者之一，但我在开始后即到西北三线去考察了……”邓小平同情罗瑞卿，却又无回天之力，到外地视察工作，是他当时唯一能够采取的回避方式。①

对此，一位老同志作了这样的回忆：1965年冬，邓小平、李富春、薄一波视察了在青海的核弹研制基地“221”和在甘肃玉门的404厂。去前通知我们不要搞欢迎场面，那时我在“221”，两处都是我陪同视察。考虑到那里的职工长期奋战在高原、戈壁，中央领导同志去了，不让他们见

① 毛毛：《我的父亲邓小平：“文革”岁月》，北京，中央文献出版社，2000：8页。

见，不好交代；因此，两处都组织了夹道欢迎。为了不打扰这些单位，邓小平等都是在火车上吃饭；上午听汇报，下午看，然后我们送他们上火车，在火车上吃顿便饭，饭后下车，等火车开动后，我们再回去。在"221"邓小平还高兴地题了词，薄一波见到"221"的车间中贴了"一不怕苦，二不怕死"的标语后说：这样的车间应该贴"安全第一""质量第一"的标语，我们觉得这话很对，就改了；没有想到"文化大革命"中竟被有的造反派说成是反对"一不怕苦，二不怕死"的革命精神。

1966年4月8日，康生打电话叫邓小平即刻回京。当时，邓小平正与国务院副总理李富春、薄一波率国务院各部委领导干部在西北地区视察工作，一路上，他们讨论和思索的都是如何发展西北经济和建设三线这些问题。突然接到电话，邓小平立即从延安坐专机直飞北京，抵京后，邓小平才知道，中央书记处书记彭真又出"问题"了。

至于事情的起因，则是由于彭真不同意上海姚文元等人在《文汇报》上对吴晗进行的政治性批判。吴晗是著名的历史学家，又是北京市副市长，彭真作为中共中央政治局委员、全国人大常委会副委员长、中共中央书记处书记、中共北京市委第一书记和北京市市长，理所当然地要查问发表姚文元的文章，公开点名批判北京市的一位副市长，为什么不向北京市委打个招呼？江青、康生、张春桥等背着中央，到上海向毛泽东恶意告状，说这是"查到主席头上了"，从而激怒了毛泽东，决定批判彭真。

4月9日到12日，中央书记处在北京接连几天开会。康生在会上传达了毛泽东在上海对彭真的批判，说彭真主持所拟《关于当前学术讨论的汇报提纲》（二月提纲）混淆阶级界限，不分是非，是错误的。陆定一（中共中央书记处书记、中共中央宣传部长）主持的中共中央宣传部是"阎王殿"，并指责北京市委和中宣部包庇坏人（指吴晗）。随后，在杭州召开的中央政治局常委扩大会议，对彭真所谓的"反党罪行"进行批判。

自1956年中共八大以后的近十年间，邓小平一直作为中共中央政治局常委、中央委员会总书记主持中央书记处的工作，处理中央党政军日常事务。然而，“文化大革命”的帷幕刚刚拉开，中央书记处的成员就一下子被整倒了四个（彭真、罗瑞卿、陆定一为中央书记处书记，杨尚昆为中央书记处候补书记）。这种反常的政治批判和无限上纲、置人于死地的做法，使在政治生涯中经历过几十年大风大浪的邓小平也很不理解。对于批判罗瑞卿，邓小平不能接受；批判彭真，邓小平同样不能接受；批判中央书记处其他成员，邓小平也不能接受。

长期以来，邓小平与彭真、罗瑞卿等中央书记处成员之间，不但在工作上相处甚密，而且结下了深厚的相互信任的同志情谊。但是，在“文化大革命”来临之际所造成的党内民主生活极端不正常的情况下，邓小平即便有不同意见，也不可能公开提出来。后来，他在回忆时说：“彭真的问题本来不大。我没有附和，送了半筐橘子给彭真，表明态度。”在当时那种“山雨欲来风满楼”的形势下，邓小平也只能用这种方式表示他的态度了。“在那个条件下，真实情况是难以反对。”以后，邓小平曾这样说过。[①]

① 毛毛：《我的父亲邓小平：“文革”岁月》，北京，中央文献出版社，2000：12~13页。

第三章　邓小平痛斥“中央文革小组”

1966年5月爆发的“文化大革命”，是一场由领导者错误发动，被林彪集团、江青集团利用，给党、国家和人民带来极大灾难的“内乱”。[①]

1966年5月4日至26日，为了全面发动“文化大革命”，中共中央在北京召开了政治局扩大会议。毛泽东在杭州，没有出席会议。会议由刘少奇主持。会议按照毛泽东4月在杭州主持召开的中央政治局常委扩大会议的部署和会前的安排进行，由康生负责向毛泽东汇报请示。会议错误地批判了所谓彭真、罗瑞卿、陆定一、杨尚昆的“反党错误”，给他们加上所谓“反党反社会主义反毛泽东思想”等罪名。会议期间，作出决定，停止彭真、陆定一、罗瑞卿的中央书记处书记职务，停止杨尚昆的中央书记处候补书记职务；撤销彭真的北京市委第一书记和市长职务，撤销陆定一的中央宣传部部长职务；调陶铸任中央书记处常务书记，并兼任中央宣传部部长；调叶剑英任中央书记处书记，并兼任中央军委秘书长；由李雪峰兼任北京市委第一书记。5月24日，中央政治局常委决定成立专案审查委员

① 《关于建国以来党的若干历史问题的决议》，1981-06-27。

会，审查所谓“彭真、罗瑞卿、陆定一、杨尚昆反党集团”问题。[①]

会议通过了《中国共产党中央委员会通知》（即“五一六通知”）。“五一六通知”在会前经过毛泽东的多次修改，其中有两大段文字是毛泽东亲笔增写的。这是两段在“文化大革命”中被广为引用的“毛主席语录”：

“高举无产阶级文化大革命的大旗，彻底揭露那批反党反社会主义的所谓‘学术权威’的资产阶级反动立场，彻底批判学术界、教育界、新闻界、文艺界、出版界的资产阶级反动思想，夺取在这些文化领域中的领导权。而要做到这一点，必须同时批判混进党里、政府里、军队里和文化领域的各界里的资产阶级代表人物，清洗这些人，有些则要调动他们的职务。”[②]

“混进党里、政府里、军队里和各种文化界的资产阶级代表人物，是一批反革命的修正主义分子，一旦时机成熟，他们就会要夺取政权，由无产阶级专政变为资产阶级专政。这些人物，有些已被我们识破了，有些则还没有被识破，有些正在受到我们的信用，被培养为我们的接班人，例如赫鲁晓夫那样的人物，他们现正睡在我们的身旁，各级党委必须充分注意这一点。”[③]

当时，不仅与会的中央委员、政治局委员们不知道“有些正在受到我们的信用，被培养为我们的接班人”的“赫鲁晓夫那样的人物”指的是谁，就是主持这次会议的刘少奇以及邓小平和其他中共中央政治局常委（除林彪外），也不知道这段话指的究竟是谁。他们对于发动“文化大革命”毫无思想准备，对于“文化大革命”的部署一无所知。

林彪在会上发表了一个讲话——即“五一八讲话”，“它是专讲政

---

① 中共中央党史研究室：《中国共产党历史》，第2卷下册，北京，中共党史出版社，2011：760页。

② 中共中央党史研究室：《中国共产党历史》，第2卷下册，北京，中共党史出版社，2011：761页。

③ 中共中央党史研究室：《中国共产党历史》，第2卷下册，北京，中共党史出版社，2011：761页。

变问题的”。林彪对古今中外的政变事例研究得十分透彻，一一列举。然后，诬指彭、罗、陆、杨要“搞政变”“搞颠覆”。然而，有谁能想到，正是这个此时信誓旦旦，颂扬领袖为“天才”，必须“高举”“紧跟”，诬陷别人要“搞政变”的道貌岸然的副主席，竟是一个口蜜腹剑，包藏祸心，五年后企图用火焰喷射器、用轰炸机、用炸药炸领袖专列等方法谋害毛泽东的“魔鬼”。

会议还决定成立“中央文化革命小组”，“隶属于政治局常委之下”。陈伯达任“中央文化革命小组”组长，江青为“中央文化革命小组”第一副组长。从此，江青有了公开的合法的“政治身份”，再也不用“偶尔露峥嵘”了。她堂而皇之地身着绿军装，在各种重大政治场合“表演”“亮相”，很快成为“文化大革命”中不可一世的风云人物。

“中央文化革命小组”（简称“中央文革小组”“中央文革”）的权力以后日益膨胀，逐步取代了中央政治局和中央书记处，成为“文化大革命”的实际指挥机构。

这次中央政治局5月扩大会议，标志着“左”倾错误方针在中共中央占据了统治地位。

会后，在中央文化革命小组一些人的煽动下，各地青年学生开始起来“造反”，混乱局面开始出现。

6月，刘少奇和邓小平飞到杭州，向毛泽东汇报工作，并请毛泽东回北京主持中共中央工作。毛泽东表示暂不回京，由刘少奇和邓小平相机处理“文化大革命”中的问题。为了控制局面，在刘少奇、邓小平主持下，中共中央于6月初决定向北京市各大、中学校派出工作组，领导各单位的“文化大革命”。此后，各省、市委也相继采用了派工作组进驻大、中学校领导运动的方法，力图将运动纳入党的领导的正确轨道。①

7月16日，毛泽东在武汉畅游长江。这位自青年时代起就写下“与天

---

① 中共中央党史研究室：《中国共产党历史大事记》，北京，中共党史出版社，2006：241页。

斗，其乐无穷；与地斗，其乐无穷；与人斗，其乐无穷”的富有挑战精神的豪言壮语，现已将近73岁的老人家，实际上是在以他畅游长江的壮举，向全中国、全世界宣告他那将“无产阶级文化大革命”进行到底的坚定不移的信念。毛泽东确实是中国历史上一位前无古人、后无来者的伟大人物。他曾以卓越的智慧和坚忍不拔的奋斗精神，把马克思主义基本原理与中国革命的具体实践相结合，使诞生在欧洲土地上的马克思主义在古老的东方大地上呈现出勃勃生机，在实践中创造性地发展了马克思主义。他领导中国共产党，战胜了党内一次又一次的错误路线，战胜了日本帝国主义，战胜了国民党反动派，战胜了美帝国主义，同苏联霸权主义进行了坚决的斗争，实现了中华民族空前的团结和统一。毛泽东是中国历史上最伟大的民族英雄和革命领袖。然而，令人遗憾的是，他的晚年，却陷入了“左”倾错误而不能自拔。

7月18日，毛泽东从武汉回到北京，听取了有关工作组的汇报后，认为工作组对发动“文化大革命”“起坏作用，阻碍运动，应该统统驱逐之”。应“不要工作组，要由革命师生自己搞革命”。29日，在北京市委召开的大、中学校“文化大革命”积极分子大会上，邓小平、周恩来在先后的讲话中，都表露出对“文化大革命”很不理解的困惑心情，说“老革命遇到了新问题”。刘少奇在讲话中说得更为直截了当：“至于怎样进行无产阶级文化大革命，你们不大清楚，不大知道，你们问我们，我老实回答你们，我也不晓得。”就在这次会上，宣布撤销所有工作组。以后，派工作组被指责为“实际上是站在资产阶级立场上，反对无产阶级革命”、“是犯了方向、路线错误”。[①]

在“文化大革命”初期派工作组“压制运动”，这是以后刘少奇、邓小平被打倒的一大“罪状”。实际上，在政治运动中派工作组、工作

① 中共中央党史研究室：《中国共产党历史大事记》，北京，中共党史出版社，2006：243页。

队、工作团，这是中共领导政治运动所采取的一贯方法。远的不说，仅以新中国成立以后为例，土地改革、三反、五反、四清、社教，哪一次政治运动没有派过工作组。就在“文化大革命”中，在运动初期刚刚批判了刘少奇、邓小平派工作组以后，仅仅过了两年，为了控制被“文化大革命”煽动起来的无政府主义所造成的“打倒一切，全面内战”的混乱局面，毛泽东于1968年7月亲自批准，派北京60多个工厂的3万多名工人组成“首都工人毛泽东思想宣传队”（即“工宣队”）浩浩荡荡地开进了北京市各大专院校，宣传毛泽东的指示，控制局势，制止武斗，促进联合。稍后，毛泽东又亲自派出忠诚的中央警卫部队——8341部队指战员，组成“中国人民解放军毛泽东思想宣传队”（简称“军宣队”），进驻北京的部分工厂和大学。以后，全国各地都相继派出大批的“工宣队”“军宣队”“贫宣队”（即“贫下中农毛泽东思想宣传队”），进驻各大专院校、各中小学校、各文化团体、各领导机关、各科研院所，以及上层建筑的一切领域，这些“工宣队”“军宣队”“贫宣队”，实际上都是“工作组”的性质。

1966年7月19日下午，中共中央在中南海怀仁堂召开关于“文化大革命”问题的会议。刘少奇、周恩来、邓小平等坐在前排，其他领导同志都坐在后排。开始是汇报会，刘少奇、邓小平要与会的有关领导同志讲讲学校的情况。中共北京市委第二书记吴德汇报大学情况，共青团中央书记胡克实汇报中学情况，中共北京市委第一书记李雪峰汇报总的情况。

胡克实的汇报通过了。吴德的汇报没有通过，还要改动。

当时各大学都在酝酿赶走工作组。因为刘少奇的夫人王光美是清华大学工作组成员，因此刘少奇对清华大学“文化大革命”的情况比较了解。他在会上讲得十分尖锐，批评“中央文革小组”一些人说：“照你们这个做法，才是真正挑动群众斗群众。这个搞法不成。我们这里有材料。”刘少奇的意思是，正常的做法是派工作组，工作组在常委的领导下工作，常委不行了，由工作组代替。刘少奇是反对赶走工作组的。

这时，康生出来讲话：“少奇同志，我们也有材料。”口气虽然和缓，但实际上和刘少奇顶起来了。康生刚讲完，陈伯达接着批评各级党委不能深入这场急风暴雨之中，不深入群众，不敢放手发动群众。他的话等于把各地党委都否定了，把责任推到刘少奇、邓小平身上。

这时，邓小平站起来，两手叉着腰，十分气愤地说："我们要讲得客观一些，要了解第一线的困难。什么叫放手？！要不要政策？！我们不行，你们上去。你们那样行，我们统统撤出来。党委垮了，工作组没有了，党的领导在哪里？谁来放手发动？你们根本没有搞过群众运动，你们去试试看！"

邓小平的话，义正词严，反映了当时老一辈无产阶级革命家和与会领导同志的共同心声，迎头痛击了康生、陈伯达不可一世的嚣张气焰。会议正开着，江青蹑手蹑脚进来了，在靠着记录席外边的沙发上坐下，把手里的包放在沙发上。江青是偷着进来的，没有和主持会议的刘少奇、邓小平打招呼。

后来，在"文化大革命"中大肆批判的所谓的"刘少奇、邓小平资产阶级反动路线"，其原因就是因为在发动"文化大革命"的几个关键点上，刘少奇、邓小平坚决予以抑制。对"文化大革命"的共同看法使刘少奇、邓小平坚定地坚持党的正确原则，义无反顾地站在一起，抑制江青集团的种种倒行逆施。

1966年8月1日至12日，中共八届十一中全会在北京举行。这次全会与以前历次中央全会不同的是：与会的不仅有中央委员、候补中央委员，各中央局和各省、市、自治区党委的负责人，而且有"中央文革小组"的成员（大多数不是中央委员）和首都大专院校"革命师生"的代表。

会议期间，8月4日毛泽东在中央政治局常委扩大会议上，再次对主持中央一线工作的刘少奇、邓小平在运动初期派出工作组领导运动进行严厉的指责，认为是"镇压""文化大革命"运动，并指出："牛鬼蛇神，在座的就有。"

8月5日，毛泽东在6月2日《北京日报》头版转载的《人民日报》社论

《横扫一切牛鬼蛇神》的左面，用铅笔写下了一大段文字。初无标题，经秘书誊清后，毛泽东加上了《炮打司令部——我的一张大字报》的标题，以后又作了个别字句的修改。这可能是毛泽东在阅读《人民日报》社论时，有感而发，遂信笔写出，其中不乏激愤之语。在“文化大革命”中，以至到今天，许多传单和纪实文学，甚至历史著作中都写道：毛泽东于1966年8月5日，在中南海贴出了“炮打司令部——我的一张大字报”（有的书中说是贴到了中南海的饭厅里）。甚至还有人想当然地画了这样一幅画：毛泽东身着戴有红五星、红领章的草绿色军衣，站在一堵高墙边，手握一管正在滴着墨汁的毛笔，目视远方，旁边墙上贴着一张大字报，上面有“炮打司令部——我的一张大字报”的大字标题和虽不甚清晰但隐隐约约可以辨认的内文。这幅画的名字就叫“炮打司令部”，给人们以深刻的视觉印象。这幅画，在“文化大革命”中，曾被广为印制、复制，也给人们留下了毛泽东曾亲自在中南海贴下了《炮打司令部》大字报的深刻印象。1986年天津人民出版社出版的一本《“文化大革命”十年史》的书中，就这样写道：“8月5日，毛泽东在中南海大院里贴出了《炮打司令部——我的一张大字报》。”1992年，由某出版社出版的一部长篇纪实报告中，写得更是言之凿凿。该书中犹如亲历目睹一般这样写道：“毛泽东在1966年8月5日写下了《炮打司令部——我的一张大字报》。这是中国有史以来登峰造极的一张大字报。在八届十一中全会上，这张大字报挂在人民大会堂会议厅的门口，步入会议厅的中央委员们迎面就可以看到。”

然而，事实并非如此。

毛泽东的“大字报”，既没有用“大字”写出来，也没有贴在中南海，更没有挂在人民大会堂会议厅的门口，而是以中共八届十一中全会文件的形式于8月7日印发给与会者的。

毛泽东的《炮打司令部——我的一张大字报》全文如下：全国第一张马列主义的大字报和《人民日报》评论员的评论写得何等好啊？请同志们重读一遍这张大字报和这个评论。可是在50多天里，从中央到地方的某些领导同志，却反其道而行之，站在反动的资产阶级立场上，实行资产阶级专政，将无产阶级轰轰烈烈的“文化大革命”运动打下去，颠倒是非，混淆黑白，围剿革命派，压制不同意见，实行白色恐怖，自以为得意，长资产阶级的威风，灭无产阶级的志气，又何其毒也！联系到1962年的右倾和1964年形左而实右的错误倾向，岂不是可以发人深省的吗？①

毛泽东的这张大字报，既使参加中共八届十一中全会的与会者极为震惊，也使他们感到极为困惑不解。大字报不仅把毛泽东与主持中共中央一线工作的刘少奇、邓小平之间在1962年、1964年和“文化大革命”初期，由于某些问题在认识上的不同而产生的分歧向中央全会公开，实际上也等于向全党公开；而且把这种党内政治生活中关于工作指导方针上的不同认识和正常的意见分歧，上升到两条路线、两个阶级、两个司令部斗争的高度，并明确号召“炮打”这个实际上根本就不存在的所谓“资产阶级司令部”。于是，每一个与会者，都面临着在这个重大问题上站在哪一边的问题。众多的中央委员、候补中央委员思想不通，“很不理解”，但不敢表示异议，只能缄默或违心地表态拥护。康生、江青、谢富治等人则在小组讨论会上，借阐述毛泽东的大字报，向刘少奇、邓小平发动攻击，以示“紧跟”。中共中央政治局常委陶铸的夫人曾志在一篇文章中回顾了陶铸同她谈到的“文化大革命”初期的一些情况：“十一中全会上，主席主持召开了好几次政治局的生活会，目的是批判少奇和小平同志。会前，江青私下找到陶铸进行布置。陶铸说：‘江青要我在会上打头阵，要我向刘、邓放炮。我没有照她的意思做，我对她说我刚来中央，对情况一点不了解。结果打头阵的是谢富治。开了几次生活会，最后只有我和总理没发言。’”

① 中共中央党史研究室：《中国共产党历史》，第2卷下册，北京，中共党史出版社，2011：768页。

第四章　“二月兵变”子虚乌有

在中共八届十一中全会上，刘少奇、邓小平除了接受批判，忍受各种诬蔑和攻击以外，有时还必须到一些学校去参加群众集会和回答问题。以前，对于“文化大革命”的迅猛爆发，邓小平曾说是“老革命遇到新问题”。其实，这不仅是邓小平的看法，而是老一辈无产阶级革命家的共同心声。这句话，表示他们当时对“文化大革命”确实是很不理解。在受到批判后，邓小平的不理解就更深了。他虽沉默无语，但对运动，特别是对“中央文革小组”和造反派心存厌恶。有时，在群众场合，他还不顾所处逆境，申明正义，说明一些被颠倒了的事物的本来面目。

1966年8月2日，邓小平被通知到人民大学参加师生员工大会，有学生递条子问关于“二月兵变”的事情。此事是有人蓄意造谣加罪于贺龙元帅的一个阴谋，在打倒贺龙的狂潮中，起了非常恶劣的作用。当时，“二月兵变”这个无中生有的谣言出笼后，仿佛一下子长了翅膀，不胫而走，弄得中华大地，无人不晓。每一个60岁以上的中国人，都会对此记忆犹新。

事情的起因是这样的：

1966年2月，北京军区经中央军委批准，决定由北京卫戍区再组建一个团，担负民兵训练、维护社会治安等任务。这个团组建后，一时没有营房。北京卫戍区曾想在北京市借一些房子。为此曾到中国人民大学、北京大学等学校进行过联系。但北京卫戍区司令员傅崇碧、政治委员刘绍文知道后，认为部队住学校房子不妥，制止了此事。决定让驻在南苑的卫戍区部队调整出一部分房子给新建团住，不足部分搭帐篷和住靶场解决。并通知了联系过房子的学校。

此事到此为止，已经结束。

“文化大革命”全面爆发后，1966年7月，北京大学团委的一个干部，写了一张题为《触目惊心的二月兵变》的大字报，说2月份北京卫戍区到北京大学联系住房一事“是要搞政变”，并言之凿凿地定名为“二月兵变”。

随后，北京师范大学一名学生，看了这张大字报后，联想到北京卫戍区也到中国人民大学联系过借房子的事，又写了一张《郭影秋是什么人？》的大字报，质问已经调任北京市委文教书记的中国人民大学原党委书记郭影秋：彭真阴谋搞政变，要在人民大学驻兵，这事你知道不知道？

此后，这个“天方夜谭”式的“二月兵变”的谣言，就像“滚雪球”一般，越滚越大，越传越玄。这两张大字报被康生知道后，成为打击、诬陷贺龙等老一辈无产阶级革命家的一大“炮弹”。

7月27日晚，康生来到北京师范大学，在群众大会上，公然宣称：“在今年2月底3月初，彭真他们策划政变……他们的计划之一是把北京大学、人民大学每一个学校驻上一营部队。这个事情是千真万确的事情。”

由于康生这样的中央政治局候补委员（不久很快跃居中央政治局常委）、“中央文革小组”顾问，自称为中国的“捷尔任斯基”的大员发了话，肯定有“二月兵变”这件事，事情便愈闹愈大。其实，此时康生手中关于“二月兵变”的全部材料，还仅仅是北京大学的那张大字报。康生讲话后北京大学“文革会”找到大字报的作者，要他写一份关于“二月兵变”的材料，说：“康生都点了，不是什么怀疑，而是实有其事。”于是，大字报作者写了一份与大字报内容一样的关于“二月兵变”的材料，报了上去。康生随即作为正式材料转报中央。

邓小平就是在这种情况下，来到中国人民大学的。他不顾个人安危，不顾自己已经身陷逆境，不顾在场的有陈伯达等“中央文革小组”的要员，挺身而出，旗帜鲜明地澄清了事情真相。在中国人民大学全体师生员工大会上，邓小平明确指出：“这个二月军事兵变的问题，我们查了，因为我们早知道这个事，我正式跟同志们说，没有这个事。”①

邓小平还强调指出：“我郑重地告诉同志们，我们的军队，彭真调不动，别人也调不动，我也调不动。这件事我们想澄清事实，不要再谈这个问题了，这件事不算一回事。”

对此，中共中央文献研究室编写的《邓小平年谱》作了记载：“8月2日晚，（邓小平）和陶铸等到中国人民大学看大字报。在全校师生员工大会上回答学生提问时，对7月27日康生在北京师范大学诬陷彭真、贺龙搞‘二月兵变’的说法予以澄清，指出根本没有这回事。”②

但是，康生却不甘心阴谋被揭穿，继续恶意诬陷，从开始诬陷彭真，到后来把贺龙诬陷了进去。于是，各种震撼全国城乡的爆炸性谣言到处弥漫：什么“贺龙为了发动‘二月兵变’给体委发了枪、炮，大炮安在什刹海，炮口对准中南海……”，什么“贺龙发动‘二月兵变’未遂，坐着飞机逃到苏联去了……”，等等。肆无忌惮的诽谤和恶毒的谣言交织在一起，使善良的人们一时真伪难辨。而林彪集团、江青集团则以“二月兵变”为借口，打击、迫害、株连了一大批跟随过贺龙，从红二方面军和八

① 中共中央文献研究室：《邓小平年谱（1904—1974）》下册，北京，《中央文献出版社，2009：1928页。

② 中共中央文献研究室：《邓小平年谱（1904—1974）》下册，北京，中央文献出版社，2009：1928页。

路军一二〇师锻炼成长起来的人民解放军高级将领。[①]

1966年8月8日，中共八届十一中全会通过了由毛泽东主持制定的《中国共产党中央委员会关于无产阶级文化大革命的决定》（即《十六条》），《决定》指出："在当前，我们的目的是斗垮走资本主义道路的当权派，批判资产阶级的反动学术'权威'，批判资产阶级和一切剥削阶级的意识形态，改革教育，改革文艺，改革一切不适应社会主义经济基础的上层建筑。"

《决定》对起来造反的青年学生表示支持和肯定，认为："广大的工农兵、革命的知识分子和革命的干部，是这场文化大革命的主力军"，"一大批本来不出名的革命青少年成了勇敢的闯将"，"他们的革命大方向始终是正确的。这是无产阶级文化大革命的主流。"

《决定》还强调指出：这次"运动的重点，是整党内那些走资本主义道路的当权派"。但对于哪些人犯什么性质的"错误"，才能定性为"走资本主义道路的当权派"，《决定》没有给出具体的判断标准。

于是，在"文化大革命"中，"走资派"的帽子满天飞，上自中华人民共和国主席、中共中央总书记，下至工厂车间主任、农村生产队长、商店门市部经理，只要有人纠集一帮子人说他是"走资派"，便可以戴上"高帽子"，任意批斗，随便侮辱。而被批斗者却没有丝毫为自己辩护的权利，只有听任被批判和斗争。

就在中共八届十一中全会的会议期间，8月10日下午7时，毛泽东出人意料地来到中共中央接待站，接见前来庆祝中共八届十一中全会通过的《中国共产党中央委员会关于无产阶级文化大革命的决定》公开发表的红卫兵和革命群众，并对他们说："你们要关心国家大事，要把无产阶级文

---

① 1967年贺龙受林彪、江青的迫害，被诬陷"通敌""篡夺军权"，立案审查。1969年6月9日含冤去世。1982年10月16日，中共中央发出《关于为贺龙同志彻底平反的决定》。宣布："为贺龙同志彻底平反昭雪，恢复名誉。对林彪、江青和康生一伙强加给贺龙同志的一切诬陷不实之词，全部予以推倒；同时为受贺龙冤案所株连的所有同志彻底平反，消除影响。"

化大革命进行到底！”毛泽东的这句最高指示，迅速传遍了全国城乡。

8月12日，全会改组了中央领导机构，选举毛泽东、林彪、周恩来、陶铸、陈伯达、邓小平、康生、刘少奇、朱德、李富春、陈云为中央政治局常务委员会委员。

在新选举的中央政治局常委中，林彪由原来的第六位上升到第二位，成为毛泽东的接班人。刘少奇由原来的第二位下降至第八位，其原来接班人的地位已被明显排除。会后不久，林彪又被宣布为唯一的中央副主席。

由于毛泽东对邓小平还有一定程度的好感和信任，所以在全会选举时最初提出来的中央政治局常委候选人名单排列顺序中，邓小平被列在第四位，即：毛泽东、林彪、周恩来、邓小平、陈伯达、刘少奇、康生、朱德、李富春、陈云、陶铸。

但是，这种名单排列顺序，却引起了江青的强烈反对。江青此时连中央委员都不是，仅仅在3个月前才刚刚担任“中央文化革命小组”的第一副组长。而中央设立文革小组时，仅规定它“隶属于政治局常委之下”，并没有赋予它更大的权力，更别说决定政治局常委的人事安排。江青大为不满地说：“邓小平过去名列第七。这一回跟着刘少奇犯了错误，派了工作组，怎么反而升到第四位？不行！这样排不行！”

这个连中央委员都不是的“中央文革小组”副组长，竟然干预起了中央政治局常委的排列顺序，真是咄咄怪事。

于是，江青找到已经在中共八届十一中全会上被选定为接班人的林彪，说出了自己的看法，把“中央文革小组”组长陈伯达的名字排到了邓小平的前边，这样，名单的排列顺序变成了：

毛泽东、林彪、周恩来、陈伯达、邓小平、康生、刘少奇、朱德、李富春、陈云、陶铸。

但江青对这个名单仍然很不满意，说：“‘老夫子’（指陈伯达）书生一个，压不住邓小平。陶铸厉害，把陶铸调上去。”

于是，中央政治局常委候选人名单的排列顺序成为：

毛泽东、林彪、周恩来、陶铸、陈伯达、邓小平、康生、刘少奇、朱德、李富春、陈云。

8月12日，中共八届十一中全会通过了这个名单。

在中共八届十一中全会选举的中央政治局常委中，林彪名列第二位，成了毛泽东的接班人。林彪回到毛家湾住地后，掩饰不住得意的心情，对工作人员说："这次全会，我由原来的小六变成了老二。"在这次全会上，并没有重新选举中央委员会主席和副主席，但中共八届一中全会上选举产生的刘少奇、周恩来、朱德、陈云的中央委员会副主席职务，以后不再提及，林彪成为唯一的中央副主席。[①]在《中共八届十一中全会公报》中，特意写道："全会认为：林彪同志号召人民解放军在全军开展学习毛泽东同志著作的群众运动，为全党全国树立了光辉的榜样。"在中国共产党的正式文件中，对林彪作出这样高度的"评价"，确实具有不同寻常的"意义"。

林彪被确立为毛泽东的接班人，是由多种因素决定的。

第一个因素是毛泽东的信任。林彪从1928年跟随朱德上井冈山后，就一直在毛泽东领导下工作，在革命战争年代能征惯战，在1959年主持中央军委工作后又大搞"政治建军"，在1962年总结"大跃进"教训的"七千人大会"上的发言中坚决支持毛泽东。凡此种种，给毛泽东留下了"高举""紧跟"的深刻印象。

第二个因素是在当时的常委中林彪最年轻。当时常委七人，即毛泽东、刘少奇、周恩来、朱德、陈云、林彪、邓小平，除毛泽东外，刘少奇、邓小平已经被控犯了"方向、路线错误"，当然不可能当接班人；陈云一直被指责为"右倾"；朱德1886年生，年纪较大；周恩来则经常表示："我这个人不能挂帅的，只能当助手、跑龙套。"而林彪1907年生，

---

① 中共中央党史研究室：《中国共产党历史》，第2卷下册，北京，中共党史出版社，2011：770页。

是当时七名常委中最年轻的一个。

第三个因素是林彪有一定的“政治资本”。历史上从未犯过“路线”错误，指挥过平型关大捷、辽沈战役、平津战役、解放中南，是赫赫有名的十大元帅之一，能打仗，有战功。主持中央军委工作以后，林彪在军事上大搞“四个第一”“三八作风”“四好连队”“五好战士”等，而且政治上又打着“高举”的旗帜，掀起所谓群众性的“活学活用”运动，赢得了不少声誉。

第四个因素是宣传和舆论的影响。20世纪60年代《毛泽东选集》第四卷出版以后，为配合学习这部著作，配合理解这部著作中关于解放战争的内容，林彪曾经要求军队干部撰写解放战争回忆录。于是，参加过东北解放战争的一批第四野战军的高级干部相继发表了《东北解放时期的林彪》《东北战场上辽沈大决战》《三下江南》《南渡松花江》《黑山阻击战》等文章，客观上使林彪获得了不少政治资本。

第五个因素是当时党内的政治生活已经不能正常进行。1957年以后，许多重大问题是毛泽东个人说了算。毛泽东既已确定林彪为接班人，即使有的同志对林彪不满，也不便公开表示反对意见。为维护毛主席威信，大家只好投了赞成票。

正是由于以上种种因素，八届十一中全会通过不正常情况下的选举，不再提及刘少奇、周恩来、朱德、陈云等副主席职务，从而使林彪成为中央唯一的副主席，这是特定的历史条件所造成的结果，也是一个值得汲取的沉重历史教训。

中共八届十一中全会于8月12日结束。

中共八届十一中全会，标志着中共中央工作分为第一线和第二线的结束。从此，毛泽东正式由原来的退居第二线返回了第一线，重新主持中共中央的工作。刘少奇、邓小平虽然仍被选为中央政治局常委，实际上已经退出了中央的领导工作，处于“靠边站”的境地。

中共八届十一中全会以后，大多数中央政治局委员和中央书记处书记相继遭到诬陷和迫害，中央书记处和中央政治局的很大部分权力，实际上逐渐被“中央文化革命小组”，也就是江青集团所掌握。[①]

中共八届十一中全会结束后，林彪主持召开了一次中共中央政治局常委扩大会议。会议的主题原定继续批判刘少奇，但林彪、江青等人认为，刘少奇已实际上被打倒，目前的主要危险和最大障碍是邓小平，于是将会议批判的矛头指向邓小平。他们不但刻意组织人员批判邓小平，而且还由林彪亲自出马，将邓小平的问题性质说成是敌我矛盾。

若干年后，中共中央在《关于建国以来党的若干历史问题的决议》中指出：“1966年5月中央政治局扩大会议和同年8月八届十一中全会的召开，是‘文化大革命’全面发动的标志。这两次会议相继通过了《五一六通知》和《关于无产阶级文化大革命的决定》，对所谓‘彭真、罗瑞卿、陆定一、杨尚昆反党集团’和对所谓‘刘少奇、邓小平司令部’进行了错误的斗争，对党中央领导机构进行了错误的改组，成立了所谓‘中央文革小组’并让它掌握了中央的很大部分权力。毛泽东同志的‘左’倾错误的个人领导实际上取代了党中央的集体领导，对毛泽东同志的个人崇拜被鼓吹到了狂热的程度。林彪、江青、康生、张春桥等人主要利用所谓‘中央文革小组’的名义，乘机煽动‘打倒一切、全面内战’。1967年2月前后……”[②]

这是历史的结论。

① 中共中央文献研究室：《〈关于建国以来党的若干历史问题的决议〉注释本》，北京，人民出版社，1985。

② 《关于建国以来党的若干历史问题的决议》，1981-06-27。

第五章　张春桥“策划于密室”

1966年8月18日，毛泽东在首都百万群众于天安门广场举行的“庆祝无产阶级文化大革命群众大会”上，第一次接见全国各地来北京“串联”的红卫兵、青年学生和学校教师。在接见中，一名红卫兵代表给毛泽东戴上了红卫兵袖章。以后，毛泽东又连续七次在天安门广场接见各地来京的红卫兵等，总数达1100万人。

从此，红卫兵运动风起云涌，遍及全国。红卫兵在“中央文革”的支持下，在全国到处“煽革命之风，点革命之火”，鼓吹“革命无罪，造反有理”，层层揪斗所谓“走资本主义道路的当权派”，搞乱了地方各级党委。

8月18日，新华社以《伟大的领袖伟大的统帅伟大的舵手毛主席万岁》的大字标题，报道了毛泽东和中共中央领导人在北京出席“庆祝无产阶级文化大革命群众大会”的实况。在这个报道中，第一次正式公布了中共八届十一中全会上改组后的中共中央政治局常委名次。林彪由原来的第六位迅速崛起、跃升至第二位的接班人位置和刘少奇、邓小平在中共中央内部地位下降的惊人变动，引起了全中国、全世界的广泛注意。世界各国的新闻媒介纷纷对此予以报道、评论和猜测，弄不清中国高层究竟发生了什么重大的事情。

不久，1966年第13期的《红旗》杂志发表了由“中央文革”几个人起草、定稿的《在毛泽东思想的大路上前进》的社论，提出了“对资产阶级反动路线，必须彻底批判”的口号。在“文化大革命”开始以后，《人民日报》《红旗》杂志是掌握在“中央文革小组”手中的两个重要舆论工具，每发表一篇重要文章，都被说成是“代表了党中央的声音”、是“无产阶级文化大革命的新的伟大战略部署”，成为极不正常的指导“文化大革命”的重要方式之一，在全国起着重要的煽风点火、推波助澜、引导舆论、左右局势的作用。“中央文革小组”的令旗一举，“彻底批判资产阶级反动路线”的声音立即传遍了全国城乡。

但是，究竟什么是“文化大革命初期”的“资产阶级反动路线”？虽然“文化大革命”中发动全国几亿老百姓对此批判了整整十年，恐怕除了林彪、江青、康生、陈伯达、张春桥等人之外，没有几人能够说得上来。原来，所谓“资产阶级反动路线”，指的是刘少奇、邓小平在“文化大革命”初期派工作组到各单位领导运动这件事。派工作组领导运动，既有中共过去领导运动的惯例，又经过中共中央政治局常委扩大会议的集体研究，以后刘少奇、邓小平又专程飞到杭州向毛泽东当面汇报和请示，毛泽东当时既没有支持派工作组，也没有反对派工作组。于是，在中央的会议上一致决定派工作组。这，充其量，不过是工作方法问题。现在，“中央文革小组”在《红旗》杂志社论中一下子把派工作组上升到“资产阶级反动路线”的高度，死死抓住不放，大做文章，上纲上线，进行批判，其图谋显然是要把“文化大革命”的矛头更集中地指向主持派工作组的刘少奇和邓小平，掀起更大的波澜。

10月9日至18日，以批判“资产阶级反动路线”为中心内容的中央工作会议在北京召开。由于中共八届十一中全会以后，各级领导干部对“文化大革命”仍然有很大的抵触情绪，表现为“很不理解，很不认真，很不得力”。为了进一步排除这些主要来自高级领导干部的对运动的“阻力”，中央决定将各省、市、自治区的党委负责人召集起来，举行这一次中央工作会议。林彪在会上的讲话中，赞扬“文化大革命”，鼓吹“群众运动，天然合理”的谬论，为煽动“造反”、揪斗领导干部制造依据。林彪还公开点名攻击刘少奇和邓小平，执行的是“一条压制群众、反对革命的路线”；“在一个短时期内，刘、邓的这条路线是取得了一个差不多统治的地位”；并说，“这次文化大革命运动的错误路线主要是刘、邓发起的”，号召“批判资产阶级反动路线”。

但是在会议的开始阶段，参加会议的中央及各地的一些同志，却仍然表现出对“文化大革命”的“很不理解”和跟不上形势。正如毛泽东所批评的那样，“头一阶段的发言不那么正常”。于是，由刚刚在中共八届十一中全会上当选为中央政治局常委，又担任着“中央文化革命小组”组长的陈伯达出场，在会上作了《无产阶级文化大革命中的两条路线》的讲话，扮演攻击刘少奇、邓小平的“主攻手”的角色。陈伯达的讲话虽然“火药味”不太浓，但是却从理论上把派工作组作为与“无产阶级革命路线”相对立的“错误路线”“资产阶级反动路线”“资产阶级反对革命的路线”进行了比较、分析和“批判”。他首先对红卫兵运动作了“高度评价”：“伟大的红卫兵运动，震动了整个社会，而且震动了全世界。红卫兵运动的战果辉煌，可以无愧地说，整个文化大革命运动比巴黎公社、比十月革命、比中国历来各次群众运动都来得更深刻，更汹涌澎湃，这是国际上更高阶段的无产阶级革命运动。这个运动引起全世界人民的欢呼和支持，同时激起全世界帝国主义者和现代修正主义者的恐惧、痛恨，而许多庸人则为之目瞪口呆。”接着，他从理论上对刘少奇、邓小平派工作组领导运动进行了“上纲上线”的“批判”：“毛主席提出的无产阶级文化大革命的路线是让群众自己教育自己、自己解放自己的路线，可是提出错误路线的某些代表人物，他们都是反对让群众自己教育自己、自己解放自己的，他们在这场触及人们灵魂的大革命中把国民党的‘训政’搬出来了，他们把群众当成阿斗，把自己当成诸葛亮。这条错误路线要把无产阶级文化大革命引到相反的道路上去，变成不是无产阶级的文化大革命，而是资产阶级反对无产阶级的反动的文化大革命。”陈伯达在讲话中，把刘少奇、邓小平派工作组恶意类比为“国民党的‘训政’”，手段极为卑劣。他还进一步从“理论上”发挥说：“路线问题要分开看，一种是提出来的，一种是执行的。提出错误路线的是某些错误路线的代表人物，他们要负主要责任。”“党内路线斗争是社会阶级斗争的反映。错误路线有它的社会基础。这个社会基础，主要是资产阶级。这条资产阶级错误路线在党内有一定的市场，因为党内有一小撮走资本主义道路的当权派，还有相当一批世界观没有改造或没有改造好的糊涂人。”

康生和“中央文革小组”成员也纷纷在发言中对刘少奇、邓小平进行批判。在会上发言的，还有邓小平在抗日战争和解放战争时期的老部下，曾担任过第二野战军第四兵团政治委员，此时任国务院副总理兼公安部部长的谢富治，他按照林彪、江青定好的调子，诬蔑说：“邓在人们的印象中，是一个30年‘一贯正确’的形象，在党内有很大影响，这次批判资产阶级反动路线的阻力之所以如此大，同这种影响不无关系。”陈伯达重点批判邓小平，说邓小平是错误路线的急先锋，并从20世纪60年代起，对邓小平旧账新账一起算。

10月25日，毛泽东在听取会议汇报后，作了正式讲话，指出这次会议“就是要总结一下经验，做思想政治工作”，解决“思想不通”的问题。发动“文化大革命”的原因，是以前过于信任人，在中央搞了一线、二线后，出了相当多的独立王国，我的意见在北京不能实行，推行不了。对于“文化大革命”运动的兴起，毛泽东说：“时间很短，来势很猛。我也没有料到，一张大字报一广播，就全国轰动了”，“红卫兵一冲，把你们冲得不亦乐乎”，“文化大革命这个火是我放起来的”。此时，他认为中央的问题已经解决，刘、邓及许多干部的问题仍然是人民内部矛盾。他说要允许人家犯错误，说刘、邓二人是搞公开的，要准许他们革命。还对与会者说："我是不要打倒你们的，我看红卫兵也不一定要打倒你们。你们过不了关，我也着急呀。时间太短，可以原谅，不是存心要犯路线错误，有的人讲，是糊里糊涂犯的。也不能完全怪刘少奇同志、邓小平同志，他们两个同志犯错误也有原因。"[①]他还宣布："这个运动，才5个月，可能要搞两个5个月，或者还要多一点时间。"

林彪和陈伯达的讲话，是此次中央工作会议上批判刘少奇、邓小平的主题讲话。会后，迅速被大量印发，广为传播，并刊登在各个群众组织编辑的报纸、刊物、小册子上，成为"彻底批判资产阶级反动路线"的"两个重磅炮弹"。

然而，就在中央工作会议召开的同时，"中央文革小组"却在策划一系列"打倒刘、邓"的活动。

11月2日，中共中央组织部内突然贴出一大批批判刘少奇和邓小平的大字报。11月8日，聂元梓等人也在北京大学贴出了《邓小平是党内走资本主义道路的当权派》的大字报，所列罪名，有大反"个人崇拜"、公开"鼓吹"在农村恢复单干、反对"文化大革命"、是彭真的后台等等。

"文化大革命"运动发展到如此地步，超过了所有人的预料。这时，邓小平已完全失去了正常工作和出席任何会议的权利，只能整天坐在家里看一些送来的文件。这些文件无议从数量上还是从内容上来说，都已不能和往日相比。对于未来的政治命运，邓小平采取等待的态度。这也是他在当时形势下的唯一选择了。

实事求是地看，无论在长期的革命战争年代，还是在中华人民共和国建立以后的社会主义建设时期，毛泽东对邓小平一直是十分信任、十分欣赏、十分重用的。但在"大跃进"以后，邓小平与其他中央领导人一起，采取一系列有力措施，坚决纠正"大跃进"所造成的严重恶果，坚决纠正

---

① 中共中央党史研究室：《中国共产党历史》，第2卷下册，北京，中共党史出版社，2011：774页。

在社会主义建设问题上的“左”的错误，使毛泽东对包括邓小平在内的中央第一线领导人开始产生不满。这种不满日益加深，并随着事态的发展而演变成为进行人事更替的决心。“文化大革命”初期，毛泽东在决定确立林彪为接班人的时候，还没想彻底去掉邓小平，曾希望继续用邓小平，并希望邓小平能配合他在人事上的新选择。为此，毛泽东曾找邓小平谈了一次话。与此同时，看到刘少奇、邓小平虽然受到批判，但还没有被彻底打倒，陈伯达、康生、江青等“中央文革小组”大员，便策划于密室，企图掀起一场更大的波澜。欲置刘少奇、邓小平于死地。于是，一场由康生、陈伯达、江青精心策划的阴谋拉开了帷幕。

1966年12月18日上午，“中央文革小组”办公室突然打电话给清华大学“井冈山兵团”总部，指名要其头头蒯大富下午2时到中南海西门，说“中央文革小组”有人找他谈话。蒯大富原是清华大学化工系学生，“文化大革命”初期起来“造反”，受到当时王光美任副组长的上级派驻清华大学工作组的批判，被工作组定为“右派”。为了表示反抗，蒯大富宣布“绝食”，此举一下子引起了轰动。此后，上面派人到清华大学，对蒯大富表示慰问和支持，使蒯大富名声大振，扯旗造反，拉起了队伍，成立了清华大学“井冈山兵团”，并于1966午9月24日篡夺了清华大学的领导权。“首都红卫兵第三司令部”成立后，蒯大富为主要领导成员之一，他坚决按照“中央文革小组”的号令行动，“步步紧跟”，成为北京市当时著名的“学生领袖”之一。

12月18日下午2时，蒯大富乘车来到中南海西门。时任“中央文革小组”副组长的张春桥，把蒯大富领到旁边的一个房间里，两人开始了密谈。

在审判林彪、江青反革命集团案时，蒯大富出庭作证证实：

张春桥首先询问了蒯大富的近况。蒯大富遂向张春桥汇报了他最近去上海“串联”的情况和清华大学“文化大革命”运动的情况。其实，张春桥的真实意图并不在这里，所以不等蒯大富讲完，就打断了蒯大富的话头，一字一顿地向蒯大富面授机宜："从全国来讲，资产阶级反动路线仍然相当猖獗，现在还是要深入批判资产阶级反动路线。中央那一两个提出资产阶级反动路线的人，至今仍不投降。""你们革命小将应该联合起来，发扬彻底革命精神，痛打落水狗，把他们搞臭，不要半途而废……"

张春桥原任中共上海市委书记处书记，江青在"文化大革命"前夕组织人写评《海瑞罢官》的文章时，在北京连连碰壁。到了上海，找到了张春桥，两人一拍即合。经过张春桥一手秘密策划，由姚文元执笔，写成了《评新编历史剧〈海瑞罢官〉》的文稿，虽在京、沪两地数易其稿，几次修改，竟然丝毫不露风声，实现了江青对北京市委保密，对中央政治局、中央书记处保密的意图。文章发表后，立即引起了极大的震动。

由于张春桥在组织写评《海瑞罢官》的文章中为江青立了"头功"，在"中央文革小组"成立时，被任命为副组长，从上海市委书记处书记，一下子变成了"中央首长"。以后，在"文化大革命"中江青策划的秘密活动，总少不了张春桥在其中出谋划策。

这次张春桥秘密接见蒯大富，也是他与江青等人暗中策划、密谋过的。

张春桥这次在中南海接见蒯大富的目的，就是要利用蒯大富和清华大学的"井冈山兵团"，公开出来反对刘少奇和邓小平，并把这一行动推向社会，从而制造"群众组织"自发起来要求打倒刘少奇、邓小平的"假象"。但是他又不直接点出刘小奇、邓小平的名字，让蒯大富自己去领会。蒯大富当然心领神会，既然是让"把他们搞臭"，无疑就是"打倒"的代名词了。所以，听了张春桥的一番谈话，蒯大富连连表示：请首长放心，我保证照办。

下午4时，蒯大富"怀揣"张春桥代表"中央文革小组"交给的"秘密使命"，离开中南海，返回清华大学。当晚，蒯大富结合自己的理解，把张春桥的谈话内容传达给"井冈山兵团"的头头们，并作了具体部署。19日，蒯大富在清华大学主持召开了"向资产阶级反动路线总攻击誓师大会”，发出了“彻底砸烂以刘邓为首的资产阶级反革命司令部”的动员令。20日，在清华大学新航空馆，蒯大富召开了“井冈山兵团”成立后的第一次总部会议，他在转达了张春桥的讲话后说：“从春桥同志讲话的意思看，批资产阶级反动路线目前还是大方向，但矛头应该集中指向刘、邓。我认为春桥同志的讲话不只是他个人的意见，而是代表中央文革的……”。会议布置了12月25日把“打倒刘邓”的行动推向全北京市的行动计划。

12月25日上午，清华大学“井冈山兵团”的5000余人，在蒯大富指挥下，由广播车开路，挥舞各种横幅、旗帜，奔向北京市区。在天安门广场上，蒯大富主持召开了“彻底打倒以刘少奇、邓小平为代表的资产阶级反动路线誓师大会”。然后，5000余人兵分五路，一路留守天安门广场，其余奔向王府井、西单、北京车站和菜市口等闹市区，把各种各样充满了攻击、谩骂、诬蔑、诽谤性内容的巨幅标语、大字报、传单等贴满了引人注目的地方。就在这个所谓的“大行动”中，他们在北京街头贴出了“打倒刘少奇”“打倒邓小平”的大字标语。这是1966年5月“文化大革命”开始以来，北京乃至全国第一次出现这样内容的大标语。

对此，中共中央文献研究室编写的《邓小平年谱》记载道：“（1966年）12月18日下午，张春桥在中南海西门单独召见清华大学造反派负责人蒯大富，鼓动批判中央所谓‘那一两个提出资产阶级反动路线的人’。”25日上午，蒯大富率领5000余人上街集会演讲，散发传单，张贴大字报、大标语，把“打倒刘少奇”“打倒邓小平”的口号推向社会。①

天安门广场，被称为北京的“心脏”。这是何等庄严、何等神圣的地方！可是，12月25日这一天，在天安门广场上，公然有人明目张胆地召开了“彻底打倒刘少奇、邓小平”的“誓师大会”，在天安门城楼的墙上，

---

① 中共中央文献研究室：《邓小平年谱（1904—1974）》下册，北京，中央文献出版社，2009：1935页。

有人明目张胆地公然贴出了“打倒刘少奇”“打倒邓小平”“和刘、邓血战到底”的大幅标语；而被肆意攻击的这两个人，一个是中共中央政治局常委、中华人民共和国主席，一个是中共中央政治局常委、中共中央总书记。然而，在北京发生这么大的严重事件，却没有任何机关、任何人出来进行干涉、批评和制止。明眼人一眼就可以看出，几个青年学生根本没有这么大的胆子，他们的背后有“中央文革小组”的暗中支持和操纵。这个事件，立即震动了全北京，震动了全中国，也震动了全世界。它所产生的效果是确凿无疑的：“中央文革小组”支持打倒刘少奇和邓小平。

这次事件的经过和主要内容，在“中央文革小组”办公室主办的“文化大革命”运动情况《快报》第787期上，被迅速刊载（该《快报》主要供中共中央领导人参阅，以便随时了解和掌握北京及全国各地的“文化大革命”动态）。12月27日，北京高等院校群众组织在首都工人体育场召开“彻底批判刘、邓资产阶级反动路线大会”，聂元梓等造反派头头用激烈的语言对刘、邓进行诬蔑和攻击。既然北京的群众组织在“中央文革小组”的支持下开了先例，各地的群众组织也不甘落后，纷起呼应，在全国范围内掀起了一场声势浩大的打倒刘、邓的浪潮。为了继续借所谓“群众运动的力量”来实现彻底打倒刘少奇、邓小平的目的，12月30日傍晚，“中央文革小组”成员江青、姚文元等亲自到清华大学，进一步煽风点火，对蒯大富的行动表示“坚决支持”。

与此事件有内在联系的，是12月6日林彪在中央政治局扩大会议上听取工交座谈会情况汇报时的一次讲话，他离开会议研究讨论“抓革命，促生产”的主题，点名攻击刘少奇和邓小平，把原来强加给刘、邓的所谓“文化大革命”初期派工作组的错误无限上纲，并联系到“文化大革命”以前。他说：“刘、邓不仅是五十天的问题，而是十年、二十年的问题。工交战线受刘、邓的影响很大。”[①]林彪这样的讲法，标志着对刘少奇、邓

---

① 中共中央党史研究室：《中国共产党历史大事记》，北京，中共党史出版社，1991：283页。

小平“错误”的批判，已经不仅仅只局限于“文化大革命”初期的五十多天，而是要联系“文化大革命”以前十年、二十年的“问题”，进行彻底的“清算”。须知，在两个月以前召开的中央工作会议上，对刘少奇、邓小平的所谓“批判”，还仅仅只限于在“文化人革命”初期“发起”了“一条压制群众、反对革命”的“资产阶级反动路线”。而在两个月以后，即上升到联系“文化大革命”以前的一二十年，这说明在林彪和“中央文革小组”那里，刘少奇、邓小平“问题”性质已经起了大的变化。一般来说，在中共历史上，犯了路线错误，只要认识了，并不至于被彻底打倒，而如果联系历史上的问题进行“清算”，问题的性质就非常“严重”了。

第六章　从容应对　淡定如山

1967年，“文化大革命”的势头更加猛烈。

1月1日，《人民日报》、《红旗》杂志发表题为《把无产阶级文化大革命进行到底》的社论，宣布“1967年将是全国全面展开阶级斗争的一年”，号召向“党内一小撮走资本主义道路的当权派和社会上的牛鬼蛇神展开总攻击”。1月11日，中共中央政治局会议决定取消刘少奇、邓小平、陶铸、陈云、贺龙出席政治局会议的资格。

随后，中央政治局常委陶铸被“中央文革小组”诬为“最大的保皇派”，贺龙元帅被点名，说成是“大土匪”。湖北、上海、吉林、福建、江苏、山东、安徽、浙江、江西等省的省委第一书记相继遭到批判。云南省委第一书记、山西省委第一书记、煤炭工业部部长、海军东海舰队司令员被迫害致死。

在上海，张春桥、姚文元等人掀起了向中共上海市委、上海市人民政府夺权的所谓“一月风暴”。

在刘少奇、邓小平被打倒之后，中共中央政治局委员、国务院副总理、中央军委副主席贺龙，中共中央政治局常委陶铸也相继被打倒。在庐山会议上为民请命的彭德怀被“中央文革小组”派人揪回北京，受尽凌辱。大部分中共中央、国务院的部长们，几乎所有省、市、自治区的党委书记和主要行政领导干部，都程度不同地受到了冲击，有的受到批判，有的受到揪斗，有的被活活打死（如煤炭工业部部长张霖之）。“文化大革命”像一列失去了操纵的列车，在极左的轨道上愈滑愈远。

2月11日和16日，老一辈无产阶级革命家谭震林、陈毅、叶剑英、李富春、李先念、徐向前、聂荣臻等，再也难以容忍“文化大革命”的倒行逆施，再也按捺不住对林彪、江青煽动“打倒一切，全面内战”的满腔怒火，终于拍案而起，奋起抗争，“大闹京西宾馆”，“大闹怀仁堂”，怒斥林彪、江青的种种倒行逆施，要求坚持党的领导、保护老干部、保持军队的稳定。他们坚持党的原则的正义行动，被林彪、江青等人诬蔑为“二月逆流”，受到错误的批判。此后，中共中央政治局停止活动，“中央文革小组”完全取代了中央政治局（中央书记处在此之前已被迫停止活动）。[①]

以后，毛泽东在一些讲话精神中，肯定被打成所谓“二月逆流”的老同志的行动，是“阳谋”不是“阴谋”，是内部矛盾。他说：这件事是一种很自然的现象，因为他们有意见要说嘛，几个人在一起，又都是政治局委员，又是副总理，有些是军委副主席，我看也是党内生活许可的。他们是公开出来讲的，不是两个大闹吗？一个大闹怀仁堂，一个大闹京西宾馆。他这个大闹就证明他是公开出来的嘛，没有什么秘密。有些细节，大家不晓得，我也不知道，最近简报上才看到那些情况，我看细节无须过多过问，比如谁跟谁来往了多少次，还是大纲节目要紧。如果党内生活把人引导到注意那些很小的细枝末节，那就不好喽。[②]1968年1月3日，他在一份

① 中共中央党史研究室：《中国共产党历史大事记》，北京，中共党史出版社，1991：286页。

② 毛泽东在中共八届扩大的十二中全会闭幕会上的讲话记录，1968-10-31。参见中共中央文献研究室：《毛泽东传》（1949—1976）下册，北京，中央文献出版社2003：1533页。

反映老同志思想动态的简报上批示："所有与二月逆流有关的老同志及其家属，都不要批判，要把关系搞好。"粉碎林彪集团以后，1971年11月14日，毛泽东在接见参加成都地区座谈会的同志时，进一步讲了为"二月逆流"平反的话，指出，这件事搞清楚了，不要再讲"二月逆流"了。粉碎江青集团后，中共中央作出决定，宣布为"二月逆流"平反。1981年3月18日，邓小平说："所谓'二月逆流'，不是逆流，是正流嘛，是同林彪、'四人帮'的反复斗争嘛。"①

1967年3月上旬，中共中央政治局常委、"中央文化革命小组"组长陈伯达，在中共中央、中央军委召开的全军军以上干部会议上的讲话中，在一系列问题上点名对刘少奇、邓小平进行攻击和诬蔑。陈伯达首先念了毛泽东《炮打司令部——我的一张大字报》的全文，然后攻击刘少奇、邓小平说："1962年刮单干风，就是刘少奇为首，邓小平赞成的。他们的那一套，就是实行资本主义复辟。"

1967年4月，《人民日报》发表"中央文革小组"成员戚本禹的文章《爱国主义还是卖国主义？——评反动影片〈清宫秘史〉》。这篇文章采用颠倒是非、混淆黑白、捏造事实的手法，在最后一部分以"八个为什么"罗织了所谓"党内最大的走资本主义道路的当权派"刘少奇从抗战爆发前夕到"文化大革命"初期的"八大罪状"。并气势汹汹地诬指刘少奇："你是假革命、反革命，你就是睡在我们身边的赫鲁晓夫！"同时，这篇文章还把矛头指向邓小平，诬指刘少奇"在无产阶级文化大革命中，勾结另一个党内最大的走资本主义道路的当权派，提出和推行资产阶级反动路线"。

戚本禹卖力地充当江青等人的马前卒，写下了这篇攻击刘少奇和邓小平的长文，在当时被称之为"吹响了文化大革命深入发展的进军号"，权势更加膨胀。不料，几个月之后，就被关进了监狱，成为被打倒的"王、关、戚"中的第三号人物，真是咎由自取。

---

① 《邓小平文选》第2卷，北京，人民出版社，1994：303页。

在“文化大革命”中，被《人民日报》点名批判或不直接点名而用其他“代称”点名批判，意味着对刘少奇、邓小平这两个“党内最大的走资本主义道路的当权派”的批判大大升级，性质有新的变化。4月6日，在“中央文革小组”的煽动和一手操纵下，中南海的“革命群众”未经任何法律程序，冲进中共中央政治局常委、中华人民共和国主席刘少奇家中进行造反行动。次日，刘少奇在中南海贴出答辩的大字报，几小时后便被撕毁。同月10日，清华大学群众组织召开号称30万人的批判大会批斗了刘少奇的夫人王光美。

1967年4月12日至18日，中央军委召开扩大会议研究“三支两军”等问题。林彪、江青、陈伯达、康生、张春桥相继到会上讲话，赞扬“文化大革命”，宣扬上海夺权的“一月风暴”经验，系统地罗织罪名，批判所谓刘少奇、邓小平的“罪行”。林彪和“中央文革小组”成员在这次会议和二三月间中央军委召开的军以上干部会议上的多次讲话，实质上是在军队高级干部中制造“打倒刘少奇、邓小平”的舆论，为军队高级干部在思想上“转弯子”做动员。这从另一个方面也说明：打倒刘少奇、邓小平的错误做法，在军队高级干部中受到了程度不同的抵制。

虽然在林彪、江青的操纵下，刘少奇、邓小平均受到了严厉的批判。但是在毛泽东的心中，对刘少奇和邓小平却是有着明显的区别的。

5月的一天，深为毛泽东所信任和器重的中共中央办公厅主任汪东兴来到邓小平家中与邓小平谈话。毛泽东让汪东兴向邓小平转达他的三个意思：第一，要忍，不要着急；第二，刘、邓可以分开；第三，如果有事可以给他（毛泽东）写信。听完汪东兴转达毛泽东的意思后，邓小平表示，大字报中提出的许多问题与事实不符，要求见主席当面谈谈。汪东兴把邓小平的要求转报了毛泽东。几天以后的一个深夜，邓小平家的电话突然响了起来。总机说，一组（毛泽东处）秘书要找邓小平的秘书王瑞林讲话，王瑞林接了电话不久，毛泽东的秘书徐业夫来到邓小平家。王瑞林带着徐业夫到邓小平的卧室把他叫起来，告诉他说主席要找他谈话，邓小平赶紧起身。徐业夫没有让带警卫员，接着邓小平一个人走了。直到黎明时分，邓小平才从毛泽东住地返回家中。他告诉卓琳，主席主要问他30年代离开红七军到上海向中央汇报工作这一段的历史情况，他向主席详细讲了。主席批评了他派工作组的错误。他向主席表示接受批评。他还问主席，以后如有事情向主席汇报找谁？主席说，可以找汪东兴，也可以直接给他本人写信。看到主席态度缓和，批评得并不严厉，使人感到相当大的安慰。[①]

1967年夏天，骄阳似火。但“文化大革命”的“温度”似乎比自然界的温度更高。

7月中旬，毛泽东打算离开北京，前往大江南北地区“视察文化大革命”。临行前，毛泽东召开了一次“中央文革小组”的“碰头会”，谈了自己此次出行的主要意图，并提出要再次在武汉畅游长江（同时处理武汉的“文化大革命”问题）。在谈到“文化大革命”的部署时，毛泽东说：“一年开张；二年看眉目；定下基础，明年结束。这就是文化大革命。”[②]7月13日晚，毛泽东由中共中央办公厅主任汪东兴、中国人民解放军代总参谋长杨成武、北京军区司令员郑维山等陪同，乘专列离开北京。第二天上午，周恩来为提前安排好毛泽东在武汉畅游长江和处理武汉问题等事宜，乘专机飞往武汉。

毛泽东、周恩来不在北京，这使江青等人失去了制约，更加肆无忌惮地掀起了一系列“批判”刘、邓的浪潮。

7月15日，中央办公厅的“群众组织”以中央办公厅名义写了《关于批斗刘少奇的报告》，戚本禹在上面批道：“请伯达、江青、康老决定。”康生圈阅后批示“同意”。陈伯达、江青均圈阅“同意”。陈伯达还将《报告》中“刘少奇”三个字中的“少奇”二字勾掉，在“刘”字

---

① 毛毛：《我的父亲邓小平：“文革”岁月》，北京，中央文献出版社，2000：44~46页。

② 张子申：《杨成武将军访谈录》，北京，中国文联出版公司，1994：39页。

后面增加了“邓陶夫妇”四个字。这一改动，使报告由原来的请示“批斗刘少奇”变成了“批斗刘邓陶夫妇”，由原来的批斗一个人，变成了批斗刘、邓、陶夫妇6个人。

7月18日，在“中央文革小组”策动下，北京100多个“群众组织”数十万人在中南海西门外召开“揪斗刘少奇誓师大会”。并在中南海西门外“安营扎寨”，围困中南海，要求“刘少奇滚出中南海”。“中央文革小组”对此表示支持。

同一天，在“中央文革小组”策划下，中南海的“群众组织”批斗了刘少奇、王光美，以及邓小平和陶铸夫妇，并从此剥夺了刘少奇的人身自由。在批斗会期间，“王光美专案组”组织一些人抄了刘少奇的家，一共抄走刘少奇、王光美的笔记本等188本。

7月19日，中南海的“群众组织”把邓小平夫妇带到邓家住地旁边的怀仁堂，说有事情要问。然后，开始对邓小平家进行抄家。这些中央办公厅的“群众组织”对自己原来直接服务的对象倒是情况熟悉，熟门熟路。他们首先到邓小平的办公室、会客室，然后到卧室，翻来翻去，却什么也没有搜查出来。邓小平日常的习惯是，开会不做记录，平时不写笔记，发言讲话不写讲稿，最多一个纸条记几个数字，但凡落笔都在文件上。处理文件都是当日事当日毕，看完批完就让秘书拿走，办公室内不留文件。他的办公室内确实干净简单，除了书籍以外，几乎什么也没有。“造反派”搜了半天，一点对他们有用的材料也没有找到，不免有些失望，便气鼓鼓地说：“一点笔记都没有，这个总书记，也不知道是怎么当的！”①

这次抄家后，邓小平算是“正式”被打倒了。7月29日，中南海一些“革命群众”以开支部会的名义，批斗了邓小平，限他3天内交出“请罪书”，宣布从即日起限制邓小平夫妇的行动自由。面对批斗，邓小平忍无

① 毛毛：《我的父亲邓小平：“文革”岁月》，北京，中央文献出版社，2000：51页。

可忍，提笔给汪东兴写信："今日上午支部会议的情况料已知道。另，外语学院也要我在30日以前写出交代，支部限期是3天。对此类事情应如何处理，理应请示主席和中央。电话不便打，我写一封信求见主席，请代为转呈。"在给毛泽东的信中，邓小平写道："5月见主席时，主席曾面示有事可找你，并嘱如要见主席可直接写信。我再次写信求见主席，实在感到非常抱歉。今（29）日上午，我们几个单位的支部开会……在会上勒令我在三天内交出我的请罪书，彻底交代反党、反社会主义、反毛泽东思想、反主席的罪行，同时对我的生活行动方面也做了一些处理。我目前确实心中……不知如何是好，所以我十分恳切地希望能够当面向主席请教。我自觉这个请求是不一定恰当的，但我别无办法，只能向主席倾吐我的心情。如果主席太忙，是否要别的同志找我一谈。"①

毛泽东没有再见邓小平。在"中央文革小组"的策划下，打倒邓小平已成不可逆转之势。

8月1日，邓小平的秘书和警卫员被调走了。中央办公厅派来了一个新"秘书"。新"秘书"上任后的第一件事，便是把卓琳叫到他那墙上贴着"坦白从宽，抗拒从严"标语的办公室，声色俱厉地让卓琳揭发邓小平。卓琳十分从容地说："小平同志从来不把工作上和组织上的事对家里人讲，我什么也不知道。至于文件，每天看完后，该处理的当天都处理了，其他的都送中办机要处了，要什么，你们自己去翻吧！"②

8月5日，是毛泽东写出《炮打司令部——我的一张大字报》一周年。事前，谢富治和戚本禹到"揪斗刘少奇火线"进行煽动，建议"群众组织"在天安门广场召开百万人的声讨批判大会。同一时间，在中共中央和国务院所在地中南海，由中南海"群众组织"分别在住地组织对刘少

---

① 毛毛：《我的父亲邓小平："文革"岁月》，北京，中央文献出版社，2000：52页。

② 毛毛：《我的父亲邓小平："文革"岁月》，北京，中央文献出版社，2000：53页。

奇、邓小平、陶铸夫妇进行批斗。这一天，北京天安门广场举行了数百万人参加的纪念大会，声讨刘少奇的“罪行”。这天下午，中南海的“群众组织”按照“中央文革小组”的部署和戚本禹的直接指挥，分别批斗刘少奇、王光美，邓小平、卓琳，陶铸、曾志夫妇。中南海的“群众组织”还在院内架上喇叭，把同时在天安门广场进行的批判大会实况放给他们听。

这次发生在中南海里的批斗结束后，卓琳扶着邓小平走回屋里，看到邓小平脸上苍白，赶紧倒水让他喝，再扶着他躺下休息。事后据目击者说，这次批斗刘、邓、陶，对邓小平，还是最“文明”的。对刘少奇和陶铸，则残酷得多，特别是对刘少奇，进行了残酷的人身摧残。

对于这段历史，邓小平的女儿毛毛在《怀念陈伯伯（陈毅）》一文中，作了回顾：“1967年初，父亲被正式地宣布为‘党内第二号走资本主义道路的当权派’，倒台了。我们的家被抄了，父母在被造反派揪斗之后，又被软禁了。举国上下，都在高喊：‘打倒刘少奇！打倒邓小平！’那时的政治空气，真是紧张而又疯狂。”

在“文化大革命”中，凡是被批判被打倒的人，都会被强制参加惩罚性的劳动改造，有些“造反派”甚至用超过人体负荷的强体力劳动来达到迫害和折磨人的目的。邓小平夫妇被关在自己家的院子里，要劳动改造，却没有什么可干的活。一开始让他们自己做饭，不过没做两天就不让他们做了，改为勒令卓琳每天扫院子。刚开始是卓琳一个人扫，后来邓小平自动拿起扫帚，跟卓琳一起扫。从1967年秋天到1969年秋天的两年中，无论刮风下雨，他们每天都认真地把院子扫得干干净净。在单调孤寂的软禁中，扫院子这项劳动成为邓小平每天生活的一项重要内容。除此之外，邓小平就只有坐在屋子里，看书、看报、听广播，或者静坐沉默。

一代叱咤风云的英豪，一代治国安邦的英才，一代折冲樽俎的大政治家，竟然只能在每日打扫院子的劳动中消耗时光，怎能不令人为之扼腕叹息呢！从“十年内乱”的发展过程看，1967年夏天确实是一个充满了“打倒一切、全面内乱”混乱局面的夏天：

7月中旬，根据“中央文化革命小组”（即“中央文革小组”）的旨意，王力、谢富治在武汉进行支一派、压一派，策动反军乱军的阴谋活动，遭到武汉广大干部、群众和人民解放军指战员的强烈反对。7月20日，武汉的一些群众组织奋起揭露他们的阴谋活动，批判他们的错误，却被诬为“7·20反革命事件”。并诬陷武汉军区司令员陈再道、政治委员钟汉华等是“7·20反革命事件”的“黑后台”“幕后策划者”。7月22日，江青对河南一派“群众组织”的代表提出所谓“文攻武卫”的口号，煽动武斗，致使全国武斗急剧升级，造成“全面内战”的局面。7月25日，林彪、江青在北京天安门召开群众大会，宣布改组武汉军区，公开提出“打倒军内一小撮走资本主义道路当权派”的反军乱军口号，在全国掀起了冲击军事领导机关的浪潮。

8月7日，身为国务院副总理兼公安部部长的谢富治竟然提出“砸烂公、检、法”的荒谬主张，使在公、检、法系统工作的广大干部受到残酷迫害，社会秩序完全失去控制，“打、砸、抢、抄、抓”更为严重。同日，王力发表讲话，鼓动外事部门的“群众组织”，砸烂外交部政治部，封闭外交部党委，夺取外交大权，并制造了火烧英国驻华代办处等一系列涉外事件，严重地破坏了中国对外关系和声誉。8月9日，林彪发表讲话说：“现在不少地区党、政机关瘫痪了，表面上看起来很乱，但这个乱是必要的，正常的”，并鼓吹“建立新的国家机器”，“现在的革命是革我们原来革过的命的命”。实质上是在煽动新的“天下大乱”。1967年夏天成了“文化大革命”中最混乱的时期。各地相互对立的群众组织，组成专业的“文攻武卫”队伍，运用手中掌握的从长矛、大刀、木棍等冷兵器到步枪、冲锋枪、机关枪，甚至迫击炮、坦克、高射机枪等现代武器，互相攻击，武斗频繁，规模很大，伤亡惨重，使国家和人民的生命财产遭到巨大损失。

为了控制局势，抑制混乱局面进一步恶化，毛泽东在1967年7月、8月、9月视察华北、中南和华东地区的“文化大革命”情况，发表了一系列谈话，号召各地革命群众组织实现革命的大联合。毛泽东的谈话着重谈到干部问题。他说："绝大多数的干部都是好的，不好的只是极少数。对党内走资本主义道路的当权派，是要整的；但是，他们是一小撮。""要扩大教育面，缩小打击面。"在对干部"进行批判斗争时，要用文斗，不要搞武斗，也不要搞变相的武斗"。毛泽东还说："要允许干部犯错误，允许干部改正错误。不要一犯错误就打倒。""要解放一批干部，让干部站出来。"毛泽东的谈话还提出"对红卫兵要进行教育"，"要告诉革命造反派的头头和红卫兵小将们，现在正是他们有可能犯错误的时候"。[①]

毛泽东在视察中的一系列谈话，尽管在全局上、方向上是错误的，但在一些具体问题上的主张还是正确的，对抑制愈演愈烈的混乱形势起了一定的作用。特别是在8月底，毛泽东根据周恩来的报告，批准把王力、关锋隔离审查，以后又批准对戚本禹隔离审查，对于避免局势进一步恶化起了积极作用。王力、关锋、戚本禹，都是"中央文革小组"成员，在"中央文革小组"分管宣传，控制报刊，秉承江青的旨意，制造舆论，迫害干部，摧残知识分子，操纵群众组织，策划夺权。王力、关锋、戚本禹被隔离审查，是对江青集团的沉重打击。

王力、关锋、戚本禹垮台后，林彪、江青于1968年3月，制造了"杨成武、余立金、傅崇碧事件"。杨成武当时担任中国人民解放军代总参谋长、余立金当时担任中国人民解放军空军政委、傅崇碧当时担任中国人民解放军北京卫戍区司令员。林彪、江青强加给他们阴谋夺取空军大权、排挤其他军队领导人员、为"二月逆流"翻案、"武装冲击中央文革"等"莫须有"的罪名。3月22日，中共中央决定，撤销他们三个人的职务，并将余立金逮捕法办；任命黄永胜为总参谋长，副总参谋长温玉成兼任北京卫戍区司令员。这是林彪、江青为了进一步篡夺军权蓄意制造的一大冤案。同时，中共中央还决定改组军委办事组，由黄永胜任组长，副总参谋

① 中共中央党史研究室：《中国共产党历史》，第2卷下册，北京，中共党史出版社，2011：795页。

长、空军司令员吴法宪任副组长，林彪办公室主任林彪老婆叶群、副总参谋长兼海军第一政委李作鹏、副总参谋长兼总后勤部部长邱会作为成员。从而使林彪集团窃取了中央军委很大一部分权力。

“不久，根据毛泽东的意见，决定中央军委常委不再开会，军委办事组实际上取代了军委常委。”②

② 中共中央党史研究室：《中国共产党历史大事记》，北京，中共党史出版社，1991：290页。

第七章　毛泽东："我有点保留"

"文化大革命"爆发后，由于江青集团不断推波助澜，对全国造成极大危害。"文化大革命"犹如滔天巨浪，以排山倒海之势滚滚而来，全国上至国家元首、元帅、将军，下至车间主任、生产队长，不知有多少人因被打成"走资本主义道路的当权派"，而遭到罢官批判、打翻在地的命运。这是江青集团蓄意煽动"打倒一切，全面内战"的结果。毛泽东对于党的高级领导干部，哪些人可以打倒、哪些人可以冲击一下、哪些人不能打倒、哪些人将来还可以使用，心中是有所考虑的。

对于邓小平在中国革命历史上的巨大功绩、主持中共中央书记处工作期间所表现出来的工作能力和雷厉风行的工作作风，毛泽东一直有着深刻的印象。特别是在20世纪六七十年代的国际环境中，中国面临着"以美国为首的帝国主义集团""以苏联为中心的现代修正主义集团"和各国反动势力的巨大压力，各项工作都以"要准备打仗"为前提来进行部署，国家长期处于临战体制，毛泽东对历史上邓小平"能打仗"的特长更是念念不忘。

因此，尽管"文化大革命"中"炮火连天"，尽管国家主席、元帅将军一个个被江青集团煽动"群众组织""打翻在地，再踏上一只脚"，并"批倒批臭"。但对于邓小平是否要彻底打倒，毛泽东却始终是持保留态度的。这种保留态度，实际上反映了毛泽东对邓小平的一贯看法，同时也是对邓小平的一种政治上的保护。

即使在"文化大革命"这样特定的历史时期和复杂的环境中，毛泽东仍然在各种不同场合，对邓小平作了正确的评价。

1966年8月，在中共八届十一中全会上，当改组中央领导机构，最后决定中共中央政治局常务委员会成员候选人名单时，毛泽东把邓小平排列在第四位。虽然由于江青的反对，邓小平的顺序后来被排在了第六位，但仍然居于靠前的重要位置。

1967年7月15日，毛泽东在同一位"中央文革小组"成员单独谈话中，说：如果林彪身体不行了的话，还是要邓小平出来。

1967年11月5日，毛泽东就中国共产党第九次全国代表大会的召开和整党问题同"中央文革小组"成员谈话。在谈话中，毛泽东提出，邓小平要与刘少奇有所区别。毛泽东说：关于九大问题，第一批反映已经来了（1967年10月21日，中共中央、中央文革发出《关于征询对"九大"问题意见的通知》以后，各地陆续向中央报告了对这一问题的看法——笔者注），综合一下，通报各地，继续征求意见；打了一年多仗（指一年多来"文化大革命"造成的"全面内战"——笔者注），搞出了不少坏人，现在要打出一个党来；党员要那种朝气蓬勃的，死气沉沉的、暮气沉沉的就不要加入这个党，"文化大革命"就是整党、整团、整政府、整军队，党、政、军、民、学都整了；要吸收新鲜血液，要吐故纳新；党纲要修改，不要写得太长。在谈到邓小平时，毛泽东虽然仍把邓小平与刘少奇联系起来，错误地批道："刘、邓互相合作，'八大'决议不通过大会主席团，也不征求我的意见就通过了。刚通过，我就反对。（一九）六三年搞了个十条，才隔三个月，他们又开会搞后十条，也不征求我的意见，我也没到会……"但同时又说："我的意见还要把他同刘少奇区别一下，怎样把刘、邓拆开来。”[1]把刘少奇与邓小平拆开来，这是毛泽东的最高指示。简短的话语中包含着丰富的政治内涵。表面上，是对刘、邓个人生死前途的决定，而在深层次上，涉及的问题则既多又复杂，反映了毛泽东的多种考虑。在“打倒一切、全面内战”的“文化大革命”中，邓小平之所以没有受到其他“走资本主义道路的当权派”所受的迫害，正是缘于毛泽东的意思，即毛泽东的政治安排。对于邓小平，毛泽东在政治上是有所考虑的，在人身上也是保护的。对邓小平的监管，毛泽东只让他所信任的汪东兴来管，从来没有让江青和“中央文革小组”插手。毛泽东对任何问题的考虑历来具有大政治家的宏大气魄，任何人都难以望其项背。汪东兴在20世纪80年代曾回忆说，毛泽东从来不受任何人支配。从毛泽东考虑问题和作出重大决策历来有自己独特的见解和思想来看，把刘少奇与邓小平拆开，无疑是毛泽东一种深谋远虑的政治安排。当然，在1967年还没有任何人能看到这一点。

“文化大革命”进行到1967年11月时，刘少奇已经被扣上了“中国的赫鲁晓夫”“党内最大的走资本主义道路的当权派”等大帽子。江青一手控制的中央专案组内的“刘少奇专案组”，正在以各种手段，制造伪证，罗织罪名，要把刘少奇打成“叛徒、内奸、工贼”。这些，已成定局，只是尚未履行组织手续罢了。

江青集团此时已经把邓小平打成“党内第二号走资本主义道路的当权派”，阴谋置之于死地而后快。因此，毛泽东强调对邓小平要与刘少奇“区别一下”，这就极大地遏制了江青集团妄图彻底打倒邓小平的阴谋。

1968年10月，中共八届十二中全会（扩大的）在北京召开。这次全会是在极不正常的情况下召开的。一些中央委员被剥夺了出席会议的权利，一些出席会议的中央委员在会上受到诽谤、诬陷和批判。当时担任空军司

---

① 中共中央文献研究室：《邓小平年谱（1904—1974）》下册，北京，中央文献出版社，2009：1941页。

令员的吴法宪，在全会小组会上，当面诽谤朱德，说朱德是个黑司令，不是红司令。原97名中共第八届中央委员除去世的10人外，只有40人到会；从到会的19名候补中央委员里面挑到了10名，在会议的第一天补为中央委员，才刚刚超过全体中央委员的半数。出席会议的还有"中央文革小组"全体成员、中央军委办事组成员、各省直辖市自治区革命委员会的主要负责人等74人。出席这次全会的人员共有133人，但其中中共第八届中央委员和候补中央委员仅有59人。就是在这种极不正常的情况下，全会通过了由江青集团凭伪证写成的《关于叛徒、内奸、工贼刘少奇罪行的审查报告》，决定把刘少奇永远开除党籍，撤销其党内外一切职务，从组织上完成了打倒刘少奇的手续。在这次全会上，江青集团还提出要开除邓小平的党籍，由于毛泽东的反对而未能得逞。

在中共八届十二中全会上，毛泽东在讲话中两次提到了邓小平。

第一次是在开幕会上。毛泽东在讲话中说："这次无产阶级文化大革命，对于巩固无产阶级专政，防止资本主义复辟，建设社会主义，是完全必要的，是非常及时的。文化大革命究竟要不要搞，成绩是主要的，还是缺点错误是主要的，要搞到底还是不搞到底，大家议一议。"鉴于林彪集团和江青集团在会上会下操纵煽动一批亲信骨干鼓噪，妄图造成一种要求开除邓小平党籍的形势，毛泽东明确地对邓小平问题表示了态度。毛泽东认为，邓小平在战争时期是打敌人的，历史上还未发现有什么问题，应与刘少奇区别对待，大家要开除（党籍），我有点保留。[①]

正是由于毛泽东的这一决策，使邓小平得以保留了党籍，同时也为邓小平以后的复出准备了重要条件。在八届十二中全会上，林彪集团和江青集团的成员，继续组织围攻参加所谓"二月逆流"的老一辈无产阶级革命家，以"最严重的反党事件"及"资本主义复辟的预演"等罪名，迫使老

① 中共中央文献研究室：《邓小平年谱（1904—1974）》下册，北京，中央文献出版社，2009：1946页。

一辈无产阶级革命家一次又一次地交代和检讨。会上，还印发了《党内另一个最大的走资本主义道路的当权派邓小平的主要罪行》，邓小平党内外一切职务实际上被撤销。

第二次是在闭幕会上。毛泽东主要是为一些被林彪集团、江青集团揪住不放的老同志说话。毛泽东说：有些同志对于所谓“二月逆流”这件事不大了解，经过十几天，就比较了解了。在这个全会上，由犯过错误的同志说明他们的问题，大家又对他们有些质问，他们再说明问题，又再质问，好像经过这么几次反复嘛，大家都比较清楚了。这件事嘛，要说小，就不那么小，是件大事。要说那么十分了不起呢，也没有什么十分了不起。他们有意见要说，几个人在一起，又都是政治局委员，又是副总理，有些是军委副主席，我看也是党内生活许可的。他们也是公开出来讲的。这个世界上面，总是左、中、右。统统是左派，我就不那么赞成。九大代表“二月逆流”的同志们如果不参加，我看就是个缺点。陈毅同志，你就以那个右的那一方面的资格，以这个身份，来参加九大。对于党内一些老同志，要一批二保三看。清理阶级队伍，注意一个“准”字，不要搞“逼供信”那一套。对于学术权威，注意不要做得太过分。冯友兰、翦伯赞可能还有某种用处。批是要批的，保还是要保的。邓，大家要开除，我有点保留，他和刘还有点区别。①

中共八届十二中全会闭幕以后，筹备召开中国共产党第九次全国代表大会的工作正式提上了议事日程，各项准备工作相继展开。起草中共九大的“政治报告”，是准备工作中的一件大事。为了争夺“政治报告”的起草权，陈伯达与张春桥、姚文元之间又进行了一番激烈的争斗。最后陈伯达与康生、张春桥、姚文元（张、姚执笔）各起草了一份“政治报告”。经中央讨论，林彪在中共九大宣读的是康生、张春桥、姚文元起草的这一

① 中共中央文献研究室：《邓小平年谱（1904—1974）》下册，北京，中央文献出版社，2009：1946页。

份“政治报告”。

在陈伯达最初起草的“政治报告”文稿上，曾经写有“刘、邓路线”的话，毛泽东否定了陈伯达的这种提法。陈伯达生前回忆：中共九大前，原来决定要我和张春桥、姚文元共同起草政治报告稿。我不愿同张、姚等人合作。起草人名单上，是我列在前面。我就自己着手，并组织几个人帮助搞材料。我起草的稿子上，我写过关于“刘、邓路线”的话。毛主席看过，说了一个重要指示：“邓小平同志打过仗，同刘少奇不一样，报告上不要提他。”

从上述毛泽东一系列讲话可以看出，尽管毛泽东在“文化大革命”中犯了严重错误，但在他的内心深处，始终对邓小平还是有着很好的看法。在“文化大革命”那样特定的历史条件下，毛泽东的话，是“最高权威”，是全党全军全国人民必须“字字句句坚决照办”的“最高指示”。毛泽东多次指示要“保”邓小平，这对邓小平是一种政治上的极大保护。

江青集团在“文化大革命”中处心积虑地整倒邓小平的目的，就是为篡党夺权扫清道路。在中共八届十二中全会上，毛泽东坚持保留了邓小平的党籍，这使江青集团如骨鲠在喉，难以安枕。

对于江青集团来说，只要邓小平一天不倒，就威胁尚存。唯有置邓小平于死地，方可解除后顾之忧。于是，江青等指使“专案组”加紧进行工作。

在北京，1969年夏季，“专案组”的专案人员整日奔忙，找在京的人证进行调查，滕代远、袁任远、莫文骅等老同志均受到讯问。在调查中，“专案组”人员面对的时常是一些老同志、老将军。这些身经百战的老共产党员，对“专案组”用心险恶的查讯，有的本着实事求是的精神予以回答，有的则干脆回避或不予理睬。当“专案组”人员找大将张云逸调查时，就被以“首长身体不好”为名吃了闭门羹。“专案组”人员在黄永胜和吴法宪的亲自安排下，还找中共中央军事委员会副主席聂荣臻进行了一次调查。1969年7月20日，在京西宾馆的一个小会议室里，德高望重的聂帅坐在一张藤椅上，对着“专案组”人员的提问，侃侃而谈。聂帅从20世纪20年代初期留法勤工俭学时起，就与邓小平成为战友，相知甚深。让他谈邓小平，他可是知道得太多了。聂帅谈得极富耐心，一谈就谈了差不多40分钟。他谈的内容，等于把他的老战友的履历，从头至尾地述说了一遍，至于“专案组”人员所要的“罪行”和“问题”，连只言片语也未涉及。最后，聂帅说了一句：“我身体不好，今天就谈到这里吧。”随后，在秘书的陪同下，头也不回地走了。“专案组”人员听了半天，一无所获，大为懊丧。[①]

从1968年6月起，在一年半的时间里，“专案组”先后派出外调小组93批，外调人员223人次，地域涉及15个省、市、自治区140多个市、县，行程30多万公里。多次往返出入于中央组织部、中央宣传部、交通部、公安部、统战部、化工部、一机部、七机部、水产部、解放军总政治部、中央办公厅、中央调查部、中央办公厅机要局、对外文委、新华社、人民日报社、北京市革命委员会、北京卫戍区、全国总工会、全国妇联、民航总局、中国科学院及哲学社会科学部、国家宗教局、中央高级党校、中国历史博物馆、空军司令部、海军司令部、北京农业大学、解放军政治学院、最高人民法院、中国人民银行、马列主义编译局、中国医学科学院、北京二七机车车辆厂、民革中央、秦城监狱等近百家单位。[②]

经过反复调查，“专案组”一无所获。

“专案组”为了调查邓小平的入党问题，专门写了一个报告。在上述报告转到周恩来处时，周恩来在报告上批示：“邓小平是在留法勤工俭学时入团、转党的，我和李富春、蔡畅同志均知道此事。”[③]周恩来既是当年

① 毛毛：《我的父亲邓小平：“文革”岁月》，北京，中央文献出版社，2000：106~107页。

② 毛毛：《我的父亲邓小平：“文革”岁月》，北京，中央文献出版社，2000：107页。

③ 中共中央文献研究室：《邓小平年谱（1904—1974）》下册，北京，中央文献出版社，2009：1945页。

邓小平的上级和战友，长期与邓小平朝夕相处；又是中国旅欧共产主义组织的创建人和领导人。因此，周恩来的批示具有丝毫不容置疑的极大权威性和准确性。既然中共中央政治局常委、中华人民共和国国务院总理已经写出证明了，“专案组”还有什么理由再去无中生有地捏造假材料呢！所以，周恩来的批示，对于总想挖空心思从邓小平的历史中“突破”点什么东西的“专案组”来说，不啻当头一棒。

第八章　疏散南方　“超级钳工”

无论古今中外，对于政治家来说，在政治舞台上遭受挫折，都是正常现象。20世纪30年代，在“左”倾教条主义统治中共中央领导机关的时候，毛泽东曾被撤销中央革命根据地中央局代理书记、红一方面军总政治委员职务，剥夺了他对中央革命根据地党组织的领导权和对红一方面军的统率权，只保留了中华苏维埃共和国中央执行委员会主席职务。毛泽东虽然在中共六届五中全会上当选为中共中央政治局委员，但是“左”倾教条主义在中央的负责人却从来不让通知他出席中央政治局的会议。“左”倾教条主义在中央的负责人还一语道破天机地说：“叫老毛去作加里宁。”（加里宁在20世纪30年代担任苏联最高苏维埃主席团主席——作者注）对此，毛泽东无可奈何，只有忍耐，到后方养病，等待新的历史机遇的到来。对于这段历史，毛泽东一直难以忘怀，直到40年后，还在视察大江南北的两次谈话中愤怒地说：“从1931年到1934年，这四年我在中央毫无发言权。”①

① 毛泽东：《建国以来毛泽东文稿》第13册，北京，中央文献出版社，1998：243页。

正因为政治领域的斗争需要政治家具备较高的政治修养和充分的思想准备，中国古代的思想家们才留下了那么多饱含哲理、脍炙人口的名言警句。

孟子在《告子》中写道：“天之将降大任于斯人也，必先苦其心志，劳其筋骨，饿其体肤，空乏其身，行拂乱其所为，所以动心忍性，增其益所不能。”

苏轼在《留侯论》中写道：“古之所谓豪杰之士者，必有过人之节。人情有所不能忍者。匹夫受辱，拔剑而起，挺身而斗，此不足为勇也。天下有大勇者，卒然临之而不惊，无故加之而不怒，此其所挟持者甚大，而其志甚远也。”

苏轼在《晁错论》中还写道：“古之立大事者，不唯有超世之才，亦必有坚忍不拔之志。”

1985年4月15日，新华社报道了中共中央顾问委员会主任邓小平会见非洲一位国家副总统时的谈话。邓小平对这位外国客人说：“上一次你是1973年秋来中国的，我那年2月从江西回到北京，‘文化大革命’把许多老干部打倒了，关进了‘牛棚’，我也在江西待了几年。”

邓小平的话，虽然很短，却体现了他独有的一贯风格，既坦率又质朴。然而，在这简短话语的背后，却是一段沉重的历史。

在“文化大革命”初期，由于受到毛泽东、周恩来的保护，邓小平被打倒以后，虽然也经受了巨大的磨难，但毕竟熬过了最初那段极端混乱的岁月。

1969年3月，苏联军队四次侵入中国黑龙江省的珍宝岛地区，打死打伤中国人民解放军边防部队指战员，制造严重流血事件。中国边防部队被迫自卫还击。中国外交部三次向苏联政府提出强烈抗议。这一边境武装冲突事件，加重了党内存在的关于认为国际形势日益严重，世界大战不可避免的估计。3月15日，毛泽东在“中央文革小组”碰头会上着重谈了准备打仗的问题。

10月17日，林彪作出“关于加强战备，防止敌人突然袭击”的紧急指示，要求全军进入紧急战备状态，抓紧武器的生产，指挥班子进入战时指挥位置等。10月18日，中国人民解放军总参谋长黄永胜等以“林副主席第一个号令”正式下达这个“紧急指示”，引起了各方面的极大震动。

为配合战备需要，中央决定把一些人员从北京疏散到外地。其中包括毛泽东等中央领导同志。朱德、董必武被疏散到广东，叶剑英被疏散到湖南，陈云、王震等被疏散到江西，聂荣臻、陈毅等被疏散到河北。被打成“党内头号走资本主义道路的当权派”的刘少奇重病在身，被用担架抬上飞机，送到河南开封一个壁垒森严的天井院中监禁起来，并有一个排的武装部队看押。其实，刘少奇这时已不能说话、不能行动，就是不看押也跑不了了。被打成“党内第二号走资本主义道路的当权派”的邓小平被送往江西南昌。被打成“党内第三号走资本主义道路的当权派”的陶铸被送到安徽合肥。

据当时的中央办公厅主任汪东兴回忆，在中央作出上述决定后，毛泽东曾对汪东兴指示：“要把陈云、王震他们放在交通沿线上，来去方便。”毛泽东说：“万一打起仗来，要找的时候，我还离不了这些人呢。这些人还用得着，我还要他们呢。”[①]在紧张的战备气氛中，要准备打仗，中央安排疏散，毛泽东也要到外地去。周恩来报告毛泽东，想让汪东兴留下，帮助做疏散工作。毛泽东批准汪东兴留下10天。这样，安排把邓小平送到江西，以及和邓小平等谈话的工作，就落到了汪东兴身上。

10月的一天，汪东兴带着中央办公厅一位副主任来到邓小平家，一是对5月份邓小平写信希望见他的回应，二是把准备疏散到江西的安排通知邓小平夫妇。汪东兴告诉邓小平，由于战备需要，中央决定将一些人员疏散到外地去，邓小平夫妇被安排去江西，去江西后还准备安排去工厂劳

① 毛毛：《我的父亲邓小平：“文革”岁月》，北京，中央文献出版社，2000：122页。

动锻炼。听到疏散的消息，邓小平感到很突然，他想了一下，向汪东兴提出，自己的继母夏伯根自从被撵出中南海后，一直住在外面，现在年纪大了，独自一人无人照看，想带她一起去江西。对于这个要求，汪东兴当即表示同意。最后，邓小平说，以前主席说过，有事情找你，到江西后是不是还可以给你写信？汪东兴表示可以。[①]

邓小平虽然对被疏散到江西感到突然，但汪东兴亲自来谈此事，说明是得到毛泽东首肯的。汪东兴承诺以后有事还可以找他，这一点非常重要。也就是说，即使去到千里之遥的江西，也能够保持和中央的联系。汪东兴在几天后又一次来看邓小平时还表示，你们要带什么都可以，带不走的可以留在这里，这个院子不会动的，以后你们回来还可以住这里。[②]

汪东兴是工作在毛泽东身边的中央办公厅主任。“文化大革命”初期毛泽东曾交代邓小平有事找汪东兴，以后也一直让汪东兴直接主管邓小平的有关事情。这次汪东兴来见邓小平，不但态度很好，而且承诺以后回来还可以住在原处，这些都富有积极的意义。通过汪东兴的谈话，邓小平明白，疏散离开北京，不单单是对邓小平的行动。到了江西后，他们还可以去工厂劳动。不管是学习性质也好，改造性质也好，总算是结束了在北京这种与社会生活完全隔离的软禁生活。见了汪东兴之后，邓小平夫妇心里踏实了，加紧准备离京事宜。

1969年10月，当中央决定把邓小平、陈云、王震等老同志疏散到江西以后，日理万机的周恩来总理于18日亲自给江西省革命委员会党的核心小组办公室打电话，找江西省的党政军主要负责人。当时，江西省革命委员会主任和江西省军区司令员均不在南昌。于是，周恩来在电话中对江西的这位办公室主任说：“有件事，你们先告诉一下黄先同志（时任江

---

① 毛毛：《我的父亲邓小平：“文革”岁月》，北京，中央文献出版社，2000：122页。

② 毛毛：《我的父亲邓小平：“文革”岁月》，北京，中央文献出版社，2000：123页。

西省革命委员会副主任、中共江西省革命委员会核心小组成员），同时向程世清同志（时任江西省革命委员会主任、中共江西省革命委员会核心小组组长）报告，中央决定：中央首长要到下面去蹲点，接触实际，适当参加些劳动，向群众学习。到江西的有：陈云同志，有一个秘书和警卫员跟随他；王震同志是夫妇两个人，他是全家去。王震不是去过你们那里么？他和你们比较熟悉。你们那里有个五七干校，还可以到干校玩玩，年纪大了，劳动也不行了。”

周恩来心细如发，在打给江西的电话中充满了对老同志的关切之情，在询问了江西冬天是否有暖气以后，他说：“因为从北方一下子到南方不习惯，希望你们适当注意他们的生活，当然吃是他们自己的，他们要花自己的钱，房费不要太贵了。他们住到你们那里要很好地帮助他们，向群众解释一下。他们除了到农村看看，还可以适当参加劳动。不过他们都是60多岁的人了，身体都不好，尤其是王震同志更差一些。我还告诉他们也可以到工厂学习、看看，接触一下群众，接触一下实际，总之，你们核心小组要帮助他们。”

讲完以上的话后，周恩来郑重地说：“邓小平夫妇二人也到你们那里去。……毛主席不是在九大说过吗？邓小平的问题和别人不同，他下去是到农村锻炼。当然这些人也不能当全劳动力了，也是60多岁了，身体也不太好。收房费也适当照顾一点。黄先同志在家，你可向他汇报一下，具体到什么地方去，什么时候去，请黄先同志给办公厅打个电话再定下来。”周恩来再三强调，这些同志下去，你们要多帮助，要有人照顾他们。

最后，周恩来又加重语气对江西的同志说：“你向程世清政委报告一下，要研究一个具体意见。”

当江西的同志明确表示立即向程世清报告后，周恩来才放心地放下电话。

江西接电话的办公室主任雷厉风行，立即将周恩来的批示整理成文，分送给在南昌的党政军负责人。然后，乘车前往婺源，向程世清当面汇报。

程世清，河南新县人，早年参加工农红军，1955年被授予少将军衔。1968年任江西省革命委员会主任、江西省革命委员会党的核心小组组长。1969年在中共九大上当选为中央委员。1970年至1972年任中共江西省委第一书记、江西省革命委员会主任、福州军区副政委兼江西省军区第一政委。程世清因为在解放战争时期是第四野战军林彪的老部下这层关系，在“文化大革命”中曾紧跟林彪。但1971年8月毛泽东视察大江南北停留江西时，经过毛泽东的教育，程世清向毛泽东反映了林彪集团成员在江西的可疑行动，引起了毛泽东的警觉。以后，毛泽东又根据在杭州了解到的新情况，提高警惕，改变日程，终于化险为夷。此是后话。

程世清在婺源听了办公室主任汇报，看了周恩来打来的电话记录以后，让办公室主任将以下内容记录下来，向周恩来汇报：“我们坚决拥护中央决定，坚决执行总理指示，对陈云、王震同志以及邓小平夫妇来江西，我们表示欢迎，我的想法是：他们什么时候来都可以，来后三人先安排在滨江招待所，打算把江西的情况分几次向他们作些汇报与介绍，然后把邓小平夫妇安置在赣州。至于陈云、王震住在什么地方，同他俩具体商量后再定。只要他们同意去的地方，暖气我们给装。周总理对老同志生活上那么关心，对我们是个很大的教育。我们打算他们三个人来后，每人给他们配小车一辆，下一段活动以及今后看文件、生活上的问题，我们都做好具体的安排，我们保证陈云、王震同志及邓小平夫妇的绝对安全，不准造反派和红卫兵冲击他们。但有两个问题要请示：一是邓小平夫妇来后他们住在一起是否合适？二是陈云、王震同志确定来江西前，我们想派人去接他们是否可以？”

办公室主任第二天返回江西省革命委员会，立即用电话将程世清的意见向周恩来作了汇报。

周恩来原则上同意程世清的安排，但指出赣州市离南昌较远，交通不便，而且又是山区，条件较差，将邓小平安排在赣州不妥，以南昌市郊为宜。邓小平住的房子应该是一栋两层楼的楼房，楼上他们夫妇住，楼下工作人员住，最好是独家独院，既能散散步，又比较安全。[①]

根据周恩来的指示和具体要求，江西省最后决定：1.将邓小平安排在南昌市郊的新建县拖拉机修配厂劳动，住在位于该厂附近的望城岗福州军区南昌步兵学校原少将校长的房子里，即"将军楼"。2.陈云住在南昌市青云谱江西省军区干部休养所，选择就近的江西石油化工机械厂蹲点调查研究。3.王震安排在红星垦殖场招待所住，在该场蹲点调查研究。

在即将离开北京、前往江西的时候，邓小平给汪东兴写了一封信。信中表示，以一个普通党员和社会主义公民的身份，尽力工作和劳动，并希望将此信转报主席和党中央。[②]

邓小平考虑，这次离开北京，虽然结束了被囚禁的状态，但在千里之外的江西，与中央和毛泽东的距离就远了。离开北京之前，他写信给汪东兴表明自己的态度，是要通过汪东兴将信息传递给毛泽东。正如邓小平所预期的那样，汪东兴将这封信转给了毛泽东，而且毛泽东也看到了邓小平的这封信。[③]

1969年10月21日下午，"邓小平专案组"接到中央专案组第二办公室的通知到中南海西楼会议室开会。会议由中央办公厅的一位副主任主持，参加会议的还有王稼祥、谭震林等专案组的人员。会议开始后，主持人说，王稼祥疏散到河南信阳，谭震林到广西桂林，"中央决定将邓小平疏散到江西南昌下放劳动，接触群众，昨天晚上周总理已经亲自打电话给江西关照过了"。并交代专案组负责人："你再带上一个人。任务有两条，一是安全送到，路上不能出问题；二是会同江西的同志为他们找个合适的住处，有暖气的更好。邓小平年纪大了，住处跟劳动的地方不要距离太

① 中共中央文献研究室：《邓小平年谱（1904—1974）》下册，北京，中央文献出版社，2009：1949页。

② 中共中央文献研究室：《邓小平年谱（1904—1974）》下册，北京，中央文献出版社，2009：1949页。

③ 中共中央文献研究室：《邓小平年谱（1904—1974）》下册，北京，中央文献出版社，2009：1949页。

远，远了派车不太好，步行太久或坐公共汽车也不大安全。虽然陈云和王震同志也是去江西，但他们和邓小平不一样。他们两个都在党的九大当上了中央委员，一般来说还不会出什么问题。邓小平没有选上，‘文化大革命’前又是挂过像的，是‘党内第二号走资派’，容易被人认出来，发生揪斗现象。清楚了吧？好，你们回去准备一下，明天早上8点钟赶到沙河机场上飞机。”

1969年10月22日，邓小平夫妇与邓小平的继母一行三人，乘一架专门送他们的飞机，从北京直达江西。到南昌后，邓小平一行先被带到一个招待所，由江西省军区一位负责人对他们谈了一次话，要求他们“老老实实接受改造”。几天后，他们被送到了居住的地方——江西省新建县望城岗原福州军区步兵学校院内的将军楼，他们在这里一直住了三年多。

在江西期间，邓小平夫妇被安排到新建县拖拉机修配厂参加劳动。每天上午到工厂劳动半天。邓小平被分配做钳工，这是他青年时代在法国勤工俭学时干过的老本行，没想到几十年以后又派上了用场。重操旧业，他干得仍然是那么认真、那么熟练。卓琳则被分配做拆洗线圈的工作。尽管如此，对他们来说，这总是长期与世隔绝后得到的与外界、与社会、与群众接触的难得的机会。

开始的时候，工厂里的工人们是怀着好奇的心理观察邓小平夫妇的。时间一久，他们的言行举止、劳动态度以及他们的为人，深深地感动了工人们。工人们与这个“大走资派”的隔阂逐渐消除了。在共同的劳动、工作中，工人们与邓小平夫妇建立了深厚的情谊。

中国的普通老百姓是最纯朴、最善良的，他们并不认为“文化大革命”中下放劳动的“走资派”有多么坏，而把这样的人看作是“奸臣误国”时“被陷害的好人”。邓小平夫妇在该厂劳动改造三年，工人们在力所能及的情况下，给予他们真诚的关心和爱护，使他们永远难忘。

原先，从福州军区步兵学校到新建县拖拉机修配厂，需要绕一个大圈子，约40分钟路程。而从步校后门到工厂则方便得多。新建县拖拉机修配厂的后面本来没有路，工厂负责人和工人们为了邓小平的安全和上下班方便，特意在步校后门到工厂之间修了一条小路，从工厂围墙上开了个口子修上门，便于邓小平和卓琳上下班时从这里通过。天长日久，邓小平夫妇就在这条小路上穿行。但是，这是一条黄土小路，晴天走还可以，遇到风雨天，就难走了。有一天，大雪纷飞，邓小平照样循着这条小路到厂里劳动。快走进厂区时，脚下一滑，跌了一跤。工厂负责人得知这一消息，组织工人们拿起锄头、铁锹，挑着煤渣，冒着刺骨的风雪连夜把小路进一步加宽、加固修好。这条小路，以后被人们称为“邓小平小道”。[①]

有一天，患有低血糖的邓小平在劳动中昏倒了，工人们连忙抢救，按照卓琳介绍的方法，冲了一大茶缸白糖水喂到邓小平口中，使他转危为安，然后又用拖拉机把他送回住地。在工厂劳动期间，劳动的本身锻炼了邓小平的体魄；和工人们的接触，更使他们了解到人民群众和社会状况，并从工人们的关心和爱护中得到了最好的精神安慰和支持。三年之中，无论刮风下雨，无论酷暑严冬，他们去工厂上班从不间断。[②]

邓小平到江西后的处境、待遇，与刘少奇在河南开封、陶铸在安徽合肥的待遇有明显区别。刘少奇、陶铸都失去了人身自由，由军队武装看押，虽未正式逮捕，实际上等同“犯人”。刘少奇病入膏肓，危在旦夕，却不能得到有效抢救和治疗，还被斥责为“装病”。陶铸被关押期间，有一次称呼看押战士一声“小同志”，立即遭到一顿劈头盖脸的斥责：“谁跟你是同志，你这个大叛徒！”把陶铸气得要死，然而却是犹如猛虎入囚笼，即使有天大的本事也施展不出来了。当然，看押刘少奇也好，值勤战士斥责陶铸也好，与执行人员是无关的，他们只是按照传下来的“指示”

① 据笔者实地调研、勘察、考证了解的情况。

② 为了解、弄清邓小平在江西的这段史实，笔者专门来到中国人民解放军南昌陆军学院（即昔日的福州军区步兵学校），到当年邓小平居住的院子和“将军楼”实地勘察了几遍。然后，又掐着表，从“将军楼”经“邓小平小道”到邓小平当年劳动的新建县拖拉机修配厂大院和各个车间勘察了几遍。

奉命行事而已。

而邓小平的处境、待遇则与刘少奇、陶铸不同，他在南昌步兵学校有一栋小楼安家，在院子里可以享有充分的人身自由，但不能随便出院子。每天可以到工厂劳动锻炼，接触社会，接触实际，接触工人。这无疑是毛泽东、周恩来关心保护的结果。

但是，江西省革命委员会却不大理解毛泽东、周恩来的长远战略部署，认为邓小平既然是“党内第二号走资本主义道路的当权派”，就理所当然地应该经常向他们“汇报思想”。11月23日，负责邓小平一家生活的江西省革命委员会的一名干事，按照江西省革命委员会负责人的旨意，让邓小平对到江西一个月来的劳动和学习情况写出心得体会。邓小平回答说：“有事我会给毛主席、党中央写报告的。”①这说明，邓小平对毛泽东对自己的看法，对自己的状况，心中还是有一定把握的。不然，不可能会一口拒绝江西省革命委员会的这一要求。

邓小平到江西一个多月后，于11月26日致信汪东兴。在信中，邓小平首先介绍了到江西后的生活情况：“我们10月22日离开北京，当日到南昌，住军区招待所4天，26日移到新居，房子很好。移住后，安排了几天家务，买了些做饭的和日用的家具。11月9日，我和卓琳就开始到工厂劳动。每天上午六时半起床，七时三十五分由家动身，二十几分钟就走到工厂，在厂劳动大约三小时半，十一时半由厂回家，吃午饭后睡睡午觉，起来后读毛选（每天力求读一小时以上）和看报纸，夜间听广播，还参加一些家务劳动，时间也过得很快。我们是自己做饭（主要由我的继母做，我和卓琳帮帮厨）。我们过得非常愉快。”②

接着，邓小平又介绍了到江西后的劳动情况：“我们是在新建县（南

① 中共中央文献研究室：《邓小平年谱（1904—1974）》下册，北京，中央文献出版社，2009：1950页。

② 中共中央文献研究室：《邓小平年谱（1904—1974）》下册，北京，中央文献出版社，2009：1951页。

昌市属，距南昌二十余里）县办的一个拖拉机修造厂劳动。这个厂原是县里的拖拉机修理站，现扩大为修理兼制造的厂，全厂八十余人，除劳动外，还参加了两次整党会议和一次大干年终四十天的动员大会。厂里职工同志对我们很热情，很照顾，我们参加的劳动也不重，只是卓琳心脏病较前增剧，血压增高到低一百高二百，吃力一点，但她尽力每天上班。”①

在这封信中，邓小平还表示，绝不辜负主席和党的关怀，绝不做不利于党和社会主义祖国的事情，努力保持晚节。

最后，邓小平写道：“因为要熟悉一下，所以过了一个月零四天才给你写第一封信，以后当隔一段时间向你作一次报告。如有必要，请将上述情形报主席、副主席和党中央。”②

通过写信这样的特殊方法，邓小平在江西的日子里，仍然与中共中央和毛泽东保持着固定的联系。

除了这一封信之外，邓小平还在附函中提出：“来江西时因飞机超重，只带了一半东西来，还有一些衣物和书籍没有来，书籍差不多全未来，原说由火车托运，至今未到。如可能，请令有关同志查查，最好能运来，如决定留在北京，也请方便时告诉我们。”③

汪东兴收到邓小平的来信后，立即送周恩来、陈伯达和康生传阅。并将邓小平附函中所提到的未到的行李等事务，交中央办公厅一位副主任办理。不久，所有的行李和书籍全部运到了江西。这样，邓小平明确感受到，自己写给中央的信，没有人敢截留，汪东兴已经收到了。既然汪东兴收到了这封信，他是必然会转报中央的。这证明，通过汪东兴向中央报告情况的渠道是畅通的。邓小平心里踏实了许多。

① 中共中央文献研究室：《邓小平年谱（1904—1974）》下册，北京，中央文献出版社，2009：1951页。

② 毛毛：《我的父亲邓小平："文革"岁月》，北京，中央文献出版社，2000：149页。

③ 毛毛：《我的父亲邓小平："文革"岁月》，北京，中央文献出版社，2000：149页。

淡泊明志，宁静致远。关于邓小平在江西期间的情况，他的女儿毛毛在《在江西的日子里》一文中，曾有过文笔流畅的生动记述：

时间过得真快，转眼严冬已过。一阵绵绵不断、下得人心烦意乱的春雨过后，南方的春天一下子就来了！青草从红土中刚刚钻出，瞬间便连成了一片。那满山的山桃花也都蕾绽花开。从窗中望去，在起伏的山丘上，一团团、一片片，如云如烟。梧桐新叶初发，很快便浓阴遮路。雪白的栀子花沿路皆是，馨香四溢。政治的风暴可以扫荡人们的生活，可以冲击人们的心灵，但挡不住自然界这一片盎然春意。春光不可负，春时不能误。在我们的院子里，三位老人乘着春雨浸润的土地，拓出了一片不小的菜地，种上了白菜、胡豆、辣椒、丝瓜、苦瓜等各色菜蔬。自有了这一片菜地，父亲每日都总要抓紧时间在园中劳作，挖土、施肥、浇水、锄草，常常干得大汗淋漓。随之而来的是江西素有“火炉”之称的盛夏，真是烈日炎炎，酷热难当。但在三位老人的精心耕耘下，在沙石地上开出的菜园竟然郁郁葱葱、果实累累，使人采之不尽。在楼房后面，祖母还养了几只鸡。这几只小小的生灵似乎特招人喜爱，善体人意。父亲在院中散步时，它们常常结队而行，跟在人后咕咕做声，使小院里增添了不少的生机。那时因“走资派”的罪名，父母的工资早被扣发，每月仅给他们发一点生活费。他们自己省吃俭用，还要节省一些钱以供当时插队的我和弟弟作为探亲路费之用。在经济拮据的时候，养鸡种菜，也的确补充了一些生活所需。

按监管规定，他们三人平时不得随意外出，不得与外人接触。在这个不大的活动天地里，他们的生活倒也很有规律。父母两人每日上午到工厂劳动，下午三人在园中耕作。晚饭后，清扫完毕，三人便围坐在一起听新闻广播。然后父母亲读书看报，祖母就做一些针线补缀之事。父亲和母亲非常热爱看书。离开北京时，经过批准，他们带

> 来了几乎全部的藏书。在那谪居的日子里，父母抓住时机，勤于攻读。特别是父亲，每日读到深夜。那几年之中，他们读了大量的马列著作，读了《二十四史》以及古今中外的其他书籍。对他们来说，能有如此时间坐下来读书，的确也是难得的机会。我们到江西探亲时，父亲常给我们讲一些历史典故，有时还出题考我们。母亲也时常给我们讲述、议论一些书中精辟之处。在读书中，他们抚古思今，受益匪浅。我父亲为人性格内向，沉稳寡言，50多年的革命生涯，使他们养成了临危不惧、遇喜不亢的作风，特别是在对待个人命运上，相当达观。在逆境之中，他善于用乐观主义精神对待一切，并用一些实际的工作来调节生活，从不感到空虚与彷徨。在江西那段时间，他就主要用劳动和读书来充实生活，陶冶精神。①

在毛毛的回忆中，还有一个颇为令人深思的生活细节，那就是邓小平的散步：

> 在江西的这一段时间里，父亲有一个习惯，每天黄昏落日之前，总是十分规律地围着我们那个小小的院子散步。他深思不语，步伐很快，就这样一圈一圈地走着。日复一日，月复一月，年复一年，那红色的沙石地上，已然被他踏出了一条白色的小路。我时常看着父亲，看着他永远那样认真、永远那样沉静的精神，看着他向前迈出的快速而稳健的步伐。我想，就在这一步一步之中，他的思想、他的信念、他的意志，随着前进的每一步而更加明确，更加坚定起来。这些思想的孕育成熟，是否已为日后更加激烈的斗争做好了最充分的准备呢？②

① 毛毛：《在江西的日子里》，载《新华文摘》，1984（10）。
② 毛毛：《在江西的日子里》，载《新华文摘》，1984（10）。

在毛毛如诗如画的叙述中，一个身处逆境而“不坠青云之志”，毫无悲观丧气态度，对生活、对人生、对命运、对前景充满了昂扬之志的大革命家、大政治家的形象，跃然纸上。

第九章　林彪集团密谋发动武装政变

经过了近三年的“文化大革命”以后，1969年4月1日至24日，中国共产党第九次全国代表大会在北京举行。中共九大代表由少数人酝酿“协商”产生，甚至个别非党员也成了代表。当时，各省、直辖市、自治区一级党委和基层党的组织都不能正常工作或者根本没有恢复，全党绝大多数党员还没有恢复党的生活，相当多的第八届中共中央委员仍被审查，甚至被监禁。

在中共第八届中央委员会第一次全体会议上选举产生的中共中央政治局常委中，经过“文化大革命”的暴风骤雨，处境已经发生了很大变化。第八届中央政治局常委、中央委员会副主席刘少奇，此时已被作为“叛徒、内奸、工贼”清除出党。第八届中央政治局常委、中央委员会副主席周恩来处境艰难，屡遭暗箭，正在极力苦撑危局（周恩来在当时多次说过：“在文化大革命中，我只有八个字：鞠躬尽瘁，死而后已。”）。第八届中央政治局常委、中央委员会副主席朱德多次受到“冲击”和大字报的围攻，甚至在中央全会上受到林彪集团、江青集团成员的当面攻击。第八届中央政治局常委、中央委员会副主席陈云，在“文化大革命”中被诬为“老右倾”，长期受到批判，成了“靠边站”的人物。第八届中央政治局常委、中央委员会总书记邓小平被打成了“党内第二号走资本主义道路的当权派”，正处在被监禁之中。

这样，在“文化大革命”中没有受到“冲击”的第八届中央委员会第一次全体会议上选举的中央政治局常委中，就只剩下了毛泽东主席和在八届五中全会上增选的、经过八届十一中全会改组中央领导机构以后仍保留的唯一的副主席林彪。

在中共八届十一中全会改组中央领导机构以后，进入中央政治局常委的陶铸、陈伯达、康生、李富春，也很快由于对待“文化大革命”的不同态度而出现了不同的命运转折。陶铸由于坚决反对“文化大革命”“打倒一切、全面内战”，把大批领导干部打成“走资本主义道路的当权派”，肆意批判斗争的错误做法，触怒了江青等人，很快遭到突然袭击，被从中共中央“第四号人物”的位置上拉下了马，先是被打成“全国最大的保皇派”，进行批斗，而后又被横加“大叛徒”的罪名，遭到监禁。李富春在“文化大革命”中被诬指为“右倾”，多次受到“冲击”，在所谓反“二月逆流”中，更被诬指为“二月逆流”的“核心人物”多次受到批判和攻击。只有陈伯达和康生，这两位“文革红人”，在“文化大革命”中“冲锋陷阵”，操纵“中央文革小组”和所谓的“革命群众组织”，肆意攻击刘少奇、邓小平等老一辈无产阶级革命家，制造“天下大乱”，成为平步青云、权倾一时、炙手可热的人物。

在中共九大上，毛泽东被选为大会主席团主席，林彪为副主席，周恩来为秘书长。林彪代表中共中央向大会作《政治报告》。报告把“无产阶级专政下继续革命的理论”作为社会主义革命的指导思想和“文化大革命”的理论依据肯定下来，使“文化大革命”的错误理论更加系统和完整。报告把党的全部历史归结为“两条路线斗争”的历史，虚构了一个根本不存在的所谓“以刘少奇为头子的资产阶级司令部”，把“叛徒、内奸、工贼”的帽子强加到刘少奇头上。报告把整个社会主义历史阶段始终存在着“阶级、阶级矛盾和阶级斗争”，必须“年年讲、月月讲、天天讲”作为党的“基本路线”，并以此规定了“斗、批、改”的任务。报告对国际形势作了不切实际的估计，夸大了帝国主义发动世界大战的危险性，因而过分地强调要准备打仗。大会通过了新的《中国共产党章程》。在九大通过的新党章中，还破天荒地写上了关于确立林彪“接班人”地位的一段话，即：“林彪同志一贯高举毛泽东思想伟大红旗，最忠诚、最坚定地执行和捍卫毛泽东同志的无产阶级革命路线。林彪同志是毛泽东同志的亲密战友和接班人。”

大会在选举第九届中央委员会时，林彪集团、江青集团的一批骨干和追随者进入了中央委员会，而许多著名的老一辈无产阶级革命家、久经考验的党政军高级领导干部却被排除在第九届中央委员会之外。在大会选出的170名中央委员和109名候补中央委员中，原第八届中央委员和候补中央委员只有53人，仅占九届中央委员和候补中央委员总数的19%。

在中共九届一中全会上，毛泽东当选为中央委员会主席，林彪当选为副主席。

毛泽东、林彪、周恩来、陈伯达、康生当选为中央政治局常委。

当选为中央政治局委员的21人是：毛泽东、林彪、（以下按姓氏笔画为序）叶群、叶剑英、刘伯承、江青、朱德、许世友、陈伯达、陈锡联、李先念、李作鹏、吴法宪、张春桥、邱会作、周恩来、姚文元、康生、黄永胜、董必武、谢富治。

从这个名单可以看出，林彪集团的主要成员陈伯达、黄永胜、吴法宪、叶群、李作鹏、邱会作全部进入了中央政治局。

江青集团的主要成员康生、张春桥、姚文元也都进入了中央政治局。

这样，就进一步加强了林彪集团和江青集团在中共中央的地位，使得林彪集团篡党夺权的野心急剧膨胀，直至密谋策划发动武装政变；使得江青集团继续祸国殃民。

中共九大使“文化大革命”的错误理论和实践合法化，加强了林彪、江青、康生等人在党中央的地位。九大在思想上、政治上和组织上的指导方针都是错误的。

中共九大的召开，邓小平是从报纸上的新闻报道中知道的。虽然邓小平已经被确定为“党内第二号最大的走资本主义道路的当权派”，实际上被撤销了党内外一切职务，但却没有开除党籍。以一个政治家多年的政治经验，邓小平深知这一处理的重要性，也深知其中必有毛泽东的考虑。只要没有开除党籍，就留有余地，就存在着今后恢复工作，为人民服务的可能性。

中共九大闭幕不久，1969年5月3日，邓小平给中共中央办公厅主任汪东兴写了一封信，请汪东兴转报毛泽东主席和党中央。邓小平的这封信被送到了毛泽东的手中。毛泽东看了以后，批转给在京的中共中央政治局委员传阅。[①]邓小平的这封信，在毛泽东心中留下了印象。一是说明邓小平是愿意作自我批评的。毛泽东认为这一点很重要，他在以后的讲话中还曾提到此点。二是证明毛泽东决定不开除邓小平的党籍是正确的。而恰恰是这一决定，为以后邓小平的复出留下一个极其重要的政治伏笔。可能是毛泽东对邓小平的态度所起的作用，中共九大以后，邓小平的处境有所改善，子女们每周也可以回中南海看望邓小平夫妇了。就在这时，邓小平才知道自己的大儿子邓朴方因在“文化大革命”中受到严重迫害而致残一事。为了治疗邓朴方的身体，邓小平给毛泽东写了一封信，提出请组织上帮助安排，以便使邓朴方得到进一步的治疗。毛泽东和周恩来对此信作了批示。中共中央办公厅主任汪东兴与中国人民解放军301医院进行了联系。301医院隶属解放军总后勤部，总后勤部部长是林彪的干将邱会作。在“文化大革命”的情况下，301医院不愿意接收“有问题”的人。何况这一次是“第二号走资本主义道路的当权派”的儿子，院方当然更不愿意接收了。

① 中共中央文献研究室：《邓小平年谱（1904—1974）》下册，北京，中央文献出版社，2009：1948页。

直到汪东兴把毛泽东和周恩来的批示拿给301医院看了以后，他们才同意把邓朴方送进301医院。[①]

中共九大以后，林彪集团自以为已经掌握了党和军队的许多重要权力，篡夺党和国家最高权力的条件已经成熟。因此，他们便在暗中进一步加紧“抢班夺权”步伐。

1969年10月，空军司令员吴法宪任命林彪的儿子林立果为空军司令部办公室副主任兼作战部副部长。1970年8月，吴法宪背着中共中央、背着中央军委，私自提出“空军的一切都要向林立果同志汇报，都可以由立果同志调动、指挥”。以后吴法宪又向空军政治委员说：“林立果可以指挥空军的一切，调动空军的一切。”吴法宪的这些话，被周宇驰（空军司令部办公室副主任）、王飞（空军司令部副参谋长兼办公室主任）向空军党委常委办公会议、空军直属机关进行了传达。空军司令部、政治部、后勤部立即“紧跟”，都制定了贯彻落实这个所谓的“两个一切”的措施。就这样，吴法宪私自把空军的指挥大权交给了林立果，为林立果在空军进行各种活动创造了条件。林立果利用自己的特殊身份和权力，在空军组成了一支篡党夺权的“联合舰队”，其主要成员有：

空军司令部办公室副主任周宇驰；

空军党委办公室处长刘沛丰；

空军司令部副参谋长兼办公室主任王飞；

空军司令部办公室副处长于新野；

空军司令部办公室副主任刘世英；

空四军政治委员王维国；

空五军政治委员陈励耘；

南京军区空军原政治委员江腾蛟；

① 毛毛：《我的父亲邓小平：“文革”岁月》，北京，中央文献出版社，2000：119页。

空四军政治部秘书处副处长李伟信等。

林彪集团表面上打着“高举毛泽东思想伟大红旗”“紧跟毛主席的伟大战略部署”的旗号，表现出一副“最忠诚”“最紧跟”的样子，实际上是“打着毛主席的旗号，打击毛主席的力量”，在暗中进行篡党夺权的活动。中共九大以后，从1969年下半年起，按照林彪、江青等人的旨意，“邓小平专案组”抓紧了对所谓“邓小平问题”的调查。在秦城监狱，“专案组”提审了中共中央政治局原委员、中央书记处书记、中共北京市委第一书记彭真，中共中央西北局原第一书记刘澜涛，中共中央组织部原副部长李楚离等，在汤山监狱提审了中共中央组织部原部长安子文等，在京郊一个部队营区提审了中共中央办公厅原主任杨尚昆，在总政治部西单一个小看守所提审了中国人民解放军总政治部原主任萧华，在北京卫戍区监护办公室提审了中共中央监察委员会原副书记王从吾，在交通干校提审了中共中央监察委员会原副书记、国家监察部部长钱瑛，还分别提审了潘汉年、刘晓、廖志高。并且到外交部找过陈毅，向对外文委屈武、萧三，一机部江泽民（此江泽民曾参加过旅法勤工俭学，与担任过中共中央总书记的江泽民不是一个人——作者注），总政军管小组傅钟，中央办公厅“五七”干校曾三、李质忠、邓典桃，中央高级党校范若愚，以及袁任远、张震球、邓存伦等人进行过调查，但均一无所获。[①]

1970年8月，中国共产党在庐山召开中共九届二中全会，林彪集团为了“抢班夺权”，按照事先的密谋策划，由林彪在23日的全会开幕会议上发表关于“天才”问题的讲话。24日，陈伯达、吴法宪、叶群、李作鹏、邱会作（黄永胜此时还未到会）按照密商的口径，一齐出动，分别在各组会议上发起进攻，煽风点火，制造混乱。全会一时被搅乱，许多中央委员上当受骗。25日，毛泽东召开中央政治局常委扩大会议，决定收回载有陈

① 毛毛：《我的父亲邓小平：“文革”岁月》，北京，中央文献出版社，2000：108~110页。

伯达等人发言的华北组会议第二号简报，责令陈伯达检讨。31日，毛泽东写了《我的一点意见》一文，严厉批评了陈伯达，给林彪集团以沉重打击。毛泽东采取的一系列果断措施，粉碎了林彪集团在庐山会议上篡党夺权的阴谋。

庐山会议以后，林彪、叶群指使林立果、周宇驰等在上海制订了武装政变计划——《“五七一工程”纪要》，阴谋策划发动武装政变，谋害毛泽东，以“夺取全国政权”。这时，“邓小平专案组”的活动，已经无人过问。但这个“专案组”却不甘寂寞，于1970年11月28日以“贺龙专案组”的名义，给康生、黄永胜、吴法宪、叶群写了一份报告，要求到有关部门继续查找邓小平的“问题”。这时，康生在庐山会议后看到形势险恶，已经称病；黄永胜在庐山会议前后多次受到毛泽东点名批评，已经“泥菩萨过河，自身难保”。因此，均无批示。吴法宪刚刚在中共九届二中全会上挨了毛泽东的批评，不敢轻举妄动，他将此件转送周恩来和汪东兴。[①]

当这个报告送到周恩来处以后，他在上面批示：“东兴同志，这全部是公开文件，请你考虑是否需全部调阅。我记得在下放邓小平、谭震林时，已将两人从专案组撤销。”[②]

看了周恩来的这个批示，“专案组”才知道，邓小平的专案在一年多以前就已经撤销了。既然邓小平的专案已经撤销，那么，“专案组”就成为一个名不正言不顺的“非法组织”了。在这种情况下，“专案组”向黄永胜和吴法宪等人又写了一份报告。这份最后的报告，竟然无人理睬。12月24日，吴法宪的秘书来到“邓小平专案组”，将全体人员召集起来开会，宣布“专案组”结束工作。到此为止，“专案组”在浪费了国家大量

① 毛毛：《我的父亲邓小平：“文革”岁月》，北京，中央文献出版社，2000：110页。

② 毛毛：《我的父亲邓小平：“文革”岁月》，北京，中央文献出版社，2000：第110页。

财力以后，悄然结束。[3]

1971年8月中旬，毛泽东赴南方视察。一路上，毛泽东分别会见各地党、政、军的主要负责人，揭露林彪在庐山会议上“急于想当国家主席，要分裂党，急于夺权”的篡党夺权野心。

林彪、叶群从其党羽的密报中获悉毛泽东的谈话内容后，决定以武力谋害毛泽东，发动武装政变。9月8日，林彪亲自下达了“盼照立果、宇驰同志传达的命令办”的武装政变手令，“联合舰队”开始行动。由于毛泽东事先对林彪集团的阴谋活动有所觉察，遂机警地改变了原来的日程，于11日提前离开上海，使林彪集团的谋杀阴谋没有得逞。12日，林彪准备带领黄永胜、吴法宪、叶群、李作鹏、邱会作等人乘专机南逃广州，另立中央，实现“武装割据”。同时，林彪秘密调动专机前往山海关机场。

12日下午，毛泽东安全回到北京。晚上，周恩来根据有关方面报告，追查专机去山海关一事。林彪、叶群、林立果见阴谋败露，于13日凌晨仓皇乘飞机逃跑，叛党叛国，飞机进入蒙古境内后，在温都尔汗地区坠落，折戟沉沙，机毁人亡。在毛泽东、周恩来的领导下，林彪集团的其他成员被一网打尽。林彪集团发动武装政变的阴谋被彻底粉碎。

③　毛毛：《我的父亲邓小平：“文革”岁月》，北京，中央文献出版社，2000：111页。

第十章　林彪事件引发的重大转机

1971年，“九一三”事件发生后，邓小平在江西省南昌市郊新建县拖拉机修配厂和工人们一起听了中央文件的传达。这是邓小平自被打倒以后，第一次享受听传达中央文件的“政治待遇”。在两个半小时的听文件过程中，他神情专注，一言不发。听了中央文件以后，工厂以车间为单位组织讨论，邓小平静静地听工人们讨论，没有讲一句话。作为一个曾经长期在政治风浪中纵横驰骋的政治家，在听到林彪自我爆炸的消息后，他的内心一定有着翻江倒海般的巨澜。直到回家以后，他才十分兴奋和激动地说了一句令家人难忘的话：“林彪不亡，天理难容！”

对于“九一三”事件，邓小平和全国人民一样感到震惊。他在工厂听了传达中央文件以后，工厂负责人知道邓小平的耳朵听得不太清楚，就让邓小平把中央文件带回去看。他回到住地反复阅读了几遍后，敏锐地感到，随着林彪集团的败亡，历史发展将会出现重大的转折，这对自己的政治命运，也必然会产生深刻的影响。

劳动之余，邓小平抓紧时间，先后两次给中共中央和毛泽东写信。他写道：

主席：

前天我第四次同全体职工一起，听了关于林彪反革命集团阴谋叛乱的罪证和陈伯达的历史材料，使我更加感到如果不是主席这样从他们的世界观以及他们的政治观点和阴谋活动中，及时地查出了他们的反动本质和极大的危害性，并迅速地将他们暴露于光天化日之下，如果一旦他们完全掌握了党和国家的最高权力，那不但我们的社会主义祖国会变到资本主义复辟，而且会使我们的国家重新沦入半殖民地的地步，更不知会有多少人头落地。没有疑问的，那时，革命的人民和真正的共产党人最终会起来把他们打倒，恢复无产阶级专政和社会主义制度，但是这要经过多长的痛苦的历史反复啊！

邓小平在信中，有力地揭露了林彪假借“高举毛泽东思想伟大红旗”之名，行“准备夺权”之实的本质：

对于林彪高举毛泽东思想伟大红旗，现在看来，他的确是为的打着红旗反红旗，是准备夺权，颠覆无产阶级专政、复辟资本主义的步骤，但是过去我一直认为他抓得对，抓得好，比我好得多。……但是，过去在两点上我一直是不同意的，一是林彪只强调老三篇，多次说只要老三篇就够用了。我认为毛泽东思想是在一切领域中全面地发展了马克思列宁主义，只讲老三篇，不从一切领域中阐述和运用毛泽东思想，就等于贬低毛泽东思想，把毛泽东思想庸俗化；一是总感觉林彪的提法是把毛泽东思想同马列主义割裂开来，这同样是贬低了毛泽东思想的意义，特别是损害了毛泽东思想在国际共产主义运动和反对国际修正主义运动中的作用……我是赞成强调毛泽东思想对马列主义的继承、捍卫和发展作用的。

对于军队建设，我过去一直肯定林彪在这方面的作用。过去我只觉得他在强调人的决定因素的时候，忽略了军事技术和战术的训练。

林彪多次说，只要人不怕死就会打胜仗。这是正确的又是片面的。在“文化大革命”中，我见到“毛主席缔造的，林副主席直接指挥的”这样的提法，觉得这是提高林彪威信的提法，现在原形毕露，才恍然大悟了。

邓小平在信中，对毛泽东在“文化大革命”中对他的“保护”，表示了感谢：

主席知道，林彪、陈伯达对我，是要置于死地而后快的。如果不是主席的保护，我不知道会变成什么样子的了。

邓小平在信中，表示了对中国共产党取得粉碎林彪集团的伟大胜利的喜悦心情：

我同全党全国人民一道，热烈地庆祝……摧毁林彪反革命集团的伟大胜利。

在信的最后，邓小平向毛泽东表示：

我完全脱离工作脱离社会接触已经5年多了……我觉得自己身体还好，虽然已经68岁了，还可以做一些技术性的工作（例如调查研究工作），还可以为党为人民做一些工作……我没有别的要求，我静候主席和中央的指示。

“九一三”事件后，邓小平在江西写给中共中央和毛泽东的信，经过中共江西省委，送往北京。中共中央办公厅及时转给了毛泽东。

这时，邓小平已经看到了形势发展变化的曙光，看到了改变自己政治命运的转机。他沉着冷静，心平气和，等待着“命运的敲门”、等待着毛泽东的“最新指示”、等待着历史的召唤。

关于当时邓小平的情况，李井泉（曾经担任中共中央西南局第一书记、成都军区第一政治委员，“文化大革命”初被打倒，1975年任全国人大常委会副委员长）的儿子申再望回忆说：

1972年元旦前夕，我和妹妹大蓉、二蓉从江西省临川县到南昌市去看望邓小平伯伯。我记得那是一个阴冷的冬天，苍茫的赣江上有一层薄雾，不见船影，远处的山峦灰蒙蒙的，江边的草木一片凋零，在瑟瑟的寒风中颤抖。我们来到赣江边的省委招待所，这是指定的见面地点。

听说邓伯伯和家人来到江西后，住在南昌步兵学校的一幢小楼里，楼里没有暖气、热水，想洗澡的时候，老人家必须在楼下把洗澡水烧好，一桶一桶提到楼上的卫生间去，很不方便，况且老人在冬天洗澡很容易患感冒。这个问题拖了很久，原江西省委老干部黄知真得知此事，才作了安排，让邓伯伯一家人每个周末到省委招待所洗个热水澡，我来到招待所时，邓小平伯伯一家恰好在这里洗澡。

在招待所的二楼客厅，我们先见到卓琳阿姨和邓林、毛毛，她们刚洗完澡，正在梳头。邓伯伯让她们先洗，自己后洗。见到卓琳阿姨，我和妹妹心潮难平，热泪盈眶。卓琳阿姨和我母亲肖里在延安时期就是好友，往来很多。邓伯伯洗完澡出来，见到我们来了，非常高兴，可能是因为刚洗完澡，他的脸红彤彤的，神采奕奕。他讲四川话，我们也讲四川话，因为我们从小在成都长大，一口乡音。看望邓伯伯，一直是我们的心愿。我们家和邓伯伯家关系很好，两家的孩子又是一起长大的。我们先报告了江西省革命委员会副主任刘俊秀，他抗日战争时期曾和我父亲李井泉同在晋绥军区工作，通过刘叔叔和邓伯伯家联系，我们的愿望才得以实现。

邓伯伯关切地问起我们的工作与生活，我告诉他，我和妹妹1969年来到江西，落户在父亲的老家临川县唱凯公社务农，完全靠挣工分养活自己。说到这里，我和妹妹拿出从家乡带来的两条鱼，这是乡亲帮忙从我们水塘里捕捞的，还有一些攒下来的鸡蛋。我告诉邓伯伯，这些都是劳动成果，请一定收下，让全家人尝尝。见时候不早了，我们准备告辞，邓伯伯一听，马上说："今天不要走了，到我们家去住几天。"

在邓伯伯家过年？江西省革命委员会可能不同意，我也怕给邓伯伯一家带来麻烦。"怕啥子，你们都是些小娃娃，明天就要过年了，咋个能走嘛？"邓伯伯说。卓琳阿姨也说："你们大老远地赶来，话还没说完呢，跟我们回家去，一块儿过个年。别担心，我去给他们说一下，家里能住下。"就这样，我们坐着车，来到南昌市郊区的步兵学校。邓伯伯住的小楼，就在校园里的一个小坡上，四周都是空地，种着庄稼，还有一些树木。院子的围墙很高，两扇大门紧闭。小楼红砖灰瓦，外观陈旧。院里有一株桂花树，还有一些常绿植物。楼房的底层有一个较大的过厅，当中放着一个乒乓球桌，邓伯伯的小儿子飞飞最喜欢在这里打乒乓球，底层还有管理人员的住房，几间客房，一间很小的用餐房间、厨房。在小楼后面有一座平房，是堆放柴火和煤块的地方。邓伯伯的子女没来江西前，劈柴和砸碎煤块的体力活儿，都是邓伯伯自己干。

客厅的右边有上楼的楼梯，邓伯伯住在二楼靠前的套房，外间是起居室，里间是卧室。起居室里有一个长藤椅，还有若干椅子，平时一家人喜欢坐在这里聊天，做一些手工活儿，比如织毛衣、缝缝补补。邓伯伯的儿女也住在楼上，我们去的时候，朴方在北京住院治病，楠楠在外地工作，家里只有邓林、毛毛和飞飞。楼上还有一间房子，放了很多书。毛毛对我说："这可是咱家的宝库，足够我们看了。"

邓伯伯每天要花很多时间看书，还要看报纸，卓琳阿姨说，她读了《二十四史》，正在读《资治通鉴》。通常，邓伯伯在晚饭前后听家人聊天，他不爱说话，只是听别人讲。

我和妹妹刚刚在小楼里安顿下来，毛毛就来打招呼。卓琳阿姨问我们住下来没有，被子暖不暖，有没有热水瓶，我们说一切都很好，比我们乡下的家好多了。邓伯伯说："你们三个孩子在招待所的时候，好多话没有说，现在回家了，给我们摆一下。”过了一会儿，他站起身来：“我今天给你们做饭吃。”正如毛毛在她的回忆录《我的父亲邓小平》中所写到的：“父母尽可能把家里好吃的东西都拿出来招待这些孩子们。父亲还亲自到厨房生火炒菜，给他们做米粉肉和醪糟鸡蛋吃。”

我以前根本不知道邓伯伯会炒菜。而且炒的菜那么香，那么好吃。那天晚上，我们很晚才吃饭，因为邓伯伯坚持要多做几个菜给我们吃。那天他蒸了一盆孩子们爱吃的糯米饭，是用小脸盆蒸的，分量很多，邓伯伯说：“你们尽管吃，今天吃不完，明天还可以吃嘛。”邓伯伯知道我们爱吃四川菜，还特意炒了放辣椒的回锅肉，说是四川人要吃回锅肉才算打牙祭。在饭桌上，邓林姐姐打开了话匣子，她的话非常幽默，特别是她学的四川腔，声调悠长，很有味道。邓伯伯一家人的欢笑，好像一阵春风，吹散了笼罩在我们心中的悲楚，他们的乐观精神，给了我们极大的鼓舞。这顿饭，让我们深深感到回家的温暖。

每逢佳节倍思亲。邓伯伯一家最思念的亲人，莫过于朴方。提到他，大家又开始担心和挂念。卓琳阿姨说，朴方在北京医院治腿，看样子是没法再走路了。我们告诉邓伯伯和卓琳阿姨，朴方哥哥1965年到四川农村参加社教运动时，住在峨眉山附近的乡下。母亲听说后，担心他冬天受冻，特意买了一床棉絮给他送去，父亲视察三线建设到峨眉山时，几次把朴方接到招待所吃饭。邓伯伯曾说过“朴方大有我风”，朴方聪明好学，为人厚道，磊落大方。在朴方身上，邓伯伯和卓琳阿姨寄托了多少希望啊。

后来，邓伯伯还向我打听了一些江西农村的情况。刚好在此之前，我写过一份江西农村考察报告，我便把文章的主要内容讲给邓伯伯听。这份报告主要以唱凯公社为调查对象，叙述了新中国成立后土地的分配和使用，农村阶层的变化，农村人口的增长，农业生产方式的改变，农民生活存在的困难。邓伯伯认为，了解农民的真实想法很重要，农村要进步，还是要靠提高生产力，改善农民生活。他还说，农村的基础教育很重要，首先要从娃娃抓起。

我们在邓伯伯家住了五天，该回去了。离别的时候，我们真舍不得走。卓琳阿姨拉着我们的手，一再叮嘱说："你们要注意身体，千万不要累坏了。"她还说："以后来南昌，到家里来啊。"我们的眼圈都红了，自从和父母别离后，好多年了，我们都没有听到过这样亲切的话语。我们多想有个家，一个温情的家，是邓伯伯和卓琳阿姨，在我们最孤单、最困难的时候，给了我们家庭般的温暖和安慰，令我们终生难忘。①

① 申再望：《南昌探望邓小平》，载《学习时报》，2007-12-03（9）。

第十一章　毛泽东一言九鼎

“疾风知劲草，板荡识诚臣。”

“九一三”事件后，毛泽东从中吸取了某些教训，在周恩来的协助下，亲自抓落实干部政策的工作，使“文化大革命”中被批判、遭迫害、靠边站的一大批领导干部的命运出现了新的转机。

1972年1月6日，国务院副总理兼外交部部长、中央军委副主席陈毅病逝。1月8日，毛泽东在见到中央政治局送来请他签发的有关陈毅追悼会的文件时，获悉了陈毅离世的消息。

毛泽东临时决定参加陈毅的追悼会，并对陈毅革命的一生作出了高度评价。这是毛泽东一生中最后一次参加追悼会。周恩来在悼词中，充分肯定了陈毅在中国革命和建设事业中的重大历史贡献，恢复了历史的本来面目。

参加陈毅追悼会，对于毛泽东来说，不是一个偶然的举动。这一点，仅从毛泽东在是否参加追悼会问题上反复思考即可证明。显然，毛泽东最终去参加陈毅追悼会，是深思熟虑的结果。他希望通过这个行动，向全党、全军、全国人民明确表示，一是为在“文化大革命”中蒙受屈辱的党内老同志陈毅彻底恢复名誉；二是说明像陈毅这样的在“文化大革命”中曾经受到过批判的老同志，是忠于党、忠于人民的，是值得依赖的。

正是在陈毅追悼会上，毛泽东在谈话中又一次提到邓小平。并且把邓小平和当时任中央政治局委员、中央军委副主席的刘伯承并列在一起。说邓是人民内部矛盾。

毛泽东认为邓小平是人民内部矛盾，这表明毛泽东对已经在“文化大革命”中被打成“党内第二号走资本主义道路的当权派”的邓小平的看法，有了根本性的变化。在“文化大革命”中被打倒的老干部，只要“定性”为是属于人民内部矛盾，便可以进入中央委员会。这样的例子已不在少数。于是，周恩来便当场示意陈毅的子女，把毛泽东对邓小平所作的“邓是人民内部矛盾”的“评价”传出去，以便为尽快使邓小平早日出来工作创造条件。

“九一三”事件后，毛泽东的身体明显地衰老了，体质明显地下降。也许是巨大的精神打击，也许是繁重的工作压力，也许二者兼而有之。总之，“九一三”事件后，1971年秋天毛泽东大病了一场。

“九一三”事件，不能不令毛泽东进行深刻的自省和反思。

“文化大革命”初期，依靠红卫兵和青年学生起来扯旗“造反”，结果，却“天下大乱”。本来天真烂漫的青年学生，后来一个个竟然变成了无法无天的“混世魔王”，乱打派仗，制造武斗，不听招呼。

曾经在“文化大革命”中委以重任的林彪，已经粉身碎骨。紧跟林彪的黄永胜、吴法宪、李作鹏、邱会作，早已经一个个被隔离审查。等待着他们的将是历史的审判。

经过“九一三”事件，经过五年来的“文化大革命”，实践证明，在长期革命战争中南征北战，东拼西杀，风雨同舟，患难与共，赤胆忠心的一大批老干部最靠得住、最可信赖。毛泽东在经过一番深思熟虑以后，果断采取一系列重大措施。

首先，委托周恩来在“九一三”事件后主持中共中央的日常工作。在毛泽东的信任和支持下，周恩来受命于危难之际，抱多病之躯，以超人的毅力，为克服“文化大革命”的“左”倾错误在经济、政治、组织、外交等领域的影响和造成的恶果，做了坚持不懈的努力，使各方面的工作有了转机。

其次，撤销中央军委办事组，成立由中央军委副主席叶剑英主持的中央军委办公会议，负责军委日常工作。1971年9月29日，毛泽东批示“同意”，中共中央发出通知：“中央鉴于黄永胜、吴法宪、李作鹏、邱会作四名同志参加林、陈反党集团的宗派活动，陷入很深，实难继续现任工作，已令他们离职反省，彻底交代。军委日常工作，中央已决定由军委副主席叶剑英同志主持，并筹组军委办公会议，进行集体领导。”10月3日，中共中央通知：“中央决定，撤销军委办事组。军委办公会议由军委副主席叶剑英同志主持，并由叶剑英、谢富治、张春桥、李先念、李德生、纪登奎、汪东兴、陈士榘、张才千、刘贤权10同志组成，即日工作，在中央军委领导下负责军委日常工作。”

第三，毛泽东在1971年11月14日接见参加成都地区座谈会的同志时，亲自为被打成“二月逆流”的老同志平了反。在叶剑英进来时，毛泽东说：你们再不要讲他“二月逆流”了。“二月逆流”是什么性质？是他们对付林彪、陈伯达、王、关、戚。那个王、关、戚，“五一六”，要打倒一切，包括总理、老帅。老帅们就有气嘛，发点牢骚。他们是在党的会议上，是公开的，大闹怀仁堂嘛！缺点是有的，你们吵一下也是可以的。同我来讲就好了。[①]毛泽东的这番话，为过去被诬指为“二月逆流”的谭震林、陈毅、叶剑英、李富春、李先念、徐向前、聂荣臻等老一辈无产阶级革命家平了反，使他们得以恢复了政治名誉，并陆续出来工作。

第四，毛泽东亲自出席陈毅追悼会，并由周恩来总理为陈毅亲致悼词。毛泽东在与张茜的谈话中高度评价了陈毅为共产主义事业英勇奋斗的

---

① 中共中央党史研究室：《中国共产党历史》，第2卷，北京，中共党史出版社，2011：855页。

一生，在全中国、全世界引起强烈反响。

……

毛泽东作出的这一系列重大决策，表明他在一定程度上已经意识到“文化大革命”的错误，并在逐步采取坚决有力的措施，纠正他所认识到的那一部分错误。

毛泽东的这些决策，为邓小平的复出创造了有利的条件。

1972年8月14日，毛泽东阅读了邓小平从江西写给他的信以后，作了一个重要批示：“请总理阅后，交汪主任（指中共中央办公厅主任汪东兴——笔者注）印发各同志。邓小平同志所犯错误是严重的。但应与刘少奇加以区别。（一）他在中央苏区是挨整的，即邓、毛、谢、古（指邓小平、毛泽覃、谢唯俊、古柏——笔者注）四个罪人之一，是所谓毛派的头子。整他的材料见《两条路线》《六大以来》两书。出面整他的人是张闻天。（二）他没有历史问题，即没有投降过敌人。（三）他协助刘伯承同志打仗是得力的，有战功。除此之外，进城以后，也不是一件好事都没有做的。例如率领代表团到莫斯科谈判，他没有屈服于苏修。这些事我过去讲过多次，现在再说一遍。”①

毛泽东的这一大段批语，尽管并不完全正确，例如说“邓小平同志所犯错误是严重的”就不符合历史事实，但是，在当时的历史条件下，毛泽东的这一批示，却有着至高无上的重要意义。

毛泽东的批示，虽然着墨不多，但言简意赅，十分精当地评价了邓小平的革命历史：20世纪30年代在中央革命根据地，邓小平站在以毛泽东为代表的正确路线一边，受到“左”倾教条主义错误路线的排斥和打击，“他在中央革命根据地是挨整的，即邓、毛、谢、古四个罪人之一，是所谓毛派的头子”；在历史上，他没有投降过敌人；在抗日战争时期，他

① 毛泽东，《建国以来毛泽东文稿》第13册，北京，中央文献出版社，1998：308页。

与刘伯承等同志一起，率部开辟晋冀鲁豫抗日根据地，坚持华北抗战局面，屡挫强敌，在解放战争中，他又与刘伯承等同志一道，勇挑重担，率部挺进大别山，逐鹿中原，决战淮海，渡江作战，最后进军大西南，为新中国的诞生立下了巨大的功劳，"他协助刘伯承同志打仗是得力的，有战功"；新中国成立以后，"也不是一件好事都没做的"，例如多次率领代表团前往莫斯科，同苏联领导集团推行的强权政治和霸权主义进行了坚决的斗争，"他没有屈服过苏修"，捍卫了中国的独立和主权。

毛泽东对邓小平的这一评价是很高的，与邓小平同时代的其他老同志，还从来没有受到过毛泽东如此高的评价！

毛泽东的批示，等于向全党发出了一个强有力的、确凿无疑的信号——毛泽东已经下定决心，要起用邓小平重新出来工作了！

粉碎林彪集团以后，在毛泽东的支持下，周恩来主持中央日常工作，采取一系列有力措施，为纠正"文化大革命"的错误，进行了多方面的坚持不懈、卓有成效的努力。

1972年8月，周恩来在接见回国的中国驻外大使时，针对林彪集团鼓吹"空头政治"所造成的不敢抓生产、抓业务的倾向，明确提出，政治挂帅要挂到业务上，各级领导干部要理直气壮地抓生产、抓业务。

与此同时，周恩来还着手纠正农村工作中的一些"左"倾政策。1971年底，中共中央作出关于农村人民公社分配问题的指示，要求各地不要硬搬大寨的劳动管理办法，要从实际出发总结当地好的经验，坚持那些为群众所欢迎的简便易行的办法；强调农业必须全面发展，不能把党的政策允许的多种经营当作资本主义去批判；还规定了有利于集体增产个人增收、减轻农民负担和使社员分配兑现的各项具体政策。在1973年召开的全国计划会议上，系统地揭露和批判了"文化大革命"中在农村强迫扩社并队、没收自留地、砍家庭副业、搞"一平二调"的行为。

周恩来非常关心教育和科学研究方面的工作，多次提出要努力提高教学质量，加强基础理论的学习和研究，特别是对自然科学基础理论的学习和研究。1972年7月，他向著名物理学家、北京大学负责人周培源提出，把北京大学理科办好，努力提高基础理论的学习和研究的任务。根据周恩来的指示，《光明日报》发表了周培源撰写的题为《对综合大学理科教育革命的看法》的文章。着重说明加强基础理论学习和研究的重要性，提出了加强基础理论学习和研究的一些意见。这一举措，引起广大从事科学研究和教育工作的知识分子的重视。在此期间，中央还召开了科学工作会议，提出了加强科学研究，努力赶上世界先进水平的要求。

周恩来大力落实党的干部政策，为遭受打击和迫害的领导干部部分地恢复了名誉，安排了工作。

1972年4月上旬，参加过井冈山斗争的老一辈无产阶级革命家、国务院第八机械工业部原部长陈正人和国务院内务部原部长曾山在一周内相继去世。周恩来对此十分震惊和痛心，多次指示，对副部长以上干部要普遍进行身体检查，改善医疗条件。《人民日报》发表了根据周恩来的意见改写的社论《惩前毖后，治病救人》，强调要相信90%以上的干部是好的和比较好的，“经过长期革命斗争锻炼的老干部，是党的宝贵财富”。这对于解放和使用老干部，起到了积极的作用。此后，从中央到地方，相继对一些尚未解放或未安排工作的领导干部以及学有专长的专家、教授和知识分子，进行了解放和安排，使他们重新走上了工作岗位。

8月1日，陈云、王震、滕代远等一批被迫害的老干部参加了纪念建军45周年招待会。12月，当毛泽东根据被关押的铁道部副部长刘建章的夫人反映的情况，批评监狱实行法西斯审查方式之后，周恩来立即指示公安部会同北京卫戍区彻底清查北京监狱待遇问题，并要他们当着在押“犯人”公开宣布废除法西斯式的审查方法和虐待殴打行为，如有犯者，当依法惩治，并容许“犯人”上诉。

在周恩来主持中央工作期间，恢复了一些中央领导同志的名誉，把一大批下放劳动和“靠边站”的原党政军各部门负责同志重新安置到领导岗位上。在“文化大革命”初期，江青集团煽动极左思潮，制造了一系列重大涉外事件，严重损害了中国的声誉和对外关系的发展。周恩来在主持中央日常工作期间，坚决排除极左思潮的影响，同毛泽东一起制定和贯彻了正确的外交方针。1972年11月，周恩来批准了中联部、外交部关于外事会议批判极左思潮和无政府主义的报告，对于肃清极左思潮对外事工作的影响起了重要作用。在周恩来主持工作期间，中国外交工作取得了一系列重大进展。1971年10月第26届联合国大会以压倒多数通过决议，恢复中国在联合国的合法席位；1972年2月中美两国发表上海联合公报，中美关系开始走向正常化：同年9月中日两国政府在北京签署《联合声明》，结束战争状态，实现中日邦交正常化。在此期间，中国还先后与一系列国家建立了外交关系。这些中国外交工作的重大突破，使中国的国际地位得到显著提高。

在周恩来主持中央工作期间，鉴于江青集团煽动的极左思潮和无政府主义所造成的危害，广大党员、干部和群众对极左思潮和无政府主义深恶痛绝，周恩来多次提出必须批判极左思潮和无政府主义。在1971年和1972年召开的全国计划会议、公安工作会议、交通工作会议、卫生工作会议、科学工作会议上，周恩来都要求把批判极左思潮和无政府主义放在重要位置，彻底消除极左思潮和无政府主义造成的严重危害。

1972年8、9月间，周恩来两次讲话批判极左思潮，并针对一些单位的情况强调指出："极左思潮不批透，你们就没有勇气贯彻党的正确路线。"此后，《人民日报》根据周恩来要求批判极左思潮的精神，组织撰写了三篇批判极左思潮和无政府主义的文章，用一个整版刊登，尖锐地指出，"无政府主义是假马克思主义骗子的反革命工具"，深刻地揭露了极左思潮和无政府主义的本质。周恩来提出批判极左思潮和无政府主义，实际上是1967年2月前后，李富春、陈毅、李先念、谭震林、聂荣臻、徐向前、叶剑英等老一辈无产阶级革命家和广大党员、干部、群众要求纠正"文化大革命"错误这一正确主张的继续和发展。

由于周恩来在毛泽东的支持下，采取了一些正确的政策和措施；由于广大党员干部和群众的积极工作，努力生产；也由于广大党员、干部和群众从“文化大革命”中吸取了一些经验和教训，人心思治。所以，在周恩来主持中央日常工作两年中，各方面的工作都出现了新的气象，社会秩序、生产状况均有所好转。

正是周恩来主持中央工作期间创造的这种历史环境，为邓小平的复出准备了有利的条件。

1972年年底，经中共中央批准，邓小平先后到井冈山、赣南、景德镇等地进行社会调查。这也是周恩来的精心安排，目的在于逐步为邓小平复出创造条件。

1972年11月，邓小平经樟树、吉安、永新、宁冈来到井冈山。在宁冈，他对当地干部说：“井冈山精神是宝贵的，应当发扬。”他还一字一句地说道：我们的党是好的，是有希望的；我们的人民是好的，是有希望的；我们的国家是好的，是有希望的。在井冈山，邓小平参观了黄洋界、八面山、双马石、砂冲、桐木岭五大哨所，参观了大井、小井、黄坳、茨坪，参观了井冈山博物馆、工艺美术厂。邓小平虽然对井冈山的斗争历史十分熟悉，但却一直没有机会到井冈山实地考察。如今多年夙愿得到了却，他的心情格外激动。

离开井冈山，邓小平又来到泰和县考察农业机械化。他询问了小型拖拉机的生产情况，观看了农用水田插秧机操作表演，认为“农业机械化是个方向”。

1972年12月，邓小平驱车向南，经赣州、兴国、于都到会昌、瑞金、宁都、广昌，重温革命战争年代往事，关注老区人民生活，把对赣南老区人民几十年的深情厚谊播洒在这片红色的土地上。

1973年2月19日，邓小平从南昌乘车到鹰潭，次日转乘福州至北京的特快列车离开江西。

这位已经68岁的老人，在第二次奇迹般复出前，留给与他患难与共的江西人民一句知心话：“我还可以干20年！”

毫无疑问，“文化大革命”动乱岁月里的诸多磨难和思考，在邓小平的头脑中留下了不可磨灭的印象。他曾深有感触地说：“我一生最痛苦的当然是‘文化大革命’的时候。”但是，当受到错误打击、处于逆境时，他从不消沉，总是对党对人民的事业忠贞不渝，为党和国家的前途命运进行更深刻的思考，发奋要有新的更大作为。因此，他才能顺应历史发展的需要和时代的要求，在经历逆境之后，重新担当党和人民赋予的重任，在思想上有新的创见，在理论上有新的突破，在实践中有新的前进。

北美洲的加拿大前总理特鲁多曾就自己应如何对待在政治舞台上的沉浮，请教过邓小平。

特鲁多回顾说：记得在1979年，我有几个月下野了，那期间我又访问了中国，去了西藏。从西藏回到北京后，我见到邓小平。我问他，我现在下野了，但希望重返政治舞台，你曾经有过这种经历，你的秘诀是什么？邓小平干脆利落地回答：只有一个——忍耐。

特鲁多便练习忍耐，以后重返政治舞台。

北欧的芬兰前首相索尔萨，从欧洲人的角度对“忍耐”一词所包含着的深刻哲理和政治内涵进行了诠释。他说：我们芬兰语中有个特别的词汇——忍耐。含义是拥有崇高的信仰，对为之奋斗的事业充满信心。这个忍耐与信仰，更是邓小平的财产。

也许，还是邓小平自己的话最有说服力。1986年9月2日，担任中国共产党中央顾问委员会主任的邓小平，在中南海会见了来自太平洋彼岸的美国哥伦比亚广播公司“60分钟节目”记者迈克·华莱士，回答了他提出的问题：邓主任刚才谈到“文化大革命”，在那时候您和您的家人遭遇如何？

邓小平回答：那件事，看起来是坏事，但归根到底也是好事，促使人们思考，促使人们认识我们的弊端在哪里。毛主席经常讲坏事转化为好事。善于总结“文化大革命”的经验，提出一些改革措施，从政治上、经济上改变我们的面貌，这样坏事就变成了好事。为什么我们能在70年代末和80年代提出了现行的一系列政策，就是总结了“文化大革命”的经验和教训。[①]

---

① 《邓小平文选》第3卷，北京，人民出版社，1993：172页。

第十二章　邓小平复出　世界关注

在促使邓小平复出和重新工作问题上，周恩来呕心沥血，煞费苦心，起了特别重要的作用。毫无疑问，毛泽东是让邓小平复出并委以重任的决策者。没有毛泽东的决策，任何人也不可能使邓小平重新出来工作。但在毛泽东决策以后，是周恩来抓住不放，排除万难，一以贯之，落实到底，把毛泽东的决策迅速变成了现实。

周恩来与邓小平的革命情谊，长达半个多世纪。早在20世纪初，他们在欧洲勤工俭学时，便一同走上了为共产主义事业而奋斗的道路，在中国旅欧共产主义者的各种集会和活动中，常常可以看到他们并肩战斗的英姿。邓小平在1980年8月会见意大利女记者奥琳埃娜·法拉奇时，曾无限深情地回顾周恩来说："我们认识很早，在法国勤工俭学时就住在一起。对我来说，他始终是一个兄长。我们差不多同时期走上了革命的道路。他是同志们和人民很尊敬的人。"①

邓小平的女儿毛毛曾问过邓小平："在留法的人中间，你与哪个人的

① 《邓小平文选》第2卷，北京，人民出版社，1994：348页。

关系最为密切？”

邓小平沉思了一下答道：“还是周总理，我一直把他看成兄长，我们在一起工作的时间也最长。”

毛毛在《我的父亲邓小平》一书中写道：“是的，在法国的两年，在20年代末到30年代初在上海做地下工作的岁月，在江西中央革命根据地，在长征路上，在革命战争中，在建国后的党和国家最高机关中，直到周总理为党、为国、为人民鞠躬尽瘁，吐出最后一息，父亲在长达半个多世纪的岁月中，一直是周恩来的得力助手和忠诚战友……”

特别是在“文化大革命”前的1956年至1966年这10年里，周恩来作为国务院总理，出席中央总书记邓小平召开的中央书记处会议；邓小平作为中央总书记、国务院副总理出席周恩来主持召开的国务院会议，两人同心协力，互相支持，共同谋划，“运筹于帷幄之中，决胜于千里之外”，始终站在中共中央和国务院领导工作的第一线，为中国社会主义建设事业、为中华民族新的崛起，耗费了无数心血，结下了真挚的情谊。

邓小平在“文化大革命”中被打倒，使周恩来顿时失去了一个有力的臂膀。他千方百计保护邓小平，并一直在寻找着、等待着、思考着如何使邓小平早日出来工作的最佳时机。

1970年8、9月间，中共在庐山召开九届二中全会。毛泽东认为，林彪集团以设国家主席为名大闹庐山，阴谋篡党夺权，一时间“大有炸平庐山，停止地球转动之势”。为此，毛泽东写了《我的一点意见》，点名批判了陈伯达，又采取果断措施，粉碎了林彪集团的图谋。一天，周恩来对保健医生说：“这里现在有我两个熟人呢！一个是你的同行，她叫郑淑云（指周恩来的一位保健护士，当时在卫生部江西“五七”干校）；另一个是我的同行，叫邓小平，现在南昌附近住。一个郑，一个邓，两个‘耳刀’嘛！”过了一会儿，周恩来又轻轻叹息了一声，以惋惜的口吻说：“我告诉你，邓小平同志就在山下，本来这一次他是可以上山来的，现在看来又不行了。”这说明，尽管周恩来身在庐山，日理万机，心中却还挂念着远在南昌市郊的邓小平呢！

1972年1月10日，在陈毅追悼会上，当周恩来听到毛泽东在谈话中把邓小平“定性”为人民内部矛盾时，立即敏锐地抓住这一千载难逢的有利时机，示意陈毅的子女将毛泽东谈到邓小平时讲的话传出，为邓小平复出制造舆论。

同年1月下旬，周恩来在接见一个会议的代表时，明确指出：在揭批林彪的过程中，一定不能混淆两类不同性质的矛盾。林彪这伙人就是要把邓小平搞成敌我矛盾，这是不符合主席的意思的。

如今，关于邓小平的复出问题，毛泽东亲自做出了重要批示。有了毛泽东的“最高指示”，周恩来立即抓住时机，雷厉风行，迅速行动。

周恩来首先派人将毛泽东的批示和邓小平的信印制若干份，分送中共中央政治局成员传阅，并立即以中共中央名义通知中共江西省委，对邓小平立即解除监督劳动，恢复党组织生活。

1972年12月18日，周恩来写信给中共中央政治局候补委员纪登奎，中央政治局候补委员、中央办公厅主任汪东兴，再次提出让邓小平出来工作的问题。这封信全文如下：

登奎、东兴同志：

昨晚主席面示，谭震林同志虽有一时错误（现在看来，当时大闹怀仁堂是林彪故意造成打倒一切老同志的局势所激成的），但还是好同志，应该让他回来。

此事请你们二人商办。他在桂林摔伤了骨头，曾请韦国清同志（当时任广西壮族自治区党委第一书记、革命委员会主任——笔者注）注意帮他治好。王良恩同志（当时任中共中央办公厅副主任兼政治部主任——笔者注）了解其情况，可问他关于震林同志一家的近情。

邓小平同志一家曾要求做点工作，请你们也考虑一下，主席也曾提过几次。

周恩来

1972年12月18日

经过周恩来的努力工作，终于排除了在邓小平复出问题上的重重障碍。1973年2月，中共中央正式通知邓小平回北京。邓小平接到中共江西省委转来的通知后，立即收拾行装，告别了度过三年多时光的新建县，从南昌出发，坐汽车到鹰潭；然后换乘火车，于2月22日回到北京。当天晚上，中共中央办公厅主任汪东兴到邓小平的住地看望，邓小平向他表示，感谢他几年以来的关照。汪东兴说：“我是按毛主席的意思办的。”

这时，主持中央工作的周恩来，一方面让中央办公厅迅速安排好邓小平在北京的住所，同时让中央办公厅通知在北京的中央政治局委员开会，讨论关于落实毛泽东的重要批示，让邓小平恢复工作的问题。从2月下旬到3月初，在周恩来的主持下，中央政治局连续召开会议，专门讨论邓小平出来工作的问题，由于有毛泽东的重要批示，在周恩来的鼎力支持下，中央政治局通过了同意让邓小平重新工作的决议。

1973年3月9日，周恩来致信毛泽东，专门谈了关于恢复邓小平的工作一事，汇报中央政治局几次讨论关于恢复邓小平的党组织生活和国务院副总理的职务等情况。信中写道：“关于恢复邓小平同志的国务院副总理职务问题，政治局几次讨论过，并在主席处开会时报告过”；“政治局认为需要中央作出一个决定，一直发到县团级党委”，以便各级党委向党内外群众解释。同时，向毛泽东报告：现在小平同志已回北京。

毛泽东阅信后，当即于同日在周恩来的这封信上批示：“同意。”

随后，周恩来即批告中共中央办公厅主任汪东兴，将中央关于邓小平复职的文件及其附件送邓小平本人阅，并对有关内容提出意见，汪东兴照办了。

1973年3月10日，中共中央向全党发出《关于恢复邓小平同志的党的组织生活和国务院副总理的职务的决定》。

这个《决定》，虽然限于当时正处于“文化大革命”中的特定的历史环境，还存在一定的历史局限性，带有那个时期的特定的历史烙印。但是，它毕竟作为中共中央正式文件，庄重地向全党正式宣布了恢复邓小平的党的组织生活和国务院副总理的职务的决定，具有重要的历史意义。中共中央的这个决定，先发至全国县、团级党的组织，然后被迅速地传达到全体共产党员、广大的干部和人民群众。

“邓小平要出来工作了！”这个消息很快地传遍了全国城乡，一时间达到了家喻户晓的程度。

中共中央关于邓小平恢复工作的文件发出以后，周恩来向中央政治局请假，要求病休两周，中央的日常工作由叶剑英主持。周恩来太累了。自从“文化大革命”开始以来，他的战友和得力助手一个个被“打倒”了，只有他还在独自苦撑危局。“九一三”事件发生后，他更是夜以继日地超负荷工作，终于疲劳过度，积劳成疾。他多么需要一个武能安邦、文能治国、才思敏捷、办事干练的得力助手分担一下肩上的重负啊！如今，经过毛泽东的批准和中央政治局作出决定，邓小平恢复工作一事正式成为现实，周恩来总理终于松了一口气，如释重负，可以安心休息几天了。

3月中下旬，周恩来由邓颖超陪同在北京西郊玉泉山对身体做全面检查和治疗。在此期间，他委托邓颖超前往看望回到北京的邓小平和卓琳，表示对老战友的关切之情，同时向邓小平夫妇通报自己的病情。

几天以后，周恩来身体稍有好转，便恢复了工作。他与中共中央政治局委员、国务院副总理李先念等一道，于3月28日会见了邓小平。两位几十年患难与共，生死相依，风雨同舟，心心相印的老战友、老同志、老革命家，在经过了几年“文化大革命”的风风雨雨以后，终于又见面了。两双扭转乾坤、指点江山、运筹帷幄、决胜千里的巨手，紧紧地握在一起，久久没有分开。这是周恩来在邓小平恢复担任国务院副总理职务后第一次与邓小平进行正式的工作谈话。

3月29日，周恩来约邓小平到毛泽东处开会。会前，在毛泽东的书房里，毛泽东与邓小平见了面。望着几年不见、已经明显苍老的毛泽东，邓小平百感交集，决心努力工作，不辜负毛泽东的信任和厚望。之后，根据毛泽东的意见，周恩来主持中共中央政治局会议，议定：邓小平“正式参加国务院业务组的工作，并以国务院副总理身份参加对外活动；有关重要政策问题，小平同志列席政治局会议参加讨论”。会议还研究了关于筹备召开中国共产党第十次全国代表大会的有关问题。会后，周恩来写信向毛泽东报告了会议议定的事项，毛泽东阅后批示“同意”。

这次会议以后，邓小平正式恢复了国务院副总理的工作。

4月9日，周恩来、邓颖超在百花争艳、春光明媚的北京西郊玉泉山与邓小平、卓琳夫妇会面，并在一起进行了长时间的谈话。多年以后，邓小平回忆起当年的情况，仍然记忆犹新。他说：“我们去看总理，看到他瘦得不成样子。我们相对无言。”周恩来开始谈话后，首先没有谈自己的病情，也没有谈今后的工作，而是直截了当地指出：“张春桥是叛徒……”同时要求邓小平要选好保健医生。这是重病在身的周恩来在向邓小平作政治交代，要求他认清“四人帮”的真面目，保重自己的身体，坚持顽强韧性的战斗，为了党和人民的最高利益，同“四人帮”斗争到底。[①]

1973年4月12日晚上，宽阔的北京天安门广场华灯齐放，富丽堂皇的人民大会堂灯火辉煌。7时30分，中国政府总理周恩来满面春风，神采飞扬，出现在人民大会堂一楼宴会厅，在这里主持举行盛大宴会，热烈欢迎刚刚胜利地结束对柬埔寨解放区视察，从柬埔寨返回北京的柬埔寨国家元首、柬埔寨民族解放阵线主席诺罗敦·西哈努克亲王和夫人一行。让各国驻华使节和驻华记者感到惊讶的是，邓小平作为国务院副总理出席了宴会。

① 毛毛：《我的父亲邓小平：“文革”岁月》，北京，中央文献出版社，2000：275页。

这是邓小平恢复工作以后，第一次在重大的外事场合露面。

顿时，邓小平成为宴会中最引人注目的人物。

对于邓小平的这次露面，当时在场的匈牙利驻华记者巴拉奇·代内什作为亲历者，在他所著的《邓小平》一书中，作了详细的描述：

那是1973年4月，在北京举行的一次宴会上，我第一次见到了他。他孤独一人站在大厅里。他个子明显矮小，但体肩宽阔，显得刚毅有力。身着深色的毛式干部服，但袜子是白色的。此刻，他当然知道，远处，人民大会堂大厅里的许多圆桌旁边，数百双眼睛正好奇地注视着他，因为他是在消失之后又从被遗忘的角落里突然出现在人们眼前的。在那些七年前被“伟大的无产阶级文化大革命”这一政治地震压倒在地，而后又恢复名誉、重新出来的人中间，他是地位最高的一个。

在那离奇而又预示着危险的“革命”开始时，他被称作“中国第二号走资派”。“头号走资派”是前国家主席刘少奇。邓小平重新出来的时候，刘少奇早已成为故人，但当时人们并不知道……

在那次令人难忘的招待会上，等待着宴会开始的中国领导人，正在三五成群地寒暄交谈，而他却孤身只影，缄默无声。然而，他那两只大而近似欧洲人式的眼睛，正扫射着所有在场的人，似乎这孤独丝毫没有使他感到难堪不安，相反他正在察看形势，端详同伴，准备迎接新的任务和斗争。眼前的景象是：这边站着“文化大革命”的一些英雄，他们不久前剥夺了他的一切权力；那边是政治牺牲者。但他现在又站在权力的大厅里，是副总理之一。此时此刻，他们能相互揣度些什么呢？……很快，乐队奏起了柔和悦耳的迎宾曲。这次宴会的贵宾西哈努克亲王同中国领导人一起，在用鲜花组成的图案装饰起来的主宾桌旁就座。这天是1973年4月12日。根据不成文的礼仪规定，国务院在人民大会堂举行宴会时，被邀请的外交官和记者只能在宴会结束时离开席位，无论会上发表了什么讲话，记者和外交官只能在事后报道消息和书写报告。……可是，4月的这天晚上，筵席未散就抢先急匆匆地走下楼梯的却不是外交官，而是各国的新闻记者。他们直奔近处的邮电总局，向全世界传播一件重大新闻：邓小平复出！[①]

第二天，邓小平复出的消息作为世界各大新闻媒体竞相报道的重大新闻，很快传遍了整个世界。

从此，邓小平作为中华人民共和国国务院副总理，开始履行自己的职责，频繁地出现在中国和国际政治的舞台上。

1973年8月24日至28日，中国共产党第十次全国代表大会在北京举行。按照党章规定的五年期限，这次代表大会是提前一年召开的。毛泽东主持了这次大会。出席大会的有1249位代表，代表着全国2800万名党员。

中共十大的主要议程是：1.周恩来代表中共中央作政治报告；2.王洪文代表中共中央作关于修改党章的报告，并向大会提出《中国共产党章程草案》；3.选举中国共产党第十届中央委员会。大会选举了148位代表组成的主席团，毛泽东为主席团主席，周恩来、王洪文、康生、叶剑英、李德生为主席团副主席，张春桥为主席团秘书长。

大会一致通过了上述两个报告和新的《中国共产党章程》，选举产生了第十届中央委员会，195人当选为中央委员，124人当选为候补中央委员。一批久经考验、众望所归、在“文化大革命”中受到排斥和打击的老同志，如邓小平、王稼祥、乌兰夫、李井泉、谭震林、廖承志等，被选为中央委员。据参加了中共十大的一位中央委员回忆：在中共十大上，她与邓小平分在一个小组，当讨论大会提出的第十届中央委员候选人名单时，她在小组发言中不同意大会提名自己为中央委员候选人。邓小平也是第十届中央委员候选人之一。邓小平发言时，认真地说：“我不反对大会提名我为中央委员候选人。”表现了一个老革命家的光明磊落的气魄。

由于中国共产党胜利地粉碎了林彪集团，所以林彪集团的骨干成员都被清除出了中央委员会。但是，江青集团的一大批骨干分子却以“文化大

① [匈]巴拉奇·代内什：《邓小平》，北京，解放军出版社，1988：1~2页。

革命”中涌现出来的“新生力量”的名义，进入了中央委员会。

中共十大继续了中共九大的“左”倾错误，大会通过的由张春桥、姚文元、王洪文等负责起草的政治报告中，没有正确地分析林彪事件发生的原因，没有正确地总结经验教训，反而肯定“九大的政治路线和组织路线都是正确的”；号召全党“坚持无产阶级专政下的继续革命”，坚持“无产阶级文化大革命”；还把“天下大乱，达到天下大治；过七八年又来一次”认定为“客观规律”，预言“党内两条路线斗争将长期存在，还会出现十次、二十次、三十次”，把批判林彪的“极右实质”列为首要任务。在这样的“左”倾错误方针指导下，只能使“文化大革命”愈拖愈久，破坏性的后果愈来愈严重。

在中共十大上，依靠“文化大革命”起家的“文革新贵”王洪文当选为中央副主席，张春桥当选为中央政治局常委，江青、姚文元当选为中央政治局委员，长期充当江青和“中央文革小组”顾问的康生当选为中央副主席，使江青集团的势力得到加强。中共十大以后，江青、张春桥、姚文元、王洪文在中央政治局结成“四人帮”，大肆进行篡党夺权的活动。但是，全党、全国人民已经从林彪事件中提高了政治觉悟和辨别是非的能力，一场更加激烈的否定还是肯定“文化大革命”的斗争正在逐渐地酝酿和形成。

在中共十大的宣传资料中，曾有这样一段话，党的第十届中央委员会的组成，既有建党初期的老同志，又有经过长期革命战争考验的中年同志，还有在“文化大革命”中涌现出来的“新生力量”，“这充分反映了我们党的事业兴旺发达，后继有人”。

明眼人一看得知，这个“兴旺发达，后继有人”指的是身着一套簇新的军装，梳着漂亮的小分头，唇红齿白，年轻少壮，年仅38岁的新任中共中央副主席王洪文。

这是毛泽东在林彪叛党叛国、粉身碎骨以后，重新选择的又一位接班人。

王洪文何许人也，一般人并不了解。

王洪文，1935年出生于吉林省长春市郊区一个农民的家庭，自幼务农。1951年4月参加中国人民志愿军，来到朝鲜战场，先后担任过警卫员、师通信科通信员。虽说没有打过仗，总算也上过几天战场。当兵五年半，在部队加入了中国共产党。以后，复员到上海工作。

1964年，王洪文调到上海国棉十七厂保卫科工作，任保卫员，也就是保卫干事。这里，成为王洪文从政的开端。

1966年“文化大革命”爆发后，“乱世英雄起四方”，王洪文也带领一班人造了厂党委的反，成为上海国棉十七厂的“造反领袖”。随后，又杀上社会，与社会上各单位的造反派组织纠合在一起。当上海各厂的所谓“工人造反派”讨论成立“上海工人革命造反总司令部”时，王洪文以“中共党员”“复员军人”“保卫科干部”三块牌子，赢得了与会者的拥护，当选为“上海工人革命造反总司令部”主要负责人，成为名副其实的“造反司令”。

王洪文成为上海“工总司”负责人后，于1967年开始与“中央文革小组”副组长、上海市委书记处书记张春桥，“中央文革小组”成员、上海市委宣传部部长姚文元（姚文元原为上海《解放日报》编委，“文化大革命”爆发后被越级提拔为上海市委宣传部部长，但没有几天，就又“升任”“中央文革小组”成员，因此，人们一般不知道他曾任市委宣传部部长一职）结合在一起，根据张春桥、姚文元的旨意，大闹上海，大乱上海，搞垮了上海市委，成为在全国都有很高知名度的“工人造反派领袖”。

1967年1月，张春桥、姚文元幕后策划，王洪文率领“造反派”冲锋陷阵，掀起了所谓的上海“一月风暴”，篡夺了中共上海市委、上海市人民政府的党、政、财、文大权，成立了“上海人民公社”。因毛泽东不同意“上海人民公社”这个名字，遂改名为毛泽东认可的“上海市革命委员会”。张春桥、姚文元是当然的第一、二把手，王洪文作为“工人造反派”的代表人物为第三把手——上海市革命委员会副主任。“文化大革命”中“夺权”以后的中共上海市委成立后，张春桥任市委第一书记，姚文元任市委第二书记，王洪文任市委书记，依然是第三把手。

在1969年4月召开的中共九大上，王洪文第一次在全党、全国人民面前“亮相”。“工人代表”——这在“文化大革命”中是一块最响亮的牌子，也许是考虑到王洪文的“代表性”，他被推选为中共九大主席团成员。在林彪代表中共中央所作的政治报告中，专门提到了王洪文的“造反行动”在中国“文化大革命”历史上的“重要地位”。林彪念道：“具有革命传统的上海工人阶级，在毛主席和以毛主席为首的无产阶级司令部的领导和支持下，挺身而出，同广大革命群众、革命干部联合起来，于1967年1月自下而上地夺了旧市委、旧市人委中走资派的权力。毛主席及时地总结了上海一月革命风暴的经验，号召全国：‘无产阶级革命派联合起来，向党内一小撮走资本主义道路当权派夺权！’……”

在1969年4月14日的中共九大全体会议上，毛泽东、林彪讲话以后，王洪文作为工人代表第五个发言，顿时成为引人注目的“新闻人物”。在中共九届一中全会上，王洪文当选为中央委员。

毫无疑问，通过上海“一月风暴”和在中共九大上的发言，王洪文已经给毛泽东留下了深刻的印象。

1971年8、9月间，毛泽东视察大江南北时，9月10日在上海停留了几个小时，王洪文作为上海市委书记、上海市革命委员会副主任、上海警备区政治委员，受到毛泽东的接见。当时，林彪集团正布置在上海暗杀毛泽东。“九一三”事件后，王洪文根据中央指示，与南京军区派到上海的负责人一起，执行了中央关于立即逮捕林彪集团成员王维国（驻上海的空四军政治委员）、陈励耘（驻杭州的空五军政治委员）的任务。这件事情办得干脆利落，进一步加深了在毛泽东头脑里的印象。

粉碎林彪集团不久，1972年9月，根据毛泽东的提议，王洪文由上海调到中央工作，列席中央政治局会议、国务院会议、中央军委会议。实际上，从这时起，毛泽东已经开始把王洪文作为新的“接班人”来进行“考察”了。

1973年5月，中共中央在北京举行工作会议，主要议程是为召开中共十大做准备。根据毛泽东的意见，会议宣布解放谭震林、李井泉、乌兰夫等13名老干部；又决定王洪文、华国锋、吴德列席中央政治局会议并参加中央政治局的工作。

会议还决定：

由王洪文与张春桥、姚文元一起负责起草中共十大的政治报告；

由王洪文负责党章修改小组，起草《关于修改党章的报告》，向中共十大提出新的《中国共产党章程草案》。

8月20日，在中共十大选举准备委员会会议上，周恩来宣布，根据毛泽东的意见，王洪文任中共十大选举准备委员会主任，周恩来、康生、叶剑英、江青、张春桥、李德生任副主任。

此时，毛泽东选择王洪文为“接班人”的意向已经十分明确了。

在中共十大上，王洪文担任了大会主席团副主席；在中共十届一中全会上，王洪文当选为中共中央副主席。至此，王洪文已实际上正式成为毛泽东的“接班人”。但是，毛泽东虽然在中共十大上越级破格提拔了王洪文，却又部分地接受了在中共九大上选择林彪为接班人的沉痛教训，没有在《中国共产党章程》中用明确的语言写出来。

第十三章　邓小平任中共中央政治局委员、中央军委委员

在中共十大上，王洪文担任中共中央副主席。此后，毛泽东曾经对他寄予了厚望，从1973年9月12日到1974年5月29日，毛泽东先后16次让王洪文陪同，会见来访的外国国家元首和政府首脑，以便在各种场合树立他的形象，提高他的知名度，增加他的政治活动经验。对于毛泽东的这种做法，一位英国记者作了如下评述："38岁的上海造反领袖王洪文，已明白无疑地成为毛的继承人。毛在中共十大之后每一次会见外国首脑，坐在他两侧的总是周和王。周已75岁，是毛的同辈战友。因此，毛用这种特殊的方式，向全世界表明，王是他的接班人。未来的中国，是王洪文的中国。毛显然已经吸取林彪事件的教训，不再把接班人的名字写入中共党章。但是，毛仍明确地指定了自己的接班人。因为毛毕竟已是八十老翁，随时都可能发生意外。毛在生前指定接班人，为的是在他突然亡故时，可以使人口众多、派系纷争激烈的中国，有一个众所公认的领袖，避免中国的内战和混乱……"

王洪文——这位在"文化大革命"中发迹，在中共十大上腾飞的"政治明星"的引人注目的崛起，引起了中外人士的广泛关注和评论。

然而，继林彪以后，毛泽东又一次选错了接班人。

毛泽东学识渊博，手不释卷，经史子集、诗词歌赋、马列经典、国际政治，无不了然于胸、融会贯通。他博古通今，学贯中西，既是伟大的革命家，又是伟大的政治家、理论家、哲学家、战略家、思想家，是一位集中华民族五千年文明历史于一身、融中华民族五千年灿烂文化为一体的具有雄才大略的伟大人物。

而王洪文长期充当上海“造反派”的头头，擅长的是“冲冲杀杀”这一套“造反派”的看家本领。靠“造反”夺权，登上领导岗位后，平日里不读书，不看报，不学习文件。经常是和一班“造反派”为伍，过着吆五喝六、呼朋唤友、吃喝玩乐、纸醉金迷、花天酒地的逍遥自在的日子。初到北京时，还能规矩几天。登上高位以后，哪里过得惯整天开会、谈话、批阅文件、一熬就是一个通宵的苦日子。天长日久，便耐不住寂寞，露出了“庐山真面目”。

中共十大以后，王洪文曾主持过一段中央日常工作。实践证明，他根本不具备作为一个中共中央副主席应当具备的基本素质，根本没有能力担当治国安邦的大任。别看在上海滩“冲冲杀杀”、可以“一呼百应”，在北京、在中央机关、在一个泱泱大国负责人的位置上，便不是那么简单的了。不久，毛泽东仍然让周恩来主持中央日常工作。

平日里，王洪文喜欢吸高档香烟，喝高级名酒，讲究穿高级衣服，坐舒适的豪华轿车；喜欢开着摩托车沿中南海兜风，晚上坐着吉普车到首都机场的草丛中去打兔子；喜欢拿着高级钓鱼竿在“钓鱼台国宾馆”钓鱼；喜欢打扑克，一打就打上近一个通宵。整个一副上海滩十里洋场“阔少爷”的模样。就是不喜欢开会，不喜欢听汇报，不喜欢批阅文件，自称一读马列著作和书报、文件就“头痛”。

王洪文的这种“十里洋场阔少爷”作风，且不说中央机关其他人无不侧目，就连“四人帮”中老谋深算的张春桥也颇有微词。当王洪文主持中央工作时，张春桥私下发牢骚说：“王洪文他算老几，他凭什么主持中央工作？”但牢骚归牢骚，他们毕竟是一丘之貉，在重大问题上，王洪文还是一切听命于张春桥指挥的。

对王洪文担任中共中央副主席以后的生活作风，在他身边工作的人是最清楚不过的了。曾经担任王洪文警卫工作的一位工作人员以后揭发说：

王洪文一人在北京、上海就占用了9辆汽车。他坐飞机去外地，“三叉戟”还嫌小，一定要坐“波音707”。

王洪文的住地，本来已安排得很好，但仍不满意，大发牢骚说：厨师不给好的，理发椅子型号不对，枕头不好，床单不好，台灯不好，给的橘子也是皮厚、不甜。

他为了图舒服，差不多每天都要大夫给他推拿一两个小时。

他一起床，就得喝一杯浓咖啡，或者吃兴奋剂，睡前要喝一杯西洋参汤。

一日三餐，顿顿是鸡、鸭、鱼、肉，还嫌不够，又提出要吃燕窝。经常吃烤蛤蜊，有时还吃炸牛排、牛尾汤等法国名菜。他喝的是“茅台”“人参”“三鞭”等名酒。

他不读书，不看报，经常要秘书代他画圈批文件，他把绝大多数时间和精力用来玩牌、下棋、钓鱼、打猎、打鸟、看电影。为了打猎，甚至不参加会议，不接电话。他钓鱼有时从早上四五点钟一直钓到九十点钟，从下午三点一直钓到晚上八九点钟。他用的钓鱼竿，有的是从外国进口的，一根100多元，他用的钓饵还要放香油、茅台酒。

他以战备为名，从部队弄来吉普车，装上专用灯光，经常深更半夜带人驱车到郊外打野兔子。白天还经常打野鸭子，要工作人员为他赶鸭子。

他还经常在住地周围打鸟玩。他共有猎枪、鸟枪12支。他下棋一下就是四五个小时，打扑克有时长达十几个小时。王洪文有时竟摔手表玩，一边摔一边说什么：反正戴手表不花钱，摔坏了再到上海去拿。

1976年，王洪文从国家体委要了一辆“佳娃”牌摩托车，一日数次骑着玩。

王洪文的一位秘书在“四人帮”被粉碎后，也揭发说：

“王洪文到北京后，生活上已有补贴，但他还每年数次向上海大量要钱，每次三百、五百甚至上千元……”

“王洪文的小兄弟一来北京，他立即要人用专车接到他的住地吃喝、密谈，这已成为惯例。对安插在北京的小兄弟，也经常用请客送礼等手段，进行阴谋活动。王洪文在住地请客，用的都是高级酒、菜、烟、茶，但他感到还不阔气，就到大饭店设宴招待，中国菜吃腻了，还要做外国菜。他这些小兄弟经常比谁被请的次数多，吃得高级，谁最受王的信任……”

在政治上，王洪文在上海时就听惯了张春桥、姚文元的“指示”，习惯于按照张、姚的“指示”办事，现在虽然跃居于张春桥、姚文元之上，成了张、姚的上级和领导，但仍然是张、姚怎么说他就怎么做，一切听命于张、姚的意见。同时，又与江青建立了直接联系。于是，在中央政治局内，正式形成了一个以江青、张春桥、姚文元、王洪文为成员的“四人小宗派”。毛泽东批评他们为“四人帮”。平时，人们因其从上海来的人居多，也称之为“上海帮”。

王洪文担任中共中央副主席以后的言行，不能不引起毛泽东的注意，不能不引起毛泽东的深思——王洪文根本就不具备担任党和国家领导人的基本素质，根本就不是一个合适的接班人。

这时，毛泽东已经是八十高龄的老人了。在与外国政治家的会见中，毛泽东虽然仍以惯常的幽默和机敏开着玩笑，但幽默的话语里亦不无几分无奈。“马克思的请帖我已经收到了！”这是毛泽东多次谈到的一个话题。

毛泽东在自己的暮年，是多么急于找到一位合适的接班人啊！八十高龄的老人不能不考虑自己的后事啊！时间不等人。毛泽东决心重新选择接班人。

在第十届中共中央政治局常委中，周恩来、康生、叶剑英、朱德、董必武均是与毛泽东同时代的人，年龄大体上不相上下。

李德生是一位军队干部，身负中国人民解放军总政治部主任和北京军区司令员重任，主要是负责军队工作。

对于王洪文，实践已经证明，不是理想的接班人选，但也不宜一下子立即撤掉，只好留在原来的位置上，继续考察了。

张春桥是一个文人，担任中共中央政治局常委、中央军委常委、南京军区第一政治委员、中共上海市委第一书记、上海市革命委员会主任。但是，许多老同志、老干部，都对这个“眼镜蛇”一般的人物极为反感，有的老同志还反映张春桥有“历史问题”，委以“接班人”的重任显然不妥。

经过反复思考、反复比较、反复权衡，毛泽东想到了邓小平。

邓小平现任中共中央委员、国务院副总理。能治国，能安邦，会打仗，善外交，具有长期的指挥革命战争的丰富经验；具有“文化大革命”前连续十年担任中共中央总书记、国务院副总理，主持中共中央第一线工作的丰富经验；具有在国际舞台上同苏联霸权主义作斗争的丰富经验。他文能治国，武能安邦，内政外交，无不精通，并且办事果断，雷厉风行，思想敏锐，性格刚毅，立党为公，不搞帮派，处事沉稳，深孚众望。早在20世纪50年代，毛泽东就对邓小平寄予了厚望，只是由于“文化大革命”的爆发，才打断了事物发展的正常进程。

经过深思熟虑，毛泽东下定决心，对邓小平委以重任。

1973年11月，美国总统国家安全事务助理亨利·基辛格博士访问中国。周恩来总理随即与基辛格博士进行了会谈，因会谈中涉及国际事务和中美关系中的诸多复杂问题，所以第一次会谈从白天一直持续到深夜，第二天上午又接着继续会谈。周恩来因重病在身，十分疲惫，会谈结束后，他又到机场为基辛格回国送行。从机场送行回来，周恩来到毛泽东住处准备向毛泽东报告会谈情况，但毛泽东已经睡了。熟悉毛泽东的人都知道，毛泽东在平时生活中有两大“敌人”，一是大便干结，二是睡觉失眠。如果他能有机会好好睡一觉，那是极为难得的享受，醒来后心情格外好。因此，中央领导同志每次去见毛泽东前，都先要问一下秘书："毛主席睡了没有？"如果回答"毛主席已经睡了"，那么，如果不是有十万火急的党政军重大事情需要请示，中央领导同志一般都不会打搅毛泽东的好梦，而是另择时间求见。这一次，周恩来依然按照惯例没有让工作人员叫醒毛泽东。但是毛泽东醒后却认为周恩来没有立即向他报告会谈情况，并认为会谈中有"错误"，要求召开中共中央政治局扩大会议帮助周恩来。①

"11月21日至12月初，中共中央政治局根据毛泽东11月17日的谈话，连续开会批评周恩来和叶剑英，毛泽东17日的谈话，是根据不可靠的汇报误认为周恩来在11月中旬同基辛格会谈时讲错了话。"江青和张春桥等人则想借这一机会打倒周恩来，肆意对周恩来进行诬蔑和批判。江青甚至危言耸听地说，这是继林彪事件之后的"第十一次路线斗争"，诬蔑周恩来"迫不及待"要取代毛主席。周恩来自"文化大革命"以来，早已听惯了江青集团的恶意诬陷，仍以惯常的镇静自若横眉冷对。

在毛泽东的晚年，每当自己不出席中央政治局会议时，便时常通过两个渠道了解会议情况，一个渠道是主持中央政治局会议的领导人的汇报，一个渠道是列席会议的王海容、唐闻生的汇报。这次也不例外。会议中间，毛泽东问前来汇报会议情况的王海容和唐闻生："邓小平发言了没有？"毛泽东要了解邓小平的情况，要了解邓小平对待自己指示的真实态度。这时的邓小平刚刚恢复工作不久，尚未进入中央政治局，作为列席者，在会上，他一直沉默，没有发言。在所有的人差不多都发了言之后，直到最后邓小平才发言，重点是讲怎样看待国际战略形势。邓小平分析了当时的世界战略格局，论述了中美、中苏、美苏之间错综复杂的战略关

---

① 毛毛：《我的父亲邓小平："文革"岁月》，北京，中央文献出版社，2000：287~288页。

② 中共中央文献研究室：《毛泽东年谱》1949—1976年，第6卷，北京，中央文献出版社，2013：507页。

系，指出看待国际关系和国家与国家之间的关系，不能凭某一次谈判和某一句话来进行判断，关键要看大的形势。邓小平认为，目前来看，要讲打仗，各方都还没有准备好，特别是美苏两国自己没有准备好。但是，如果真打起仗来也不可怕，以前我们用“小米加步枪”打败了日本侵略者，今天就是再用小米加步枪，我们也能打赢。[①]

邓小平从世界战略格局出发，论述国际关系大势的滔滔宏论，令人耳目为之一新。听了王海容、唐闻生关于邓小平发言情况的报告，毛泽东十分高兴地说：“我知道他会发言的，不用交代也会发言的。”兴奋之余，毛泽东问谁知道邓小平的住处，要马上把邓小平找来。因当时已经深夜，没能将邓小平立即找来。但这一事情说明毛泽东在对邓小平进行认真观察。而观察的目的，是将要决定赋予邓小平担当更大的责任。

12月9日，毛泽东会见外宾后，在与周恩来的谈话中，提到这次中央政治局扩大会议的情况时说：“这次会开得好，很好。”接着，他批评江青集团说：“有人讲错了两句话。一个是讲十一次路线斗争，不应该那么讲，实际上也不是。”“一个是讲总理迫不及待，他不是迫不及待，她自己（指江青）才是迫不及待。”在此之前的11月25日，毛泽东还在一封批评江青的来信上批示：“有些意见是好的，要容许批评。”[②]实际上是对江青进行批评。

1973年12月，毛泽东多次主持召开中共中央政治局会议，与政治局的有关同志和一些大军区司令员谈话，提议大军区司令员对调，提议让邓小平担任军队的重要领导职务。

12月12日，毛泽东在中央政治局会议上的讲话中说：

我和剑英同志请邓小平同志参加军委，当委员。是不是当政治局委

① 中共中央文献研究室：《邓小平年谱（1904—1974）》下册，北京，中央文献出版社，2009：1990页。

② 中共中央文献研究室：《邓小平年谱（1904—1974）》下册，北京，中央文献出版社，2009：1990页。

员，以后开二中全会追认。……政治局要议政，军委要议军，不但要议军，还要议政……[1]

我主张找各大军区司令员来议，议什么事？要议军。我提议，议一个军事问题，全国各大军区司令员要互相调动。你（指叶剑英）是赞成的，我代表你讲话。我是找了总理……的，他们也赞成。

毛泽东在政治局会议上提议大家唱《三大纪律八项注意》，说：步调要一致，不一致不行。

12月13日和14日，毛泽东在同中央政治局几位同志谈话中说：

大军区司令员调动问题，你们商量了吗？看有没有这个必要？一个人在一个地方太久了就不太好了……我看要招呼各地的政委要欢迎，机关干部找300人，不要太多，军事机关、地方都要欢迎，不然就会冷冷清清凄凄惨惨。开个军长、政委，师长、政委见面的会吧，要互相介绍一下吧！

毛泽东又说：

现在，请了一个军师，叫邓小平。发个通知，当政治局委员、军委委员。政治局是管全部的，党政军民学，东西南北中。我想政治局添一个秘书长吧，你（指邓小平）不要这个名义，那就当个参谋长吧。[2]

毛泽东还两次提议唱《三大纪律八项注意》。

12月15日，毛泽东在同中央政治局有关同志和大军区负责人的谈话中说：

互相调动这个办法是河南人发起的，这个军分区待不下去了，就调到远一点去，那个军分区就欢迎。

我们现在请了一位总参谋长（指邓小平——作者注）。他呢，有些人怕他，但他办事比较果断。他一生大概是三七开。你们的老上司，我请回

① 中共中央文献研究室：《邓小平年谱（1904—1974）》下册，北京，中央文献出版社，2009：1991页。

② 中共中央文献研究室：《邓小平年谱（1904—1974）》下册，北京，中央文献出版社，2009：1991页。

来了，政治局请回来了，不是我一个人请回来的。你呢（指邓小平——作者注），人家有点怕你，我送你两句话：柔中寓刚，绵里藏针。外面和气一点，内部是钢铁公司。过去的缺点，慢慢地改一改吧。不做工作，就不会犯错误；一做工作，总要犯错误的。不做工作本身也是一个错误。①

12月18日，周恩来主持中共中央政治局会议，传达毛泽东关于各大军区司令员对调问题的讲话。政治局会议赞成毛泽东提议，由邓小平担任中央政治局委员、中央军委委员的职务。

12月21日，毛泽东接见参加中央军委会议的同志时，在讲话中说：

你（指许世友）现在也看《红楼梦》了吗？要看五遍才有发言权。他那是把真事隐去，是假语村言写出来的，那里面有两个人，一个叫甄士隐，一个叫贾雨村，真事不能说，实际就是政治斗争。“吊膀子”这些是掩盖其政治内容的。第四回里边有一张“护官符”，那上面说：贾不假，白玉为堂金作马；阿房宫，三百里，住不下金陵一个史；东海缺少白玉床，龙王请来金陵王；丰年好大雪，珍珠如土金如铁。中国古代小说写得好的是这一部，最好的一部，创造了许多文学语言。你就只讲打仗，以后搞点文学吧。《晋书·刘元海传》中说：“常鄙随陆无武，绛灌无文。”随、陆就是汉朝随何、陆贾，绛、灌是周勃、灌婴。我把那个“鄙”字改为“恨”字吧，“常恨随陆无武，绛灌无文”。那个周勃呢，能打仗，有战功，可厚重少文。你能够看懂《红楼梦》吗？要看五遍。还有那个《水浒》，也要看。《水浒》不反皇帝，专门反对贪官。后来接受了招安，当了投降派。如果中国出了修正主义，大家要注意啊，出了修正主义怎么办？（许世友说：不怕，把他们消灭就是了。）不怕啊！你就做周勃嘛。你去读《红楼梦》吧！②

---

① 中共中央文献研究室：《邓小平年谱（1904—1974）》下册，北京，中央文献出版社，2009：1992页。

② 中共中央文献研究室：《毛泽东传（1949—1976）》下册，北京，中央文献出版社，2003：1676页。

毛泽东在12月的一系列讲话和谈话中，还再次讲道：朱德是“红司令”，并作了自我批评，说：“我看对贺龙同志搞错了。我要负责呢。”“要翻案呢，不然少了贺龙不好呢。杨、余、傅也要翻案呢，都是林彪搞的。我是听了林彪一面之词，所以我犯了错误。”“有几次听一面之词，就是不好呢。向同志们作点自然批评呢。”①

毛泽东提出让各大军区司令员互相对调，具有多方面的因素。一是“文化大革命”中，部队奉命介入地方“文化大革命”，执行“支左、支工、支农、军管、军训”（简称“三支两军”）任务，对于稳定地方上的混乱局面，起了很好的作用。但是也由此介入了地方的派性纠纷，甚至有的把地方上的派性带入了部队，影响了部队的统一和稳定。二是在“文化大革命”中，许多大军区机关受到地方、军内群众组织的“冲击”，结下了许多恩恩怨怨。三是许多大军区负责人在一个地方一干就是一二十年，身边都是老关系、老部下、老熟人，遇事掣肘，不利于工作。四是当时苏联霸权主义者在中国边境地区陈兵百万，虎视眈眈。毛泽东在提出“要准备打仗”的同时，让大军区司令员们互相对调，有利于熟悉更多的部队、熟悉更多的社会环境、熟悉更多自然环境，有利于加强战备，巩固国防。

总之，正如毛泽东讲的，一个人在一个地方工作太久了，不太好。换一个新的环境，有利于打破“文化大革命”中形成的派性的缠绕，有利于避开“文化大革命”中造成的说不清、道不明的恩恩怨怨，有利于打破多年来形成的老关系、老部下、老熟人的掣肘，有利于在新的环境中，以新的面貌，放开手脚干工作，一心一意干事业。这实际上也是开了20世纪90年代所提倡的干部交流的先河。所以，要说大规模实行干部交流的源头，最早还要溯源到毛泽东提议的八大军区司令员们互相对调、实行交流时呢！

① 中共中央文献研究室：《毛泽东传（1949—1976）》下册，北京，中央文献出版社，2003：1677页。

毛泽东对大军区司令员们评价《红楼梦》，推荐司令员们去读《红楼梦》，其含义是要求大军区司令员们不但要议军，还要议政，要善于从政治上看问题，透过现象看本质。

根据毛泽东的意见和中央政治局的决定，1973年12月22日，中共中央发出关于邓小平任职的通知：

各省、市、自治区党委，各大军区、省军区、各野战军党委，军委各总部，各军、兵种党委，中央、国家机关各部、委领导小组或党的核心小组：

遵照毛主席的提议，中央决定：邓小平同志为中央政治局委员，参加中央领导工作，待十届二中全会时请予追认；邓小平同志为中央军事委员会委员，参加军委领导工作。

特此通知。

中共中央

1973年12月22日

这样，在邓小平复出仅9个多月以后，毛泽东就亲自提议，对邓小平委以重任，由邓小平担任了中共中央政治局委员、中央军委委员，同时还任国务院副总理。使邓小平同时集中央党、政、军重要领导职务于一身，重新成为中国的党和国家领导人。

根据毛泽东的意见，1973年12月22日，中共中央军委发布关于八大军区司令员实行对调的命令。任命：

北京军区司令员李德生为沈阳军区司令员；沈阳军区司令员陈锡联为北京军区司令员；南京军区司令员许世友为广州军区司令员；广州军区司令员丁盛为南京军区司令员；济南军区司令员杨得志为武汉军区司令员；武汉军区司令员曾思玉为济南军区司令员；兰州军区司令员皮定均为福州区司令员；福州军区司令员韩先楚为兰州军区司令员。从此，在中央领导层，形成了由周恩来、邓小平主持国务院工作；由叶剑英、邓小平主持中央军事委员会工作的新格局。江青集团尽管闹腾得很厉害，但毛泽东认为他们成事不足，败事有余，始终不肯把主持中央党政军工作的实际权力交给他们。

第十四章　出使联合国“三个世界”划分战略思想

邓小平复出后，经过一段时间的工作，毛泽东感到十分满意。他多次在一些讲话和谈话中，称赞邓小平“政治思想强”，“人才难得”，“文武全才，不可多得”，毛泽东对邓小平的信任、赞扬和支持，引起了觊觎党和国家最高权力的江青集团的严重不安，他们把邓小平视为自己篡党夺权的巨大障碍，千方百计妄图阻止毛泽东对邓小平的进一步重用。1974年3月，在中共中央政治局会议上，江青第一次开始直接向邓小平发难，但遭到了惨败。

这次斗争是围绕着邓小平的联合国之行展开的。

毛泽东不仅是一位高瞻远瞩的大政治家、大军事家，而且是一位具有超凡魅力的富有战略远见的大外交家。中华人民共和国成立后，毛泽东为新中国外交战略的确立和外交方针、政策的制定，进行了大量的开创性工作。1949年毛泽东提出“一边倒”“另起炉灶”和“打扫干净屋子再请客”三大决策。1956年他说：屋子已经打扫干净了，可以请客了。于是有了英国工党领袖艾德礼访华。1964年，毛泽东提出“第二中间地带”的战略思想，认为西方国家不是铁板一块，决定同法国建立外交关系，以打开中国同西方国家关系的大门。

在“文化大革命”造成的内乱中，对内是“打倒一切、全面内战”；对外是“四面出击”。由于江青集团煽动的极左思潮的影响，仅在“文化大革命”初期的一年多时间里，中国同建交和半建交的40多个国家中的近30多个国家都先后发生了外交纠纷，甚至在首都北京发生了火烧英国驻华代办处的事件，严重损害了中国的国际形象和国际地位。1969年珍宝岛事件发生后，中国面临着苏联在中国北部和西北边境陈兵百万的现实威胁。为了打破“文化大革命”造成的对外关系的困境，打破霸权主义的军事威胁，毛泽东以一个政治家、战略家的雄才大略，果断地采取了一系列重大举措，迅速打开了对外关系的新局面。

当时，苏联在整个世界上处于战略攻势，咄咄逼人；美国因长期陷入印度支那战争的泥潭而难以脱身，在整个世界格局中处于颓势。在美苏争霸中，形成了苏攻美守态势。

尼克松担任美国总统后，一再表示要同中国缓和关系。珍宝岛事件不久，美国就宣布对中美之间的人员来往和贸易交流放宽限制。接着尼克松请巴基斯坦总统和罗马尼亚总统向中国领导人转告：美国不同意苏联建立亚洲集体安全体系的建议，不参加孤立中国的任何安排，希望与中国对话。毛泽东及时作出反应，批准释放两名美国因乘香港游艇倾覆越境被扣人员。1969年10月，美国又通知中国说，它将停止派军舰到台湾海峡巡逻。12月初，美国驻波兰大使向中国驻波兰大使馆外交人员表示愿意同中国驻波兰代办会晤。中国同意这一建议。中断了两年多的中美华沙大使级会谈在翌年1月正式恢复。当美方在会谈中提出美国政府准备派代表去北京或接受中国政府的代表到华盛顿直接讨论一些问题时，中方作出了积极反应，明确告诉美方：“如果美国政府愿意派部长级的代表或总统的特使到北京进一步探讨中美关系的根本原则问题，中国愿予以接待。”1970年10月初，尼克松向美国《时代》周刊记者说：“如果在我死以前有什么事情可做的话，那就是到中国去。如果我去不了，我要我的孩子们去。”这是美国总统用含蓄的方法向美国新闻界公开表示愿意访问中国的愿望。10月下旬，尼克松先后会见访问美国的巴基斯坦总统和罗马尼亚总统，表示愿意派一高级使节秘密访问中国。在一次重要宴会上，尼克松作为美国总统还第一次使用了“中华人民共和国”的名称，发出了举世瞩目的“意味深长的外交信号”。

毛泽东抓住时机，首先在北京天安门城楼上会见了美国友好人士埃德加·斯诺先生，发出了缓和中美关系的信号。遗憾的是，正如基辛格以后所言，对于毛泽东这一深具东方智慧和深奥内涵的举动，美国人竟然没有发现其中的含义。

此后，毛泽东在会见斯诺时说：“如果尼克松愿意来，我愿和他谈，谈得成也行，谈不成也行，吵架也行，不吵架也行，当做旅游者来也行，当做总统来也行。总而言之，都行。”“我看我不会同他吵架，批评是要批评他的。”

1971年4月，根据毛泽东的亲自决策，邀请在日本参加第31届世界乒乓球锦标赛的美国乒乓球队访问中国（在美国乒乓球队提出访华要求后，当时有关方面经过研究，曾作出了暂不邀请的决定。毛泽东经过反复考虑，最后作出了新的决策），这是中国为恢复中美接触而采取的一个重大步骤。周恩来接见美国乒乓球队时说：“你们这次应邀来中国访问，打开了两国人民友好来往的大门。”国际舆论认为，毛泽东此举是用“小球推动了地球”，是世界外交史上的惊人之举。尼克松也未能料到毛泽东竟然用如此出人意料的高明举动，用中美人民之间的接触轰动了美国的朝野，把敌对了20多年的中美两国一下子拉近了。

随后，按照毛泽东深思熟虑的战略决策，周恩来精心策划、精心落实，实现了基辛格访华和尼克松访华。毛泽东接见了尼克松，中美双方签订了《上海联合公报》。美国总统公开访问尚未建交的国家，这在美国开国以来的历史上恐怕是绝无仅有的。一家外国报纸曾发表评论，认为这是美国总统打着白旗到中国朝圣，它向全世界宣告了美国政府持续20年之久的敌视中国政策的彻底破产。

毛泽东高瞻远瞩，以高屋建瓴之势突破中美关系的重大决策，在国际上引起了强烈反响，改变了整个世界的战略格局，使其朝着有利于中国的方向向前发展。

1973年，毛泽东开始提出“三个世界”划分的战略思想。他在6月22日会见马里国家元首特拉奥雷时说：“我们都叫做第三世界，就是叫做发展中国家。”1974年2月22日，毛泽东在会见赞比亚总统卡翁达时，根据当时世界各国的发展变化，根据国际政治与国际关系的重大分化和重新组合，根据国际形势发展的主流和历史前进的方向，明确提出了划分“三个世界”的战略。毛泽东说：美国、苏联是第一世界；日本、欧洲、加拿大、澳大利亚是第二世界；亚洲除了日本，还有整个非洲、拉丁美洲都是第三世界。毛泽东还强调指出：中国属于第三世界。因为政治、经济各方面，中国不能跟富国、大国比，只能跟一些比较穷的国家在一起。

毛泽东提出“三个世界”划分的战略思想，在于进一步加强中国同第三世界国家的团结和友好合作，争取、联合第二世界国家，反对霸权主义，维护世界和平。因此，在国际上引起了强烈反响。

1974年4月，联合国大会举行第六届特别会议。在此之前，中共中央政治局曾于3月间讨论，派谁率中国代表团去参加联合国大会第六届特别会议。江青公开把矛头指向邓小平，以种种理由坚持不同意外交部根据毛泽东、周恩来的意见提出的派邓小平为团长率领中国政府代表团前往联合国，并代表中国政府作大会发言的建议。

3月20日，中国外交部向毛泽东主席呈送了关于中国政府派代表团出席联合国大会第六届特别会议的请示报告，并就代表团团长的拟定人选问题请示毛泽东。毛泽东阅后建议由邓小平担任中国代表团团长。毛泽东认为：周恩来病情严重，不可能出国，应当由邓小平率领中国政府代表团出席联大特别会议。这是我国恢复在联合国合法权利后，中国政府重要领导人首次参加联大会议，并将在本次会议上，向全世界全面阐明中国的外交政策和纲领。由邓小平出席这样一个重要的会议，毛泽东是深思熟虑过的。首先是邓小平在“文化大革命”前曾多次代表中国共产党和中国政府参加与苏联等社会主义国家的谈判和与苏联霸权主义的斗争，具有国际活动和外交斗争的丰富经验。其次是在这个重要国际会议上，应该让一个将在未来中国政治生活中担任重要角色的人代表中国向全世界讲话。在毛泽东心目中，未来将由邓小平代替生病的周恩来，主持中国今后的对外事务等重要工作。但是，毛泽东又表示，此事不要讲是他的意见，让外交部写报告正式提出，由中央政治局讨论后决定为好。根据毛泽东的指示，外交部于3月22日向中央呈送了关于中国政府出席联合国大会第六届特别会议代表团人选的请示报告。3月24日，经毛泽东和周恩来批示同意后，正式报请中共中央政治局讨论决定。

江青为了阻止邓小平担任中国代表团团长出使联合国，于3月24日晚上在钓鱼台国宾馆召见主持起草外交部请示报告的外交部副部长王海容、外交部美洲大洋洲司副司长唐闻生，强令她们立即撤回外交部给中央的请示报告。王海容、唐闻生表示：外交部关于由邓小平担任中国代表团团长出席联合国大会第六届特别会议的请示报告已经上报毛泽东圈阅，外交部无法撤回。3月25日下午，周恩来向王洪文提议一同请示毛泽东，由毛泽东最后定夺。毛泽东让秘书传话给周恩来、王洪文：关于邓小平出国一事，我是个人意见，如果政治局大家都不同意，那就算了。周恩来当即表示：将于明日向政治局传达，并对有关同志做工作。

在此期间，江青由于目的未能达到，仍不死心，竟然连续四次分别给王海容和唐闻生打电话，企图迫使她们出面撤回外交部给中央的请示报告，大有不达目的、誓不罢休的劲头。面对江青的巨大压力，一直得到毛泽东信任的王海容、唐闻生向中南海毛泽东处打电话请示：

“毛主席是否仍旧主张邓小平率团与会？”

“我们是否将毛主席提议让邓小平当团长的意见说出去？”

毛泽东的秘书请示毛泽东后，除了复述向周恩来、王洪文传达的毛泽东意见外，特别补充了一句："毛主席说，如果实在不行，也可以说明，让邓小平当团长是他提议的。"

3月26日，中共中央政治局在人民大会堂东大厅举行会议，专题研究中国政府派代表团出席联合国大会第六届特别会议事宜。会议中间，江青又节外生枝，派人通知王海容、唐闻生来参加会议。当王海容、唐闻生来到东大厅时，江青大声质问王海容、唐闻生：

"让邓小平率团与会究竟是毛主席的意见，还是外交部的意见？"

"报告是外交部写的？"

当看到王海容、唐闻生一副胸有成竹的神态时，江青又改变态度说："不是我江青反对邓小平参加联合国会议。中央军委要开会解决李德生的问题，邓小平必须参加！""现在要搞好根据地，国外的事相对来讲是次要的。"

但是，不论江青是大声呵斥也好，轻声解释也罢，王海容和唐闻生只是一言不发，冷眼静观江青"表演"下去。江青见再多说也无用，只得作罢。

当出席会议的大多数中共中央政治局委员获悉由邓小平任中国代表团团长出席联合国大会第六届特别会议是毛泽东的意见后，纷纷表示赞同。会议结束后，中共中央政治局把讨论情况报告了毛泽东，王海容和唐闻生也把有关情况向毛泽东作了反映。

3月27日，毛泽东致信江青：

> 江青：
>
> 邓小平同志出国是我的意见，你不要反对为好。小心谨慎，不要反对我的提议。
>
> 毛泽东
>
> 3月27日[①]

① 毛泽东：《建国以来毛泽东文稿》第13册，北京，中央文献出版社，1998：373页。

接到中央办公厅转来的毛泽东的信，江青不再坚持己见了。

毛泽东的决策，打破了江青企图阻挠邓小平出席联合国大会的图谋。

当中共中央政治局最后决定由邓小平率领中国政府代表团出席联合国大会第六届特别会议以后，中国外交部负责人乔冠华问邓小平，准备工作应当如何进行？邓小平只说了一句：“重要的是要有一篇好的发言稿。”邓小平在20世纪60年代曾率领中共代表团同苏联共产党进行谈判，有着丰富的国际斗争经验，因此，要言不烦，一语破的，提出了准备工作的要旨。

随后，有关方面就集中精力，准备这篇发言稿。代表团讨论时，觉得这篇发言除支持第三世界关于建立国际经济新秩序的各项主张外，还应当向国际社会阐述中国政府对当前国际形势的新看法，即毛泽东主席关于划分三个世界的战略思想。代表团把这个想法向邓小平请示后，邓小平立即首肯。他还反复强调，要根据毛泽东历次关于外交政策的讲话来写发言稿，要通过这次会议把毛泽东关于三个世界划分的战略思想向全世界作详尽的阐述。

然后，大家就忙着分工，起草发言初稿。初稿写成后，邓小平和大家一起，花了一整天的时间，在人民大会堂一段一段地讨论。中午，就在讨论场所用餐，邓小平和大家一样，每人各分得一份菜和饭。吃完后，靠在沙发椅上略事休息，就继续讨论。当时，邓小平已近70岁高龄，精力仍然十分充沛，和大家一起讨论，不觉得辛苦，也不觉得疲倦。

在讨论中，邓小平认真听取每个同志发言，还不时表示：你们提的这个意见很好。这种不是高高在上的指挥，而是和大家一道工作的精神，让大家都非常感动。当讨论到最后一段结束语时，邓小平说，应该讲这样几句话，就是：“中国现在不称霸，将来也不做超级大国……如果中国有朝一日，变了颜色，变成一个超级大国，也在世界上称王称霸，到处欺负人家，侵略人家，剥削人家，那么，世界人民就应当给中国戴上一顶社会帝国主义的帽子，就应当揭露它，反对它，并且同中国人民一道，打倒它。”[①]

当参与起草的同志记下这几句话后，邓小平说：“你就这样写，不必改。”这将是中国领导人第一次在联合国讲坛上，对国际社会表达中国永远不称霸的决心，特别是最后一句“全世界人民同中国人民一道，打倒它”，是在其他场合都没有提到过的，更显示出中国人民同世界人民利益的一致性，划清了社会主义国家同社会帝国主义国家的界限。

邓小平预定在联合国大会第六届特别会议上的发言稿，报经中共中央政治局讨论时，顺利通过。随后，报送毛泽东最后定夺。毛泽东审阅以后，于4月4日批示：“好，赞同。”[②]

就在邓小平全力准备赴联合国的发言稿时，心细如发、思考周密的周恩来不顾重病在身，亲自为邓小平的出行做细致周密的安排。他召集外交部和民航总局有关负责人开会，研究欢送礼仪和代表团专机的飞行安全，并对民航总局的领导同志说：“邓小平同志代表中华人民共和国出席联合国大会，我们要为他圆满完成任务打通道路，增添光彩。”为确保航线畅通，周恩来建议民航机组安排东西两线同时试飞，这样如遇到特殊情况，仍可确保飞行。当时，中国完全处于对外封闭的状态，没有通往西方国家的飞行航线，为了邓小平此次出席联大会议，周恩来特别批准中国民航飞机申请航线，进行一次极其特殊的飞行任务。

1974年4月6日，邓小平率中国代表团一行，启程赴纽约参加联大特别会议。周恩来根据毛泽东的指示，率领在京的中共中央政治局委员和中央党、政、军等方面负责人前往机场，与数千群众一起，为邓小平和中国代表团举行隆重的欢送仪式。邓小平临行前，面容消瘦的周恩来和精神矍铄的邓小平的手紧紧地握在一起，给人们留下了难以忘怀的深刻印象。

---

① 中共中央文献研究室：《邓小平年谱（1904—1974）》下册，北京，中央文献出版社，2009：2008页。

② 中共中央文献研究室：《邓小平年谱（1904—1974）》下册，北京，中央文献出版社，2009：2009页。

4月10日上午，联合国大会议厅座无虚席，旁听席位上坐满了来自美国各州的华侨。他们说，今天要听听祖国一位亲人、一位重要领导人邓小平先生的发言。我们虽收入不多，但为了听亲人发言，无论如何也要想办法买张机票赶来旁听。回去以后，心里温暖啊！担任中文同声传译的华人雇员也从工作间不断地向中国代表团座位上张望，有的干脆跑下来问邓先生什么时候到？有的说今天邓先生来这里，我们心里好高兴啊，他可是一位有大功劳的人。各国代表不断向中国代表团询问邓小平发言的内容，表示邓小平副总理发完言后他们要立即报回国内。美国、英国、法国等国家的代表对中国代表团成员说，今天可又是中国代表团的光荣时刻，1971年联合国大会通过2758号恢复协议中国合法席位，中国享受了无上的殊荣，我们敢肯定今天邓小平副总理发言后，中国将享受一次更大的殊荣。

9时整，邓小平由中国代表团顾问乔冠华、中国驻联合国大使黄华陪同，在联合国礼宾司司长的带领下步入会场。不少国家的代表上前和邓小平热烈握手，祝贺他荣任团长出席联合国大会第六届特别会议。

邓小平健步登上联合国大会讲台，用凝重的语气代表中国政府发言。他首先指出："联合国成立29年来，举行专门会议讨论反对帝国主义剥削和掠夺、改造国际经济关系的重大问题，还是第一次。这反映了国际局势的深刻变化。"讲到这里，许多亚非拉国家代表热烈鼓掌，表示赞同。

接着，邓小平指出，国与国之间的政治和经济关系都应当建立在和平共处五项原则基础之上，国际经济关系事务不应由少数国家垄断，广大发展中国家有权参与决定贸易、货币、航运等方面的大事，对发展中国家提供的贷款应该是无息和低息的。

然后，邓小平提出了在国际政治、经济关系上的六项主张，其中包括各国事务应由各国人民自己来管；国家不论大小、不论贫富，应该一律平等，不应由一两个超级大国来垄断；国际贸易应该平等互利、互通有无；对发展中国家的技术转让必须实用有效、廉价、方便等。

邓小平在为时30分钟的发言中，还全面阐述了毛泽东关于"三个世界”划分的战略思想，论述了中国的对外政策。

邓小平的大会发言，多次被与会代表的热烈掌声所打断。邓小平发言结束后，会场再次爆发了热烈的掌声。五六十个国家的代表来到中国代表团席位同邓小平热烈握手，祝贺他作了一个内容新鲜、观点鲜明的精彩发言。许多国家的代表称赞邓小平的发言透彻地揭露和批判了帝国主义的剥削和掠夺，为第三世界出了气，鼓舞斗志，令人振奋。普遍赞赏邓小平揭露霸权主义的“有限主权论”和“国际分工论”，认为邓小平的发言使他们大受启发。有些国家代表反映说，邓小平副总理站得高，处处为第三世界巩固政治独立和发展经济着想。虽然大家都知道，中国在援助第三世界国家建设方面成果显著，但邓小平副总理对此却只字不提，而苏联没有为第三世界做什么事，却大肆吹嘘，为自己评功摆好。东南亚一些国家的代表表示，邓小平副总理关于永远不做超级大国的一段话确实说明中国的领导人高瞻远瞩，具有大国的宏伟气魄和胆识。相信今后中国强大了，也会同亚洲各国友好相处，对亚洲的和平有更大的贡献。

邓小平在联合国的发言，赢得了绝大多数与会国家代表的热烈欢迎。毛泽东关于“三个世界”划分的战略思想经过邓小平的全面阐述在国际上产生了深刻而持久的影响，大大提高了中国在国际舞台上的地位和声望。

第六届特别联大经过激烈的辩论，协商一致，于1974年5月1日通过了有利于第三世界的宣言和行动纲领。

在联合国总部和纽约期间，邓小平还先后会见了美国国务卿亨利·基辛格和几十个国家出席联合国大会第六届特别会议的代表，用言简意赅的语言阐述了中国的外交政策，给许多国家的代表留下了深刻的印象。以后，亨利·基辛格在回忆与邓小平会见这段往事时说：“说实话，我那时不知道他是谁，因为他在中国的‘文化大革命’中受到迫害。所以，我们那时认为他是中国代表团的一名顾问，甚至不知道他是中国代表团的团长。但他处理事情的果断能力以及对事物的洞察力给我留下了深刻印象。”

当基辛格与邓小平谈到实现中美关系正常化这一重大问题时，基辛格说："我们美国政府正致力于两国关系正常化的努力，研究如何实现一个中国的设想，但一时想不出办法来。"实际上，当时美国总统尼克松由于被"水门事件"所缠绕，已经没有精力实现在他的任期内解决中美关系正常化这一预定目标了。对于尼克松政府此时面临的困境，邓小平是十分清楚的。因此，他冷静地表示："中国政府希望这个问题能较快地解决，但也不着急。我们能够体谅美国政府的困难。"

邓小平回国前的一个星期天，风和日丽。在联合国唐明照副秘书长等的陪同下，邓小平外出散步，到纽约郊区转了一下。在散步中，邓小平说，一定要出来看看，才能了解外面世界；美国这个国家建国历史不长，对它的发展我们要好好研究。这说明，即使在"文化大革命"那样的情况下，邓小平已经开始考虑如何借鉴国外建设经验这一重大问题，充分体现出他思想之深邃和他的远见卓识。

会议期间，邓小平住在中国常驻联合国代表团大楼内。有一次在吃饭的时候，他突然问周围的同志："我这次出差，公家给我的零用钱可以买些什么？"知道那点钱折成美元买不了什么像样的东西后，他说："那么，买几个克拉松（法式月牙形油酥面包）行吗？"黄华同志说："那倒可以买好多个。不过把面包从纽约带到北京就不好吃了。是不是打个电报给曾涛同志（中国驻法国大使），请他买100个刚烤好的，在专机经过巴黎时装上飞机。到北京时还能保持新鲜，这样好吗？"邓小平点了点头，表示同意。他说："我年轻的时候在法国雷诺汽车工厂做工，早上只给一杯咖啡和一个克拉松，多一个都不给。所以我觉得克拉松是世界上最好吃的东西，我要带一些给周总理和蔡畅大姐。"

邓小平从联合国载誉归来，毛泽东更为倚重。每当外国国家元首、政府首脑或政治活动家来访，总可以看到邓小平陪同周恩来与之会见的身影；每当毛泽东会见重要的外国客人，邓小平总是陪同在场。

邓小平，已经成为20世纪70年代中国政治舞台和外交舞台上的重要人物。1974年5月11日，毛泽东会见巴基斯坦总理布托，由周恩来、王洪文、邓小平陪同。

5月18日，毛泽东会见塞浦路斯总统马卡里奥斯大主教，由周恩来、王洪文、邓小平陪同。

5月25日，毛泽东会见英国前首相希思，仍由周恩来、王洪文、邓小平陪同。

凡是毛泽东的一言一行，都包含着东方哲人深邃的政治智慧。比如他在天安门城楼上会见美国友好人士埃德加·斯诺，便是向美国发出的一个开始中美关系正常化进程的发人深省的明确信号，可惜当时美国政府和美国舆论界竟然没有领会到。

从以上几次会见可以看出，毛泽东是刻意让新提拔的王洪文和刚刚复出的邓小平陪同自己参加重大的外事活动，并通过参加这些活动，一方面培养毫无外交经验的王洪文，一方面更进一步地观察邓小平。通过观察，毛泽东对王洪文日益失望，而对邓小平则日渐倚重。

毛泽东很高兴地认为，让邓小平复出的决定是正确的，是经得起实践检验的。

这时，周恩来的病情再次加重。5月27日下午3时，邓颖超陪同包括邓小平在内的中央4位领导人，与医疗组一起，谈周恩来的治疗方案。6月1日，周恩来告别居住了25年的中南海西花厅，住进中国人民解放军305医院，并在医院中度过了他生命中最后的一年零六个月。这一年半成为他漫长的革命生涯中最悲壮的岁月。他用自己生命的最后力量，向疾病和比疾病更凶恶的“四人帮”进行着最后的斗争。

第十五章　毛泽东的“武汉决策”

中国共产党第十次全国代表大会以后，江青、张春桥、王洪文、姚文元等利用在中央窃取的权力，加紧进行以篡夺党和国家最高领导权为目的的篡党夺权活动，妄图打倒周恩来和一批中央领导同志，夺取党和国家最高权力。为此，江青集团进行了一系列阴谋活动。

1973年7月4日，毛泽东在和王洪文、张春桥谈话时，批评了外交部：“结论是四句话：大事不讨论，小事天天送；此调不改动，势必搞修正。”在谈到批孔问题时，毛泽东认为林彪同国民党一样，都是“尊孔反法”的。①

中共十大以后，江青集团经过密谋策划，提出开展所谓“批林批孔”运动，扭转“批林整风”的方向，把矛头直接指向周恩来和老一辈无产阶级革命家以及一大批重新恢复工作的党政军领导干部。

1974年1月，经毛泽东批准，中共中央转发了由江青主持清华大学、

① 中共中央党史研究室：《中国共产党历史大事记》，北京，人民出版社，1991：306页。

北京大学大批判组选编的《林彪与孔孟之道》（材料之一），要求在全党全国范围内开展一场群众性的深入“批林批孔”运动。从此，把揭发批判林彪集团和“批林整风”运动变成了所谓“批林批孔”运动。

1月24日和25日，江青等人在北京连续召开有人民解放军各总部、驻京部队各单位和中央直属机关、国家机关人员参加的“批林批孔”动员大会。江青等人指使迟群、谢静宜，在会上作了煽动性演说，借批“走后门”为名，攻击国务院和中央军委的领导同志。江青在大会前后还以个人名义，给海军、空军、南京部队、广州部队等领导机关写信、送材料，派亲信给南京军区某部防化连送材料，鼓动开展“批林批孔”运动，宣扬自己，打击别人，妄图搞乱部队。

中共中央副主席、中央军委副主席叶剑英对此极为忧虑，于1月30日致信毛泽东，反映情况，说明问题的严重性。毛泽东经过反复考虑，于2月15日在叶剑英来信上批示：“剑英同志：此事甚大，从支部到北京牵涉几百万人。开后门来的也有好人，从前门来的也有坏人。现在，形而上学猖獗，片面性。批林批孔又夹着走后门，有可能冲淡批林批孔。小谢、迟群讲话（指谢静宜、迟群在1月25日批林批孔动员大会上的讲话——作者注）有缺点，不宜往下发，我的意见如此。”①

后来，毛泽东还批评江青说：“有意见要在政治局讨论，印成文件发下去，要以中央的名义，不要用个人的名义，比如也不要以我的名义，我是从来不送什么材料的。”②毛泽东扣发了江青集团精心炮制的准备发到全国去播放的“批林批孔”动员大会的录音带。

这一期间，江青集团还制造了河南省“马振抚公社中学事件”，把一

① 毛泽东：《建国以来毛泽东文稿》第13册，北京，中央文献出版社1998：377页。

② 毛泽东在中共中央政治局会议上的讲话记录，1975年5月3日。中共中央文献研究室：《毛泽东传（1949—1976）》下册，北京，中央文献出版社，2003：1733页。

个学生的自杀，当作教师推行“智育第一”的“修正主义教育路线”的结果。江青集团把这个事件作为“批林批孔”运动中的所谓“修正主义教育路线复辟、回潮”的典型，煽动青年学生对广大教师和教育工作者进行批判，造成了极其恶劣的影响。最后，逮捕了马振抚公社中学的一位负责人和一位教师，株连了一大批教师和干部。从此，搞得学校不敢管理，教师不敢讲课，学生不愿上课，整个教育系统一片混乱，严重影响了中华民族青年一代的整体素质。

1974年1月，批林批孔运动刚开始，“四人帮”就精心制造了这个所谓的“马振抚公社中学事件”。这个事件对整个教育系统造成了灾难性的破坏。粉碎“四人帮”后，教育系统广大师生员工迫切要求把这个事件的真相搞清楚，把被“四人帮”颠倒了的路线是非纠正过来，迫切要求对这个事件中被处理的有关人员的错误结论，实事求是地改正过来。为此，中共河南省委、南阳地委和唐河县委组织专门力量，对这个事件重新做了严肃认真的调查。调查结果证明，“马振抚公社中学事件”，完全是江青为实现“四人帮”篡党夺权的阴谋，混淆是非，颠倒敌我，蓄意炮制的一起骇人听闻的大冤案。

“马振抚公社中学事件”，是“四人帮”利用该校一个叫张玉勤的同学的自杀事件而制造出来的。张玉勤同学受“四人帮”“读书无用论”的毒害较深，平时不好好学习，在期中的一次考试中，除了体育、音乐、劳动外，其余功课全不及格。1973年7月10日下午，学校进行英语期末考试。张玉勤答不上来，在考卷背面写了六句话：“我是中国的人，何必要学外文。不会ABCD，还能当接班人。接好革命的班，还埋葬帝修反。”第二天上午，监考老师把卷子交给了班主任杨天成。杨天成先找张玉勤谈话，讲了学外语的重要性，并让她在班上作检查。张玉勤不作检查，杨天成就在班上批评了她。当天晚上，召开班主任会议，杨天成把张玉勤答卷的情况向学校负责人罗长奇作了汇报。7月12日早操后，罗长奇把初中班学生集合到一起，讲了要以优异成绩向党汇报，表扬了考试中表现好的学生和集体，并不点名地批评了张玉勤。就在这天吃早饭时，张玉勤称病让同学代请假离开学校。7月14日早上，在离校四五华里的水库桥下发现了张玉勤的尸体。经唐河县公安局验尸，断定为自杀。事情发生以后，唐河县委、南阳地委以及有关部门十分重视，多次派人进行调查，提出了严肃处理的意见，并向河南省教育局作了报告。河南省教育局及时上报了国务院科教组。1974年1月，江青从《人民日报》一个内部情况中看到了这个材料，如获至宝，委派迟群、谢静宜直接到马振抚公社，对这一事件重新进行所谓“调查”。迟群、谢静宜到河南之前，不向省委、地委、县委打招呼；到河南之后，又不交出介绍信，不通报姓名，不说明来意。所到之处，态度极其傲慢，行动十分诡秘。经过不到一天的“调查”，就匆匆离去。很明显，他们如此保密，就是妄图拿这个事件搞乱全国教育系统。同时，对河南省委发动突然袭击，置河南省委于措手不及的境地。由于他们急于搞阴谋，甚至连地名也没有搞清楚，竟然把马振抚的“抚”字写成了“扶”字。迟群、谢静宜按照江青的旨意经过一番先入为主的“调查”，起草了一份“材料”，称张玉勤“有反潮流的革命精神”，说她之所以要在卷子上写那六句话，是“因对学校整天用考试整学生很不满意”。张玉勤反的是什么潮流？据调查，张玉勤在考卷上写的那六句话，前边的四句是从当时报纸上一个学生批判“读书无用论”的文章中抄来的。这只能说明，张玉勤同学受“四人帮”“读书无用论”的流毒和影响很深，说明她不是受什么“回潮”“复辟”的迫害，而是受“四人帮”的毒害致死的。张玉勤同学是“四人帮”推行“读书无用论”的牺牲品。从调查情况看，罗长奇，特别是杨天成，对张玉勤同学的自杀，是有一定责任的。杨天成对有缺点、错误的学生没有及时给予热情关怀，耐心细致地进行思想教育。罗长奇在张玉勤同学思想压力很大的情况下，又在初中学生大会上进行批评，这样做也不好。但是，这两位同志的错误性质，是属于工作方法和工作作风问题，而“四人帮”却无限上纲，颠倒敌我，把这两位同志当成反革命分子逮捕起来，妄图把他们置于死地。王洪文说“要判重刑”，江青说“要向全国公布”。一直到粉碎“四人帮”后，这两位无辜的乡村人民教师才被从监狱里放出来，彻底平反，重新走上人民教师的讲坛。

“蜗牛事件”是江青集团在“批林批孔”运动初期制造的又一起所谓“重大政治事件”。有一位当年的亲历者回忆了这件事情的来龙去脉：1972年，国务院批准从国外引进一条彩色电视机生产线，引进的直接原因现在想起来也很可笑，并不是为了使中国的彩电行业尽快赶上发达国家的水平，更重要的是为了“更逼真地反映领导同志的光辉形象”。于是，国家第四机械工业部（简称“四机部”）考察团1972年年底先赴日本考察了50多天，一考察才恍然大悟，现在还谈不上电视机生产线，还差得远着呢！要彩电先得要显像管，仅生产显像管就需要玻璃壳、荧光粉、阴罩、石墨乳和总装等好几条生产线。当时在日本要四家才能把这个显像管弄齐，怎么办呢？回国后，四机部的同志了解到美国有一家叫RCA的厂家这四种技术都有，于是又写报告，由外贸部向RCA寻价。对方报价很快，1亿3000万美元，谈判结果降到7300万美元。1973年11月23日，四机部考察团又到美国实地考察，参观完RCA，考虑到各国的玻壳技术都来自于康宁（KANNIG）公司，于是又到康宁公司进行考察对比。之后，我们就准备返国了。在机场，四机部考察团登上了回国的飞机。这时一位康宁公司的雇员扛着一个箱子跑了上来，从箱中取出一个个包装得很好看的硬盒子。打开一看，原来是送给四机部考察团的礼品，每人一只玻璃蜗牛。当时谁也没有多想什么，很高兴很礼貌地接受下来。此时，正赶上快过春节了。四机部考察团向四机部领导同志汇报后，决定抓紧总结，研究到底从哪家公司引进哪项技术。但谁也没有想到……1974年2月10日，春节放假的最后一天，下午3点，突然有三辆“大红旗”驶进了四机部机关大院，钻出来的竟是江青！她下车就点名要见四机部设计院政治处宣传科的一个干事。为什么要见他呢？原来四机部考察团回国后他给江青写了一封信，说四机部考察团在美考察时，康宁公司为了讽刺挖苦中国的“爬行主义”，送给每人一只蜗牛。江青下车便大放厥词，说这是美帝国主义向我们挑衅，竟敢污蔑我们是爬行主义。骂了一通后，江青又发指示，要外交部向美国驻华联络处发照会提抗议，把蜗牛送回去，对美帝国主义的挑衅我们要坚决予以回击！那时全国正在批判意大利的电影导演安东尼奥尼，说他丑化中国的“文化大革命”，这件事一出来，正好火上浇油！四机部也发了简报，通报全国。江青有指示啊，全国都要查，这几年各部委、各省市、举国上下各个单位都收到什么礼品了？有没有类似蜗牛一样污蔑中国的东西？像有的单位就查出了黄牛和乌龟，乌龟是日本人送的，日本人认为是长寿，中国可不这样认为；黄牛也是一样，老牛拉破车呀！外交部还受命查美国送蜗牛有什么讲究。调查反馈回来：美国人没有任何讽刺挖苦中国的意思，目的只是想讨好中国人，希望中国买他们的技术，蜗牛只是圣诞节的一种传统礼品，没有快呀慢呀的概念，还有外国专家称，蜗牛代表吉祥，美国还有歌颂蜗牛的诗歌。因为当时“四人帮”很猖獗，所以电报一回来并没有完全向下传达，只是决定事情不再扩散了，对四机部考察团成员不作任何处理。但是，引进彩管生产线的工作却停止下来。1976年，“四人帮”倒台了，有关部门才重新打报告，国务院批准后重新去日本考察、谈判。到1979年9月才最后与日方签订合同，四条生产线约花了1亿6000万美元。“蜗牛事件”导致的直接后果就是多花了近9000万美元，也就是白白把7亿元人民币送了人；另一点是引进生产线整整晚了五年时间。①

批判意大利人拍摄的影片《中国》是江青集团在“批林批孔”运动中制造的一个具有国际影响的政治事件。意大利电影导演安东尼奥尼经过国务院有关部门批准来华，拍摄了一部名为《中国》的纪录片。江青集团认为《中国》没有反映“文化大革命”以来的大好形势，是一部反动影片。1974年1月30日，江青集团布置《人民日报》发表评论员文章《恶毒的用

① 孙顺兴：《“文革”中发生的荒唐事——“蜗牛事件”》，载《人民政协报·春秋》，2004-07-15（B4）。

心，卑劣的手法——批判安东尼奥尼拍摄的题为〈中国〉的反华影片》。这一批判，在国内外造成很坏影响。当时的中国驻德意志联邦共和国（西德）大使馆负责人王殊回忆说：我接到了部内的紧急通知，指出意大利导演拍摄的影片《中国》，是一部污蔑和丑化中国人民的反动影片，如果当地的电视台和电影院放映，使馆要由大使出面进行严正交涉。过去特别是在“文革”开始以后，也有过交涉反华影片的事，但都是由文化处的同志同有关单位进行交涉，结果都是不了了之，这次规定要由大使出面，看来非同一般。据我们了解，当时，西德电视台还没有放映这部影片，也不知是什么内容引起我们这样大的愤慨。西德有两个全国性大电视台，每个州都有地方台，还有一些小电视台，电影院更是多得不计其数。我要文化处的同志把其他工作先放一放，全力注意几个大的电视台和大城市的电影院有没有放映这部电影。不久，有些西方国家的电视台放映了这部影片，我国大使同电视台进行了交涉。在我国的报刊上，也陆续发表了很多严厉批判的文章。又有消息传来，江青看过这部影片后非常气愤，矛头对准了外交部，大骂驻外使馆“卖国主义”，事先不注意防范，事后交涉也很不力。部内的新闻司司长彭华同志和我国驻意大利大使沈平同志都受到了严厉批评，后来还被调动了工作。我也紧张了起来，担心可能有的电视台和电影院放映过而我们没及时发现，那样就要大挨批评了。没过几天，文化处的同志看到了电视一台转播了在汉堡的北德电视台放映的这部影片。电视一台是各个州电视台的联合台，除了自己制作很多节目外，也转播州电视台的一些节目。由于这是州电视台的节目，德国人看这部影片的不会很多，也没有听到什么反应。我和文化处的同志也都看了这部影片，感到有不少我国内地的落后镜头，但都是真实的，而且不少西方记者在我国拍的影片中也常有这样的落后镜头，不知为什么这次要这样大动干戈。当然，这些话当时都是不敢讲的。我们也不敢怠慢，一面立刻报告部里，一面马上约见电视一台台长进行交涉。本来，我们同电视一台的关系是比较好的，他们的大牌记者鲁格是我在当记者时的老朋友，他随同施罗德、施特劳斯和谢尔三次访华，制作了好几部纪录片，观众的反应很好。当然，也听说一台的领导感到影片把中国说得太好了一些，要求鲁格做一些修改，鲁格没有同意，后来也照样放了。我原来同一台的台长很熟，在拜会他时对他们转播这部影片提出了意见，他向我解释西方的电视台同中国的电视台不同，他无法干预电视台的节目，实际上是拒绝了我的交涉。当然，我在这个情况下也很难让步，结果我一言他一句，最后弄得很不愉快告辞出来。在以后的几个月内，我们有时在一些场合碰到了也都赶快设法避开，再也没有说过话。这样的事其实已有不少先例，特别是西方国家的电视台是不愿意别人干预他们的节目的，即使是大使出面，也不会起多少作用，而且效果可能适得其反。交涉的结果不但没有起什么作用，而且正好相反，电视一台在黄金时间把这部影片对全国放了一遍，北德电视台和不少州电视台都先后放映了一两遍，而且在放映前还说明了中国使馆对此进行了交涉，德国人差不多都看到了，影片的影响反而扩大了。后来听说，在其他很多国家特别是西方国家交涉的结果也差不多。本来，这是一部较长的纪录片，电影院一般是不放映的，因为我们进行了交涉，电影院还以此作为广告放映了。后来，有好几次电视台、电影院放映反华影片时，还给使馆打来电话，要求使馆对这些片子发表评论，希望我们提出抗议，实际上是想以此作为广告招引观众。①

江青集团策划的“批林批孔”运动的主要内容，是批判林彪的所谓“克己复礼”，也就是“复辟”、倒退。其目的是含沙射影地攻击周恩来和周恩来主持中央日常工作期间恢复工作的一大批党政军领导干部。江青集团在报刊上大量刊载反动文章，不批林，假批孔，以批“周公”、批“宰相”、批所谓“现代大儒”来影射攻击周恩来。《人民日报》发表了康生指使中共中央党校写作班子唐晓文杜撰的《柳下跖痛骂孙老二》的文章；《红旗》杂志第四期刊载北京大学、清华大学大批判组的文章《孔

① 王殊：《五洲风云纪》，上海，上海辞书出版社，2007：107~109页。

丘其人》，将孔丘重病卧床的时间提前两年，借以影射攻击积劳成疾、身患重病、坚持工作的周恩来。江青还布置北京大学、清华大学大批判组以“梁效”的化名撰写了《从‘乡党’篇看孔老二》的文章，对周恩来进行攻击。

江青集团还以“法家”自居，说什么西汉王朝前期和中期“反复辟斗争”之所以取得胜利，是因为“在中央政权始终保持了一个法家领导集团”。为此，江青集团竭力要把“批林批孔”运动纳入所谓“儒法斗争”的轨道。江青授意其“御用”写作班子，要批“现在的儒”，说什么“如果现在没有儒，为什么反孔老二？”江青在天津的一次谈话中说，“这次运动的重点是批‘党内的大儒’”，把矛头指向周恩来；同时又指使亲信，吹捧吕后、武则天的“丰功伟绩”，为篡党夺权大造舆论。通过这些事实，人们已经不难看出江青集团所竭力策动的“批林批孔运动”“评法批儒运动”究竟是要达到什么目的了。

“司马昭之心，路人皆知。”江青集团的倒行逆施，受到广大人民群众和人民解放军指战员的有力抵制。于是，江青集团提出“要放火烧荒”，把矛头指向中央军委的领导人和各级军事领导机关，妄图搞乱军队；对地方，江青集团煽动“夺权”，煽动停工、停产，制造混乱，使刚刚趋向稳定的政治局面又遭到破坏，生产大幅度下降。1974年，煤炭比上一年同期下降62%，铁路运输量下降25%，钢铁下降94%，化肥下降37%。

为了扭转这一趋势，中共中央于1974年7月1日，发出《关于抓革命，促生产的通知》，号召共产党员和共青团员模范地贯彻“抓革命，促生产”的方针，努力把经济搞上去。毛泽东也清楚地看到，江青集团是成事不足，败事有余，捣乱有术，治国无方。

1974年6月1日，周恩来总理因长期患病，操劳过度，特别是“文化大革命”以来忍辱负重，忠诚为国，终于心力交瘁，住进了中国人民解放军305医院。

在毛泽东和周恩来的支持下，邓小平在中央党、政、军日常工作中所起的重要作用日益显现出来。

为了顺利实现由邓小平主持中央工作的部署，1974年7月17日，毛泽东亲自主持召开了一次中央政治局会议，重点批评了野心勃勃、四处插手、颐指气使、眼高手低、动不动就训人的江青。

毛泽东在会上说：“江青同志，你要注意呢！别人对你有意见，又不好当面对你讲，你也不知道。”

毛泽东批评江青：“不要设两个工厂，一个叫钢铁工厂，一个叫帽子工厂，动不动就给人戴大帽子，不好呢！要注意呢。”[①]

江青连忙表示接受毛泽东的意见。

毛泽东问：“当众说的！”

江青答道：“说了算！”

毛泽东对与会的中央政治局委员们说：孔老二讲的，言必信，行必果。听到没有，她并不代表我，她代表她自己。

毛泽东接着批评江青：此人一触即跳。

最后，毛泽东指着江青说道：她算上海帮呢！你们要注意呢，不要搞成四人小宗派呢！毛泽东还讲到：“她（指江青）并不代表我，她代表她自己。”“总而言之，她代表她自己。”[②]

这是毛泽东第一次明确地在中央政治局会议上提出“上海帮”的问题，同时严肃告诫江青、张春桥、姚文元、王洪文四人“不要搞成四人小宗派”。从毛泽东把王洪文视为“四人小宗派”成员起，在他心目中，就已经对这个在中共十大上选择的接班人失望了。

会后，毛泽东离开北京，前往武汉。因为毛泽东近段时间一直感到眼睛视力下降，看东西模糊、吃力，决定外出休息。毛泽东在武汉期间，经

① 毛泽东：《建国以来毛泽东文稿》第13册，北京，中央文献出版社，1998：394页。

② 毛泽东：《建国以来毛泽东文稿》第13册，北京，中央文献出版社，1998：394页。

医生们会诊，确认毛泽东眼睛患的是“老年性白内障”。会诊结束后，医生们建议毛泽东先休养一段时间，到来年夏季病情成熟了，再采取手术措施。毛泽东表示同意。

毛泽东离京以后，中共中央政治局开始着手第四届全国人民代表大会的筹备工作。其实，这项工作在中共十大以后已经开始，现在则进入了实质性阶段。围绕四届人大的筹备工作，周恩来、邓小平和老一辈无产阶级革命家同以江青为首的“四人帮”进行了坚决的毫不妥协的斗争。

江青及“四人帮”要利用四届人大，攫取更多的权力，为最终篡夺党和国家领导权开辟道路。

周恩来、邓小平和老一辈无产阶级革命家，经过八年的“文化大革命”，已经彻底认清了“四人帮”野心家、阴谋家篡党夺权的真实面目，坚决捍卫党的正确原则，努力使党和国家的各级领导权掌握在真正的马克思主义者手里，不许“四人帮”通过四届人大篡夺更多的权力。

10月4日，正在武汉的毛泽东，让工作人员打电话给在北京主持中央日常工作的副主席王洪文，告诉他：毛泽东提议，在四届人大上，由邓小平任国务院第一副总理，主持国务院的日常工作。①

王洪文亲笔把毛泽东的指示记在笔记本上：

“谁当第一副总理？邓。”

王洪文接到这个电话后，大为吃惊，受到极大的震动。他没有按照毛泽东的指示马上转告周恩来，而是在当天晚上，把毛泽东的指示首先告诉了江青、张春桥、姚文元。江青听了，十分生气，说：“这不是主席的意见，这是总理的主意。”原来，江青想在这次四届人大的筹备工作中，当“后台老板”，按照她个人的意图“组阁”，把“四人帮”的成员安排到国务院的重要领导位置上去。毛泽东提议邓小平任国务院第一副总理，大

① 中共中央文献研究室：《邓小平年谱（1904—1974）》下册，北京，中央文献出版社，2009：2053页。

大出乎江青集团的预料，完全打破了江青由来已久的图谋。看着邓小平复出工作，看着邓小平的职位越来越高，看着邓小平主管的方面越来越宽，看着邓小平经常会见外国政要，看着邓小平还能因为陪外宾经常见到毛泽东主席，江青集团早就又恨又怕了。这次毛泽东又要让邓小平出任第一副总理主持国务院工作，这就等于说，将来周恩来一旦辞世，邓小平就可以顺理成章地接周恩来的班。因此，对于江青集团来说，邓小平担任国务院第一副总理，将会对他们极为不利。但是，毛泽东亲自作出的决定，王洪文不传达也不行。王洪文拖了两天以后，才极不情愿地将毛泽东的这一指示告诉了中央政治局和周恩来。

听了毛泽东的这一决定，周恩来非常高兴。10月6日，他特意约邓小平谈话。周恩来希望把自己未竟的事业全都托付给邓小平。

10月6日晚上，江青找周恩来谈话，提出了关于四届人大人事安排的意见和中国人民解放军总参谋长人选的意见。江青要竭力阻止邓小平任国务院第一副总理。

10月11日，中共中央发出关于召开四届人大的通知，向全党、全国提出迎接四届人大召开的任务，部署筹备四届人大的具体事宜。在这个通知中，传达了毛泽东的重要指示：“无产阶级文化大革命，已经八年。现在，以安定为好。全党全军要团结。”这个文件明确说明：第一，四届人大的筹备工作全面开始；第二，毛泽东要求全党全军安定团结，不希望再出现“文化大革命”初期那种“打倒一切，全面内战”的混乱局面了。

第十六章　毛泽东的“长沙决策”

1974年10月13日凌晨，毛泽东乘专列抵达长沙，住在湖南省委九所6号楼，在湖南休养了114天。

10月17日晚上，中共中央政治局举行会议。江青有预谋地在会上发难，借口所谓“风庆轮事件”，向邓小平挑衅。所谓“风庆轮事件”是这样的：上海江南造船厂制造了一艘万吨轮船“风庆号”。交通部远洋局担心船上安装的国产主机、雷达等“五大件”质量达不到跑远洋的要求，规定该轮跑近洋。

在“批林批孔”运动中，江南造船厂一些人和“风庆轮”一些海员贴出大字报，提出“我们要革命，风庆轮要远航”，要求交通部批准“风庆轮”远航。交通部批准了“风庆轮”远航。在远航中，交通部派去协助“风庆轮”首次远航欧洲工作的李国堂、顾文广，在船上抵制按照“四人帮”的意见批判所谓造船买船问题上的“崇洋媚外”“卖国主义”，因而受到攻击，被诬蔑为“代表了一条修正主义的路线”，远航后遭到批斗，并被定为“反革命政治事件”。江青集团控制的上海的报纸，曾以《红灯指航向，踏破万层浪》《乘风破浪，胜利前进》等为题，大量发表评论文章，其目的显然是借题发挥，滋事生非，矛头指向交通部，指向国务院。

江青在看了《国内动态清样》上关于“风庆轮事件”的报道后，认为可以大加利用，攻击国务院和周恩来、邓小平。于是，给中央政治局写了一封信，说看了关于“风庆轮事件”的报道，“引起了我满腔的无产阶级义愤。试问，交通部是不是毛主席、党中央领导的中华人民共和国的一个部？国务院是无产阶级专政的国家机关，但是交通部却有少数崇洋媚外，买办资产阶级思想的人专了我们的政”。[①]

江青还要求：“政治局对这个问题应该有个表态，而且应该采取必要的措施。”张春桥、姚文元、王洪文的批示，都与江青的意见相同。

10月17日晚上的中央政治局会议，原定的议题是研究四届人大的筹备工作，周恩来抱病专程参加会议。但会议一开始，江青就气势汹汹地打断了会议的议程，有预谋地在中央政治局会议上挑起事端，提出“风庆轮事件”是“崇洋媚外”的问题和“卖国”的问题，逼着与会的中央政治局委员当场表态。她有恃无恐，大闹政治局，要揪“买办资产阶级”的总后台。她还手持一份关于“风庆轮事件”的材料，逼邓小平对此事表示态度，挑衅性地问邓小平：你对这个问题是什么态度？面对这一突然袭击，邓小平从容地回答：我已经圈阅了。并表示对这个材料还要调查一下。

江青见邓小平胆敢对抗，便进一步逼问邓小平对批判“洋奴哲学”是什么态度。邓小平先是不屑一顾，置之不理。但江青并不罢休，一味胡搅蛮缠继续追逼邓小平表态。邓小平在忍无可忍的情况下，反击江青说，政治局开会讨论问题要平等嘛，不能用这样的态度对人嘛。邓小平继续说，这样政治局还能合作？强加于人，一定要写出赞成你的意见吗？[②]

江青一向骄横跋扈，习以为常，邓小平今天竟然在全体政治局委员面

---

① 中共中央文献研究室：《邓小平年谱（1904—1974）》下册，北京，中央文献出版社，2009：2056页。

② 中共中央文献研究室：《邓小平年谱（1904—1974）》下册，北京，中央文献出版社，2009：2058页。

前顶她，使她不禁为之一愣，接着便大叫大闹起来。看见江青如此蛮不讲理，邓小平站了起来，严肃而气愤地说，问题还没有了解清楚，就戴了这么大的帽子，这会怎么开！说罢拂袖而去。[①]邓小平用这样的方式给江青以狠狠的回击。邓小平走后，张春桥说："邓小平又跳出来了。"

当天晚上，江青在北京钓鱼台17号楼，私下召集王洪文、张春桥、姚文元密谋，派人于第二天飞到长沙向毛泽东告状。江青说，邓小平之所以这样吵架，就是对"文化大革命"不满意，反对"文化大革命"。张春桥说，邓小平之所以跳出来，可能是与四届人大的人事安排及总参谋长的提名有关，这是一次总爆发。王洪文说，邓小平对"文化大革命"不满意，有气，不支持新生事物。姚文元则在日记中写道："斗争形势突然地变化了！邓小平同志在昨天会议结束时站起来骂江青同志"，"已有庐山会议气息！"他们一直研究到午夜后，决定抓住这一"事件"，精心组织说辞，派王洪文去长沙向毛泽东告状。"四人帮"告状之所以如此急如星火，是因为邓小平10月20日要陪同来访的丹麦首相哈特林夫妇飞往长沙，接受毛泽东的会见。他们要赶在邓小平的前面见毛泽东，以便"恶人先告状"，争取主动。

据1980年11月24日上午王洪文在特别法庭受审时供认：1974年10月17日晚上，在钓鱼台17号楼，江青召集我和张春桥、姚文元一起，主要是密谋告邓小平的状。议论邓小平对"文化大革命"不满意，不支持新生事物，说邓小平对四届人大提名人选可能有不同意见。还议论了姚文元提出的"北京大有庐山会议的味道"。……去长沙，实际上是一场阴谋活动，是背着周恩来总理和政治局去的。江青提出要赶在毛泽东主席接见外宾之前去，是怕邓小平陪同外宾先到毛主席那里说明事实真相。

"四人帮"议定派人赴长沙后，王洪文提出赴长沙面见毛泽东。其

---

① 中共中央文献研究室：《邓小平年谱（1904—1974）》下册，北京，中央文献出版社，2009：2058页。

实，此事是江青的主谋，应当她去长沙。但江青此时心中却颇有些“自知之明”，她知道毛泽东近一段很反感她，不愿见她。还是在3月20日，毛泽东就曾致信江青：“不见还好些。过去多次同你谈的，你有好些不执行，多见何益？有马列书在，有我的书在，你就是不研究。我重病在身，81（岁）了，也不体谅。你有特权，我死了，看你怎么办？你也是个大事不讨论、小事天天送的人。请你考虑。”[①]毛泽东在这封信的言辞中充满了对江青的严厉批评。

10月18日，王洪文肩负“四人帮”的使命，乘专机赶到长沙。毛泽东的机要秘书张玉凤向毛泽东请示后，毛泽东派在长沙的中央办公厅副主任张耀祠把王洪文接到住地。下午2时，王洪文身着一套灰色毛料中山装，来到6号楼毛泽东的会客室。

王洪文首先问候了一下毛泽东的身体情况，然后便转入此行的主题。

当时在场的毛泽东的机要秘书张玉凤回忆说：

“四人帮”早在四届人大之前就阴谋篡党夺权。四届人大前夕他们感到形势不妙，很孤立，便企图先发制人，把周总理、叶剑英同志等搞掉，把权夺到手。1974年10月，王洪文背着周总理和政治局，到湖南毛主席驻地，向毛主席告周总理和其他中央领导同志的状。王洪文把周总理等同志比做在九届二中全会上的林彪一伙，说他们要抢班夺权，他说：“北京现在大有庐山会议的味道。我来湖南没有告诉周总理和政治局其他同志。我们四个人（王、张、江、姚）开了一夜会，商定派我来汇报，趁周总理休息的时候就走。我是冒着危险来的。”王洪文别有用心地说，“周总理虽然有重病，但昼夜都‘忙着’找人谈话，经常去总理那里的有邓小平、叶剑英、李先念等同志。”王洪文到湖南的目的，实际上是“四人帮”阴谋要搞掉周总理，向毛主席要权。并在毛主席面前吹捧张春桥怎样有能力，

① 毛泽东：《建国以来毛泽东文稿》第13册，北京，中央文献出版社，1998：372页。

姚文元又怎样读书，对江青也作了一番吹捧。毛主席当即严厉批评了王洪文，主席说，有意见当面谈，这么搞不好。你要注意江青，不要跟她搞在一起。你回去后找总理、剑英同志谈谈。[①]

在这次谈话中，王洪文还狠狠告了邓小平一状。诬陷邓小平："在昨天政治局会议上，为了'风庆轮'这件事，江青同志与邓小平同志发生争吵，吵得很厉害。"并将江青和邓小平当时说的一些话重复了一遍，说："看来邓还是搞过去造船不如买船，买船不如租船那一套。"然后他蓄意借题发挥，诬蔑邓小平："邓有那样大的情绪，是与最近在酝酿总参谋长人选一事有关。"

听了王洪文攻击邓小平的话后，毛泽东很不高兴，对王洪文说，有意见当面谈，这么搞不好，要跟小平同志搞好团结。小平同志政治上强，会打仗呢。毛泽东对王洪文还说："你回去，要多找总理和剑英同志谈，不要跟江青搞在一起，你要注意她。"

当王洪文于1980年被押上历史的审判台以后，于6月27日写下了关于长沙之行的如下供词：到长沙的"目的就是在毛主席面前搞臭邓小平同志，使他不能工作，当然更不想让他当第一副总理了……这次去长沙告状……主要是恶人先告状，抢在邓小平同志陪外宾去前，目的是要毛主席了解吵架的所谓'真相'，也就是了解邓小平的所谓"问题"……实际上是诬蔑、陷害邓小平同志的一次阴谋活动……"

当天晚上，王洪文从长沙飞回北京。这时，王洪文早已将毛泽东在长沙告诫他的"你们不要搞上海帮"等指示忘得干干净净，回到钓鱼台，就去面见江青、张春桥、姚文元。1980年11月26日，中华人民共和国最高人民法院特别法庭审问王洪文时，问："你从长沙回到北京以后，都向谁传达了去长沙的情况？"王洪文答道："回来后即向江青、张春桥、姚文

① 张玉凤1980年7月18日提供的证言。《中华人民共和国最高人民法院特别法庭审判林彪、江青反革命集团案主犯纪实》，北京，群众出版社，1982：94~95页。

元谈了去长沙的情况。在传达过程中，江青又通知了王海容和唐闻生来参加。”王洪文还说，他的长沙之行，“实际上是为了阻挠邓小平出来担任国务院第一副总理”。[①]

就在王洪文飞往长沙告状的同一天中午，江青为了使向毛泽东告状一事“双保险”，双管齐下，又在北京钓鱼台约见了王海容和唐闻生。王海容和唐闻生当时都在外交部任职，王任副部长，唐任副司长。毛泽东每次会见外宾，大多由她们二人陪同，同毛泽东接触较多，深受毛泽东的信任。毛泽东晚年行动不便以后，让王、唐两人列席中央政治局会议，然后直接将会议情况向毛泽东报告。毛泽东有些指示，也随时让她俩向中央政治局、向国务院的有关部门转达。因此，她们两个人是在毛泽东面前说话有分量的人物。

江青找来王海容、唐闻生后，对她们说：主席不久将在外地会见外宾，你们也要参加有关工作，有个重要情况请你们在陪同外宾去的时候向主席报告。10月17日晚上政治局讨论“风庆轮”问题的会上，小平和我发生争吵，然后扬长而去，使得政治局的会议开不下去了。国务院的领导同志经常借谈工作搞“串联”。总理在医院也很忙，并不全是在养病。小平和总理、叶帅都是在一起的，总理是后台。

大概是觉得自己一人谈的分量还不够，江青又说：“这件事我讲不清楚，等晚上我找洪文、春桥、文元一起来，再进一步向你们介绍。”

晚上，江青果然又约了王海容、唐闻生到钓鱼台。除了江青以外，张春桥、姚文元和刚从长沙飞回来的王洪文均在座。

江青老调重弹以后，张春桥对周恩来主持的国务院的工作进行了一番诋毁和攻击，矛头显然是指向周恩来；又借“风庆轮”问题诬蔑了邓小平一番；并把17日的政治局会议说成是“二月逆流”。姚文元则说北京有

① 《中华人民共和国最高人民法院特别法庭审判林彪、江青反革命集团案主犯纪实》，北京，群众出版社，1982：94~95页。

“庐山会议”的味道。

王海容、唐闻生听了以后，感到事态严重，于第二天向周恩来作了详细汇报。周恩来冷静地对王海容、唐闻生说：“风庆轮”事件并不像江青他们说的那样，而是他们预先计划好了要整小平同志，小平同志已经忍耐很久了。①

10月20日，国务院邓小平副总理，外交部王海容副部长、唐闻生副司长陪同丹麦首相哈特林夫妇飞往长沙。毛泽东会见外国客人以后，与邓小平单独谈话。

然后，通过这个机会，王海容、唐闻生将北京近几天发生的情况原原本本向毛泽东作了反映。毛泽东听后，气愤地说：“‘风庆轮’的问题本来是一件小事，而且先念同志已在解决，但江青还这么闹。”②

毛泽东从江青的闹事联系到王洪文飞来长沙告状，已经意识到江青是想插手四届人大的人事安排。

于是，毛泽东讲了离开北京以来反复深思熟虑的两项重大决策，并让王海容、唐闻生回北京后，立即将他的意见转达周恩来、王洪文。这两项重大决策是：

第一，周恩来总理还是总理，四届人大的筹备工作和人事安排问题要周恩来总理和王洪文一起主持，同各方面商量办理。

第二，建议邓小平任国务院第一副总理兼中国人民解放军总参谋长。

此外，毛泽东还要求王海容、唐闻生回京后转告王洪文、张春桥、姚文元，让他们不要跟在江青后面批东西。③

王海容、唐闻生回北京后，立即将毛泽东的指示向有关人员作了

① 中共中央文献研究室：《周恩来年谱（1949—1976）》下卷，北京，中央文献出版社，1997：680页。

② 中共中央文献研究室：《周恩来年谱（1949—1976）》下卷，北京，中央文献出版社，1997：680页。

③ 中共中央文献研究室：《周恩来年谱（1949—1976）》下卷，北京，中央文献出版社，1997：680页。

传达。

已经重病在身的周恩来，听到毛泽东的决策，极为振奋。他深深地感到了毛泽东对自己的信任。同时，也为邓小平能够出任党、政、军的重要负责人而感到由衷的高兴。让邓小平担任国务院第一副总理，代自己承担起主持国务院工作的重任，这正是周恩来患病以来的夙愿。为了使党和国家的领导权不致落到“四人帮”的手里，为了使党和国家的领导权掌握在真正的共产党人手中，周恩来遵照毛泽东的委托，不顾自己做过两次大手术后急需休息、静养的病躯，毅然承担起主持四届人大筹备工作和人事安排的重任。从10月下旬到11月上旬，周恩来连续十几天在医院分别与邓小平、叶剑英、李先念以及王洪文、江青谈话，并约中央政治局成员分三批开会，传达毛泽东的指示，解决“风庆轮”事件问题，研究四届人大的筹备工作。

11月6日，周恩来写信给毛泽东，表示自己坚决拥护毛泽东的重要决策，积极支持邓小平担负党政军重要领导职务的明确态度。

周恩来这封信的主要内容有以下三点：

第一，“我积极支持主席提议的小平同志为第一副总理，还兼总参谋长”。

第二，“我的身体情况比7月17日见主席时好多了，只是弱了些，如果12月能开人大，定能吃得消”。

第三，“我最希望主席健康日好，这一过渡日期，只有主席健在，才能领导好”。[①]

11月6日，毛泽东又在长沙会见了特立尼达和多巴哥总理威廉斯博士及其随行人员。会见以后，毛泽东留陪同外国客人来长沙的李先念副总理谈话。李先念向毛泽东汇报了全国工交系统和国家财政方面的情况。由

---

① 中共中央文献研究室：《周恩来年谱（1949—1976）》下卷，北京，中央文献出版社，1997：682页。

于1974年年初开始的批林批孔运动的影响，整个国民经济呈现出下降的态势，全国财政收入也比去年同期下降，而财政支出却比去年同期大大增加。实践证明，频繁地搞政治运动，不仅不能促进生产、促进国民经济的发展，而且会大大影响和阻碍国民经济的正常、健康发展。

听完李先念的汇报，毛泽东感到经济形势严峻，丝毫不容乐观，他久久沉默不语，陷入深思。最后，毛泽东指示说：

“把国民经济搞上去。”[①]

李先念回北京后，迅速在中央政治局会议上传达了毛泽东的指示。

11月12日，邓小平陪同也门民主人民共和国总统委员会主席率领的代表团飞抵长沙。毛泽东会见外国客人以后，与邓小平进行了亲切的谈话，支持邓小平在中央政治局会议上对江青的有力抵制和斗争，鼓励邓小平承担起党政军工作的重任。这是一段颇能反映两位大政治家政治智慧、当时思想、相互理解和谈话风格的简要对话：

毛泽东一开口，就对邓小平说：“你开了一个钢铁公司！”表现出了超凡的幽默和赞许。这表明毛泽东已经洞悉邓小平10月17日在中央政治局会议上顶住江青的挑衅和无理纠缠这件事情。

“主席也知道了。”邓小平笑说着。

“好！”毛泽东称赞了邓小平的做法。

“我实在忍不住了，不止一次了。”邓小平的话中不无解释的成分。

“我赞成你。”毛泽东说。

“她在政治局搞了七八次了。”邓小平接着说。

“强加于人哪，我也是不高兴的。她们都不高兴。”说着，毛泽东把头转向在场的王海容、唐闻生，向邓小平示意王、唐也都不高兴江青的做法。

① 毛泽东：《建国以来毛泽东文稿》第13册，北京，中央文献出版社，1998：410页。

“我主要是感觉政治局的生活不正常，最后我到她那里去讲了一下，‘钢铁公司’对‘钢铁公司’。”邓小平又说。

“这个好！”毛泽东称赞说。

“最近关于我的工作的决定，主席已经讲了，不应再提什么意见了。但是看来责任是太重了一点。”邓小平说。国务院第一副总理兼总参谋长，千钧重任担在肩上，确实是责任重大啊！

“没办法呢，只好担起来啰。”毛泽东鼓励邓小平道。[①]

从这段对话中，不难看出，毛泽东对邓小平寄予了极大的希望，给予了充分的信任，赋予了重大的责任，言谈话语之中，如春天的阳光一样使人感到温暖，充满了赞扬、支持和鼓励。而邓小平在毛泽东面前，实事求是，有话直说，不隐瞒自己的政治观点，不掩盖自己对江青的看法，立党为公，襟怀坦白，光明磊落，赢得了毛泽东的好评。

在毛泽东与邓小平谈话后，王海容、唐闻生交给毛泽东一封信。这是她们离开北京时，江青托她们带给毛泽东的信。

江青在信中，就四届人大的人事安排问题，再次向毛泽东提出她的主张：由迟群当教育部长，乔冠华当副总理，毛远新、迟群、谢静宜、金祖敏列席政治局，作为“接班人”来培养。

当天，毛泽东在江青的这封信上批示：

> 不要多露面，不要批文件，不要由你组阁（当后台老板），你积怨甚多，要团结多数。至嘱。
>
> 人贵有自知之明。又及。
>
> 毛泽东
>
> 11月12日[②]

① 中共中央文献研究室：《邓小平年谱（1904—1974）》下册，北京，中央文献出版社，2009：2066页。

② 毛泽东：《建国以来毛泽东文稿》第13册，北京，中央文献出版社，1998：394页。

看了毛泽东措辞严厉的批评，江青不能不有所表示，11月19日，她又给毛泽东写了一封信：

我愧对主席的期望，因为我缺乏自知之明，自我欣赏，头脑昏昏，对客观现实不能唯物地正确对待，对自己也就不能恰当地一分为二地分析。一些咄咄怪事，触目惊心，使我悚然惊悟。

自九大以后，我基本上是闲人，没有分配我什么工作，目前更甚。在路线斗争起伏时我主动的做过一些工作。

今后当小心谨慎，不能为党为主席闯祸。当然，需要斗争需要牺牲时，我要有精神准备。

江青

1974年11月19日

江青的这封信，表面上似乎是表示接受毛泽东的批评，目的却是向毛泽东伸手要权。毛泽东洞悉江青的企图，于11月20日回书一封：

江青：

可读李固给黄琼书。就思想、文章而论，都是一篇好文章。你的职务就是研究国内外动态，这已经是大任务了。此事我对你说了多次，不要说没有工作，此嘱。

毛泽东

1974年11月20日[①]

毛泽东要江青读李固给黄琼书，其意思十分明白，批评江青正像李固

① 中共中央文献研究室：《毛泽东传（1949—1976）》下册，北京，中央文献出版社，2003：1708页。

给黄琼书中说的那样，“盛名之下，其实难副”。教育她不要总是自以为是，自以为了不起，缺乏自知之明，欲壑难填。

然而，江青却不顾毛泽东的多次批评、告诫、教育，仍然一意孤行，在四届人大人事安排进入最后阶段时，又要让王海容和唐闻生为她向毛泽东转达意见：让王洪文任全国人大常委会副委员长，排在朱德、董必武之后。

王海容、唐闻生1976年10月17日揭发说：

1974年11、12月（12月23日之前），中央酝酿四届人大的人事安排期间，江青把我们两人叫到钓鱼台十号楼，要我们去长沙时向主席转达她的意见，由王洪文任副委员长，排在朱德、董必武同志之后。我们向主席报告后，主席对我们说：“江青有野心。她是想叫王洪文做委员长，她自己做党的主席。”①

毛泽东的话，一针见血，击中了江青的要害。这是江青在围绕四届人大筹备问题上进行一系列频繁活动的真正目的。

毛泽东还让王海容、唐闻生转告周恩来：全国人大常委会，朱德、董必武之后要安排宋庆龄；邓小平、张春桥、李先念等任国务院副总理。其他人事由周恩来主持安排。②

① 毛泽东：《建国以来毛泽东文稿》第13册，北京，中央文献出版社，1998：395页。

2 中共中央文献研究室：《毛泽东传（1949—1976）》下册，北京，中央文献出版社，2003：1708页。

第十七章　议定新一届国务院领导集体

1974年毛泽东对江青多次进行批评，使江青蓄谋已久的妄图利用四届人大“组阁”的阴谋，未能得逞。排除了江青的干扰以后，在周恩来的主持下，四届人大的筹备工作顺利进行。他身在医院，心系天下，犹如一部高速运转的“发动机”，不知疲倦地超负荷日夜工作着。在审阅了四届人大各界代表的名额分配名单后，他致信中央政治局，要求增加老干部的名额。

根据毛泽东的指示，最后是由邓小平主持起草周恩来在四届人大上作的《政府工作报告》。1974年11月下旬，邓小平组织起草小组，抓紧起草工作。为了使周恩来能够顺利完成作《政府工作报告》的重任，邓小平建议，并报毛泽东同意，决定把《政府工作报告》限定在五千字以内。邓小平亲自草拟了三段，每一段一千几百个字，讲的都是实际内容，虚的东西能少能免的尽量减。

多年以后，邓小平回忆起这段往事还十分感慨。他说：“总理的讲话是我亲自起草的，不能超过五千字。总理身体那么差，写多了他也念不下去。那个时候，我经常去见总理。”周恩来一贯事必躬亲，逐字逐句审阅了《政府工作报告》草稿，并提出了详细的修改意见。

在事关党和国家的领导权掌握在哪些人手里的人事安排问题上，周恩来更是反复考虑，煞费苦心。针对江青、张春桥等人竭力要将他们的亲信安插在文化部、教育部、国家体育运动委员会等部委的情况，周恩来与邓小平、李先念等人多次研究，交换意见，认为教育部关系到为国家培养什么样的人才，关系到国家的未来和民族的前途，不能让"四人帮"推荐的人选担任部长（江青的意图是让原8341部队干部、工人、解放军毛泽东思想宣传队进驻清华大学后的负责人，此时的清华大学党委书记、革命委员会主任迟群担任教育部部长），以曾经担任过国务院秘书长的周荣鑫担任教育部部长为妥。而对文化部、国家体育运动委员会的领导人选，则可作一些让步。

上述人事问题形成了初步意见后，周恩来在医院分批召集中央政治局成员开会，议定了第四届全国人民代表大会常务委员会委员长、副委员长和国务院副总理候选人名单的三个方案。人事安排问题的准备工作已经基本成熟。

1974年12月23日，周恩来、王洪文先后飞往长沙，向毛泽东汇报四届人大筹备工作和人事安排方案。毛泽东当天会见了他们。在互相问候中谈到身体情况时，周恩来问道："主席身体怎样？"

"明年1月起，外宾我不见了，要求见我也不见了。我吃饭睡觉还好，游了五次泳。就是讲话、肺、腿。"毛泽东回答道。最后一句是指自己讲话有点困难，肺部有病，腿部无力。在长沙期间，毛泽东的身体状况有了很大好转，吃饭、睡眠都比以前好多了，从11月到12月，还先后五次到湖南省游泳馆游泳，每次半个多小时，并提出要到学生时代曾多次"中流击水"的湘江中去游泳，但工作人员没有同意。

"你的病怎么样？"毛泽东对周恩来的身体状况十分关心。

"不要紧，开四届人大没问题。"周恩来答道。

"你身体不好，四届人大以后，你安心养病吧。你还可以到外面走一走、像汉口、长沙。国务院的工作可以让小平同志去顶吧！”毛泽东十分关切地对这位遵义会议以来已经患难与共40年的老战友说。

在这次会见中，毛泽东对王洪文说：“江青有野心。有没有？我看有。”

在谈到议事日程时，毛泽东对周恩来、王洪文说：这次你们来，谈两个问题，一个人事安排，一个理论问题。

在谈到四届人大的人事安排问题时，毛泽东又一次称赞了邓小平。

“他政治思想强。”毛泽东说着用手指了指脑袋。

“政治比他强。”毛泽东指着在座的王洪文说。由于王洪文在场，毛泽东说这句话时，“政治”两个字是用英语讲的，这样，周恩来完全清楚毛泽东说的意思，而王洪文则不知所云了。

“他没有邓小平强。”毛泽东接着说，边说边用手中铅笔在纸上写了个“强”字。

周恩来继续向毛泽东汇报四届人大的人事安排情况，谈到拟由叶剑英为中央军委副主席兼国防部部长、邓小平为国务院第一副总理兼人民解放军总参谋长时，毛泽东明确表示说：

“我看小平做个军委副主席。第一副总理、军委副主席兼总参谋长。”毛泽东在提议任命邓小平为国务院第一副总理、中央军委副主席兼总参谋长的同时，称赞邓小平“人才难得”。一边说一边用笔费力地在纸上写下了“人才难……”

周恩来接过话题说：“人才难得。”表示完全理解和领会毛泽东的意思。毛泽东点了点头。

当周恩来向毛泽东汇报到国务院副总理人选名单时，念道：“邓（小平）、张（春桥）、李（先念）……”

毛泽东插话，说：“陈。”周恩来立即领会了毛泽东的意思是指陈锡联，随即在国务院副总理人选名单中增加了“陈锡联”的名字。

最后，毛泽东让周恩来、王洪文在长沙多住几天，并说：“你们留在这里谈谈，告诉小平在京主持工作。”

12月24日，毛泽东与周恩来、王洪文继续谈话。

这次谈话一开始，毛泽东就对周恩来说：“多住几天。你们两位在这里，让邓小平在北京管事。”

周恩来说：我们都拥护主席的意见，小平做军委副主席、第一副总理兼总参谋长。

这时，毛泽东又提出：由邓小平担任中共中央副主席。①

在谈话中，毛泽东又一次严肃地批评了江青、张春桥、姚文元、王洪文。

毛泽东对王洪文说：“你不要搞四人帮，搞宗派是要摔跤的，摔了跤，能爬起来就好。”并举了党的历史上的例子，教育王洪文不要与其他3人搞小宗派。

王洪文当即表示：“以后不搞了。”

毛泽东还要求王洪文就近段工作中所犯主要错误写一份检讨。王洪文于第二天写了一份，但不知为何没有交给毛泽东，却带回了北京。直到粉碎“四人帮”以后，这份检讨才被人们看到。王洪文在检讨中写道：这次来长沙向主席汇报工作，又一次聆听了主席的教导，受到了深刻的教育。特别是主席对我的批评。“你不要搞四人帮。”主席的批评是完（全）正确的，我诚肯（恳）的（地）接受主席的批评教育。这次主席批准在这里住三天，我应借这个机会来回忆，总结自己犯错误的经验和教训。两天来我认真的（地）回忆了自己所犯的主要错误。主席发现以后曾多次指示，“你们不要几个人搞在一起”，“你们不要搞上海帮”。我没有坚决的（地）按主席的指示办事。当工作中遇有问题时不是和政治局多数同志商量，研究解决问题，而只是找少数几个同志。虽经主席多次指示，我

① 中共中央文献研究室：《邓小平年谱（1904—1974）》下册，北京，中央文献出版社，2009：2076页。

仍然不觉悟，脱离不开小圈子。主席在离京前的政治局会议上又指示“你们不要（搞）上海帮”。以后有同志来找我议事我仍然顶不住。因此就继续犯错误。10月17日来长沙向主席汇报关于江青同志和小平同志为“风雷（庆）号”批示发生争吵一事我是犯了严重错误的。因为当时在提名总参谋长人选问题上小平同志有不同意见，这本来是党内生活中允许的。但我不是依靠政治局多数同志正确的（地）解决问题，而是只听了少数同志意见，错误的（地）把提总参谋长人选问题和江青同志批示“风庆轮”问题同小平同志争吵联系在一起，并且乱加猜测，因而就得出了结论说可能有别的什么问题。因此我就提意（议）向主席报告。在这个问题上的是（事）实是：小平同志并不（没）错，而是我犯了严重错误，因为总理身体不好要我主持工作，而我不是全面的（地）听取各方不同意见，而是只听少数同志意见，又不加分析就错误的（地）向主席报告。干扰了主席。我的错误是严重的。

12月25日，毛泽东与周恩来、王洪文再次进行谈话。

12月26日，是毛泽东81岁诞辰。毛泽东从青年时代起，就为中国人民的解放事业，为中国的社会主义革命和建设事业，为中华民族的独立、统一、团结和繁荣昌盛而奋斗。在81岁的情况下，还在为国家的前途和命运，昼夜操劳，精心安排，殚精竭虑，呕心沥血。

这一天，毛泽东支走了王洪文，让他到韶山看一看。中午，毛泽东按照工作人员深情厚谊的安排，吃了一点长寿面，喝了一口家乡的“芙蓉酒”。晚上，毛泽东与周恩来单独进行长谈。

在这次谈话中，毛泽东主要谈了关于无产阶级专政理论的问题：

列宁为什么说对资产阶级专政，要写文章。要告诉春桥、文元把列宁著作中好几处提到这个问题的地方找出来，印大字本送我。大家先读，然后写文章。要春桥写这类文章。这个问题不搞清楚，就会变修正主义。要使全国知道。

我国现在实行的是商品制度，工资制度也不平等，有八级工资制等等。这只能在无产阶级专政下加以限制。

所以，林彪一类如上台，搞资本主义制度很容易。因此，要多看点马列主义的书。

列宁说："小生产是经常地、每日每时地、自发地和大批地产生着资本主义和资产阶级的。"工人阶级一部分，党员一部分，也有这个情况。

无产阶级中，机关工作人员中，都有发生资产阶级生活作风的。①

此前，毛泽东10月20日会见丹麦首相哈特林时谈道："总而言之，中国属于社会主义国家。解放前跟资本主义差不多。现在还实行八级工资制，按劳分配，货币交换，这些跟旧社会没有多少差别。所不同的是所有制变更了。"②

毛泽东在长沙期间的这些谈话，构成了毛泽东晚年关于无产阶级专政理论问题的重要指示。

以后，全党、全国进行了广泛的传达、学习和贯彻。这些谈话表明，毛泽东这位81岁的革命家，尽管年老体衰，重病在身，仍然在孜孜不倦地为达到他理想中的完美的社会制度而进行着艰辛的探索。

在12月26日这次彻夜长谈中，毛泽东与周恩来还谈到了党和国家的前途命运问题，并就党和国家领导人员的任职安排交换了意见，最后确定了中共十届二中全会和全国四届人大第一次会议的人事安排方案。在谈话中，毛泽东还提出，要安定团结，要把国民经济搞上去。在听取周恩来汇报后，毛泽东表示已经知道江青、张春桥两人历史上均有严重政治历史问

① 毛泽东：《建国以来毛泽东文稿》第13册，北京，中央文献出版社，1998：372页。

② 中共中央党史研究室：《中国共产党历史大事记》，北京，人民出版社，1991：310页。

题的情况。[①]

周恩来、王洪文在长沙期间，毛泽东多次与他们谈话，除了上面已经谈到的内容之外，还有以下几点：

一是关于江青问题。在谈到江青时，毛泽东说，正在做江青的工作，劝她不要乱批东西，不要出风头，不要参加组织政府（内阁）。江青的工作是看资料，研究国际国内问题，然后提意见。对江青当然可以一分为二。她在批刘批林问题上是对的，说总理的错误是第十一次路线斗争就不对了。

二是关于批林批孔运动问题。在谈到批林批孔运动时，毛泽东说：批林批孔，批走后门，成了三个主题，就搞乱了，搞乱了也不告诉我。……说批林批孔是第二次“文化大革命”是不对的。

三是关于国际问题。在谈到国际形势和中苏关系时，毛泽东提出了明确的看法。

这次毛泽东和周恩来在长沙的一系列谈话，在中国现代史上、在中国共产党的历史上，都有着重要的意义。毛泽东在谈话中清楚地表明：

一是充分肯定周恩来、邓小平的工作，坚决支持他们同江青进行斗争。

二是严厉批评王洪文与江青、张春桥、姚文元搞的是“四人帮”，是“四人小宗派”。

三是坚决支持周恩来对四届人大人事安排的基本意见。

四是再度表示了对王洪文的不信任和批评态度，对王洪文跟着江青搞“四人小宗派”所犯的一系列错误感到生气和失望。

五是高度评价邓小平同江青在原则问题上的坚决斗争。认为邓小平“政治思想强”“政治上比王洪文强”“人才难得”，决心赋予邓小平国

① 中共中央文献研究室：《周恩来年谱（1949—1976）》下册，北京，中央文献出版社，1997：688页。

务院第一副总理、中央军委副主席兼中国人民解放军总参谋长的重大责任，为让邓小平主持中央工作创造条件。

12月27日，周恩来、王洪文飞回北京。

毛泽东在长沙期间，还会见了一些访华的外国客人，德意志联邦共和国基督教社会联盟主席施特劳斯即为其中之一。当时的中国驻西德大使王殊回忆说：

在施特劳斯临行之前，我在大使馆为他和两个随行人员，他的秘书福斯和《巴伐利亚水星报》的总编辑，以及十多个记者举行了欢送晚宴。施特劳斯对我表示抱歉，他的夫人因为家里有事，不能同他一起前去。我本来是不拟回国陪同他访问的，可是过了两天国内忽然打来急电要我马上回国，到北京后才知道要我参加四届人大一次会议，结果我比他们还早几天到了北京。在他1月12日到达北京的当晚，外交学会会长、外交部副部长乔冠华同他会谈后，设宴招待他及随行人员和记者，我也应邀参加。当我走进宴会厅时，引起了他们的注意。他们都知道施特劳斯是反对党领导人，我作为大使是不必回国陪同他访问的，纷纷打听我这样快地回北京来是为了什么事。我当然不能说是回来参加四届人大会议的，因为那时人大会议是秘密举行的，只有结束时才发表会议公报，因此只能对他们搪塞了几句，看他们脸色就知道他们一个都不相信，有的还说："一定是有重要的事情，好在我们在这里还有两个星期，可以顺便采访了。"

第二天下午，邓小平副总理接见了他和随行人员。开始时有记者在场，小平同志很风趣地说："有些人对你的访问很恼火，给你戴了三顶帽子——和平、缓和、安全的敌人，给我们戴的还多得多。照他们的说法，今天我们是世界上'最坏的人'的会晤。"这番话引起了全场的笑声，成为西德主要媒体第二天的大标题。会谈开始后，小平同志向他说明周总理患病住在北京医院，他是代表周总理同他会谈的。会谈结束后，小平同志设晚宴招待全体客人。

接连几天内，施特劳斯一直忙于同我国经贸、科技部门的负责人会谈，研究加强合作的途径。16日下午是他在北京的最后一个下午，他和随行人员、记者才有机会前去参观他“从小学课本上就向往的长城”。刚刚爬上烽火台，陪同他的中方人员赶上来悄悄告诉他说有要事，请他立即回城里。他到了城里才知道，正在武汉（此处作者记忆有误，“武汉”应为“长沙”——引者注）的毛主席要接见他。他立即在邓小平副总理陪同下乘飞机前去。毛主席同他谈了一个多小时，谈得很好。这次谈话是通过唐闻生同志英文翻译的。我这时才发现，施特劳斯英、法文都很好，由于战争的原因，他上大学已很晚了，但他非常用功，能说英文、法文，在当时老一代的西德领导人中还是很少见的。会见时，他谈到世界不安宁，一个强大的中国有利于保卫和平。毛主席非常赞成地说，很好，我们也是这么看，天天讲和平，天天备打仗，我们不相信什么缓和、和平，欧洲要联合起来保卫自己。

施特劳斯乘飞机回到北京后，又从机场直接到北京医院简短地会见了周总理，回到宾馆已是半夜了。当他离开长城回城里时，没有同随行人员打招呼，不一会儿，德国记者发现他在游览时忽然失去了踪影，到处找他，终于过了半夜才在宾馆找到了他。施特劳斯对他们开玩笑地说，他到乌苏里江去了。他说，他同毛主席和周总理讨论了欧洲和世界安全、缓和、裁军的问题，“毛主席和周总理是20世纪的两位伟大的人”，他说，他过去早已说过，在评价世界局势以及各种力量时，“必须把正在成长的大国中华人民共和国也放在整个估计中去，当时我受到讽刺、嘲笑和公开的诽谤”，他这次访问后，对他那时说过的话评价道，“今天得到了证实”。他说，在美国国务卿基辛格首次访华时，“就可看到世界正在从两极向多极的体系过渡”。

毛主席、周总理的接见在西德和欧洲引起了广泛的评论，当然，赞成的、不高兴的、反对和谩骂的都有。[①]

---

① 王殊回忆录：《五洲风云纪》，上海：上海辞书出版社，2007：110~111页。

周恩来从长沙飞回北京后，立即按照毛泽东的意见开始紧张工作。1974年12月28日，周恩来召开有王洪文、叶剑英、邓小平、张春桥等参加的中共中央政治局常委会，研究贯彻落实毛泽东长沙谈话的问题。这是邓小平复出后第一次正式出席中共中央政治局常务委员会会议。虽然尚未履行正式手续，但毛泽东说了让邓小平担任中央政治局常委，邓小平就可以出席政治局常委会议。这次会后，周恩来批告王洪文，将毛泽东审定的四届人大常委会委员长、副委员长和国务院副总理两份名单（草案）印发中央政治局全体委员。

12月29日，周恩来主持召开中共中央政治局会议，传达毛泽东长沙谈话内容和毛泽东的各项指示。到会的中央政治局委员一致拥护毛泽东的意见，并通过了经毛泽东审阅批准的四届人大常委会委员长、副委员长和国务院副总理的候选人名单。

第十八章　邓小平任中央党政军重要领导职务

1975年，中国现代史上极不寻常的一年终于来到了。

1月1日，周恩来同邓小平和李先念谈话。同日，周恩来在人民大会堂主持召开中共中央政治局会议，通过了由邓小平代表中央起草的关于国务院的部、委设置和部长、委员会主任、最高人民法院院长人选的报告。

1月3日，周恩来主持有王洪文、叶剑英、邓小平、张春桥参加的中央政治局常委会，研究中共十届二中全会的各项准备工作及在会上传达毛泽东的指示等问题。

1月4日，周恩来和王洪文联名向毛泽东报告中央政治局会议情况，并送去讨论通过的四届人大人事安排方案。

根据毛泽东在长沙的决策，经过周恩来的精心运筹，依靠党和人民的力量，“众志成城”，中共中央政治局挫败了“四人帮”妄图阻挠中央任命邓小平担任党政军重要领导职务的阴谋。

1975年新年伊始，中共中央于1月5日发出文件，通知全党，任命邓小平为中共中央军委副主席兼中国人民解放军总参谋长。

这标志着中共中央和毛泽东把对400万人民解放军的统率权交给了邓

小平。在“文化大革命”这样的特殊时期，毛泽东选择由邓小平担任中共中央军委副主席兼中国人民解放军总参谋长，是一项重大的战略决策，意义深远，非同寻常。

中国人民解放军总参谋长的职务，历来都被视为是十分重要的位置，在全党、全军都具有举足轻重的地位。

邓小平是新中国成立后中国人民解放军的第十任总参谋长，同时又是新中国成立后第二位以中国共产党中央委员会副主席（1975年1月10日当选）、中共中央军事委员会副主席身份主持总参谋部工作的总参谋长。

1975年1月8日至10日，中共十届二中全会在北京举行。周恩来主持了这次会议，毛泽东因在长沙养病，没有出席。全会讨论了关于四届人大的筹备情况，决定将《中华人民共和国宪法修改草案》《关于修改宪法的报告》《政府工作报告》和全国人民代表大会常务委员会、国务院成员的候选人名单，提请四届人大讨论。

中共十届二中全会根据毛泽东的提议，追认邓小平为中共中央政治局委员，选举邓小平为中共中央政治局常委、中共中央副主席。这标志着由于“文化大革命”的原因，邓小平在离开中共第一代中央领导集体八年多以后，不仅重新成为中共第一代中央领导集体的重要成员，而且从原来的中共中央政治局常委、中央总书记上升为中央委员会副主席，在第一代中央领导集体中将发挥更加重要的作用。

1月13日至17日，第四届全国人民代表大会第一次会议在北京举行。这是自1964年12月召开第三届全国人民代表大会以来，整整10年间召开的第一次全国人民代表大会。

据一位出席四届人大的代表回忆：第四届全国人民代表大会是一次秘密会议，事前没有公布会议召开的消息，会议的各项活动也是在保密的情况下进行的，只在会后各新闻单位才予以公布。这是前所未有的。大会的代表预先接到了将要出席大会的通知，但何时出发却不知道，通知的人只强调要严守秘密，甚至连自己的妻子也不能告知。1月2日，被送上去北京的军用飞机。经过几小时的飞行，在夜幕降临的时候，抵达北京南苑军用机场，然后又转乘军用汽车去下榻的饭店。车上的工作人员早已把窗帘放下，汽车风驰电掣般跑着，路灯若明若暗，看不清街上的景色，也不知道是向何方驶去。下车后才知道，代表们住的是北京西苑饭店，它的门口竖着两块很大的竹排栅，上面写着“修理期间，暂不接待”八个大字。而事实上，在饭店内先后住进了1000多位代表。到了客房，发现桌上摆有一份“大会代表须知”，规定在会议期间不准与外界通电话，不准外出访亲友，不准亲友来访等。众人不禁想到：“此次会议，非同寻常！”1月5日晚，在人民大会堂召开预备会议。当夕阳西下、暮色苍茫的时候，大会工作人员通知，按地区代表团分乘大客车赴会。几十部车分批陆续到达某宾馆集中，大家纷纷下车，由人引导步行进入了一条隧道。走过灯光不甚明亮的一条长长而弯曲的隧道和一道道的闸门，不论老少男女都像夜行军一样，一个跟着一个，有时跟不上，还得跑步前进。经过颇长的一段路，代表们到达人大常委会地下室，拾级而上，才进入人民大会堂。

第四届全国人民代表大会的主要议程是：1.修改宪法；2.审议政府工作报告；3.选举和任命国家领导工作人员。

在1月13日的大会上，朱德主持会议，张春桥代表中共中央作《关于修改宪法的报告》，周恩来代表国务院作《政府工作报告》。

邓小平在主持起草《政府工作报告》过程中，充分发挥集体智慧，经过起草小组反复思考，决定把周恩来关于四个现代化建设的一贯思想作为重点来写，与周恩来在第三届全国人民代表大会上所作的《政府工作报告》中的有关内容衔接。在四届人大第一次会议的大会上，周恩来强撑病躯，作了《政府工作报告》。为了照顾周恩来的身体，在作报告时只让他念开头部分和结尾部分，其余部分由四届人大的工作人员代念。

当周恩来念到“我们再用20多年的时间，一定能够在本世纪内把我国建设成为社会主义的现代化强国”，“团结起来，争取更大的胜利”时，与会的人民代表一阵又一阵地热烈鼓掌，许多人民代表的眼里迸出了激动的泪花。

经过了“文化大革命”造成的长期内乱以后，安定团结，实现中国的工业现代化、农业现代化、国防现代化和科学技术现代化，已是人心所向。

在1月17日的大会上，全体代表一致通过了新的《中华人民共和国宪法》和《关于修改宪法的报告》；一致通过了关于政府工作报告的决议，批准了《政府工作报告》。

大会用无记名投票方式，选出了第四届全国人大常委会委员长、副委员长、委员，任命了国务院总理、副总理、各部部长、各委员会主任。

朱德当选为第四届全国人大常委会委员长。董必武等当选为副委员长。周恩来被任命为国务院总理。邓小平、张春桥、李先念、陈锡联、纪登奎、华国锋、陈永贵、吴桂贤、王震、余秋里、谷牧、孙健被任命为副总理。

邓小平被任命为国务院第一副总理，被国际舆论和全国人民普遍认为是以周恩来为代表的老一辈无产阶级革命家和人民力量的重大胜利，是“四人帮”受到的一次重大挫折。

这个任命表明，在国务院总理周恩来病重期间，将非常自然地由国务院第一副总理邓小平主持国务院的日常工作，从而保证中华人民共和国中央人民政府各项工作的正常运转。

至此，由周恩来具体筹备、毛泽东最后批准的四届人大人事安排方案得到圆满实现。

当时担任中国驻德意志联邦共和国（西德）大使王殊曾经出席了第四届全国人民代表大会第一次会议。他回忆说：

当时还在“文革”期间，党和政府的重要会议都规定要秘密举行，代表们就连父母妻子和至亲好友也不能告知到哪里去，去做什么，只有在大会结束以后才发表公报宣布有关消息。我从西德回到北京后第三天，就由大会秘书处派车把我接到国务院招待所，而且告诉我如无紧急事情不要出门，即使有事一定要出去，也要向秘书处请假，并且由秘书处派车接送。我参加的是国务院各部门的一个小组，大约四五十人，同党中央各部门的一个小组住在同一个招待所内。代表中很多是年轻人，我几乎一个都不认识，老同志中多数是我过去熟悉、见过或知道名字的，特别高兴的是不少老同志还是刚刚“解放”的，他们说自己是老战士、新“解放”。我们小组的组长是万里和倪志福同志，志福同志是工人阶级出身，在“文革”中还过得去，他去拉丁美洲访问时经过巴黎，我同他在驻法使馆碰到过一次；万里同志在“文革”开始后当然是跑不掉的，成了“走资派”，我同他已是很久未见了，听说他还是周总理“保”出来的，吃了不少苦，但身体还不错。

那时，正是在“四人帮”横行霸道变本加厉的时候，社会治安极度混乱，经济已到了崩溃的边缘，全国一片焦急和不安的气氛。代表们都很担心，到处打听国内的消息，也没有多少心思开会。大会开幕的前一天，代表们在小组会上讨论周总理的《政府工作报告（草案）》时，有人来告诉我们说，周总理患病住院，在大会上作报告时只读第一段和最后一段。很多代表在开会之前都听说周总理患病，但不清楚患的什么病，是否严重，但大家都避开不谈这件令人担心的事，只是在内心里希望他经过治疗后早日康复。这个通知使得代表们都感到总理的病情的确严重，大家心情变得非常沉重。

为了保密，13日大会开幕改在傍晚举行，而且代表们是乘坐地铁再经过地下通道进入人民大会堂的。据说前一天下午的预备会议，代表们都是乘大客车到大会堂的，暴露了目标，散会时有两辆日本记者的小汽车跟在代表的大客车后面，一直跟到了招待所。大会开始，当周总理出现在主席台上时，会场上响起了长时间的热烈的掌声。他比我在两年前见到时显得苍老和消瘦，脸色也很疲惫和憔悴，作工作报告时声音也不像过去那样清晰洪亮。他只读了十多分钟就结束了，代表们报以长时间的热烈的掌声，从这些掌声中可以感到代表们对敬爱的总理的热爱和尊敬以及担心和关心的激动心情。他站起来一再招招手，向同志们表示感谢。很多代表热泪盈眶，还有不少代表低声地哭了起来。在后面两天讨论报告的小组会上，很多代表说着说着都不知不觉地说到了总理的健康状况上来，希望他早日康复出院，继续领导大家克服困难，走出当前的困境，但也掩饰不住对他病情的焦虑不安，对国家和人民前途的深深忧虑。

第三天，我们又讨论了发下来的全国人大常委会委员长和副委员长、总理和副总理、政府各部部长的候选人名单。代表们看到周总理将继续担任总理，不少老同志也将出任重要的职位，感到很高兴。但还是有“四人帮”的人马在台上，心中还是很忧虑。18日傍晚大会闭幕，代表们仍经过地下通道进入人民大会堂。大会没有进行投票，大家举手匆匆通过了名单。周总理出席了会议，没有讲话，散会时，同志们又向他致以热烈的掌声同他告别。有些代表说，希望下次还能看到总理，可是代表们同我一样再也没有能够看到他，没有想到这是最后一次了。会议结束后，我们就到会堂的大宴会厅去吃了一餐非常简单而又非常有意义的晚饭，大家吃得很高兴。这是周总理根据大家的要求吩咐大会秘书处安排的，晚饭只有一盆周总理在“三年困难”的时候招待到他那里开会的同志吃的“大锅菜”和米饭，而且事先言明是要补交粮票的。我在总理那里也曾吃过两次这样的“大锅菜”，过了两天外交部就应国家机关事务管理局的通知来要我补交粮票了。

在大会闭幕之前的上午，邓颖超同志代表周总理到招待所来看望代表们。我正好到姬鹏飞外长的房间里看望他，我看到候选名单知道他将担任全国人大常委会秘书长，乔冠华将接替他出任外长。[①]

江青在四届人大的筹备过程中，虽多方活动，但连遭挫败，“组阁”阴谋完全落空，推荐人选被排除在外。看到四届人大顺利闭幕，她气急败坏，又把王海容、唐闻生召去，破口大骂了一通，以发泄怒气。

---

① 王殊回忆录：《五洲风云纪》，上海：上海辞书出版社，2007：102~103页。

王海容、唐闻生在1976年10月17日写的一份材料中，作了如下叙述：

1975年年初，四届人大之后，江青又把我们找去，情绪十分激动地把几乎所有的政治局委员都大骂了一遍，并一定要我们把她的意见报告毛主席。我们报告毛主席说，江青对几乎所有的政治局委员都很有意见。毛主席听了以后说："她看得起的人没有几个，只有一个，她自己。"我们又问：您呢？主席说："不在她眼里。"主席又说："将来她会跟所有的人闹翻。现在人家也是敷衍她。我死了以后，她会闹事。"①

毛泽东真是一位具有洞察力的政治家。他的预言在自己逝世后立即得到验证。1976年9月9日毛泽东逝世后，江青在政治舞台上仅仅又度过了28天，就被逮捕入狱，最终落得个身败名裂的下场。

邓小平从1973年3月10日恢复国务院副总理职务，经过中共十大当选为中央委员；到12月22日中共中央遵照毛泽东的提议，决定邓小平任中央政治局委员、中央军委委员，参加军委领导工作；再到1975年1月，任中央军委副主席兼人民解放军总参谋长，中共十届二中全会上当选为中共中央副主席，四届人大一次会议上被任命为国务院第一副总理，在不到两年的时间里，邓小平再次跃升为中央党、政、军的主要负责人。

这一切，完全来源于毛泽东的亲自决策，得力于周恩来的鼎力支持。

在新中国的中央领导人中，能被毛泽东同时如此集中地授予中共中央、国务院、中央军委和中国人民解放军总参谋部的主要领导职务，除了邓小平以外，还没有第二个人。

刘少奇被确立为毛泽东的接班人时，最高职务是中共中央副主席、中华人民共和国主席，在国务院、中央军委和人民解放军中没有兼任任何职务（新中国建立前，刘少奇曾兼任过军委副主席、总政治部主任）。

林彪被确立为毛泽东的接班人时，最高职务是中共中央副主席、中央

① 毛泽东：《建国以来毛泽东文稿》第13册，北京，中央文献出版社，1998：395~396页。

军委副主席、国务院副总理兼国防部部长。正是由于中国人民解放军总参谋长的位置十分重要，在“文化大革命”的酝酿阶段和“文化大革命”初期，中国人民解放军的两任总参谋长罗瑞卿和杨成武先后被打倒。最后换上了一个黄永胜，上任仅仅三年多，就因“九·一三”事件与林彪一同倒了台。

“九一三”事件后，中国人民解放军总参谋长的位置长期由叶剑英兼任（对外未公开），一直到毛泽东在八大军区司令员对调时亲自“点将”，邓小平才于1975年正式出任此职。综观邓小平从复出到走上中央党、政、军主要领导岗位的全过程，可以清楚地看到，每一步都离不开毛泽东的精心筹划。

第一步是让邓小平恢复工作，担任国务院副总理、中共中央委员，熟悉情况，建立威信，奠定基础。

第二步是让邓小平作为中国政府领导人出席联合国大会，在国际舞台上“公开亮相”。

第三步是提议由邓小平任中共中央政治局委员、中央军委委员，参加军委领导工作，任中国人民解放军总参谋长，让邓小平进入中央领导核心和军队领导核心。

第四步是完成组织手续，正式任命邓小平为中共中央副主席、国务院第一副总理、中央军委副主席兼中国人民解放军总参谋长，使邓小平正式承担起中央党、政、军的主要领导工作。

毛泽东作为一个经历了长期革命战争、长期政治斗争的党和国家主要领导人，在作出重大决策之前，往往要反复思考，反复推敲，甚至离开北京，避开繁忙的国事，静下心来考虑问题。而一旦经过深思熟虑，下定决心，便坚决进行到底，任何人也休想阻挡，直至达到预期的目的。对于选择邓小平承担中央党、政、军主要领导工作，毛泽东在武汉、长沙考虑了5个多月。而后，通过1975年1月的中共中央文件、中共十届二中全会、第四届全国人民代表大会，迅速完成了组织手续和法律程序，使邓小平担任了中共中央副主席、国务院第一副总理、中央军委副主席兼中国人民解放军总参谋长。

从上述历史发展过程，可以十分清楚地看到，在毛泽东的晚年，特别是1973年以后，毛泽东虽然在全局上仍然在继续“文化大革命”的错误，并使这种错误在党和国家的工作中占据着主导地位。但是，在一些具体问题上，在一些具体工作中，他也采取了一些措施，以此来着手纠正他自己意识到的那一部分“文化大革命”的错误。比如解放了一大批老干部，使他们恢复工作，进入各级领导岗位；无论是“批林批孔”运动，还是“反击右倾翻案风”运动，毛泽东都一再强调，坚决不允许“文化大革命”初期那种“打倒一切，全面内战”的混乱局面重演，坚决把“运动”置于各级党委领导之下，等等。这反映出，毛泽东在“文化大革命”已经“大乱”了九年之后，迫切希望达到他所说的“天下大治”，使党和国家的政治生活重新走上正常轨道。毛泽东在自己重病在身、周恩来也重病在身的情况下，希望有一个人能够大刀阔斧，雷厉风行，把自己的想法变成现实，能够把自己领导中国人民开创的无产阶级革命事业继承下来，推向前进，能够足以托付治国安邦的重任。

毛泽东选择了邓小平。他把治国安邦的重任，把中国的前途和希望寄托在邓小平身上，又一次把邓小平推到了中国历史发展的潮头上。

邓小平，这位虽然经历了几起几落，但仍然始终不渝地为中国人民的幸福和中华民族的强盛而奋斗的政治家，自1956年中共八大以后，第二次被毛泽东赋予了党和国家的重要领导工作。第四届全国人民代表大会第一次会议闭幕后，以周恩来、邓小平为核心的新的国务院领导集体开始工作。1975年1月底，周恩来抱病在医院里主持召开中共中央政治局常委会议，研究新的国务院领导集体的分工问题。2月1日，他嘱咐国务院办公室主任吴庆彤，请邓小平将国务院各位副总理的分工列出，说：有些话小平同志不好讲，由我来讲。

2月1日下午，周恩来在人民大会堂主持召开四届人大第一次会议闭幕后的第一次国务院常务会议，审定国务院12位副总理的分工。邓小平等副总理出席会议。

会议确定邓小平“主管外事，在周恩来总理治病疗养期间，代总理主持会议和呈批主要文件”。

会议还确定李先念、纪登奎、华国锋3名常务副总理“负责处理国务院日常事务”。

会上，周恩来对大家说：“我身体不行了，今后国务院的工作由小平同志主持。”又说，“医院是不想放我出来的，但我还是想争取每个星期来和大家见一面。”

随后，周恩来又主持召开有国务院各部、委负责人参加的国务院全体会议，在讲话中说：今天没有什么议事，就是同大家见一见。根据毛主席的指示和中央的决定，我们从今天开始来完成四届人大以后的工作，把国务院的组织健全起来。今天是开始，恐怕我也只能够完成这个开始的任务。

周恩来在讲话中，向大家传达了毛泽东在四届人大筹备期间所作的关于人事问题和理论问题的重要指示，重申了毛泽东关于邓小平“人才难得”“政治思想强”的评价。并且强调：现在我病了，“今后这样的会议，请邓小平同志主持”。“希望新的国务院成立以后，出现新的气象，争取今年第四个五年计划能够完成并且超额完成。”

1975年2月2日，周恩来向毛泽东报送了《关于国务院各副总理分工问题的请示报告》。明确提出：由邓小平副总理“主管外事，在周恩来总理治病疗养期间，代总理主持会议和呈批主要文件”。[①]

毛泽东批准了这个报告。

从此，在毛泽东和周恩来的支持下，邓小平作为中共中央副主席、国

① 中共中央文献研究室：《周恩来年谱（1949—1976）》下册，北京，中央文献出版社，1997：693~694页。

务院第一副总理、中共中央军委副主席兼中国人民解放军总参谋长，实际上开始主持中央日常工作。

第十九章　毛泽东畅谈中共历史

1980年8月，邓小平在会见意大利记者奥琳埃娜·法拉奇的谈话中指出："'四人帮'这个词是毛主席在逝世前一两年提出来的。1974年、1975年，我们同'四人帮'进行了两年的斗争。"①

1975年邓小平主持中央工作，并不是一帆风顺的。在中央内部，一开始就充满着尖锐复杂的斗争。

以邓小平为代表的老一辈无产阶级革命家，根据全党全国人民的愿望，要恢复中共八大制定的正确路线，在实际工作中否定"文化大革命"的错误，通过全面整顿使各项工作走上健康发展的正常轨道。邓小平的正确主张，一开始得到毛泽东的有力支持，并一直得到周恩来的充分肯定。

而由江青、张春桥、姚文元、王洪文组成的"四人帮"及其帮派体系，完全是靠"文化大革命"的混乱，乱中夺权，谋取私利，获得高官，登上高位，成为"文革新贵"和"政治暴发户"的。没有"文化大革命"，他们连一天日子也混不下去。更何况，他们还要继续依靠"文化大

① 《邓小平文选》第2卷，北京，人民出版社，1994：349页。

革命”的错误和由此而造成的混乱局面，篡党夺权，谋取更高的地位和更大的利益呢！所以，对于“四人帮”来说，纠正“文化大革命”的错误，进行全面整顿，不啻掘了他们的祖坟，破了他们的风水，断了他们的前程，绝了他们的美梦。他们以十倍的凶猛、百倍的疯狂，竭力反对纠正“文化大革命”的错误，反对全面整顿。

因此，要搞全面整顿，就必须要同“四人帮”进行坚决的斗争。

1975年春天，在四届人大“组阁”问题上遭到惨败的“四人帮”不甘心失败，在四届人大闭幕不久，就大肆鼓吹要以“反经验主义为纲”，居心叵测地把矛头指向老一辈无产阶级革命家，指向大批具有丰富的革命斗争经验和社会主义建设经验的老干部，妄图制造新的混乱。

1975年2月9日，《人民日报》发表毛泽东关于理论问题的指示。2月22日，《人民日报》《红旗》杂志发表《马克思、恩格斯、列宁论无产阶级专政》的三十三条语录。毛泽东1974年12月关于理论问题的指示如下：毛泽东在谈到社会主义制度时指出：“总而言之，中国属于社会主义国家，解放前跟资本主义差不多。现在还实行八级工资制，按劳分配，货币交换，这些跟旧社会没有多少差别。所不同的是所有制变更了。”还指出：“我国现在实行的是商品制度，工资制度也不平等，有八级工资制，等等。这只能在无产阶级专政下加以限制。所以，林彪一类如上台，搞资本主义制度很容易。因此，要多看点马列主义的书。”“列宁为什么说对资产阶级专政，这个问题要搞清楚。这个问题不搞清楚，就会变修正主义。要使全国知道。”①

江青集团利用毛泽东关于理论问题的指示，掀起一个所谓“学习无产阶级专政理论”运动，歪曲篡改马克思列宁主义关于无产阶级专政的理论，为篡党夺权制造舆论，形成一股反对“经验主义”的浪潮。

1975年3月和4月，姚文元、张春桥先后在《人民日报》发表《论林彪

① 1975年2月9日《人民日报》第1版。

反党集团的社会基础》和《论对资产阶级的全面专政》的长篇文章。同时印成小册子，广泛下发，要求广大党员、干部和人民群众“进行学习”。张春桥和姚文元在文章中，一方面鼓吹“现在，主要危险是经验主义”，借批判所谓“经验主义”来攻击以周恩来、邓小平为代表的老同志；另一方面，歪曲篡改马克思、列宁的思想。列宁在《共产主义运动中的“左派”幼稚病》中，论述无产阶级专政下的斗争形式时，曾经指出：“无产阶级专政是对旧社会的势力和传统进行的顽强斗争，流血的和不流血的，暴力的和和平的，军事的和经济的，教育的和行政的斗争。”张春桥、姚文元把列宁的论述歪曲为“是对资产阶级的全面专政”。张春桥、姚文元还把马克思在《1848至1850年的法兰西阶级斗争》中论述的无产阶级专政的任务，歪曲为“在一切领域”“一切阶段”实行对资产阶级的全面专政。由此张春桥、姚文元制造出一个“全面专政”的理论，江青集团的目的，是为他们凭借权势，随心所欲地把敢于反对和抵制“左”倾错误、反对江青集团篡党夺权的老一辈革命家、广大干部、知识分子和人民群众当作“全面专政”的对象进行打击和迫害提供理论根据。

1975年3月1日，上任不到两个月的张春桥，以中国人民解放军总政治部主任的身份，在全军各大单位政治部主任座谈会上的讲话中，突然提出了所谓的“反经验主义”问题，声称“对经验主义的危险，恐怕还是要警惕”。他还别有用心地说：“很多问题理论上不搞清楚，政策上就要发生错误，思想上的错误就会变成政治上的错误，使资本主义大泛滥。”姚文元在《红旗》杂志第三期上发表《论林彪集团的社会基础》的文章中说，“现在，主要危险是经验主义”，借批林彪进一步煽起对所谓“经验主义”的批判。3月21日，“四人帮”指使《人民日报》发表题为《领导干部要带头学好》的社论，说什么“十多年来的事实证明，经验主义是修正主义的助手”，大肆煽动反对“经验主义”。4月1日，张春桥在《论对资产阶级的全面专政》的文章中，一再鼓吹打“土围子”。江青于4月4日、5日在两次讲话中也大讲“党现在最大的危险不是教条主义而是经验主义”；“经验主义是修正主义的帮凶，是当前的大敌”。她还在一次中央政治局会议上正式提出了这个问题。在“四人帮”的指使下，《人民日报》《光明日报》《文汇报》等一些报刊大量发表“反经验主义”的文章。“四人帮”的目的，显然是“醉翁之意不在酒”，借“反经验主义”之名，诽谤老一辈无产阶级革命家，攻击大批具有丰富革命和建设实践经验的领导干部，尤其是一大批刚刚恢复工作的老干部。

邓小平识破了“四人帮”的险恶用心。4月中旬，在一次中共中央政治局会议上，当江青再次挑衅性地提出反“经验主义”的问题，要求政治局讨论时，邓小平毫不客气地坚决抵制了这一无理要求。4月18日，毛泽东在北京会见前来中国访问的朝鲜劳动党中央委员会总书记、朝鲜民主主义人民共和国主席金日成时，对金日成说：“董必武同志去世了，总理生病，康生同志、刘伯承同志也害病，我也生病，我今年82岁了，快不行了。靠你们了。”毛泽东一边说一边指着陪同会见的邓小平说：“我不谈政治，由他来跟你谈了。此人叫邓小平，他会打仗，还会反修正主义，红卫兵整他，现在无事了。那个时候打倒了好几年，现在又起来了，我们要他。”①

在会见结束后，邓小平向毛泽东反映了自3月以来，江青、张春桥等人大反“经验主义”的问题，并就江青、张春桥等人鼓吹的当前工作应以“反经验主义为纲”的问题向毛泽东请教，坦率地谈了自己对这个问题的看法。邓小平的汇报，引起了毛泽东对“四人帮”大肆鼓吹“反经验主义”问题的高度重视。

4月23日，毛泽东在新华社向中央写的《关于报道学习无产阶级专政理论问题的请示报告》上作了重要批示：

“提法似应提反对修正主义，包括反对经验主义和教条主义，二者都

① 中共中央文献研究室：《邓小平年谱（1975—1997）》上册，北京，中央文献出版社，2004：36页。

是修正马列主义的，不要只提一项，放过另一项。各地情况不同，都是由于马列水平不高而来的。不论何者都应教育，应以多年时间逐渐提高马列为好。”①

毛泽东批评江青等人：

“我党真懂马列的不多，有些人自以为懂了，其实不大懂，自以为是，动不动就训人，这也是不懂马列的一种表现。”②

毛泽东还要求：“此问题请政治局一议。”③

根据毛泽东的提议，中共中央政治局于4月27日召开会议，批评江青等人。会上，叶剑英、邓小平等在发言中，严词批评江青、张春桥等人大反“经验主义”的错误，并对江青在1973年12月中央政治局扩大会议上提出所谓“第十一次路线斗争”、在“批林批孔”运动中以个人名义送材料和“四人帮”进行其他宗派活动的问题提出了尖锐质问。

因为有毛泽东的指示，江青不得不在会上作了自我批评。

至此，江青、张春桥、姚文元、王洪文一手策动的“反经验主义”闹剧，便无声无息地收场了。这次斗争，虽然以江青不得不作自我批评而告结束，但实际上已经开始的以邓小平等老一辈无产阶级革命家为一方和以“四人帮”为一方的围绕着否定还是继续坚持“文化大革命”的斗争，已经拉开了帷幕。周恩来虽然身在医院，但对会议情况十分关心。4月29日和30日，他先后同邓小平、华国锋、吴德、陈锡联、王洪文等谈话，了解27日政治局会议的详细情况。叶剑英、邓小平等人也深知，事情并没有就此完结，他们做好了和江青集团进行更加激烈的斗争的思想准备。江青集团虽然受到一次重大挫折，但绝不会自行退出历史舞台，他们仍在寻找新

---

① 毛泽东：《建国以来毛泽东文稿》第13册，北京，中央文献出版社，1998：426页。

② 毛泽东：《建国以来毛泽东文稿》第13册，北京，中央文献出版社，1998：426页。

③ 毛泽东：《建国以来毛泽东文稿》第13册，北京，中央文献出版社，1998：426页。

的时机，随时准备反扑过来。

4月27日的中央政治局会议以后，江青集团不甘心受挫，通过分析形势，认为王洪文是中共中央副主席，在毛泽东那里说话会有一定的分量，便策划由王洪文给毛泽东写信，曲解会议情况，攻击周恩来、叶剑英和邓小平。随后，王洪文便致信毛泽东，诬告周恩来、叶剑英和邓小平，说他们总是把形势说得一团漆黑，说他们支持、纵容社会上最凶的谣言，并诡称："这场争论，实际上是总理想说而不好说的话，由叶、邓说出来，目的是翻前年十二月会议的案。"毛泽东收到这封信后，一看便知又是江青在暗中捣鬼，决定亲自出面，阐述他最近一个时期关于"以安定团结为好"的指导思想。

1975年5月3日，毛泽东亲自主持召开了一次中央政治局会议。毛泽东自1974年7月17日主持中央政治局会议批评"四人帮"为"四人小宗派"以后，即赴武汉、长沙休养，直到1975年年初才返回北京。这是毛泽东10个月来，第一次主持中央政治局会议，第一次同全体在京的中央政治局委员会面。

当毛泽东进入会议室时，首先与周恩来亲切握手。

"快一年没见到主席了，大家都很想念主席。"周恩来说出了中央政治局委员们的共同心情。

"怎么样，还好吗？"毛泽东关切地询问周恩来的身体状况和医疗情况。周恩来谈了自己的治疗情况。

随后，毛泽东一面一一与到会的各位中央政治局委员握手，一面妙语连珠，用他那凝聚着高度智慧的幽默语言，同中央政治局委员们说着话：

"老帅呀！"毛泽东与叶剑英握手。

"小平呀！"毛泽东与邓小平握手。

毛泽东风趣地说着话，又与中央政治局委员陈锡联、纪登奎、吴德一一握手。

"你的信好啊！三分之一在大寨，三分之一在全国，三分之一在中央，不要住在钓鱼台（指钓鱼台国宾馆——引者注），那里没有鱼可钓，你和吴桂贤都搬出来。”毛泽东与陈永贵边握手边说。

与中央政治局候补委员吴桂贤握手说话后，毛泽东又与中央政治局候补委员、海军第一政委苏振华握手：“管海军靠你呀，海军要搞好，使敌人害怕……”毛泽东边说边伸出一个小手指，“我们海军只有这样大。”

毛泽东与到会的中央政治局委员、中央政治局候补委员一一握手后，会议正式开始。

毛泽东主持会议并首先讲话。

毛泽东一开始，就提出了“反经验主义”问题，对鼓吹“反经验主义”的“四人帮”进行了批评。

毛泽东说：“要安定，要团结。无论什么问题，无论经验主义也好，教条主义也好，都是修正马列主义，都要用教育的方法。现在要安定团结。”

接着，毛泽东讲起了党的历史上，教条主义错误对党的严重危害。批评“四人帮”说：“你们只恨经验主义，不恨教条主义。‘二十八个半’（布尔什维克）统治了四年之久，打着共产国际的旗帜，吓唬中国党，凡不赞成的就要打。”[①]

提到教条主义，毛泽东回顾起20世纪30年代王明集团推行“左”倾教条主义错误路线给中国革命带来的严重危害。

20世纪30年代前后，在苏联莫斯科中山大学形成了一个以王明为核心的自称“真正的百分之百的布尔什维克”的宗派主义集团——“二十八个半布尔什维克”。王明等人于20世纪30年代陆续从苏联回国后，“打着共产国际的旗帜，吓唬中国党”，他们自恃有共产国际的支持，满口经典著作上的辞藻，自以为中国革命的领导权非他们莫属。而实际上，他们缺乏

① 毛泽东：《建国以来毛泽东文稿》第13册，北京，中央文献出版社，1998：396页。

长期革命斗争的锻炼，缺乏艰苦的斗争环境的考验，缺乏对中国社会、中国国情，尤其是对中国革命实际情况的深入了解，缺乏革命斗争的实践经验，因此，刚回国时，并没有受到重用。1931年1月，共产国际代表（共产国际东方部负责人）米夫来华，一手操纵召开了中共六届四中全会。会上，王明等人在米夫的支持下，打着“执行国际路线”等旗号，提出了一系列“左”倾教条主义的错误观点。米夫强令会议补选王明等人为中央委员、中央政治局委员。通过六届四中全会，王明等人实际上掌握了中共中央的领导权。从此，以王明为代表的“左”倾教条主义者统治全党达四年之久。王明“左”倾教条主义者上台以后，一方面大批提拔“左”倾教条主义者到中央的领导岗位，另一方面打击坚持正确路线的领导同志，同时派出“钦差大臣”到各地和各个革命根据地“夺权”。在“左”倾教条主义者统治全党时期，以毛泽东为代表的坚持正确路线的同志受到“残酷斗争，无情打击”。毛泽东，这位中国革命根据地的开创者和中国工农红军的缔造者，先后被撤销了中央革命根据地中央局代理书记、红一方面军总政治委员、红一方面军总前委书记等领导职务，被剥夺了对中央革命根据地党组织的领导权和对红军的统率指挥权。由于王明集团照搬外国教条，拒绝按照中国革命的规律办事，全盘否定毛泽东制定的适合中国国情的一整套发展党和红军的正确路线、方针和政策，使中国革命遭受惨重损失。中共领导的革命根据地损失了90%，中共在白区的组织几乎损失了100%，中共中央和红军主力不得不离开原来的根据地，进行长征。在长征途中，中共中央召开了著名的遵义会议，这才结束了“左”倾教条主义者对全党的统治，确立了以毛泽东为代表的正确路线对党和红军的领导，从危急中把中国革命挽救出来。

这段历史，教训太深刻了。所以，毛泽东终生难忘，经常在中共中央的会议上回顾党的历史时，提起这段往事，意在引起全党警惕，教育后人。

毛泽东在谈到“左”倾教条主义者推行教条主义对中国革命的危害

时，又提到“邓、毛、谢、古”受“左”倾教条主义者打击迫害一事，指着邓小平说：

“邓是你，毛是毛泽覃，谢是谢唯俊，古是古柏。其他的人都牺牲了，我只见过你一面，你就是毛派的代表。”①

谈起教条主义的危害，毛泽东深恶痛绝。又说：

“教育界、科学界、新闻界、文化艺术界，还有好多了，还有医学界，外国人放个屁都是香的。害得我两年不能吃鸡蛋，因为苏联人发表了一篇文章，说里面有胆固醇。后来又一篇文章说胆固醇不要紧，又说可以吃啦。月亮也是外国的好，不要看低教条主义。”①

毛泽东的话，历来是深入浅出，在平凡的话语中蕴涵着无穷的哲理。这是只有对人生、对世界、对哲学的认识都达到出神入化程度的人，才能达到的境界。这是真正的智者的深邃思维的语言体现。

毛泽东再次批评了“四人帮”，针对他们搞“四人小宗派”，指出：

“要搞马列主义，不要搞修正主义；要团结，不要分裂；要光明正大，不要搞阴谋诡计。不要搞‘四人帮’，你们不要搞了，为什么照样搞呀！为什么不和二百多个中央委员搞团结？搞少数人不好，历来不好……”

毛泽东又重复了两遍“三要三不要”，然后说：

“其他的事你们去议，治病救人，不处分任何人，一次会议解决不了。我的意见，我的看法，有的同志不信三条，也不听我的，这三条都忘记了。九大、十大都讲过这三条，这三条要大家再议一下。”②

稍停了一会儿，毛泽东又说：

---

① 中共中央文献研究室：《邓小平年谱（1975—1997）》上册，北京，中央文献出版社，2004：41页。

① 毛泽东：《建国以来毛泽东文稿》第13册，北京，中央文献出版社，1998：396页。

② 毛泽东：《建国以来毛泽东文稿》第13册，北京，中央文献出版社，1998：396页。

“教育界、科学界、文艺界、新闻界、医务界，知识分子成堆的地方，其中也有好的，有点马列的。……老九不能走。”

在这里，毛泽东明确指出了“老九不能走”的问题，邓小平以后把毛泽东的这个指示向科技界、教育界的负责人作了传达，在全国知识分子中引起了极大的反响。人们纷纷奔走相告：有人说知识分子是臭老九，毛主席说老九不能走。一时成为盛事。

毛泽东接着说：

“我看问题不大，不要小题大做，但有问题要讲明白。上半年解决不了，下半年解决；今年解决不了，明年解决；明年解决不了，后年解决。我看批判经验主义的人，自己就是经验主义，马列主义不多，有一些，不多，跟我差不多。不作自我批评不好，要人家作，自己不作。中国与俄国的经验批判主义，列宁说那些人是大知识分子，完全是巴克莱学说。巴克莱是美国的一个大主教，你们去把列宁的书找来看一看。”

“主席是不是说看《唯物主义和经验批判主义》？”江青自作聪明地插了一句，问道。

毛泽东的谈话，中心内容就是批评“四人帮”搞“四人小宗派”，批评“四人帮”“只恨经验主义，不恨教条主义”。

江青一插话，毛泽东的话题就指向了江青：“江青同志党的一大半没有参加，陈独秀、瞿秋白、李立三、罗章龙、王明、张国焘，她都没有参加斗争，没有参加长征，所以也难怪。我看江青就是一个小小的经验主义者，教条主义谈不上，她不像王明那样写了一篇文章《更加布尔什维克化》（指王明在20世纪30年代写的小册子《为中共更加布尔什维克化而斗争》，是王明“左”倾教条主义的代表作），也不会像张闻天那样写机会主义的动摇。”

接着，毛泽东针对江青在“批林批孔”运动中，到处以个人名义送材料，甚至利用自己的特殊身份，打着毛泽东的旗号乱送材料，进行了严厉的批评。毛泽东说：

“不要随便，要有纪律，要谨慎，不要个人自作主张，要跟政治局讨论，有意见要在政治局讨论，印成文件发下去，要以中央的名义，不要用个人的名义，比如也不要用我的名义，我是从来不送什么材料的。”①

毛泽东谈到了自己10个月来在武汉、长沙、杭州养病的情况：

“这一次跑了10个月，没有讲过什么话，没有发表什么意见，因为中央没有委托我。我在外面养病，我一面养病，一面听文件，每天都有飞机送。现在上帝还没要我去，我还能想，还能听，还能讲，讲不行还能写。我能吃饭，能睡觉。”

毛泽东在谈到这次召开中央政治局会议，与大家见面的原因时，再三强调要坚持“三要三不要”的三项基本原则：

“要守纪律，军队要谨慎，中央委员更要谨慎。我跟江青谈过一次，我跟小平谈过一次。王洪文要见我，江青又打来电话要见我。我说不见，要见大家一起来，完了。对不起，我就是这样，我没有更多的话，就是三句，九次、十次代表大会都是三句，要马列不要修正，要团结不要分裂，要光明正大不要搞阴谋诡计。”

毛泽东再次强调“不要搞什么帮”，说：

“不要搞什么帮，什么广东帮、湖南帮，粤汉铁路长沙修理厂不收湖南人，只收广东人，广东帮。”毛泽东的话，显然是结合他在20世纪20年代从事工人运动时，在社会调查中了解到的一些实际情况，从历史与现实的结合上，说明搞帮派历来不好。

毛泽东在谈了早年从事工人运动时了解的一些情况后，又背了一首当时工人中传诵的民谣：

无锡锡山山无锡，

① 毛泽东：《建国以来毛泽东文稿》第13册，北京，中央文献出版社，1998：396页。

平湖湖水水平湖，
常德德山山有德，
长沙沙水水无沙。

背罢，毛泽东对自己《水调歌头·游泳》一词中的“才饮长沙水，又食武昌鱼”两句的含义作了解释。

也许是与中央政治局委员们久未见面，也许是又回忆起当年金戈铁马的豪迈岁月，在与中央政治局委员们的谈话中，已经82岁的毛泽东抚今追昔，豪情勃发。在谈到三国时代的孙权时，又兴致勃勃地背诵了辛弃疾《南乡子·登京口北固亭有怀》中的两句话，并将其中的一句话加以改动，使其寓意更为深远：

“天下英雄谁敌手？曹刘。当今惜无孙仲谋。”

背了这两句词以后，毛泽东十分幽默地指着叶剑英说：

“他看不起吴法宪。刘是刘震，曹是曹里怀，就是说吴法宪不行。”

叶剑英曾同林彪死党、空军原司令员吴法宪作过坚决的斗争。刘震、曹里怀在担任空军副司令员期间，也都同吴法宪作过坚决的斗争。毛泽东在幽默的话语里，包含着对叶剑英和刘震、曹里怀的充分肯定。

毛泽东又让叶剑英背诵辛弃疾的《南乡子·登京口北固亭有怀》。

叶剑英欣然答应，朗声背道：

何处望神州，满眼风光北固楼。
千古兴亡多少事？悠悠。不尽长江滚滚流。
年少万兜鍪，坐断东南战未休。
天下英雄谁敌手？曹刘。生子当如孙仲谋。

毛泽东神情专注地听着叶剑英十分流畅地背诵完辛弃疾的词以后，高兴地指着叶剑英向中央政治局委员们称赞道：“此人有文化！”并且再次背诵了该词的最后两句，作了古为今用的解释。

最后，周恩来宣布会议结束。

这是毛泽东最后一次主持中共中央政治局会议。

第二十章　毛泽东："你要把工作干起来"

根据毛泽东在1975年5月3日中央政治局会议上提出的意见，5月4日，在毛泽东召开政治局会议的第二天，周恩来抱病从医院来到人民大会党，主持有王洪文、叶剑英、邓小平、张春桥参加的中央政治局常委会，讨论贯彻毛泽东5月3日讲话精神。会后，周恩来亲自主持起草关于学习毛泽东理论问题的指示和中共中央政治局工作等问题的意见稿。周恩来坚决拥护毛泽东对江青集团的批评，说："有错误的，要有自我批评。"他表示"同意小平同志的意见"，"愿自我批评的就说，说多少都可以，不说也可以，不要强人所难"。

5月8日，周恩来再次在人民大会堂主持有王洪文、叶剑英、邓小平、张春桥参加的中央政治局常委会，继续研究政治局贯彻毛泽东5月3日讲话一事。会上商定：等邓小平出访法国回来之后，再召开政治局全体会议。并确定，由王洪文向政治局通知此事。

5月13日，中共中央政治局召开会议，王洪文正式通知中央政治局，讨论贯彻毛泽东5月3日讲话的全体会议待邓小平访问法国回国后再择日举行。5月14日晚，周恩来不顾连日头痛兼见客的疲惫，打电话给王洪文，详细询问中央政治局会议情况，并15日写报告给毛泽东，提出：“对主席这样重视的会议和指示，我们处理这样迟慢，报告又这样不及时，责任完全在我。”

5月12日至17日，邓小平应邀访问法国，大获成功，进一步确立了国际政治家的形象。

邓小平访问法国回国后，毛泽东与周恩来商定，改由邓小平主持中央政治局会议，并主持中央日常工作。这是一个极为重要的决定，说明毛泽东经过对邓小平重新工作以来一段较长时间的考察和了解，进一步加强了对邓小平的信任和期望。在自己年迈，周恩来病重，对王洪文失望的情况下，毛泽东已经把领导党和国家的重任，把对党和国家未来的希望放到了邓小平身上。

按照周恩来5月8日主持召开的中央政治局常委会的决定，中央政治局将要开会，贯彻毛泽东5月3日召开的政治局会议精神，对江青集团挑起事端、掀起批判所谓“经验主义”进行批评。为了开好这次会议，5月21日，周恩来就5月4日、8日两次中共中央政治局常委会讨论传达毛泽东4月23日批示和5月3日讲话一事，致信全体中央政治局成员。在介绍中央政治局常委会所商意见后，着重对反经验主义的有关情况作出说明，提出：姚文元文章中提到，“现在，主要危险是经验主义”。之后，《解放军报》《人民日报》的两篇社论也是根据姚文引用的。而小平同志向毛主席反映的，是指3月1日张春桥在总政召开的各大单位主任座谈会上的讲话（邓小平阅后在此处注：“当时还提到江青同志在政治局会议正式提出了反经验主义问题。”），这在各大军区政治部向总政反映讨论情况的三四月份电报中可以看出。现在政治局既开正式会讨论主席批示和指示，特补写如上说明，如大家同意，亦请将此信转主席一阅。22日，张春桥在传阅件上批道：“总理的信，有些话不确切。但我不反对报主席。”江青、姚文元也在批语中称，对一些情况“不了解”。27日，周恩来再致信张春桥，驳回张春桥所谓“不确切”的说法。在重述张春桥于批林整风中就已有批判经验主义的思想后，提出："这次，主席指示要把列宁为什么说对资产阶级专政这个问题要搞清楚，才会防止变修正主义，如果不把资产阶级法权加以阐明和限制，林彪一类如上台，搞资本主义制度就很容易。因此，要多看点马列的书，还要你写文章。因此，你联系到十多年的思想，经验主义者由于不多读书，难于总结经验，易于上反党集团的当，甚至陷进去，故你在3月1日总政召开的各大单位主任座谈会上片面地强调经验主义的危险，这在三四月中各政治部向总政来电反映讨论情况，也可看出。""我这段回忆的文字，不知是否较为确切。如果仍不确切，请你以同志的坦率勾掉重改或者批回重写，我决不会介意，因为我们是遵守主席实事求是和'三要三不要'的教导的。"同日，张春桥阅后写道："不再改了。"在接到退件后，周恩来将21日信的原件送毛泽东阅批。[①]

周恩来写给中共中央政治局成员的这封信，旨在说明关于张春桥在全军各大单位政治部主任会议上的讲话中鼓吹经验主义是当前的主要危险一事，邓小平曾经向毛泽东进行了汇报。具有人所不及的超人政治智慧的周恩来要通过这封信在会前向中共中央政治局委员交底：此次会议讨论的有关问题，是邓小平当面向毛泽东请示并得到毛泽东支持的。

5月27日和6月3日，根据毛泽东的意见，邓小平主持中央政治局两次召开会议，学习贯彻毛泽东5月3日在中央政治局会议上讲话的精神，对"四人帮"进行批评。

在5月27日的会议上，邓小平针对江青集团大搞所谓"第十一次路线斗争""批林批孔又批走后门""反经验主义"等三个问题，对他们提出质问和批评。邓小平首先指出，5月3日主席在政治局的讲话，提到了党内生活的很多原则，这是告诫政治局这个党的核心机构的。这对我们的党是非常重要的，政治局的同志首先要安定团结，"三要三不要"，这样，才

① 中共中央文献研究室：《周恩来年谱（1949—1976）》下册，北京，中央文献出版社，1997：707~708页。

能给全党做出榜样。

接着，邓小平尖锐地批评江青集团说，4月23日，主席批示后，27日政治局就讨论。有的同志说这次会议上讲话过了头，也有同志说是突然袭击、围攻。我认为谈不上突然袭击和过头。40%的问题都没有讲，讲了有没有20%也难讲。（前年的会）批评周恩来、叶剑英，（江青）却说成是党内十一次路线斗争，这不是主席的意思，后来由主席纠正了。批林批孔，又提出要批走后门，当面点了很多人的名。学习无产阶级专政的理论、反修防修，却又提出主要危险来自经验主义，并且来势凶猛。别的事情都不那么雷厉风行，批经验主义却是雷厉风行。主席提出了三个大问题，但是却钻出来这么三件事，倒是要提一个问题，问一问这是为什么。最后，邓小平强调指出，"三要三不要"是总结历史经验得出来的，政治局要注意，不搞掉派性不行。看不到宗派主义、"四人帮"，这值得警惕。

邓小平的发言，有理有据，实际上是对"四人帮"的一次总清算。他以毛泽东的指示为依据，揭露了江青拉大旗做虎皮、攻击老一辈无产阶级革命家、处处抬高自己的真相，沉重打击了"四人帮"不可一世的嚣张气焰。

6月3日，中央政治局继续举行会议。会议继续5月3日的议题。

但会议一开始就遇到冷场。张春桥的记录本上写着："沉默、沉默、再沉默。"

就在这时，叶剑英挺身而出，根据5月3日提出的会议议题，作了批评"四人帮"的长篇发言。

叶剑英在发言中强调指出，要正确对待个人和组织的关系问题，严守纪律。以后凡是问题，都要提交政治局讨论。过去的错误，要引起严重注意。

叶剑英的发言，有理有据，正气凛然。

中央政治局其他一些委员也作了批判"四人帮"的发言。

王洪文迫于形势，不得不在6月3日的会议上作了一点很不深刻的“自我批评”，但在实质上，在一些重大原则问题上，仍然是坚持错误，为自己和江青开脱。

在6月3日的会议上，迫于毛泽东的指示，迫于会议上形成的批评“四人帮”错误的强大压力，江青也不得不在会议上作了一点名曰“自我批评”，实质上是在为自己的错误进行辩解的发言。江青在发言中说，自己在4月27日的中央政治局会议上自我批评不够，又有新的不恰当的地方，还要加深认识。上次会，有体温（指体温升高）。我得消化一下。还得看一点东西，再作进一步检讨。

最后，邓小平宣布会议结束，讲多少算多少，要将中共中央政治局会议情况向主席报告。[①]

这次中央政治局会议以后，王洪文主持中央日常工作的空名也就结束了。

毛泽东支持邓小平批评江青，具有深刻的历史背景。久乱思治，在“天下大乱”了几年以后，毛泽东认为：无产阶级文化大革命，已经八年，现在以安定为好，全党全军要团结。这是毛泽东1974年下半年到1975年上半年思考的全党工作大局和战略部署。江青集团无视毛泽东的这个考虑，多次制造政治动乱，干扰了毛泽东的全党工作大局和战略部署，这是毛泽东所不能允许的。所以，他支持邓小平主持中央政治局会议，打击江青集团无法无天的气焰，为实现“安定团结”的政治局面创造良好的基础。

5月27日和6月3日，邓小平主持召开的这两次中央政治局会议，是两次非常成功的会议。会议以批评“四人帮”为中心议题，中央政治局委员们当面对他们进行批评和质问。这不仅是“四人帮”进入中央政治局以来

① 中共中央文献研究室：《邓小平年谱（1975—1997）》上册，北京，中央文献出版社，2004：49~50页。

所从未有过的事情，而且也是"文化大革命"开始以来前所未有的事情。会议狠狠打击了"四人帮"的嚣张气焰，使他们昔日的威风扫地；会议在几个重大原则问题上，批评了"四人帮"的严重错误，使他们不得不低首检讨，作"自我批评"。会议是邓小平、叶剑英为代表的中央政治局委员们对"四人帮"倒行逆施的一次有力反击，维护了党内政治生活的正确原则。

在毛泽东的多次严厉批评和中央政治局会议的集体批评下，江青不得不向毛泽东和中央政治局写出了书面检讨：

主席、在京的政治局各位同志：

我在4月27日政治局会议上的自我批评是不够的。经几次政治局会议上同志们的批评、帮助，思想触动很大，但是思想上一时转不过来。经过思想斗争，我认为会议基本上开的（得）好，政治局比过去团结了。

当我认识到"四人帮"是个客观存在，我才认识到有发展成分裂党中央的宗派主义的可能，我才认识到为什么主席从去年讲到今年，达三四次之多？原来是一个重大原则问题，主席在原则问题上是从不让步的。

江青

1975年6月28日

中央政治局5月27日、6月3日两次会议开过以后，毛泽东很快知悉了详细内容，听说会议批评了江青，毛泽东高兴地说：好呀！这个会开得好呀！就是要斗她一斗，她是从来不接受批评的。

当邓小平向毛泽东汇报5月27日、6月3日两次中央政治局会议情况时，毛泽东对邓小平敢于坚持原则、批评"四人帮"的做法给予了充分的肯定，进行了鼓励和赞扬。

“会议的情况，主席都知道了。”邓小平对毛泽东说。

“我看有成绩，把问题都摆开了。”毛泽东赞许地点点头说。

“最后他们否认有‘四人帮’。”邓小平说。

“他们过去有功劳，反刘少奇，反林彪。现在就不行了，反总理、反邓小平、反叶帅、反陈锡联。要告诉庄则栋，有事要找陈锡联，不要跑王洪文、江青，不然陈锡联不好办事。”

由于毛泽东始终没有认识到自己发动“文化大革命”是犯了严重错误，所以对“四人帮”成员在“文化大革命”中反对刘少奇是肯定的。庄则栋原来是著名的乒乓球运动员，在四届人大上被任命为国家体委主任。在国务院领导成员分工中，国家体委的工作由国务院副总理陈锡联负责。陈锡联担任副总理是毛泽东亲自提的名。但身为国家体委主任的庄则栋有事却很少向陈锡联请示、汇报，与王洪文、江青接触较多。看来，毛泽东对这一情况是了解的，所以专门在这里提了出来。后来，邓小平专门召见庄则栋，对庄则栋不按组织原则办事的行为进行了批评。

“风向快要转了，在政治局。”毛泽东欣慰地说，语气中包含着对邓小平的赞扬和肯定。

“政治局的同志气很大，我说不要把话都说完，散了。”邓小平说。

“这个办法好，留有余地。大家清楚就行了。我准备找王洪文谈，叫他找你，听你的话。他威望不高。”毛泽东对邓小平充满信任地说。

……

听完邓小平对中央政治局会议情况的汇报后，毛泽东满意地对邓小平鼓励说：“没有大问题，你要把工作干起来。”

“这方面我还有决心就是了。反对的人总是有的，一定会有。”邓小平对毛泽东表示了自己坚定的信念。

“那好，木秀于林，风必摧之。”毛泽东引用了一句古语，对邓小平表示支持。

“工作开始时，主席给我这个工作岗位，我说主席是把我放在刀尖上了。"邓小平说。毛泽东表示，这是我赞成的。再次向邓小平表明其坚决支持和充分信任的态度。

在此期间，江青迫于毛泽东让她找邓小平谈一谈的指示和压力，不得不亲自到邓小平家登门拜访。邓小平后来回忆说："江青找我，毛主席叫她来，她不敢不来。谈得不好，她吹她的一套，水平不高。"①

其实，邓小平和江青都明白，他们之间的分歧是原则性的分歧，不是通过一次谈话就可以解决的。

① 中共中央文献研究室：《邓小平年谱（1975—1997）》上册，北京，中央文献出版社，2004：53~55页。

第二十一章　大刀阔斧　雷厉风行

中国共产党十一届三中全会后，中国进行改革开放和社会主义现代化建设的成功经验和大胆实践，令整个世界为之瞩目。不论是西方国家，还是东方国家，凡是不带任何偏见的人，都对中国改革开放和社会主义现代化建设取得的辉煌成就给予了高度评价。

追根溯源，当代中国改革开放和社会主义现代化建设的源头，应当从1975年邓小平主持工作时，在全国各个领域进行的“全面整顿”说起。

对此，邓小平是这样讲的——

1987年10月，邓小平在会见匈牙利社会主义工人党总书记卡达尔的谈话中指出：“就我们国家来讲，首先是摆脱贫穷。要摆脱贫穷，就要找出一条比较快的发展道路。贫穷不是社会主义，发展太慢也不是社会主义。否则社会主义有什么优越性呢？社会主义发展生产力，成果是属于人民的。就是说，在我们的发展过程中不会产生资产阶级，因为我们的分配原则是按劳分配。当然分配中还会有差别，但我们的目的是共同富裕。要经过若干年的努力，体现出社会主义的优越性，体现出我们走社会主义道路走得对。”

“在对社会主义作这样的理解下面，我们寻找自己应该走的道路。这涉及政治领域、经济领域、文化领域等所有方面的问题。我们提出要搞建设，搞改革，争取比较快的发展。说到改革，其实在1974年到1975年我们已经实验过一段。1973年周恩来总理病重，把我从江西‘牛棚’接回来，开始时我代替周总理管一部分国务院的工作，1975年我主持中央常务工作。那时的改革，用的名称是整顿，强调把国民经济搞上去，首先是恢复生产秩序。凡是这样做的地方都见效。不久，我又被‘四人帮’打倒了。我是‘三落三起’。1976年四五运动，人民怀念周总理，支持我的也不少。这证明，1974年到1975年的改革是很得人心的，反映了人民的愿望。粉碎‘四人帮’以后，十一届三中全会重新确立了实事求是的思想路线，确定了发展生产力为全党全国的工作中心，改革才重新发动了。”[①]

从邓小平的这段谈话中，可以清楚地看到：整顿就是改革。

邓小平在1975年搞的全面整顿，实质上也就是全面改革的先声。

从1966年开始的“无产阶级文化大革命”运动，到1975年已经整整搞了9年，全党、全军、全国人民，党心、军心、民心，已经厌倦了这种无休无止的所谓“政治大革命”。人心思安，人心思治。

1975年1月，周恩来在四届人大一次会议上所作的《政府工作报告》中，重申了三届人大《政府工作报告》提出的“两步设想”：“第一步，用十五年时间，即在1980年以前，建立一个独立的比较完整的工业体系和国民经济体系；第二步，在本世纪内，全面实现农业、工业、国防和科学技术的现代化，使我国国民经济走在世界的前列。”这个宏伟目标，受到了全国人民的热烈欢迎。“早日实现四个现代化”，成为全国人民的一致呼声。

四届人大一次会议的召开，标志着毛泽东希望在经过了“文化大革命”的几年“天下大乱”以后，逐步走向“天下大治”，使党和国家的政

---

① 《邓小平文选》第3卷，北京，人民出版社，1993：255页。

治生活走上正常的轨道。四届人大一次会议确定的以周恩来、邓小平为核心的国务院领导机构，使全国人民看到了天下大治的希望。

1975年2月9日，《人民日报》发表社论，传达毛泽东关于理论问题的指示。18日，中共中央发出关于学习毛泽东对理论问题指示的通知。指出："毛主席的指示极为重要，弄清楚这个问题，对于反修防修，巩固无产阶级专政，防止资本主义复辟，坚定地执行党的基本路线，坚持无产阶级专政下的继续革命，具有极其重要的现实意义和深远的历史意义。"通知要求将毛泽东关于理论问题的指示发至基层党支部，口头传达到广大群众。

邓小平主持中央工作后，在当时特定的历史条件下，采取了以毛泽东晚年提出的正确指示去纠正"文化大革命"的错误的方法。他很快把毛泽东关于理论问题的指示，在中共十届二中全会期间提出的关于"还是安定团结为好"的指示；在长沙听取李先念汇报经济工作时提出的关于"把国民经济搞上去"的指示，汇集概括在一起，加以提炼，提出了"学习理论，反修防修；安定团结和把国民经济搞上去"的"三项指示为纲"的指导方针。

在1975年5月29日的钢铁工业座谈会和7月4日对中央读书班第四期学员的讲话中，邓小平强调指出："前一个时期，毛泽东同志有三条重要指示：第一，要学习理论，反修防修；第二，要安定团结；第三，要把国民经济搞上去。这三条指示互相联系，是个整体，不能丢掉任何一条，这是我们这一时期工作的纲。"①

邓小平还指出："毛泽东同志去年就讲过，'文化大革命'已经八年了，以安定为好。现在加一年，九年了，要团结起来，安定起来。我们有好多事要办。国际方面的斗争，事情很多。国内也有许多事情要做，特别

① 《邓小平文选》第2卷，北京，人民出版社，1994：12页。

是要把国民经济搞上去。”[②]

在“文化大革命”的特定的历史环境中，邓小平提出“三项指示为纲”，从顺序上看，不能不把“学习理论，反修防修”放在第一项，但在实际上，却是对“文化大革命”中坚持“以阶级斗争为纲”的彻底否定。“三项指示为纲”，最核心、最本质的问题是以“把国民经济搞上去为纲”。从邓小平1975年大力坚持“以三项指示为纲”来全面推动全国各个方面的工作来看，在“以三项指示为纲”的方针中，实质上已经具备了中共十一届三中全会以后提出的“以经济建设为中心”的基本路线的雏形。因此，“以三项指示为纲”，实际上也就是以“把国民经济搞上去为纲”，即“以经济建设为中心为纲”。

当时，最紧迫的任务，就是要尽快“把国民经济搞上去”。长期的“文化大革命”，尤其是1974年江青、张春桥、姚文元、王洪文提出开展的所谓“批林批孔”运动，极大地冲击了工业、农业、交通运输、科学技术等各个方面的工作，使整个国民经济陷入严重的混乱状态。邓小平面对“文化大革命”和“批林批孔”运动造成的生产下降、铁路不通、问题成堆、积重难返的重重困难，忧心如焚。他按照四届人大一次会议提出的要把中国建设成为四个现代化的社会主义强国的宏伟目标和发展国民经济的正确方针，以毛泽东的“三项重要指示为纲”，以“不怕第二次被打倒”的大无畏革命精神，以一个彻底的唯物主义者的勇气，果断地采取一系列有力措施，努力排除江青集团的干扰，召开了解决交通、工业、农业、科技等方面问题的会议和军委扩大会议，义无反顾、奋不顾身地着手对各个方面的工作进行全面整顿，大刀阔斧，雷厉风行地纠正“文化大革命”的错误，使全国形势明显好转，在较短的时间里，收到了极大的成效。以后，中共十一届三中全会和《关于建国以来党的若干历史问题的决议》都对这段历史作了高度评价。

② 《邓小平文选》第2卷，北京，人民出版社，1994：12页。

1975年的全面整顿，首先是从铁路系统开始的。自“文化大革命”以来，特别是“批林批孔”运动以来，由于“四人帮”在铁路系统的帮派势力的破坏，造成徐州、南京、南昌、太原等地铁路运输长期堵塞，阻碍津浦、京广、陇海、浙赣四条铁路大干线的畅通，并影响其他铁路干线的运输，严重危及工业生产和一些城市的人民生活。针对这种情况，据谷牧（时任国家基本建设委员会主任）回忆，2月中旬的一天，国务院召开常务会议进行研究。主持会议的邓小平进会场的时候，边走边愤慨地说，铁路问题太严重，不抓不行了。他坐下后，与会同志便纷纷反映徐州等几个铁路局严重阻塞，影响津浦、京广几条大干线运输的紧迫情况。经过一番讨论，邓小平迅速拍板：立即进行整顿，迅速扭转局面，为把国民经济搞上去创造条件。谷牧当时负责分管工业交通，被指定组织起草文件，准备召开会议，进行部署。①

这时，受命于危难之际的邓小平，面对“文化大革命”以来造成的严重混乱局面，决心以铁路系统为突破口，立即着手对各项工作进行全面整顿，努力恢复正常的生产秩序和工作秩序。针对铁路系统许多地方派性严重、领导瘫痪、线路堵塞、货物积压、安全不稳、运输指挥不灵的状况，邓小平尖锐地指出了问题的严重性。他认为，铁路是国民经济中一个突出的薄弱环节。为此，邓小平指出：“当前的薄弱环节是铁路。铁路运输的问题不解决，生产部署统统打乱，整个计划都会落空，所以中央下决心要解决这个问题。”②

邓小平要求，要用最快的速度、最有力的措施，迅速改变铁路面貌，并点将由铁道部部长万里挂帅，深入第一线，重点解决徐州、南昌、长沙、昆明、郑州等铁路系统“重灾区”的问题。

① 谷牧：《小平同志领导我们抓对外开放》。中共中央文献研究室：《回忆邓小平》上册，北京，中央文献出版社，1998：153页。

② 《邓小平文选》第2卷，北京，人民出版社，1983：5页。

在邓小平主持中央工作，进行全面整顿中做出了突出贡献的第一位先锋是当时担任铁道部部长的万里。邓小平搞全面整顿，首先选择铁路系统作为对整个工业、交通整顿的“突破口”。

铁道部部长万里不负众望，一马当先，首先在铁路系统打响了全面整顿的“第一炮”，成为全面整顿的“开路先锋”。

万里过去从事过党务工作、经济工作，主管过工业、财政、城市建设，却唯独没有主管过铁路。据万里说，开始中央领导人找他谈话，要他出任铁道部部长时，他本想推托，但看到重病住院的周恩来的信任，老领导邓小平的支持，一种责任感使他勇敢地担起了这副担子。四届人大结束的第二天，万里就到铁道部走马上任，一面抓紧铁道部的组建工作（“文化大革命”中铁道部一度与交通部合并），一面调查研究，了解情况。

1975年1月28日，万里上任刚刚10天，邓小平就约见万里，听取情况汇报，说：“你了解的情况怎么样？谈一谈。”万里汇报了“文化大革命”，特别是“批林批孔”，给铁路系统造成严重破坏的情况，一是运输生产下降，二是事故惊人，三是机车车辆损失严重，四是一些铁路枢纽、重点站段，经常发生堵塞，致使大部分列车不能正点运行。尤其是徐州铁路分局、郑州铁路局问题更为严重。

邓小平听了万里的汇报后，就铁路的体制问题、干部管理问题、建立规章制度问题、保证安全正点问题，明确做出了指示。万里当即表示，铁路问题复杂，派性问题严重，争取半年解决问题。邓小平说：“不行，不能拖，不能等，要用最快的速度、最坚决的措施，迅速扭转形势，改变面貌。”万里回铁道部后，立即主持召开铁道部党委临时领导小组会议，传达了邓小平的意见。

2月6日，邓小平再次约见万里，在谈话中，邓小平再次强调：“要用最快的速度、最有力的措施，迅速改变铁路面貌。”他要求铁道部代中央起草一份关于解决铁路问题的文件，并对文件如何起草作了明确要求。

万里回去后，立即与国家计委副主任房维中一起，组织起草《中共中央关于加强铁路工作的决定》。初稿完成后，送邓小平审定。邓小平亲自加上了一段话：所有铁路职工，都要做好本职工作，个人服从组织，下级服从上级，一切行动听指挥。领导干部、共产党员和共青团员要成为遵守纪律的模范。对在抓革命、促生产中表现好的职工和单位，要给予表扬。表现不好的，要进行批评教育。对少数资产阶级派性严重、经过批评和教育仍不改正的领导干部和头头，应该及时调离，不宜拖延不决，妨害大局。对严重违法乱纪的要给予处分。

很显然，邓小平如此重视铁路系统的整顿工作，是要抓住铁路系统这个“麻雀”予以解剖，从中取得经验，以点带面，推动全局，搞好整个工业、交通和全国各个领域的全面整顿工作。

《中共中央关于加强铁路工作的决定》，经邓小平亲自改定，中共中央政治局讨论通过，由毛泽东“圈阅”同意，于1975年3月5日以中共中央9号文件方式，迅速发往全党。这是全国开始全面整顿的第一份文件，它不仅对1975年的铁路系统整顿，而且对整个工业、交通，对全国各行各业的整顿都起了重要的作用。

经过一番认真筹备，2月25日至3月8日，中央召开了解决铁路问题的全国工业书记会议，邓小平到会作了《全党讲大局，把国民经济搞上去》的重要讲话，提出了整顿铁路的一系列重要措施。

邓小平在这个讲话中，开门见山，直奔主题，首先强调指出，现在有一个大局，全党要多讲。大局是什么？三届人大一次会议和四届人大一次会议的政府工作报告，都讲了发展我国国民经济的两步设想，全党全国都要为实现这个伟大目标而奋斗。这就是大局。接着，他提出了加强集中统一、建立必要的规章制度、反对派性等解决铁路问题的具体办法。①

会后，万里主持铁道部以邓小平讲话和中共中央9号文件为依据，对铁路系统进行整顿，他以《中共中央关于加强铁路工作的决定》为“尚方

① 《邓小平文选》第2卷，北京，人民出版社，1983：4~6页。

宝剑”，多次在铁路工作的会议上强调，要把中央9号文件作为铁路工作的纲，“不换节目，不改镜头”，一抓到底。他响亮地提出：

“不唱天，不唱地，只唱9号文件这出戏。”

“千条理，万条理，不安定团结没有理。”

3月9日，万里前往徐州，传达中央9号文件，动员党员、干部，整顿领导班子，反对资产阶级派性，落实党的政策。

在徐州铁路分局期间，万里深入调查研究，广泛听取干部、工人、技术人员的意见，发表了反对派性、限期解决徐州铁路分局问题的一系列讲话。

万里到徐州10天之后，长期动乱不已、铁路堵塞的徐州铁路分局面貌焕然一新，津浦、陇海两大干线的徐州枢纽很快畅通无阻。

1975年4月初，铁道部派出工作组到昆明铁路局帮助工作。6月中下旬，铁道部部长万里亲自到昆明铁路局落实中央的部署和邓小平的指示，指导整顿。

接着，万里前往江西，调整领导班子，反对资产阶级派性，解决了南昌铁路局的问题。

然后，万里前往湖南，解决了铁道部株洲机车车辆工厂的“老大难”问题。

然后，万里三下河南，解决了郑州铁路局的问题。

最后，万里派出以铁道部政治部主任黎光为组长的工作组前往甘肃，解决了兰州铁道局的问题。

在解决以上问题中，郑州铁路局是一场“硬仗”。“文化大革命”中，郑州铁路局的突出问题是派性头头掌握了领导权。万里在深入调查研究的基础上，于6月10日召开郑州铁路局干部会议。他在会上发表长篇讲话，历数派性对郑州铁路局的危害和郑州局问题严重的症结所在，当场宣布对郑州局领导班子进行调整：（一）免去唐岐山的郑州铁路局党委书记、革命委员会主任和他在郑州铁路局的一切领导职务，调离郑州铁路局，由河南省委和中央组织部另行安排工作。（二）由苏华同志代理郑州铁路局党委第一书记职务，主持党委工作；由胡逸平同志负责郑州铁路局革命委员会的工作。

由于万里抓住主要矛盾，直取要害，采取一系列果断措施，所以很快解决了郑州铁路局的问题。

对于万里整顿铁路的魄力和成绩，来自人民群众的评价最真实、最有说服力、最能反映事物的本质。

“万里，万里，日行万里！”

“铁路畅通万里行！”

这就是广大铁路干部、职工对万里1975年整顿铁路的评价。

1997年10月10日，万里在接受中央党史研究室几位同志采访时，其中回顾到1975年主持铁路整顿的情况。万里十分感慨地说：铁路整顿嘛，他（指邓小平——引者注）点名让我到铁道部去，搞了以后，我整顿有了成绩以后，有一次国务院开会，冲着张春桥，大讲整顿，要我在国务院汇报。汇报以后，他（指邓小平——引者注）就借题发挥了，大讲整顿。在张春桥跟前讲。所以一“批邓”，我就不行了，我们两个一块儿被打倒的。“右倾翻案风”，我是先带头嘛！否定“文化大革命”，我首先带头。“文化大革命”中我们两个一起倒的，我们两个有这样相连的关系。在“反击右倾翻案风”中我们一块儿倒的。

在谈到中共十五大把邓小平理论确立为中共的指导思想的重要意义时，万里强调：没有邓小平理论、没个旗帜不行。把邓小平理论作为我们党的旗帜，非常重要。

在邓小平主持中央工作、进行“全面整顿”中做出了突出贡献的第二位先锋是当时担任中国科学院党的核心小组负责人的胡耀邦。

胡耀邦，湖南浏阳人。自幼参加革命，1929年冬加入中国共产主义青年团，1933年转入中国共产党。在土地革命战争时期，曾任中央革命根据地反帝拥苏总同盟青年部部长、宣传部部长、共青团革命根据地中央局秘书长。参加了著名的长征。到达陕北后，任共青团中央宣传部部长、组织部长。抗日战争时期，历任中国人民抗日军政大学政治部副主任、抗大一大队政治委员、中央军委总政治部组织部部长。解放战争时期，前往华北前线，历任冀热辽军区代理政治部主任，晋察冀军区第四纵队政治委员、第三纵队政治委员，中国人民解放军第十八兵团政治部主任，先后参加了保卫张家口、解放石家庄、太原和宝鸡等战役。在解放战争中担任华北军区司令员的聂荣臻曾高度评价胡耀邦在华北战场的贡献。他指出：胡耀邦“很善于抓政治工作，经常深入基层，足迹遍及华北，讲形势说任务，宣传鼓动，使部队很活跃，士气高昂。与耀邦共事或接触过的干部和群众没有不称道的。耀邦同志参加了华北解放战争的全过程，经历了各个主要战役，直到战争的最后胜利，为华北人民的解放立了大功。”

中国人民解放军第十八兵团进军四川后，胡耀邦任中共川北区委第一书记兼川北行署主任和北川军区政治委员。1952年奉调进京，任中国新民主主义青年团中央书记处书记，开始长期主持团中央的工作。1956年在中共八大上当选为中共中央委员。1957年任共青团中央第一书记。20世纪50年代末兼任中共湖南省委书记处书记兼湘潭地委第一书记。1965年兼任中共中央西北局第二书记和陕西省委第一书记。“文化大革命”爆发后，胡耀邦首当其冲，受到批斗，后被送到设在河南省信阳地区潢川县黄湖的“团中央五七干校”劳动改造。

胡耀邦虽然早年只读过初中，但天资聪颖，酷爱读书学习。在艰苦的革命战争环境中，每当部队解放一座城市，胡耀邦都要去搜集一些历史、方志、地理和其他书刊，抓紧一切时间如饥似渴地学习。戎马倥偬，行军作战中，书籍是随身必备之物。由于勤奋好学，加上革命战争中从事部队政治工作的实践锻炼，他逐渐成为知识渊博、出口成章的大家。胡耀邦自己曾说过：“在延安时书很少，搞到一本就拼命地读。白天没时间，就晚上在窑洞里点个煤油灯读。我文化程度不高，遇到不认识的字，就查查字典。有时对一些古书读不懂，就一遍又一遍硬读硬钻。”中华人民共和国成立后，特别是在“文化大革命”中被打倒“靠边站”的逆境中，胡耀邦阅读了大量马列著作和文学、历史、哲学、经济、科学等方面的著作，刻苦学习社会科学和自然科学知识，使理论水平和知识水平都大大提高。胡耀邦讲话，通常不用现成讲稿，而是根据会议的性质任务和不同听众对象，作即兴演讲。但他总是胸有成竹，经过缜密思考，结合实际情况和大家想要解决的问题，有的放矢地讲述，不空发议论，也不说应景式的套话。因此讲话很有针对性，颇具说服力。

由于胡耀邦在20世纪五六十年代担任共青团中央第一书记期间的工作情况，深为当时担任中共中央总书记的邓小平所了解，所以，邓小平主持中央工作后，很快使“红小鬼”出身的胡耀邦恢复了工作。

1975年7月，中共中央批准了国务院关于中国科学院要整顿、要加强领导的报告。7月中旬，中央决定派胡耀邦等人到中国科学院任党的核心小组负责人，主持中国科学院的工作，并要求他们尽快就中国科学院的整顿问题提出意见。几天以后，胡耀邦等进入中国科学院。首先整顿领导班子，随即调进刘华清、王屏，增补武衡、胡克实进入科学院领导班子。当时，郭沫若院长兼党的核心小组组长，但年老多病。中央决定由胡耀邦任中国科学院党的核心小组第一副组长，主持科学院的日常工作，李昌任核心小组副组长，协助胡耀邦工作。核心小组改组后，改变了原核心小组政治、业务“一把抓”的现象，把行政业务和党的工作分开，专门建立行政办公会议，分工专人抓业务。科学院工作的领导权基本上集中在核心小组，干部的审查、任命，科研方针的确定等重大事项都由核心小组讨论决定。

胡耀邦是一个办事雷厉风行的人物。到任后，立即深入科学院各单位，找各级领导干部、科研工作者、知识分子促膝谈心，广泛听取来自群众的反映和呼声。

自从“文化大革命”爆发以来，中国科学界遭受了一场空前的浩劫，在异常艰难的环境中，广大科学工作者怀着强烈的责任心和追求真理的热忧，怀着对“四人帮”倒行逆施的强烈愤慨，坚持利用一切可能的机会进行研究工作。上海冶金研究所有两位科学工作者，在被批判和监督劳动期间，每天晚上坚持整理资料和过去的实验数据，编写出半导体材料在中国发展的建议和近4万字的量子化学论文。数学研究所的陈景润，克服重重困难，从未间断研究“哥德巴赫猜想”问题，取得了可喜的成就。像这样的科学工作者，中国科学院各个研究所都有，尤其是许多理论工作者，始终没有放弃自己的研究。正是由于他们的努力，才使中国的科学工作在“文化大革命”这一非常时期得以延续。在这动乱的岁月里，他们多么盼望“科学的春天”尽快到来啊！

就在这时候，人们听到了这样的信息：

“党中央派一个老红军到科学院主持工作来了！”

“胡耀邦到中国科学院来了！”

这个令人振奋的消息，不胫而走，像春风一样很快传遍了中国科学院及所属各个单位。

胡耀邦一方面召开科学院和所属单位各种类型的座谈会、调查会，一方面深入群众，调查研究。同时，他在多次讲话中，大力贯彻中央关于全面整顿的一系列精神，强调“四个现代化，科学技术现代化是关键”；要花大力气全面落实党的知识分子政策和干部政策，受到广大科技人员的热烈欢迎。

他针对“文化大革命”搞得科研单位不敢搞科研，知识分子无法搞科研，科研工作处于停顿、半停顿状态的情况，大声疾呼：

“科研机构不搞科研怎么成？”

“科学院就是搞科学研究，这个风要吹起来。”

“刮八级不行，得刮十二级台风。”

他多次在会议上强调：

“我们搞了54年。28年搞了一个事情，推翻三座大山。解放后26年打下了一个社会主义的基础，保证江山不改变颜色。现在搞第三个伟大目标，沿着社会主义方向，在本世纪末实现四个现代化。”

他指出：

“实现四个现代化”就是“我们伟大的新长征”。

胡耀邦不但抓大事，也抓许多人不屑于抓的“小事”。他亲自关心过问和帮助解决科技人员的实际生活困难，如住房、托儿所、煤气罐等，送来党的温暖，在广大科学工作者中，一直传为美谈。

1975年8月，胡耀邦主持召开科学技术规划座谈会。与会者强调：要把国民经济搞上去，科技工作必须走在前面；要充分发挥科技人员的作用，划清发挥科技人员的作用与“专家路线”和为革命钻研业务与“技术挂帅”等政策界限。还呼吁恢复国家科委，希望有个全国性的强有力的科技管理机构。但是，在经过了“文化大革命”对“白专道路”“资产阶级反动学术权威”近十年的“大批判”以后，究竟如何看待科学技术，如何开展科学研究，人们的思想已经被“四人帮”搞得异常混乱，使多数人感到无所适从。因此，胡耀邦等人到中国科学院后面临的紧迫任务是：需要在半月内完成一个向中央，至少向国务院提出的关于科学工作的几条主导性的意见，以便取得中央政治局，至少是国务院领导的同意。

对中国科学院的“全面整顿”中，胡耀邦等特别注重抓好落实政策，旗帜鲜明地反对派性，复查在“文化大革命”中对受审查者所作的结论，对没有安排工作的科技人员，尽量给予安排。为了使更多的科技人员发挥所长，胡耀邦不失时机地进行调查，发掘人才。8月19日，他与部分科学家座谈时，十分诚恳地说：“拜托大家帮助我一下。”这种久违了的礼贤下士的态度，使与会的科学家们十分感动。胡耀邦举了一位毕业于英国牛津大学搞植物生态研究的科学家回国后于1970年被下放的事例。问大家：“就你们所知，还有没有一些有成就的人，现在在农村，或是分配工作不当而不能发挥作用的？请你们给我开个名单，有一个就写一个，有两个就写两个……写好了寄到我这里来。”经过认真的调查研究和积极工作，中国科学院在4个月的整顿中，被落实政策的科研人员和干部高达800多人。

在进行全面整顿中，胡耀邦等还狠抓了思想整顿。中国科学院的方向到底是什么？这是广大科技人员和领导干部反映强烈的问题之一。有一次，胡耀邦与几位科技人员交谈，大家告诉他，这些年除了接受工人、农民的“再教育”，就是搞生产，与白菜、土豆打交道。有些研究所每周搞业务的时间不足20个小时。这些问题使胡耀邦感到非解决不可，已刻不容缓。他在大会小会上都明确回答：“科学院是科学院，不是生产院、教育院、白菜院、土豆院，科学院就是搞科学的，是搞自然科学的。”

在深入调查研究的基础上，胡耀邦根据邓小平的多次指示，查阅了一些重要的历史文件，主持写出了科学院工作汇报提纲——《关于科技工作的几个问题》，提出了在科技系统中全面整顿、系统纠正“文化大革命”错误的一系列正确主张。

9月26日，邓小平主持召开国务院会议，听取了胡耀邦代表中国科学院所作的工作汇报。当胡耀邦汇报中国科学院情况，讲到科研人员一周只有四个半天搞业务时，胡乔木插话补充：“看电影也占工作时间。”胡耀邦接着说：“大家不满意。”邓小平说：“怎么会满意呢？”当胡耀邦汇报到科研人员的生活情况时，邓小平说：不是一般的问题，高级科研人员的房子被占？修房子。

当胡耀邦汇报到落实政策时，邓小平说：研究所、研究室领导不调整，说落实，他搞他的。一个县、一个工厂不把领导班子弄好，谁执行政策？你落实，他就落虚。归根到底是领导班子的问题。

最后，邓小平和国务院有关领导同志充分肯定了科学院工作汇报提纲——《关于科技工作的几个问题》中提出的正确主张。同时，邓小平对科学院的工作作了重要指示：

科学工作要走在国民经济的前面，现在是拖整个国家建设的后腿。

要从保证时间、配备班子、专业对口、生活上照顾、政治上关心等多方面来创造条件发挥研究人员的作用。现在是不务正业、少务正业，少数人秘密搞，像犯罪一样。

要又红又专。白专，只要对中华人民共和国有好处，比只占茅房不拉屎的、闹派性的、拖后腿的人好得多。

科技事业要后继有人，中心是办好教育，我们有个危机，可能发生在教育部门，把整个现代化水平拉住了。

要解决教师地位问题。几百万教员只挨骂，怎么能调动积极性？科技人员叫生产力，就是劳动者。[①]

邓小平听取科学院工作汇报时的重要指示，很快在整个科技界和教育界传开了，广大科技工作者、教育工作者和知识分子欣喜若狂，奔走相告，一致认为，邓小平的重要指示和胡耀邦的科学院工作汇报提纲，说出了大家想说而不敢说的心里话，听了真是大快人心。现在科技界、教育界有希望了，我们终于可以放心大胆地挺起腰杆来，搞科研、搞教育，干“四化”了。

① 邓小平这次谈话要点，经过整理，已经收入《邓小平文选》第2卷，北京，人民出版社，1983：32~34页。

第二十二章 既抓导弹 又抓教育

在邓小平主持中央工作、进行“全面整顿”中做出了突出贡献的第三位先锋是当时担任中国人民解放军国防科学技术委员会主任的张爱萍。

张爱萍是四川达县人，1926年加入中国共产主义青年团，1928年转入中国共产党，1929年参加中国工农红军。曾任共青团中央局秘书长、少年先锋队中央总队总队长、红三军团团政治委员和师政治部主任、中华苏维埃共和国中央执行委员会候补执行委员。参加了中央革命根据地的反“围剿”斗争和红军长征。南征北战，屡立战功。长征胜利后，任军委骑兵团政治委员。红军时期，张爱萍、彭雪枫、杨勇、黄克诚等，都是红三军团总指挥彭德怀麾下久经革命斗争和战火考验，能文能武，能征惯战，善于学习，勤于思考，深受彭德怀信任和器重的青年将领。

抗日战争时期，张爱萍历任中共浙江省委军委书记、中共豫皖苏省委书记、八路军苏皖纵队政治委员、八路军第五纵队第三支队司令员、新四军第三师副师长兼“常胜九旅”旅长、新四军第四师师长兼淮北军区司令员，参与开辟豫皖苏抗日民主根据地。解放战争时期，任华中军区副司令员、华东军区海军司令员兼政治委员等职务。是陈毅、粟裕指挥下的华东战场的一员名将。

新中国成立后，张爱萍历任中国人民解放军第三野战军第七兵团司令员兼浙江省军区司令员、华东军区暨第三野战军参谋长、中国人民解放军副总参谋长。

1955年，张爱萍指挥解放一江山岛战役。

1958年，张爱萍在中共八大二次会议上被增补为候补中央委员。

1960年，张爱萍兼任国防科委副主任，1962年兼任国防工业办公室副主任。

张爱萍能文能武，军政兼备，运筹帷幄，指挥千军，赋诗填词，挥毫泼墨，无所不通，是中国革命造就出来的一位出类拔萃的将才。

“文化大革命”中，因为张爱萍红军时期曾在红三军团工作，是彭德怀的老部下，从而被诬指为“彭德怀的黑干将”，并加上其他莫须有的罪名，长期监禁，百般迫害。

1975年，主持中央军委工作的叶剑英、邓小平，考虑任命张爱萍为中国人民解放军国防科委主任，整顿因为“文化大革命”造成的国防科技工业系统混乱不堪的状态，研制国防建设急需的新型战略武器。

叶剑英、邓小平分别与张爱萍谈话后，他立即行动，先后找一些熟悉国防科委情况的领导干部和科学家，调查研究，了解国防科委“文化大革命”中的情况和现状。一位著名的导弹与运载火箭专家回忆说：“我接到张爱萍主任的邀请非常激动。他是我最为尊敬的将军之一。1960年，也就是我穿上军装到国防部第五研究院工作的第二年，就跟着他到酒泉基地验收靶场，之后又随他到甘肃兰州检查工作，住在宁卧庄招待所里。这个新落成的招待所，墙壁是水磨石的，楼梯上铺有大红地毯，宽敞明亮的大厅里摆有高大的陶瓷花瓶，在当时看来是非常豪华、考究的。张爱萍为此专门批评了当地的军地领导：‘国家正处在困难时期，不少地区都饿死了人，你们为什么把招待所盖得这样豪华？要接待皇帝老子吗？要知道你们用的是国防费，是老百姓的血汗钱，你们的群众观念哪里去了……’这一次张爱萍将军就给我留下了极深极好的印象。”

这位科学家还说：“后来，我们第一颗原子弹、第一颗导弹相继发射成功后，中专委（中央专门委员会）决定要解决‘两弹’结合的问题，真正形成有战斗力的核武器。但是导弹和原子弹是由两个单位两部分科学家分别负责的。而按照规定，这‘两弹’的研制、管理都有着自己严格的保密规定，而‘两弹’又都有着各自的特点，仅从导弹的发射程序看，就要经过几十道工序，被称为‘啰唆君’；而原子弹，仅从保管上看，它怕冷、怕热、怕燥、怕湿，还怕电子干扰等，被称为‘娇小姐’。由于体制和协调工作上的问题，几次研究‘两弹’结合的问题都没有解决。在一次张爱萍主持的研究会上，我提意见说：上级要求要尽快完成‘两弹’的结合，也就是说要让‘啰唆君’同‘娇小姐’结婚，但又不为他们创造条件恋爱，这不谈恋爱能结婚吗？张爱萍问明情况后说：我来当‘啰唆君’和‘娇小姐’的介绍人，给他们创造条件谈恋爱，接着就确定负责‘两弹’结合的牵头人，指定了协调组组长，指派当时国防科委秘书长张震寰为主组织个班子，负责两个单位的疏密释密问题。这样，就加快了‘两弹’结合的进程。对这样的领导，我们怎么能不尊敬不亲近呢？”

这位科学家深情地说：“那天，我是同梁思礼一起应召进见张爱萍将军的。见了他就像见了久别重逢的亲人一样，看着他面容憔悴又拄着手杖，心里不由得涌出一阵酸楚。可张爱萍却谈笑风生，他亲切地询问我们在‘文化大革命’中的遭遇，了解我们所在单位七机部一院及火箭研制情况的现状，问询他所熟悉的我的同事们的情况。我向他汇报了七机部几年来派性猖獗、人心混乱、科学家们受气而无奈的处境。我特别讲道：现在是‘有事没人干，有人没事干，有人有事没法干’。看得出，张爱萍将军对我这几句话很感兴趣，问我：为什么呢？我说：您于1965年领导我们规划的‘八年四弹’的任务。时间超过了两年，可任务没完成一半。去掉进行了三次洲际导弹的试验，连一发也没有打成。而这一急需攻关的事情没有人组织你干，你想干也不让你干，这不是有事没人干吗？七机部人才、专家有的是，大部分人员只有参加政治学习、接受批斗、参加两派活动的义务，没有参加研制核武器的权利和义务；你要钻研武器理论，就批你走‘白专’道路；你要积极投入研制工作，就批判你‘唯生产力论’或‘为错误路线生产’；你要按照规章制度去检查各部零件的质量，就批判你‘搞资产阶级的管卡压’‘只顾低头拉车不抬头看路’等等，这些‘帽子’‘棍子’等着，你还能干什么呢？这不是‘有人没事干、有人有事没法干’吗？幸亏周恩来总理亲自批示要保护正在投身返回式人造卫星的专家们的安全，以保证早日发射成功，我才得以免遭批斗……”

一位著名的核物理学家回忆说：“我当时向爱萍同志讲了许多科学家的悲惨遭遇。在美国留过学的被冠以‘美国特务’，在苏联进过修的被打成‘苏修特务’，在英国读过书的被确定为‘英国特务’，没在国外留过学、进过修的则被扣以‘国民党特务’，到处批斗、游街，下放劳动，有的甚至被折磨凌辱致死……”

听了这些如泣如诉的情况介绍，张爱萍又气又急。他为“文化大革命”以前自己亲手参与历经千辛万苦建立起来的国防科研队伍竟被弄得如此凋零、国防科研工作竟被弄得如此破败不堪而义愤填膺，为面临美国、苏联两个“超级大国”核威胁的情况下我国的国防科研和核武器研制的滞后而感到着急。

1975年3月，中共中央军委正式发布命令，任命张爱萍为中国人民解放军国防科委主任。

上任当天，张爱萍即率领一个精干的工作组直接来到第七机械工业部（即以后的航空航天工业部）。在七机部的下属单位中，张爱萍选择了七机部第一研究院（即以后的中国运载火箭技术研究院），这是七机部的一所重要研究机构，也是张爱萍“文化大革命”以前来过的地方。进了七机部一院以后，乍一看，张爱萍还以为是走错了地方，那种“文化大革命”造成的破败状态是他这个被关了多年“牛棚”的人所根本想象不到的。真是荒草与废纸（打“派仗”的大字报纸）齐飞，污水在大院横流。而这竟然是摆在他面前的残酷的现实，怎能不令人感到痛心疾首。

两天以后，张爱萍率领国防科委工作组来到230厂及第十三研究所。这是一个担负生产运载火箭的动力平衡要件陀螺仪及平台的重要国防工厂。该厂及第十三研究所的情况与张爱萍一行在七机部第一研究院看到的情况基本上一样。作为“文化大革命”以前就从事国防科研领导工作的负责人，张爱萍对“文化大革命”造成的这种混乱局面有锥心般的感受，他在各种会议上列举亲眼见到的种种“败家子”事例，痛斥“文化大革命”对国防科研事业造成的严重危害：

……各楼层垃圾成堆，在永定路（指设在这里的230厂）和南苑（指七机部第一研究院），汽车进去都在垃圾上跑来跑去；

南苑那里把马路都挖断了，你修好，他又挖断，他要从工厂里接暖气到猪圈里去，说养猪需要暖气；

厕所的水从五楼淌到一楼，无人管无人问；

把搞尖端、搞导弹战略武器的钢随便成吨地倒卖出去，或拿来做私人的东西；

食堂搞得乱七八糟，许多食堂的桌子、凳子都搞光了；

托儿所卖牛奶掺水，长期没人管没人问；精密仪器不精密，量具54.3%的不合格，有些工厂的维修扳子、钳子生锈……

诸如此类只是看见的，至于没有看见的更多、更严重。

这里闻名全国的，还有8923部队，以后又叫8200部队。我开始没搞明白，这工厂、科研单位什么时候改编成部队了呢？后来“翻”工人同志的“字典”，才知道是指上午八点钟上班九点钟下班，下午两点钟上班三点钟下班，就叫8923部队；以后发展成上班点个卯就走，就成了8200部队了。

我原来认为上班总比不上班好，但工人师傅告诉我：上班比不上班更坏。我说，那不很奇怪吗？不上班坐吃山空，上班总可干点事嘛。他说不上班在家里损坏不了公家的财产，一上班就把公家搞导弹的东西拿来做自己的东西。

……

对于这种状况，广大干部、工人看在眼里，急在心里。但是，他们无权、无势，无人撑腰，没有后盾，只能眼睁睁看着“群众组织”在那里打派仗、瞎折腾。在张爱萍主持召开的一个干部、工人座谈会上，一位工人一针见血地指出：“这几年我们是在吃社会主义。”

“怎么叫吃社会主义？”张爱萍问。

“拿着国家给的工资，不干活，有的人对公家的东西想拿就拿，想砸就砸，这在哪个社会能行？这不是吃社会主义吗？”这位值得尊敬的工人直言不讳，一吐为快。

“好！讲得好！”张爱萍当场表扬了这种敢讲真话的精神。

经过深入的调查研究、座谈了解、分析问题，张爱萍终于弄清了七机部这个由原国防部第五研究院发展起来的战略武器研制、生产部门混乱不堪的症结所在——这就是在“文化大革命”中形成并愈演愈烈的派性。派性猖獗，必然带来歪风盛行；正气不振，更遑论国防科研了。

于是，张爱萍到国防科委上任不久，就以强烈的事业心和高度的责任感，狠抓了对各方面的整顿。

张爱萍首先从国防科研系统的重灾区第七机械工业部入手，把消除派性作为重点，对派性作了坚决的、毫不留情的批判。强调指出“林彪最主要的表现是破坏党内党外、上下左右的团结，分裂革命队伍。搞什么我这一派正确，你那一派不正确！什么左派右派！这是极少数派头头为了达到他们不可告人的目的所搞的阴谋！他们用派性掩盖自己做坏事，而派性也确实对他们起了掩护作用。最后造成恶性循环！在这里，我要用毛主席的话大喝一声：同志，该猛醒了”。张爱萍提出“一定要消除派性，不整顿好绝不罢休”。他号召大家“就是要讲党性，讲大局，讲团结，讲组织纪律”。

3月25日，张爱萍在第七机械工业部干部会议上指出：

“广大的同志急于要改变七机部的面貌，这和党中央的号令是一致的，必须要整顿，要进行政治上的整顿、技术上的整顿、生产规范的整顿、财务上的整顿……全面的整顿。……首先从政治上，从干部开始整顿！什么‘你管不着’、‘我管不着’，不按党性、不按国家和人民的利益办事，什么人我都要管！如果说你是玉皇大帝，我们请孙悟空把你搬下来。我就不怕牛鬼蛇神、小丑跳梁。他们闹不成什么气候！这些伎俩，哼，说句老话：何足道哉！”

“整顿是为了什么？就是要集中我们国家现有的科学技术力量、国民经济力量，在中央、在军委统一领导和组织下，争取在这几年，在最近，拿出像样的武器来。打谁？谁敢对我们中国下毒手，我们就打谁！打他的致命处，打他的老窝！过去，我们中国受了那么多的欺负，难道今天再受欺负还忍气吞声？不！哪个再敢对中国伸一下罪恶的手，坚决还手毫不留情！我亲爱的同志们，比起这个利益这个目标，你的那个派性怎么样啊？你的眼还闭得住吗？”

3月27日，张爱萍在第七机械工业部所属的厂、所、部、站以上干部会上作了《坚定不移地反对资产阶级派性》的系统讲话。

在讲话一开始，张爱萍就开宗明义、旗帜鲜明地指出：

你们鼓掌让我来讲话，是不是要我讲一点好听的话？现在我还没有好听的话讲，想讲一点不好听的话，等你们把工作做好以后，我再专门来讲好听的话。

现在，让我首先回答一个问题。230厂有两个人给我写了一张条子，说：“国防科委直接抓230厂的问题，对吗？我们有问题由七机部、一院、230厂自己来抓，来解决嘛！七机部是国务院的一个部，国防科委比以前大大缩小了，业务上管一管，政治上管不着……”我说我们国防科委特别是我来七机部是帮忙的。为什么要来帮忙呢？第一，党的利益高于一切，为了党的利益，每一个共产党员、真正的革命者，不管在哪里，都应当有责任帮助。其次，国防科委是党中央、国务院、中央军委统一组织搞武器研究的参谋部门，因此，它有责任、有义务来帮忙。如果不帮这个忙，那是失职。在这里，我个人向同志们检讨，这几年，帮你们太少了。这就是说，我们要来帮个忙。

张爱萍直截了当、一针见血的“开场白”受到与会同志的热烈欢迎，会场上响起了一阵一阵的热烈掌声。

张爱萍在讲话中强调，整顿第七机械工业部的目的，是为了党和人民的最高利益与党性原则，要坚决打击歪风邪气，勇敢扶持正气。

最后，张爱萍建议第七机械工业部要坚持“四讲”：

第一，讲毛主席的无产阶级革命路线；第二，讲党性；第三，讲团结；第四，讲顾全大局。[①]

张爱萍的讲话结束后，春雷震天般的热烈掌声再次激荡在会场上空。张爱萍的讲话，声情并茂，掷地有声，如迅雷，似闪电，震动了七机部，震动了整个国防科技工业系统，受到广大干部、职工的热烈欢迎。但也遭到“四人帮”帮派体系的反对，他们暗中组织人马，贴出大字报，诬蔑张爱萍是搞“复辟”，是“复辟狂”等等。

为了彻底排除派性的干扰，从思想上武装广大干部、党员、职工和群众，张爱萍亲自主持选编了毛泽东关于加强团结、克服派性、促进科研生产的语录，广泛印发，非常有效地运用了这一强大的思想武器，使得严重对立的两派都不敢反对，不得不老老实实地坐下来学习。仅两个月，七机部整整乱了八年的混乱局面得到有效的整顿，恢复了正常的工作程序和科研程序，各项工作条分缕析，面貌日新。

在此基础上，张爱萍组织研究制订了国防科研的近期和远期规划，向中共中央、毛泽东主席呈报了战略武器研制方案，对科研机构和组织进行

① 张爱萍，《张爱萍军事文选》，北京，长征出版社，1994：303~308页。

了调整，以洲际导弹为中心的科研生产开始走上正常轨道。

5月19日，中共中央副主席、中央军委副主席叶剑英、邓小平，中央军委副主席聂荣臻，中央军委常委陈锡联等中央和中央军委领导同志专门举行会议，听取张爱萍等国防科委和七机部领导同志的工作汇报。

“听说爱萍去七机部还有大字报？”会议一开始，邓小平就十分关切地问道。

“不光有赶我走的大字报，还有攻击我们的匿名信哪！”张爱萍回答。

“你们要勇敢地干工作，不要怕说错话。说错话，有错误，这不要紧，做工作没有错误不可能，错了就改嘛！只要你们大胆工作，错了我们负责，我和叶帅负责……”邓小平一边讲话，一边看了看主席台上的叶剑英。①

“我完全同意。我们支持你们的工作，军委的同志都支持你们的工作。”叶剑英十分坚定地表明了态度。

邓小平接着说：“大字报一万张都不怕。”他鼓励张爱萍，说，“你还在七机部吧！没有被撵跑吧！要待下去，不要怕抓小辫子。”

随后，邓小平又对与会者说：“我这个人像维吾尔族的姑娘，就是辫子多。”

邓小平幽默风趣又深具政治含义的讲话，引起了张爱萍等人的会心微笑。

叶剑英、邓小平、聂荣臻、陈锡联等中央和中央军委领导同志对国防科委的工作汇报表示赞成，充分肯定了国防科委和七机部抓整顿的工作和成绩。然后，他们又分别做了重要指示。

邓小平在讲话中指出，按照你们的计划没有多少天了，对那些继续搞

---

① 中共中央文献研究室：《邓小平年谱（1975—1997）》上册，北京，中央文献出版社，2004：46页。

派性的人不能等了。我们绝不能用党和国家的利益去等那么几个人。

邓小平还说，万里在铁路系统定了一个月的时间（对那些搞派性的头头），一个月改了的，可以教育的，留下工作；一个月不改的，坚决调开。你们也限定个时间，7月1日好不好？

“好！就定在建党纪念日这一天。”张爱萍得到邓小平坚定有力的支持，犹如拿到了“尚方宝剑”，欣喜异常。

“行，就这么定了。”邓小平讲话一贯要言不烦，干脆利落。

在邓小平等中央和军委领导同志接见以后，张爱萍迅速在七机部及所属单位传达、贯彻、落实邓小平的讲话精神，分别召开了增强党性、反对派性、争做七一派，向七一献礼誓师动员大会，在七机部掀起了“要做七一派，不当两面派”的热潮。

对于张爱萍主持的七机部的整顿工作，邓小平给予了坚决的支持。他强调指出“现在再搞派性，就是顽固的资产阶级派性”，“凡继续搞派性的，坚决调走”。

1975年7月，中共中央下发关于调整七机部人事和组织机构、巩固发展已取得的整顿成果的重要文件。

第七机械工业部经过半年时间的整顿，各个方面的面貌有了较大的改观，使国防科研系统开始恢复到“文化大革命”前健康发展的轨道。

1975年10月27日，张爱萍亲自组织指挥了在戈壁深处进行的中国地下核试验。

11月29日，在张爱萍亲自组织、领导下进行的中国回收式卫星，发射回收圆满成功。卫星按时返回地面，舱体完好地降落在贵州关岭。

张爱萍对国防科研系统的整顿，使中国的国防力量又增加了可靠的盾牌。从1972年到1974年的三年间，由于“文化大革命”的干扰破坏，国防科研系统仅发射过一次人造卫星，且以失败告终，而1975年由于进行了全面整顿，国防科研系统在一年内成功发射了三颗卫星，返回式卫星发射试验成功。

在邓小平主持中央工作、进行“全面整顿”中做出了突出贡献的第四位先锋是当时担任教育部部长的周荣鑫。

周荣鑫，山东蓬莱人。1937年加入中国共产党，是人们称为“三八式”的抗战干部。抗日战争和解放战争时期，历任中共中央党校教务处干事、中共河北省行唐县委组织部部长、张家口平绥铁路局党委书记、中共晋察冀中央局党校教务主任、中共晋察冀中央局和中共华北局副秘书长。中华人民共和国成立后，历任中央人民政府财经委员会副秘书长，建筑工程部副部长，中共浙江省委常委，中共浙江大学委员会书记、浙江大学校长，国家教育部副部长，国务院副秘书长，国务院秘书长，中共中国科学院核心小组副组长等职务。

教育系统自“文化大革命”以来，是深受“四人帮”之害的重灾区，被“四人帮”糟蹋得不像个样子。全国几乎所有的大、中、小学校，都是校舍破旧，门窗破烂，校园里荒草遮地，门可罗雀。大批学校被解散、关闭、迁移，校舍被挪作他用。无论大、中、小学校的领导干部，在“文化大革命”中一律被打成“走资本主义道路的当权派”，受到批斗、迫害，大批学有专长的、有事业心、有责任感的骨干教师，被打成“修正主义教育黑线的黑干将”扫地出门，在校的教师不敢教，学生不能学……具有五千多年悠久的光辉灿烂的文明历史的中华民族，由于“文化大革命”的严重摧残，教育事业已经到了崩溃的边缘。

中国的教育事业亟待彻底整顿！

就是在这样的情况下，周荣鑫肩负着周恩来总理、邓小平副总理交给的整顿教育事业的重任，到教育部上任了。

周荣鑫担任教育部部长后，首先广泛调查研究，听取各方面对改变教育界现状的意见。他多次召开教育部和部属单位、大专院校的干部、教师座谈会和汇报会，深入了解教育界亟待解决的严重问题，然后提出解决问题的正确主张。在调查研究中，他深深地感到“文化大革命”对教育界的危害太严重了，必须从根本上予以整顿。

周荣鑫在一系列讲话中，严厉批驳了张春桥在《论对资产阶级的全面专政》一文中，对教育界、对整个上层建筑领域的诬蔑。周荣鑫说：

“到底在上层建筑对资产阶级全面专政怎么专法？专对了没有？为什么提出这个问题？”

“教育与经济基础，哪些相适应，哪些不相适应？现在一讲教育，好像一文不值了，成不成？”

周荣鑫大胆地为知识分子说公道话，痛斥了“四人帮”对中国知识分子的诬蔑。他说：

“不能一提知识分子就骂一通，这样符合不符合主席的方针？”

“毛主席当时讲的500万，是指旧社会来的知识分子。现在我国有2500万知识分子……是否大多数都是资产阶级知识分子？”

周荣鑫认为，办学校就是要培养干部和各种专业技术人才，不然办大学干什么？他说：

“工农兵学员上了大学就不能当技术员，不能当干部，只能回去当工人农民，这样成不成？”

“我们现在学校有没有培养干部的任务，不培养干部办大学干什么？”

周荣鑫尖锐地抨击了“文化大革命”把过去抓教学质量全盘否定为“智育第一”的错误做法，他说：

“根本不要文化，就讲培养有社会主义觉悟的劳动者，行吗？”

“老说过去是‘智育第一’，根本不是。”“贫下中农为革命种田，工人为革命做工，学校为什么就不能提为革命读书呢？”

周荣鑫针对“文化大革命”中批判“知识分子是知识私有”等谬论说：

“有知识的是私有，没有知识的就公有？那不要学校好了！”

周荣鑫旗帜鲜明地质问“四人帮”在教育界的帮派骨干：

“总理的讲话（指周恩来总理关于加强基础理论研究的指示）他们为

什么不贯彻？”

周荣鑫关于整顿教育的一系列讲话，严厉地批判了“四人帮”否定教育、摧残教育、毁灭教育的罪恶行径，触及了教育界问题严重的实质，说出了教育界广大干部、教师、知识分子的心里话，也说出了广大学生和学生家长的心里话，振聋发聩，受到教育界干部、职工、学校师生、学生家长的热烈欢迎。

在深入、全面调查研究的基础上，7月19日至8月15日，周荣鑫主持召开了在国务院研究长远规划的务虚会上成立的文教规划务虚小组会议，会议按照实现四个现代化的任务，研究了文化教育长远规划的方针、政策、综合平衡、奋斗目标和为此而应采取的重大措施等重要问题。会议在整顿教育问题上取得了比较一致的意见，指出：要从指导思想等方面，解决不少单位不敢提智育、文化，在科学研究和教学工作中忽视基础科学，以及只顾当前、不顾长远等倾向的问题。

1975年9月，邓小平在全国农业学大寨会议上，明确提出要在全国各个领域进行全面整顿，“我们的文化教育也要整顿”。9月26日，邓小平在听取胡耀邦关于中国科学院工作汇报时指出：科技事业要后继有人，中心是办好教育，我们有个危机，可能发生在教育部门，把整个现代化水平拖住了。他又说：教师地位问题，只挨骂，几百万教员怎么能调动积极性？邓小平还提出：要选数理化好的高中生，直接进入科技大学。

邓小平针对教育界问题所作的重要指示，对周荣鑫，对整个教育界震动很大，产生了极大的鼓舞作用。对加快教育界的整顿步伐，是个强有力的推动。10月份，在周荣鑫的主持下，教育部针对“文化大革命”以来教育界存在的严重问题，开始起草教育工作汇报提纲，准备向国务院汇报后，经过中央批准发向全国，大刀阔斧地对教育界进行彻底整顿。

周荣鑫在教育界的整顿，确实收到很大成效。大学开始讲授基础课、专业课，中、小学开始按照德育、智育、体育全面发展的教育方针，对学生进行正规化教学。在许多中学，地理、外语等早已被取消了的课程又重新被恢复起来。教学秩序逐步走向正规，校园里又响起了琅琅的读书声。当1977年中共中央决定恢复大学招生制度后，1977级、1978级两届大学生中间，有相当多的一批人，是来自1975年教育整顿中的中学生。正是他们在那时学到的基础知识，在考大学时派上了用场。这些专业知识帮助他们跃入“龙门”，成为粉碎“四人帮”后，经过考试招入大学的最早的两届大学生。

在邓小平主持中央工作，于1975年对全国各个领域进行“全面整顿”时，还有许许多多像万里、胡耀邦、张爱萍、周荣鑫这样的代表着“中华民族的脊梁”的高级党、政、军领导干部，奋战在全国“全面整顿”的各个“战场”上。

这些领导干部重新恢复工作以后，看到各个方面被“文化大革命”搞得混乱不堪，无不痛心疾首，寝食不安。邓小平下令整顿，正合他们的心愿。他们一个个以“不怕第二次被打倒”的大无畏精神，置个人的荣辱安危于不顾，挺身而出，冲锋陷阵，在中国现代历史上写下了一篇篇气冲霄汉的壮丽篇章。他们在1975年全面整顿中所展示出来的那种无私无畏的牺牲精神，一往无前的奋斗精神，勇于战胜一切困难、藐视一切困难的拼搏精神，堪为一切领导干部的楷模。

中国人民不会忘记他们！

历史不会忘记他们！

1991年8月，邓小平在一次同几位中央负责同志谈话中，谈到要注意发现和使用人才的问题时，说：“的确是人才难得啊”；“一个人才可以顶很大的事，没有人才什么事情也搞不好”。他以1975年搞全面整顿为例子说：“1975年我抓整顿，用了几个人才，就把几个方面的工作整顿得很有成效，局面就大不一样。”[①]邓小平在这里讲的1975年抓整顿中用的“几个人才”，显然就是指的万里、胡耀邦、张爱萍、周荣鑫等在全面整顿中

---

① 《邓小平文选》第3卷，北京，人民出版社，1993：369页。

做出了突出贡献的一批领导干部。

在全面整顿中，邓小平特别强调，要加强党的领导，反对派性，把毛泽东同志树立的优良作风发扬起来。他多次指出，这个问题，全党同志要注意，特别是中央委员、高级干部，更要注意。

由于“文化大革命”搞乱了党的组织，一些地方出现了严重的组织不纯、党员不纯、干部不纯的状况。针对这些情况，邓小平提出了组织整顿的任务。1975年7月17日，中共中央批准中共浙江省委的报告，肯定了他们对突击入党、突击提干的一些人抓紧教育，严肃处理的做法。中共中央批语指出，在全国范围“对党组织从思想上组织上进行一次整顿是十分必要的”。

根据中共中央军委扩大会议精神和中共中央批转浙江省委报告精神，中央各部门和各地区对各级领导机构开始进行整顿，对在“文化大革命”中所谓“造资产阶级反动路线的反”“斗走资本主义道路当权派”“夺走资本主义道路当权派的权”的火线上“突击入党”“突击提干”的一些党员和干部，进行了教育，并作了严肃慎重的处理。

邓小平非常关心地处西南边陲的云南省领导机构的整顿，逐步纠正“文化大革命”中发生的错误。在中央、毛泽东和邓小平直接关心下，《中共云南省委常委扩大会议向中央的报告》得到批准。这个报告，第一次提出了纠正云南发生的“划线站队”等一系列错误，认真落实党的政策。尽管后来因邓小平再度被错误打倒，贯彻这一文件的工作受到挫折，但封冻多年的坚冰毕竟已经被打破，1978年中共十一届三中全会以后，这个文件的基本精神继续得以贯彻落实，恢复了其历史本来面目。

邓小平对恢复“文化大革命”中受到批判、遭到迫害的老干部的名誉和工作极为重视，为发挥广大知识分子、专家、学者建设社会主义的积极性进行了不懈的努力。邓小平主持工作以后，中央提出要进一步落实党的干部政策和知识分子政策，对一大批尚未“解放”和尚未安排工作的干部进行“解放”，使之重新走上领导岗位。同时，为大批专家、教授和知识分子恢复了工作。对“文化大革命”中造成的冤、假、错案继续进行平反。1975年7月2日，毛泽东在中央军委关于贺诚（总后勤部原副部长）任职的报告上批示：“贺诚无罪，当然应予分配工作。”[①]当时，毛泽东在另一个批示中指出：“周扬一案，似可以从宽处理，分配工作，有病的养起来并治病。”[②]在此期间，根据毛泽东批示的精神，在邓小平的主持下，一批老干部相继被从监禁中放出来治病或分配工作，重新获得了政治上的解放和工作的权利。

① 毛泽东：《建国以来毛泽东文稿》第13册，北京，中央文献出版社，1998：432页。

② 毛泽东：《建国以来毛泽东文稿》第13册，北京，中央文献出版社，1998：441页。

第二十三章　高屋建瓴　整顿军队

1975年，全国各个领域的全面整顿逐步深入。这时，由中共中央副主席、中央军委副主席叶剑英、邓小平主持，军队的整顿工作也全面开始。

人民解放军是人民民主专政的坚强柱石。人民军队在新民主主义革命时期、社会主义革命和建设时期，都发挥了重要作用，建立了不朽的历史功勋。但是在“文化大革命”中，许多军队领导人受到程度不同的批判、炮轰、揪斗、迫害。林彪集团、江青集团在军队内部煽动派性，拉帮结派，网罗死党，培植亲信，使军队建设受到很大破坏。特别是在“批林批孔”运动中，江青先后以个人名义给空军、全军指战员、某军防化连、海军、南京部队、广州部队等部队的高级领导机关和基层单位写信、送材料，妄图在部队培植“个人威信”，篡夺对军队的领导权。

1974年1月，江青以个人名义给全军指战员写了一封信。全文如下：

洪文、剑英、春桥、小平同志：

首先请代我问候全军同志们春节好！

相当长的时间了，从许多材料看来，全国范围内的批林整风运动的发展是很不平衡的，批孔则更是深入不下去，而林彪的思想体系和孔老二的关系，更是不清楚。北京大学、清华大学搞的《林彪与孔孟之道》和《名词简释》是可以帮助同志们解决这个问题的。因此我特请谢静宜、迟群二位同志向全军指战员宣读中央的通知。他们已下过连队蹲点，取得经验，可能对全军有所帮助。批林批孔是全党、全军、全国人民的大事，这是使国内外帝修反惊恐的事，全国党、政、军、民、学通过这个学习，会取得更大的团结和胜利！

现送上《林彪与孔孟之道》《名词简释》各200份，《五四以来反动派、地主资产阶级学者尊孔复古言论辑录》20份、《鲁迅批判孔孟的言论摘录》和《反动阶级的圣人——孔子》各1份，供同志们参考。文件、文章的份数是不足的，但是可以翻印。有什么问题报中央，我们也要和同志们一起学习，我们将努力解释同志们提出的问题。

我相信同志们会努力学习，保持我军优良传统，破除迷信，解放思想，知难而进，没有攻不克的堡垒。只要坚决执行毛主席的革命路线，将批林批孔的斗争进行到底，胜利一定是属于我们的。任务是很艰巨的，但也是光荣的！

毛主席说要能文能武，常恨隋陆无武、绛灌无文。中国人民解放军是我国无产阶级专政的柱石，学得文武全才，方能完成毛主席、党中央交给我们的任务。

致

无产阶级革命的敬礼！

江青

1974年1月24日

从这封信中可以看出，江青俨然以党和国家领导人自居，摆出一副居高临下的姿态，把个人放在中央军委之上，想对军队发号施令了。

在批林批孔运动中，江青还多次派人到海军、空军等单位“放火烧荒”“点火放炮”，制造动乱。王洪文、张春桥也多次攻击总参谋部领导“右倾手软”，右得不能再右了；对总政治部“可以夺权”；总后勤部“垮得越彻底越好”。他们拉拢煽动一些人，在部队互相“串联”，唯恐天下不乱。“四人帮”的目的，是妄图借“批林批孔”运动之机，在部队煽起动乱，以便乱中取利、乱中夺权。

为了解决“文化大革命”和“批林批孔”运动给军队建设带来的严重问题和军队建设中存在的其他问题，消除林彪集团、江青集团在军队的恶劣影响，邓小平在刚刚担任中共中央副主席、中央军事委员会副主席兼中国人民解放军总参谋长之初，就于1975年1月25日在中国人民解放军总参谋部机关团以上干部会上提出了“军队要整顿”的问题。

邓小平在这篇题为《军队要整顿》的讲话中，首先指出了军队中存在的问题，传达了毛泽东关于“军队要整顿”的指示。指出：

我们这个军队有好传统。从井冈山起，毛泽东同志就为我军建立了非常好的制度，树立了非常好的作风。我们这个军队是党指挥枪不是枪指挥党。经过长期反对军阀主义的斗争，军队内部很团结，联系群众也很好。可是从1959年林彪主管军队工作起，特别是在他主管的后期，军队被搞得相当乱。现在，好多优良传统丢掉了，军队臃肿不堪。军队的人数增加很多，军费开支占国家预算的比重增大，把很多钱花费在人员的穿衣吃饭上面。更主要的是，军队膨胀起来，不精干，打起仗来就不行。我想军队要整顿。军队的总人数要减少，编外干部太多要处理，优良传统要恢复。这就有大量的工作要做。总参谋部、总政治部、总后勤部的责任更大，三个总部本身首先要整顿。[①]

接着，邓小平提出了军队整顿的任务，“一个是要提高党性，消除派性；一个是要加强纪律性”，“还有一些问题也要解决，如落实政策”等

① 《邓小平文选》第2卷，北京，人民出版社，1994：1页。

等。①

最后，邓小平强调：

我们总参谋部，顾名思义，就是要给党中央、中央军委当好参谋，给我们军队的统帅毛主席当好参谋。毛泽东同志过去批评总参不参。这个状况要改变，有一系列工作要做。现在是问题成堆。我们总参谋部一定要按照毛泽东同志制定的军事路线、建军原则，好好地清理一下，使我们真正起到参谋的作用。

今天就是同大家见个面。军队究竟怎么搞法，这个问题以后还要议。但是我想，刚才说的军队要整顿，要安定团结，要落实政策，这些原则是不会错的。为了做到这些，我们要增强党性，消除派性，加强纪律性，提高工作效率。希望我们总参谋部所有的干部，本着这样的精神团结起来，把工作做好。②

为了全面部署对中国人民解放军的整顿工作，在中共中央副主席、中央军委副主席、国防部部长叶剑英，中共中央副主席、中央军委副主席兼中国人民解放军总参谋长邓小平的主持下，1975年6月24日至7月15日，召开了中央军委扩大会议。中央军委扩大会议开始后，以毛泽东提出的“军队要统一”“军队要整顿”为指导方针，讨论解决军队的整顿问题，即改正不正之风和压缩军队定额、调整编制体制、安排超编干部的问题。

7月14日，中共中央副主席、中央军委副主席邓小平在军委扩大会议上作了《军队整顿的任务》的重要讲话。

邓小平在讲话中，以一贯的敢于揭露矛盾、敢于正视问题、敢于批评错误的独特风格，讲了五个方面的问题。即：1.我们军队的状况；2.军队要整顿；3.军委的工作；4.整编中的干部问题；5.高级干部的责任。

在“我们军队的状况”中，邓小平在充分肯定“我们的军队不管是建

① 《邓小平文选》第2卷，北京，人民出版社，1994：2页。
② 《邓小平文选》第2卷，北京，人民出版社，1994：2~3页。

国以前，还是建国以后到现在，总的状况是好的，是经得起考验的”的前提下，着重讲了军队建设中存在的问题。他说：

今天，我想着重讲一讲军队还有什么问题。我的意思是，因为军队受的赞扬太多了，所以不能只报喜不报忧。由于林彪一伙的破坏，军队建设中确实存在不少问题，在座的许多同志也有这个感觉。我想了一下，有五个字：肿、散、骄、奢、惰。当然，全军总的面貌不是这样。但是从部分单位来说，从部分同志来说，是存在这五个字的。

一是有点肿。这次会议研究精简整编，就是解决肿的问题。不能说每一个师的部队都是肿的，但整个军队确实有点肿。

二是有点散。主要表现在有派性和组织纪律性差这两个方面。我们的军队历史上是由各个山头、五湖四海集中起来的。过去，有三个方面军，每个方面军又是由好多山头结合起来的，这就自然地不同程度地产生了山头主义。毛泽东同志在延安整风时，号召反对宗派主义，解决全党和各个地区特别是军队里的山头主义。经过整风，从1941年算起，差不多三四年时间就解决了。整风后，不管是军队干部，还是地方干部，拧成一股绳，力量多大呀！所以把仗打胜了。以后，军队里就再没有提出反对宗派主义的问题。那么，现在为什么又要提出这个问题呢？这是军队在支左当中出现的新问题。军队支左，许多人也卷到派性里面去了。一些人卷到这一派里，另一些人卷到那一派里。军队的权力大得很，变成了派的后台，以后把派性带回到军队，在军队内部不少单位也分成了两派。现在，“文化大革命”已经九年了，军队还有相当一部分人没有摆脱派性，这一点影响了我们军队本身的团结。派性在军队里存在是很危险的，说严重一点，这种现象是不能容忍、也不应该容忍的。现在，军队里总有少数人喜欢垒点山头，喜欢搞那么一个小圈子，喜欢那些吹捧自己的人、听自己话的人，任人唯亲。其实，那些常常吹捧人的人是特别值得打个问号的。但是，我们有的同志就喜欢别人吹自己、捧自己，不善于搞五湖四海，不善于团结不同意见的同志。山头就是这样不自觉地垒起来了。在北京，有的单位就有这样的同志，有的甚至还是高级领导干部，他们就喜欢这样搞，经过“艰苦奋斗”，把和自己意见不同的同志弄走，找一些听他话的人，搞这样的班子。这不是垒山头吗？这不是搞宗派吗？讲落实政策，讲了多少年，好多政策不能落实，闹派性是一个重要的原因。有些部队的派性回过来又影响到地方，使地方的派性问题也不能解决。支左部队撤出地方，人走了，影响还在。所以我们说，地方的问题与军队有关。

有许多同志感到，现在军队组织纪律性差，什么下级服从上级呀，个人服从组织呀，都不管了。过去军队组织纪律性是很强的，命令一下，二话不说就行动嘛。现在不行，不只是个人，甚至有的单位也违抗命令。组织纪律性差同派性有关。他们考虑的不是革命整体的利益，而是他们那一派的利益，个人利益、小宗派利益高于一切，要名，要利，要地位，不满足就不高兴，甚至不服从调动。现在，要调动一个人可不容易。许多人都喜欢留在大城市，特别是喜欢留在北京，要调到别的地方去，很困难，说什么身体不好，调到外地心脏病肯定要复发，可是在北京，心脏病就好了。总之，理由多得很。

现在不只是组织纪律差，政治纪律也差。比如，中央说要落实政策，他就是不干。这是什么问题？这就是政治纪律问题。又如，要军队同志帮助地方消除派性，使群众团结起来，可是有些同志就是不执行这个方针。这是组织纪律问题，又是政治纪律问题。

最近，中央连续发了几个文件，都提出要解决领导班子问题。领导班子软懒散的问题，地方有，军队也有。军队有相当多的散班子，也有相当多的懒班子，恐怕软班子占得更多。这段时间，地方上对这些问题解决得比较好，比较快，军队慢了一点。

三是有点骄。骄的问题我们军队历来就有。战争年代军队出力大，牌子硬，名誉好，就容易骄。这种情况，经过多年纠正，比较好了。但是应当指出，在“文化大革命”中又出现了新的情况。军队支左，权力大得很。大权在握，加上其他一些原因，在军队一部分人中，滋长骄气。有的甚至不只是骄气，而是骄横。有的人喜欢指手画脚，把群众路线的优良传统也丢掉了。现在，军队的团结，军政、军民的团结，都存在不少问题。有的部队内部相互之间的关系相当紧张，军政之间、军民之间的关系也相当紧张。过去军队同志坐公共汽车，向来是给老人、带娃娃的妇女让座位的，现在有的不让了。有个战士坐车，一位妇女抱着娃娃，他不让座，娃娃哭了他也不理，旁边有位老人说，雷锋叔叔不在了。从这个事情上是可以看出问题的。我们军队在这方面本来有很好的传统，现在，不讲团结，不讲纪律，三大纪律八项注意至少有某种程度的丧失。有的人发展到追求资产阶级生活方式，艰苦奋斗的传统作风丢掉了。这方面的例子多得很。如果认为这些都无关紧要，没有警觉，那是很危险的。

四是有点奢。上面讲到有的人追求资产阶级生活方式。他们有的闹享受，闹待遇，一切都向高级发展，住房子越多越好。有的甚至公私不分，没有什么界限了。有的部队请客送礼，修建楼堂馆所。这些现象相当厉害，而且还在发展，并没有刹住。军队搞奢侈，有好多的事是违反政策的。有些人从地方上随便拿东西，或者低价购买。有的拿了东西连个手续都没有。军队执行毛泽东同志的五七指示，办了不少农场、企业，这是好事。但要提醒同志们注意，必须真正执行五七指示的精神。现在有的农场、企业赚了钱，随便开支，有的领导干部还互相争批条子的权力，这种情况要整顿。地方的房屋、土地，军队占得太多，地方很有意见，该还的就应该还嘛。有的房屋、土地，因为过去地方没有用，军队就拿过来了，但也有是霸占的。关于奢的例子，我想哪一位同志的脑子里都装了一大堆，我就不多讲了。

五是有点惰。惰性，不只是在一些人身上存在，甚至有些机关也不同程度地存在。有些高级干部革命意志衰退，追求个人利益，不注意保持革命晚节。有的人小病大养，无病呻吟，官僚主义，工作不努力，不踏实，不深入基层，不亲自动手，不动脑筋，靠秘书办事，讲五分钟话都要人家写成稿子照着念，有时还念错了，这是思想懒惰。有的人怕字当头，不敢办事，不敢讲话，怕讲错了挨批。共产党员为什么怕？为什么不敢讲话？为什么不敢负责任？这样，难道自己就没有责任？写出来照着稿子念就没有错误？我看起码是文风不好。写的稿子都是照着报纸抄的，那不是八股？这些问题的产生，除了个人的思想原因之外，组织上支持帮助不够也是一个原因。所谓帮助，也包括批评，批评也是帮助。中央有责任帮助各省，军委有责任帮助各军区、各军兵种。要敢于负责，不要怕。错误难免，有错误应该批评，改了就好。

总之，军队总的形势是好的。现在是有点肿、散、骄、奢、惰。尽管是部分的，但是不可忽略。[①]

对上述问题，邓小平在讲话中逐一进行了深入分析，尖锐地提出了批评，指出了解决问题的办法。

在“军队要整顿”中，他指出：军队整顿什么？就是整上面讲的那五个字。这次会议我们搞编制，就是整肿字。但不只是整肿，同时还要注意散、骄、奢、惰，要联系起来解决。解决肿的问题，搞好军队的编制整顿、体制整顿，可以适当解决军队的其他问题。比如，这次整编，要配备、健全各级领导班子，就要同时注意克服散字、惰字，解决软班子、懒班子、散班子的问题。这一次编制要严格搞，要切实遵守编制。可以说编制就是法律。总不能像过去那样随便要战士为自己服务吧！规定配一个秘书，就不要用多了嘛。秘书少一点有好处，自己亲自动手，勤恳一点，多动一点脑子，对自己好处多啊！加强各级领导班子，选人要选得对，要好好了解。这次整编，一直到连的干部都要选得比较好，更不用说营团以上的干部了。军队整顿当中，还要加强干部学习，增强党性，反对派性，加强纪律性，发扬艰苦奋斗的传统作风。[②]

在“军委的工作”中，邓小平指出：军委常委的同志已经商量过，军

① 《邓小平文选》第2卷，北京，人民出版社，1994：15~19页。

② 《邓小平文选》第2卷，北京，人民出版社，1994：20页。

委工作实际上就是两件事：第一件是“军队要整顿”；第二件是“要准备打仗”。这两件事都是毛泽东同志讲的，我们军队工作的纲就是这个。[①]

在“整编中的干部问题”中，邓小平指出，干部要调整、交流，“首先自上而下地调整好各级领导班子”，要设顾问。

在“高级干部的责任”中，邓小平强调，军队高级干部的责任，是要把几十年来人民军队形成的优良传统传下去，使之得到继承和发扬。他说：

搞好军队的责任首先在我们到会的同志，扩大一点，到军以上的主要成员。我们这些人把军队带好了，我们党的一套优良传统就能保持好，军队就会非常团结、非常有战斗力。如果我们这些人搞得不好，就会把军队带得很不好，存在的一些问题就会发展。现在确实有些值得注意的现象，我们都担忧啊！过去几十年，军队总的是很好的，我们是出了力的，功劳是有份的。现在军队一些不好的现象能不能克服，几十年的优良传统能不能继承和发扬，主要靠我们这些老同志的传帮带。只要大家带头努力，做到毛泽东同志说的八个字，团结、紧张、严肃、活泼，我看，军队的问题是不难解决的，党的路线、方针、政策是可以贯彻好的。

在讲话结束的时候，邓小平号召与会同志和全军指战员，要按照毛泽东同志说的去做：“发扬革命传统，争取更大光荣。”[②]

---

① 《邓小平文选》第2卷，北京，人民出版社，1994：20~21页。
② 《邓小平文选》第2卷，北京，人民出版社，1994：24页。

第二十四章　调整军队有关领导机关负责人

1975年7月15日，中共中央副主席、中央军委副主席叶剑英在军委扩大会议上作了总结讲话，对军队整顿问题作了具体部署。

邓小平、叶剑英的重要讲话，为军队整顿指明了方向，是中国人民解放军建设史上具有重要指导意义的历史文献。王洪文、张春桥也出席了军委扩大会议，但他们知道自己在这次会议上没有什么“发言权”。整个会议期间，他们一言未发，平时那种嚣张气焰完全被会议的凛然正气所压倒。

7月19日，经毛泽东批准，中共中央向全党转发了中央军委《关于压缩军队定额、调整编制和安排超编干部的报告》《叶剑英同志在军委扩大会议上的总结讲话》《邓小平同志在军委扩大会议上的讲话》。

根据中共中央要求，军委扩大会议精神在全军传达贯彻，进行落实，受到全军指战员的坚决拥护和热烈欢迎。军队工作迅速走上全面整顿的轨道。

在贯彻军委扩大会议精神过程中，中央军委迅速对军队各大单位的领导班子进行了调整，把一批追随“四人帮”搞乱军队、大搞资产阶级派性的人调整了下去；同时要求军队一些负责同志警惕“四人帮”。落实干部政策方面，也取得了很大的进展，解放了一大批在“文化大革命”中受到迫害的高级领导干部，恢复了他们的工作，叶剑英1977年在谈到这段历史时说：正是这次军委扩大会议的召开和贯彻会议精神，对我们后来顶住“四人帮”的篡党夺权阴谋起到了极为重要的作用。

历史证明：1975年的军委扩大会议，是中国人民解放军发展史上一次具有重大现实意义和深远历史意义的会议。这次会议对保持军队的纯洁和稳定，对以后党和人民顺利地粉碎“四人帮”、结束“十年内乱”的混乱局面，都起了非常重要的作用。

昆明军区的防区地处祖国西南部边疆，担负着重要的国防任务，面对东南亚国家，一举一动都有一定的国际影响。“十年动乱”中，这里也成为江青集团煽动的“打倒一切、全面内战”所造成的“重灾区”。为了加强对昆明军区的领导，中央军委于1975年8月调整了昆明军区的领导班子，并从北京派刘志坚到昆明军区担任政治委员。刘志坚回忆说：

“文化大革命”中，我受林彪、江青反革命集团迫害而被错误关押、批斗了7年零9个月。1974年9月下旬，解除关押的第三天，小平同志就找我谈话，谈对我的工作安排问题。在这之前，小平同志已经批示过：“志坚同志到总政到哪里都可以。”叶剑英元帅也两次找我谈工作安排问题。说实话，经过那么一场劫难，自己有很多想法。在“文化大革命”初期，我是总政治部第一副主任，当了7个多月的“中央文化革命小组”第三副组长，4个多月的全军“文化革命”小组组长。那是一个是非颠倒、黑白混淆的年代，面对瞬息万变、云谲波诡的形势，我努力协助几位老帅做稳定部队的工作。因此，江青、康生一伙把我看成是眼中钉，给我扣上所谓“刘邓资产阶级反动路线在军队的代表”“中央文革的奸细”等等莫须有的“罪名”，关押审查，残酷迫害。这次受尽折磨，大难不死，乍一解放出来，不禁冒出过一点消极想法，不愿再任领导职务，只想做点研究工作。当我把这些想法向小平同志讲了后，小平同志笑了笑，用犀利的目光看着我说："哦，想逃避，逃得了吗，我就逃不掉嘛！"一句话，点到了我思想深处。是啊，小平同志几落几起，"文化大革命"中更经历了他革命生涯中最艰难、最曲折的时期。但他坚忍不拔，斗志弥坚。这次复出后，依然一往无前，力挽狂澜，冒着再一次被打倒的风险，同"四人帮"进行了针锋相对的斗争，对"文化大革命"以来所造成的严重混乱局面，进行了大刀阔斧的整顿，为了国家和人民的利益，置个人荣辱安危于度外。他给全党树立的榜样，使我顿觉勇气倍增，头脑里闪现过的消极想法一扫而光。

小平同志最后说，已经决定你去军事科学院任政治委员。我到军事科学院工作不足3个月，一天，小平同志又找我谈话。他说，经过"文化大革命"的折腾，昆明军区比较乱，决定你去当政委，要抓紧对部队进行整顿。我知道小平同志是个深思熟虑的人，叫我去当政委是小平同志的信任，只是感到有点突然，对昆明军区派性问题也早有耳闻，对怎么下手收拾那时的混乱局面，心中无数。正在犹豫时，小平同志显然看出了我的心思，指点我说："你去要注意三点：第一，首先把军队的事办好；第二，军队不搞派性；第三，军队与地方派性脱钩。"言简意赅，切中要害，为我到昆明军区做好工作指出了方向。我知道，只要照小平同志的指示去做，肯定奏效。到昆明后，我认真贯彻落实小平同志的三条指示，短短几个月就稳住了阵脚，使昆明军区的工作走上了正轨。①

凡是长期与邓小平有过接触的高级干部都有一个共同的感觉：就是邓小平在谈话中善于洞察一切、善于了解事物的本质、善于敏锐地抓住事物的关键，拨云见日。无论多么纷繁复杂的事情，邓小平都能在谈话中抓住实质，抓住关键，抓住要害。与邓小平谈话，即使仅仅三言两语，也会令人立即感到茅塞顿开，大彻大悟，使人永远难以忘怀，受益无穷。

---

① 中共中央文献研究室编：《回忆邓小平》上册，北京，中央文献出版社，1998：1992~1993页。

在中共十四大上当选为中共中央军事委员会副主席的张震上将当时任武汉军区副司令员。他回忆当时的情况时说：

“文化大革命”期间，小平同志受到错误的批判和斗争，离开了党和国家的领导岗位。那时，我也被“造反派”关起来了。1971年“九·一三”事件后，我恢复了工作，到武汉军区当副司令员，但随即在葛洲坝工程搞了两年，从1973年起重新接触军队工作。看到部队由于受林彪、江青集团的干扰破坏，一些非常好的制度、传统和作风丢掉了，训练也很少有人抓了，军政素质下降的情况，内心感到非常焦急和忧虑。就在这时，小平同志出任军委领导职务，明确提出“军队要整顿”，“要把训练放在战略问题的一个重要位置上”。小平同志的指示抓住了整军治军的关键环节，使我们这些同志的精神为之一振。有了小平同志的支持，大家把训练作为一项重要工作来抓，大办教导队，很快取得了明显的成效，有力地推动了部队各项工作的协调发展。

1975年7月，我接到军委的通知，来北京后，粟裕同志代表军委与我谈了话。他说军委决定我到总后勤部工作。我感到很突然，表示自己没有做过后勤工作，怕做不好。粟裕同志讲，这次工作调动是小平同志点的将。因为现代条件下作战，后勤问题越来越重要了，你长期从事军事工作，到总后勤部正可以发挥你的长处。他还介绍了当时周恩来总理病重、毛泽东主席批评“四人帮”以及“四人帮”加紧夺权的政治形势。我表示在小平同志领导下，一定要干好工作，同时也对时局深感忧虑。果然，我到总后勤部工作不久，“四人帮”就发起了“批邓”“反击右倾翻案风”，小平同志领导的各项整顿被迫中断，形势发生了逆转。这期间中央召开的一次会议上，我看到了小平同志，他虽然沉默寡言，但表情依然十分坚毅。我问他身体好吗？他说，还好。我说，你多保重，留得青山在，不怕没柴烧。小平同志沉思着，没有吭声。我想，他一定明白了我话中的意思。①

---

① 中共中央文献研究室编：《回忆邓小平》上册，北京，中央文献出版社，1998：53~54页。

当时任中国人民解放军空军政治委员、空军党委第一书记的张廷发回顾1975年中央军委扩大会议前后的情况时说：

1975年夏秋之交，是我们党、军队、国家至关重要的历史时期。在这关系到党、军队、国家命运的严峻时刻，邓小平交给张廷发一项事关能否保住党对空军的领导权不被野心家夺去的重要任务。

当时，党和国家的政治形势非常紧张。毛泽东主席病重，周恩来总理病危，江青等人加紧实施篡党、篡军、篡国的阴谋。争夺军队，成为同“四人帮”斗争的一个焦点。

空军有几十万人，那么多作战飞机，部队遍布全国，是解放军的重要组成部分，所以也是“四人帮”要争夺的一个重要目标。

1974年江青给空军写信、送材料、派联络员，煽动军队“放火烧荒”，搞“三箭齐发”，点名攻击军队领导机关。毛泽东主席及时发现了江青一伙的阴谋，严肃批评了他们，材料不学了，联络员撤销了，但被江青指定在空军当联络员的那个人，原先就是空军司令部的干部。联络员的名分虽没有了，但这个人还在空军做业务工作。空军领导人的一言一行，都在他的视线之内，他随时可以向江青报告。

这时，邓小平担任了中共中央副主席、中央军委副主席兼总参谋长。他采取一系列措施，消除江青一伙的流毒和影响，特别是他和叶剑英副主席一起共同主持召开了1975年7月的中央军委扩大会议，两位副主席旗帜鲜明地提出军队要整顿。邓小平以他一贯的抓本质、抓主流的作风，在整顿中抓了影响全局的中心环节。7月14日，邓小平在军委扩大会议上讲话，以他无产阶级革命家的大无畏精神，顶住江青一伙的压力，坚定地说：“在步骤上，我建议首先自上而下地调整好各级领导班子。”会后，经毛泽东主席批准，邓小平和叶帅一起迅速地调整了军队一些大单位的领导班子，把一些追随江青、坚持派性的人调下去，把那些党性好、作风好、团结好、能艰苦奋斗的人选进了领导班子。

8月，中央军委根据邓小平在军委扩大会议上的讲话精神，调整和加强了空军的领导班子。在空军领导班子中增加了被林彪、“四人帮”打成“杨、余、傅反党集团”的余立金，任命余立金为空军第二政治委员兼民航总局政治委员。

10月1日，中央军委发出命令，任命张廷发为空军政治委员、空军党委第一书记。

中央军委对张廷发的任命下达之初，邓小平把张廷发找去，当年见面的情形，张廷发一直记忆犹新。

那天，张廷发正在北京南苑机场，同部队同志一起研究机场建设和飞机噪音扰民问题。

邓小平办公室的电话打到机场找张廷发，说：“小平同志请你来一下。”

当天下午，张廷发来到邓小平住处。

在客厅里，张廷发向邓小平敬了发自内心的崇敬的军礼，深情地凝视革命战争年代的老领导。这是邓小平自“文化大革命”中被打倒又复出后，张廷发第一次到邓小平家里去见他。经过那场暴风骤雨式的磨难，邓小平的身体看起来依然那样结实，目光犀利，神采奕奕。邓小平没有客套话，这是他几十年来的习惯，说话谈问题，总是开门见山，抓住要害。

邓小平对张廷发说：“你现在是空军主要负责人，你对当前空军的工作有什么打算？”

张廷发简要地汇报了空军工作的情况和问题之后，胸有成竹地说：“我们准备从整顿入手，对空军的工作进行全面整顿，改变面貌，开创新局面。”邓小平在1975年1月总参干部会上和后来召开的军委扩大会上，都提出军队要整顿。从1975年2月开始，他大刀阔斧地对工交战线和其他部门进行整顿，取得了有目共睹的成效，得到了全国人民的拥护。空军要改变面貌，也只有从整顿入手。

邓小平听了，表示满意。他说：“好，就照这么干。部队要整顿，还是全面整顿好，今天我找你来，就问这件事。你当前的任务，就是要保证党对空军的领导权不被野心家夺去，保证每个空军部队的领导权不被野心家抓走。”

简短的谈话，使张廷发想起30多年前在一二九师，在刘、邓首长身边工作时，参谋人员都知道邓小平政委的特点：办事简单明了，没有多余的话。这次谈话，同当年一样，又一次体现了邓小平善于从千头万绪中抓根本，从战略高度把握大局的领导艺术。

不久，张廷发又见到叶剑英。叶剑英对张廷发讲的第一句话，也是讲领导权问题。他说：“廷发同志，空军的事情，就交给你了。”

叶剑英同张廷发谈话时，特意关上门，把收音机的音量拧到最大。他双手做了一个合围的手势，示意只有把野心家抓起来，党和国家才有安宁之日。归纳中央军委邓小平副主席和叶剑英副主席的谈话，就是两句话：一是保住党对空军的领导权，一是军队要整顿。这两句话，也是两项千斤重担般的任务。张廷发深深感到形势严峻，责任重大。

此时，张廷发思绪万千。联想到1974年，江青一伙那么猖狂，那么嚣张；联想到1975年军委扩大会议后期，叶剑英副主席、邓小平副主席向部分大单位领导同志传达了毛泽东主席对“四人帮”的批评，并严肃指出，绝不容许野心家插手军队，搞阴谋活动。

邓小平的伟大之处，就在于及时洞察“四人帮”的阴谋，在关键时刻，发挥人民解放军在国家政治生活中的坚强柱石作用。稳定军队，关键又在稳定军队各级领导班子，特别是稳定军队大单位的领导班子。部队稳定了，掌握在听党的话的可靠的人手里，就有利于中央一级领导同志同“四人帮”作斗争。这正是邓小平善于把握大局，抓住关键，高人一筹之处。他以战略家的眼光，把握住这场斗争的总体，争取了主动。

1975年年末和1976年年初，邓小平已经很难工作了。江青一伙的猖狂劲又上来了，以为天下是他们的了，要成功了。张廷发参加了1976年1月的那次中央打招呼会议，江青在会上公开点了空军的名，要空军负责人

“转弯子”，这是拉拢空军负责人。拉拢不成，江青、王洪文就一再发难。时不时来个什么“批示”，制造个什么“事件”，扔来一大堆帽子，什么“反党”“反革命”“分裂中央”等等，要空军负责人按他们的口径来“讨论”，并把“讨论”结果报告他们。最紧张的时候，“四人帮”公开把手伸到部队，一面派人到部队暗中“调查”，一面由王洪文出面把空军党委常委找去“谈话”。

好在空军党委常委的大多数同志政治立场是坚定的。大家始终抱定一条，军队应该接受党的绝对领导，坚决听党中央指挥，听中央军委指挥，绝不能违背原则按照“四人帮”的路线另搞一套。空军党委常委的大多数同志横下一条心，对“四人帮”批下来的材料，能顶则顶，能拖则拖，实在不行，应付几句。7月唐山大地震，空军抢险救灾任务很重，空军党委常委一面调动大批飞机和人员抢险救灾，一面遵照邓小平的谆谆教导，密切注视空军部队的稳定，不断提醒干部，一切行动听中央军委的。那段时间，张廷发等人的脑子绷得紧紧的，真是食不甘味，寝不安席。

在最困难的日子里，张廷发等空军党委常委始终牢记邓小平的指示：要保住党对空军的领导权不被野心家夺去，保证每个空军部队领导权不被野心家抓走。再艰难，张廷发也绝不丧失一个老共产党员的党性，绝不屈服于江青一伙的压力。

粉碎“四人帮”前几天，张廷发正在空军总医院住院。叶剑英副主席派办公室主任来医院打招呼。据《叶剑英传》记载：“叶副主席特意派办公室主任到空军总医院看望张廷发，打招呼，病要治，部队也要管，张当天出院。到空军作战值班室坐镇，加强对飞行训练的具体领导。”当时，张廷发对叶剑英办公室主任说：“我懂啦。”他立即想到要防止野心家抓权。一直到中央军委召集驻京部队各大单位领导人会议，当陈锡联代表中央宣布粉碎“四人帮”时，张廷发兴奋得晕倒在地。

1977年，在一次军委会议的餐桌上，邓小平端着酒杯来到张廷发这一桌说："张廷发是准备第二次被打倒的。"

多年以后，回首往事，张廷发自豪地说：我们完成了小平同志、叶帅交给的保住党对空军领导权的任务。[①]

① 根据张廷发的回忆《精神不朽业绩永存》，载中共中央文献研究室编：《回忆邓小平》上册，北京，中央文献出版社，1998：238~242页。

第二十五章　掌控理论工作的主动权

在邓小平的主持下，全面整顿以排山倒海之势、雷霆万钧之力，在全国的各个领域全面展开。全党、全军、全国人民欢欣鼓舞，干劲倍增，国民经济的发展呈现出热气腾腾的喜人景象。这是自1966年“文化大革命”以来的九年间，第一次出现的真正的“大好形势”。

但是，当时的宣传舆论阵地还掌握在“四人帮”的“舆论总管”姚文元手里，整个宣传、理论、思想工作也被“四人帮”所操纵。“文化大革命”爆发后，负责主管宣传、理论、舆论工作的中共中央宣传部，首当其冲，被打成“阎王殿”彻底砸烂。意识形态领域的领导权落到了“中央文革小组”即江青、张春桥、姚文元的手里。中共九大后，“中央文革小组”自行消亡。1970年中共九届二中全会以后，11月6日，中共中央作出《关于成立中央组织宣传组的决定》。规定：中央组织宣传组管辖中央组织部、中央党校、人民日报社、红旗杂志社、新华总社、中央广播事业局、光明日报社、中央马恩列斯著作编译局的工作，工、青、妇中央一级机构和它们的五七干校，以及中央划归该组管辖的单位的工作。原中共中央宣传部、中央政治研究室均取消。中央组织宣传组以康生为组长，组员为江青、张春桥、姚文元、纪登奎、李德生。康生在中共九届二中全会后即称病不出，后来，李德生因调任沈阳军区司令员前往东北，中共中央组织宣传方面的大权遂为江青、张春桥、姚文元所掌握。他们凭借窃取的这一部分权力，呼风唤雨，兴风作浪，搞乱了理论，搞乱了思想，把意识形态领域折腾得不像个样子。

随着全面整顿的深入发展，必然要在意识形态领域拨乱反正，正本清源，把被“四人帮”颠倒了的理论是非、思想是非重新颠倒过来，把被“四人帮”篡夺的宣传理论工作的领导权重新夺回来，使之真正掌握在代表党和人民根本利益的人手里。

1975年6、7月间，根据邓小平的提议，经过中共中央批准，正式成立了国务院政治研究室。在酝酿成立这一机构时，仅仅名称是叫政治研究室还是政策研究室，邓小平就反复考虑了很久，再三斟酌。如果叫政策研究室，顾名思义是研究党的路线、方针、政策的，那就很可能会被“四人帮”找个借口置于他们控制的中央组织宣传组之下。所以，邓小平最后决定叫政治研究室，作为国务院的一个下属机构，由国务院来领导。由此可见，邓小平对成立国务院政治研究室的高度重视。

成立国务院政治研究室，是邓小平由来已久的一个想法。“文化大革命”以前的中共中央政治研究室，在调查研究，制定党的路线、方针、政策，起草中央文件，整理中央领导同志讲话，组织起草重要理论文章等方面，都发挥了积极的作用。所以，1975年1月，邓小平曾约胡乔木谈过一次话，要胡乔木找一些像他那样的“老人马”，出任国务院顾问，像过去钓鱼台的写作班子那样，写一些重要理论文章，如三个世界的划分、苏联的社会性质、战争与和平问题、资本主义世界经济危机问题等。

邓小平强调说：这些都是国内外广大群众迫切需要系统地解答的。从“九评”以后，就很少有那样系统地解答问题的文章了。现在的一般文章，只有结论，没有论证，不能说服人。邓小平要求胡乔木：要写这些文章，要多找一些人，多带一些徒弟，组织一个写作班子。6月份，邓小平

第二次同胡乔木谈话时说：不要叫顾问了，打算成立一个政治研究室……[①]

国务院政治研究室正式成立后，由胡乔木等7人组成领导小组负责日常工作。

这确实正如邓小平要求的那样，是一批像胡乔木一样长期从事中共宣传、思想、理论、新闻等意识形态领域工作的“老人马”。

胡乔木，江苏盐城人。1930年在清华大学加入中国共产主义青年团，1932年转为中国共产党党员，从此，走上职业革命家的道路。曾任清华大学团支部书记，北平西城区团委书记，北平团市委宣传部长。1935年在上海参加社会科学家联盟工作，同年担任中国左翼文化总同盟常委、党团书记。后又任中共江苏省委临时委员会宣传部长。抗日战争时期，先后任陕西青训班副主任、中央青委委员，中国青年联合办事处宣传部长。1941年，开始任毛泽东的秘书，一直到1966年“文化大革命”爆发。1948年后，任新华社社长、中国新闻总署署长、中共中央宣传部副部长、政务院文教委员会秘书长。1954年起，任中共中央副秘书长。1956年在中共八大上当选为中央委员，后任中央书记处候补书记。先后起草或参与起草过《关于若干历史问题的决议》《中华人民共和国宪法》《再论无产阶级专政的历史经验》等中共重要文献和理论文章，参加了《毛泽东选集》第1至4卷的编辑工作。“文化大革命”爆发后，受到冲击，后长期“靠边站”。直到邓小平主持中央工作后，才得以复出，主持国务院政治研究室的工作。

胡乔木长期担任毛泽东的秘书，起草、主持起草或参与起草过许多著名的中共文献和重要理论文章，有“党内一支笔”的美誉，是中共有名的“笔杆子”和理论家，熟悉意识形态方面的工作，具有领导这方面工作的丰富经验。他主持国务院政治研究室的工作后，和领导小组其他同志一

① 中共中央文献研究室：《邓小平年谱（1975—1997）》上册，北京，中央文献出版社，2004：3页。

道，立即全力以赴地投入工作中去，带领政治研究室根据邓小平全面整顿的要求，调查研究，起草文件，撰写理论文章，使政治研究室很快成为全面整顿的“智囊团”。

根据邓小平的指示，国务院政治研究室参加了《毛泽东选集》第5卷和其他毛泽东文稿（如毛泽东读苏联《政治经济学教科书》的谈话）的整理、编纂工作。

《论十大关系》，是毛泽东1956年4月25日在中共中央政治局扩大会议上的讲话。当时，苏联在社会主义建设问题上的一些教训和缺点已经暴露出来。毛泽东在《论十大关系》的讲话中，以苏联的经验和教训为鉴戒，总结了中国社会主义革命和社会主义建设中的丰富经验，全面论述了中国社会主义革命和社会主义建设中的十大关系，提出了适合中国国情的建设社会主义的基本思想。

毛泽东在《论十大关系》中指出：

“最近几个月，中央政治局听了中央工业、农业、运输业、商业、财政等34个部门的工作汇报，从中看到一些有关社会主义建设和社会主义改造的问题。综合起来，一共有十个问题，也就是十大关系。”[①]

“提出这十个问题，都是围绕着一个基本方针，就是要把国内外一切积极因素调动起来，为社会主义事业服务。过去为了结束帝国主义、封建主义和官僚资本主义的统治，为了人民民主革命的胜利，我们就实行了调动一切积极因素的方针。现在为了进行社会主义革命，建设社会主义国家，同样也实行这个方针。但是，我们工作中间还有些问题需要谈一谈。特别值得注意的是，最近苏联方面暴露了他们在建设社会主义过程中的一些缺点和错误，他们走过的弯路，你还想走？过去我们就是鉴于他们的经验教训，少走了一些弯路，现在当然更要引以为戒。”[②]

---

① 《毛泽东著作选读》下册，北京，人民出版社，1986：720页。

② 《毛泽东著作选读》下册，北京，人民出版社，1986：720~721页。

《论十大关系》是预定选入《毛泽东选集》第5卷的一篇重要文章。邓小平对整理这篇文章极为重视。当国务院政治研究室参与《毛泽东选集》第5卷的整理、编辑工作以后，邓小平指定由胡乔木亲自整理这篇重要文章，以便早日公开发表，纠正在“文化大革命”中被“四人帮”搞乱了的理论是非，为全面整顿提供重要的理论武器。

1975年7月上旬，正是邓小平主持的全面整顿在全国各个领域全面进行的关键时刻。《论十大关系》最后由胡乔木主持整理成文稿。邓小平立即给毛泽东写信说：

“这篇东西太重要了，对当前和以后，都有很大的针对性和理论指导意义。”“希望早日定稿，定稿后即予公开发表，并作为全国学理论的重要文献。”①

毛泽东当时表示同意，但又提出暂时不要公开。尽管如此，《论十大关系》的文稿还是在相当一部分高级干部中进行了传阅，在广大干部、群众中也不胫而走，迅速传播开来，产生了一定的影响，对1975年的全面整顿起到了一定的作用。

在邓小平主持中央工作期间，根据邓小平的要求，为了配合整个工业系统的整顿工作，国家计划委员会在国务院政治研究室协助下，起草了《关于加快工业发展的若干问题》，使之成为一个对全面整顿和整个工业发展具有现实指导意义的成熟文件。

1975年6月16日至8月11日，国务院召开计划工作务虚会，国务院副总理李先念、陈锡联、纪登奎、华国锋、吴桂贤、王震、谷牧、孙健，以及国务院各经济部门负责人、国务院政治研究室的同志参加了会议。会议的主题，是研究经济工作的路线、方针和政策问题，为编制第五个五年计划和十年长远规划做准备。国务院领导同志在会议上提出，要搞一个关于工

① 中共中央文献研究室：《邓小平年谱（1975—1997）》上册，北京，中央文献出版社，2004：68页。

业整顿的文件，认真总结铁路系统整顿、钢铁工业系统整顿的成功经验，对整个工业系统中存在的问题提出切实的解决办法，作出一些必要的规定。

国家计划委员会根据会议要求的精神，于8月初很快起草了一个文件——《关于加快工业发展的若干问题》。

8月8日，邓小平同国务院政治研究室的胡乔木等同志谈企业领导体制和企业管理问题时，指出：

现在需要解决企业的体制问题。如果将来工代会的制度健全后，革命委员会是否还存在？那时恐怕还是要实行党委领导下的厂长负责制。

邓小平还提出：

事事都集中到党委也不行，必须还有各种职能机构和指挥系统。

这次谈话后，邓小平要求国务院政治研究室参加《关于加快工业发展的若干问题》文稿的修改工作。

8月18日，国务院召开会议，讨论《关于加快工业发展的若干问题》。邓小平在会上作了重要谈话。指出：

计委起草的文件提出了相当多的问题。需要有这样一个文件。毛泽东同志历来主张要有章程。有章程才能体现党的方针、政策。过去的《工业七十条》，基本上是好的，是修改的问题，不是要废除。文件修改后，可以先拿出来讨论。

邓小平还系统谈了对整个中国工业整顿和发展的基本思想，提出了许多整顿和发展工业的重要意见——即收入《邓小平文选》第二卷中的《关于发展工业的几点意见》。

胡乔木等国务院政治研究室的同志，参加了国务院8月18日讨论《关于加快工业发展的若干问题》文件起草问题的会议。会后，对这个文件的进一步修改工作就在胡乔木等人的主持下进行。他们根据邓小平谈话中的基本精神，对这个文件作了较大的修改，将原稿中的14条增加到18条，增加了邓小平谈话中指出的以农业为基础，采用先进技术，增加工矿产品出口，按劳分配等内容；对原稿中的整顿企业整理、加强责任制、严格管理制度等条文，也按照邓小平谈话作了进一步充实。在“整顿企业管理”这一条，根据邓小平谈话中的要求，文稿作了明确有力、旗帜鲜明的规定：

“在党委统一领导下，建立和健全强有力的能够独立工作的生产管理指挥系统和精干的职能机构，同群众管理相结合，搞好计划管理、技术管理、劳动管理、物资管理、财务管理。党委的集体领导，不应当妨碍负责生产的领导干部行使职权，相反，一定要反对无人负责，反对无政府状态。”

这个文件的第二稿成稿后，曾经请在北京出席20个企业座谈会的各地企业负责人进行了多次座谈讨论，也拿到在北京出席农村工作座谈会的12个省、市委书记中征求意见，受到与会者的充分肯定。同时，根据一些同志的意见，对部分内容作了修改和补充，使文件的内容达到了20条。因此，该文件也被简称为《工业二十条》。

在这个文件讨论、修改过程中，胡乔木不仅强调要把《关于加快工业发展的若干问题》搞成带思想性、理论性的文件，而且提出了一系列文件修改中应当注意的重要问题。在10月29日国务院开会讨论该文件后，胡乔木根据会上提出的意见，亲自动手修改，使文件终于成为一个能够反映中央对工业整顿和发展基本要求的定稿。

《关于加快工业发展的若干问题》中，一共论述了加快中国工业发展的带有根本性的20个问题：

1.加快工业发展是全党全国人民的迫切任务；

2.深入进行党的基本路线教育；

3.加强党的领导；

4.依靠工人阶级；

5.整顿企业管理；

6.工业学大庆；

7.统一计划；

8.发挥两个积极性；

9.以农业为基础；

10.以钢为纲；

11.立足于挖潜、革新、改造；

12.把质量、品种、规格放在第一位；

13.增加积累，厉行节约；

14.基本建设要打歼灭战；

15.加强社会主义协作；

16.尽量采用先进技术；

17.又红又专；

18.各尽所能，按劳分配；

19.关心职工生活；

20.工作方法。

这个文件全面、系统、深入地论述了整顿和发展被“文化大革命”搞乱了的中国工业所迫切需要解决的一系列重大问题。从理论与实践的结合上提出了解决问题的办法，旗帜鲜明地提出了对整个工业进行全面整顿的任务。

这个文件提出了要对企业领导班子进行坚决整顿，把被“四人帮”的帮派体系篡夺走了的那一部分权力夺回来的任务。文件指出，要“调整那些没有得到改造的小知识分子和‘勇敢分子’（即造反组织头头）当权的领导班子。”“这些人政治上一窍不通，生产上毫无经验，却指手画脚一味整人，只唱高调，不干实事，动不动给人扣上‘复旧’‘倒退’‘保守势力’‘只拉车不看路’一类帽子，压制广大干部和群众的积极性”。要“把坏人篡夺了的权力夺回来”。

这个文件严厉地揭露了“四人帮”的帮派体系破坏生产、胡作非为的种种行为。指出：有些企业“坏人掌权”，“他们利用窃取的权力，胡作非为，一方面拉拢腐蚀一部分人，培植自己的势力，另一方面打击、陷害好的革命干部和工人”，“特别要警惕少数坏人利用‘造反’和‘反潮流’的名义，搞破坏活动”。

这个文件强调了发展社会生产力对巩固社会主义制度的重要意义。指出：“没有社会主义生产力的强大发展，社会主义是不能充分巩固的，绝不能把在革命统率下搞好生产，当作‘唯生产力论’和‘业务挂帅’来批判。”

这个文件提出了恢复和建立企业规章制度的问题。指出：“生产管理和规章制度什么时候都需要，一万年也需要”，“一概反对企业管理，反对规章制度，势必造成无政府状态”。这个文件强调了制订统一计划的重要性。指出：“不搞统一计划，或者破坏统一计划，就会出现盲目性，就会给资本主义泛滥造成可乘之机，其结果，是瓦解和破坏社会主义经济。”这个文件正确论述了自力更生与学习外国的辩证关系。指出：“我们要坚持独立自主、自力更生，反对洋奴哲学、爬行主义，但是不能夜郎自大，闭关自守，拒绝学习外国的好东西。”

这个文件还对坚持按劳分配的原则、关心群众生活等问题进行了论述。

从《关于加快工业发展的若干问题》的主要内容和基本精神，可以清楚地看到，这个文件集中了邓小平主持中央工作，进行全面整顿以来一系列重要讲话的精神，概括了国务院务虚会讨论的主要内容，总结了铁路系统、钢铁系统等各个方面进行整顿的成功经验，批判了“文化大革命”中提出的一系列破坏社会生产力发展的谬论，鲜明地提出了整顿企业、加快工业发展的方针、政策和措施，是一个纠正“文化大革命”的错误，对中国工业进行全面整顿，加快工业发展的纲领性文件。

《关于加快工业发展的若干问题》，虽然最后由于“反击右倾翻案风”运动的爆发，未能作为中共中央正式文件下发。但其主要精神，早已通过在各种形式的座谈会上征求意见而在工业系统广泛传播开来，因而对1975年的全面整顿，产生了很好的积极作用。

第二十六章　《汇报提纲》与《论总纲》

《科学院工作汇报提纲》，是邓小平主持的全面整顿中的又一个重要文献。

1975年7月，胡耀邦等同志受命到中国科学院主持工作后，根据中央要求他们尽快提出整顿中国科学院工作的意见，在深入调查研究和广泛征求意见的基础上，很快起草了《关于科技工作的几个问题（汇报提纲）》，于8月17日由胡耀邦等署名上报。

《关于科技工作的几个问题（汇报提纲）》分为6个部分：

1.关于肯定科技战线上的成绩问题；

2.关于科技工作的组织领导问题；

3.关于力求弄通毛主席提出的科技战线的具体路线问题；

4.关于科技战线知识分子政策问题；

5.关于科技十年规划轮廓的初步设想问题；

6.关于科学院院部和直属单位的整顿问题。

邓小平接到《关于科技工作的几个问题（汇报提纲）》后，十分关注。早在8月8日，邓小平在同胡乔木等国务院政治研究室的同志谈话时，就曾谈到科技与人才等问题。邓小平指出，现在许多专门人才都出现后继无人的现象，北京大学有个搞半导体的专家，现在学校让他改行了，很可惜。邓小平希望通过抓好对中国科学院的整顿，来指导和推动对整个中国科学技术系统、教育系统、文化系统等各个系统整顿的全局。这是邓小平深思熟虑的一个重要战略部署。因此，他对中国科学院的整顿和《关于科技工作的几个问题（汇报提纲）》极为重视。

8月26日，邓小平约见胡乔木，专门谈了如何修改中国科学院《关于科技工作的几个问题（汇报提纲）》的指导思想和具体意见。邓小平指出：

汇报提纲的稿子，涉及问题太多，不必要地太锋利，站不稳。这个文件很重要，要加强思想性，多说道理。但不要太尖锐，道理要站得住，攻不倒。

邓小平指示由胡乔木同胡耀邦等同志一起讨论一下修改问题，并要求由胡乔木亲自动手修改。

根据邓小平的指示，胡乔木与胡耀邦等中国科学院的负责同志商定修改方案后，以邓小平关于科技整顿的基本思想为主题，很快在《关于科技工作的几个问题（汇报提纲）》文稿的基础上，修改出了新的文稿，并命名为《科学院工作汇报提纲》，把原来的六个部分进一步集中、概括，调整为三个部分：

在第一部分“中国科学院科研工作的方向任务”中，《汇报提纲》对中国科学院建立以来，在科学研究中取得的成就，作了充分的肯定，认为“取得了很大成绩”。关于中国科学院今后十年的根本任务，《汇报提纲》提出了三个方面，一是协同各有关部门，积极承担国民经济和国防建设中若干重大的科研任务；二是开辟一批新兴的科学技术领域；三是大力发展基础科学研究，使中国科学院真正成为中国自然科学研究的综合性中心，带动整个中国科学技术工作的蓬勃发展。

在第二部分“坚决地、全面地贯彻执行毛主席的革命科技路线”中，

《汇报提纲》着重从理论上正本清源，拨乱反正。文稿从十个方面引述毛泽东关于科学技术工作的一系列指示，目的在于以毛泽东正确的指示，作为中国科学院和整个科学技术工作的指导方针，纠正“文化大革命”的错误对科学技术工作的干扰和破坏。文稿在这一部分中，深入地分析了政治与业务、群众路线与专业队伍、理论与实际、对知识分子的教育与使用、哲学与自然科学等五个方面的辩证关系，提出必须全面理解和贯彻落实毛主席的革命科技路线。

在第三部分“关于科学院的整顿问题”中，《汇报提纲》提出了根据中央要求，对科学院进行整顿的5项内容：1.结合实际，认识学习，揭露矛盾，开展批评和自我批评；2.认真落实党的知识分子政策和干部政策；3.增强无产阶级党性，批判和消除资产阶级派性；4.调整和健全领导班子；5.整顿机构。

邓小平看了胡耀邦、胡乔木主持修改的这一稿后，指出：这个文件很重要，不单管科学，而且可以适用于文化教育各部门。

提到教育问题时，邓小平不无忧虑地说，教育方面存在不少问题，现在教师积极性不高，学生也不用心学，教学质量低，这样下去怎么能实现四个现代化。

邓小平首肯后，《科学院工作汇报提纲》即被印发，送有关同志征求意见。在国务院正式讨论前夕，邓小平又让胡乔木整理一份毛泽东和马克思、恩格斯、列宁关于哲学与自然科学关系的论述的语录，作为《科学院工作汇报提纲》的附件。胡乔木很快让国务院政治研究室的同志编印了一份《必须用哲学指导自然科学的研究，但不是用哲学代替自然科学》的材料，作为《科学院工作汇报提纲》的附件。

9月26日下午，邓小平主持国务院会议，听取胡耀邦代表中国科学院汇报中国科学院的工作。胡耀邦手持《科学院工作汇报提纲》，一边汇报，一边结合中国科学院的实际情况加以具体的说明。胡乔木等国务院政治研究室的负责同志参加了会议。

会上，邓小平在听取了胡耀邦的汇报后，对整顿和发展中国科技事业，提出了一系列既有鲜明的现实针对性，又具有长远指导意义的重要思想。

会后，胡耀邦、胡乔木等同志根据邓小平谈话中提出的意见，重新对《科学院工作汇报提纲》进行了进一步的修改。9月28日成稿后，9月30日把经过修改的《科学院工作汇报提纲》报送毛泽东审定。

然而，毛泽东在审阅《科学院工作汇报提纲》后表示不满意。他特别提出，不记得自己曾经说过“科学技术是生产力”的话。邓小平立即让胡乔木对毛泽东这句话的出处进行核对。胡乔木一面组织核对《科学院工作汇报提纲》中引用的革命导师语录，一面要求中国科学院哲学社会科学部（即以后的中国社会科学院的前身）选编《马、恩、列论科学技术是生产力》的材料。随后，很快将《科学院工作汇报提纲》中引用毛泽东关于科技工作指示的出处和《马、恩、列论科学技术是生产力》的材料，印出上报毛泽东。

毛泽东审阅了《科学院工作汇报提纲》后，于10月24日将文稿退给邓小平。邓小平让胡乔木根据毛泽东的意见再修改一次。胡乔木再次修改一遍后，将文稿交给了邓小平。但此时，所谓“反击右倾翻案风”运动已经开始，最后定稿的《科学院工作汇报提纲》没有以中央文件形式公开下发。

从这个文件的形成过程看，自始至终倾注着邓小平的大量心血。从文件的起草、汇报、反复修改，到最后定稿，邓小平仅与胡乔木等人谈话、在会议上听取汇报、对修改《科学院工作汇报提纲》提出具体意见就有近十多次。邓小平确确实实对整顿、振兴、发展中国的科学技术事业充满了关切之情，并且把科学技术的发展与否，作为中国能否实现四个现代化的大问题，作为全面整顿成功与否的关键环节去认认真真抓紧抓好的。仅仅从《科学院工作汇报提纲》的起草过程，就不难看出，邓小平为什么在粉碎“四人帮”后，刚一恢复工作，就主动向中共中央提出：“我自告奋勇管科技教育工作”，公开宣布自己要当好科技工作者和教育工作者的“后勤部长”了。

当邓小平主持中央工作，领导全面整顿在工业、交通、科技、教育、军队等各个系统深入进行的时候，思想理论领域里向“四人帮”发起猛烈反击的斗争也在紧锣密鼓地全面展开。主持起草《论全党全国各项工作的总纲》，是国务院政治研究室在“全面整顿”中，主动提出撰写的一篇重要理论文章。

邓小平主持中央工作后，为了更好地进行各行各业的全面整顿，采用了以毛泽东当时正确的指示来纠正“文化大革命”的错误的方法。为此，邓小平先后在1975年5月29日的钢铁工业座谈会上和7月4日对中央读书班第四期学员的讲话中，提出了把毛泽东关于“学习理论、防修反修”，“安定团结”，“把国民经济搞上去”这三项指示作为“我们今后一个时期各项工作的纲”。

邓小平提出以“三项指示为纲”，其核心是纠正“文化大革命”的错误，旨在以“把国民经济搞上去为纲”即“以经济建设为中心”，来推动对各个领域的全面整顿，恢复中共八大正确路线，使各项工作走上健康、正常的发展轨道。

为了全面阐述和宣传邓小平关于全面整顿的指导思想和基本方针，全面贯彻落实邓小平关于以“三项指示为纲”的指导方针和全面整顿的战略部署，国务院政治研究室主要负责人胡乔木感到，有必要组织撰写一篇长篇理论文章，全面阐述三项重要指示。特别是邓小平在“全国农业学大寨会议开幕式”上的讲话中，明确提出了对全国各个领域进行全面整顿的任务后，胡乔木更感到写一篇全面阐述、宣传三项重要指示的文章的迫切性和重要性。

1975年9月18日，胡乔木把写这篇文章的任务交给了国务院政治研究室的一位负责人。胡乔木还十分具体地提出这篇文章的基本指导思想，要把邓小平关于贯彻落实三项重要指示的重要讲话收集研究一下，把邓小平的基本思想反映到文章中去，要从理论与实际的结合上讲清毛泽东每一项指示的意义，三项指示之间的相互关系，最后落实到全面贯彻三项指示，集中精力进行全面整顿，促进安定团结，把国民经济搞上去。

9月19日，胡乔木把关于组织写一篇全面阐述、宣传三项指示的文章的目的、主题和基本思想，向邓小平作了汇报。邓小平表示支持说：

文章很重要，要抓紧写出来。如果写得好，我可以约几个副总理研究一下，再送主席审阅。主席同意了，就交政治局议，政治局批准了，就可以作为《人民日报》社论发表。①

9月20日，胡乔木把邓小平赞成写这篇文章的意见告诉了国务院政治研究室的其他负责人。

国务院政治研究室确定了起草阐述宣传三项指示重要文章的任务后，立即组织人员，起草提纲，调查研究，搜集资料，投入了紧张的工作。

为了充分体现邓小平关于以"三项指示为纲"全面整顿的思想，充分体现中共中央、国务院1975年发出的一系列进行全面整顿的文件精神，担负起草这篇以阐述"三项指示为纲"为主题的理论文章的同志，认真研究了邓小平1975年的一系列重要讲话。在做好充分思想准备、理论准备和资料准备的基础上，于10月7日完成了这篇文章的初稿，并定名为《论全党全国各项工作的总纲》（以下简称《论总纲》）。

《论总纲》以四届人大提出的在20世纪末实现我国四个现代化的宏伟目标为出发点和归宿，把毛泽东的三项指示作为实现四个现代化的纲领，并对其中每一项指示赋予了新的含义，深入、系统地阐述了进行全面整顿，促进安定团结，把国民经济搞上去等重要问题，深入批判了"四人帮"及其帮派体系在制造"动乱"中提出的各种谬论，矛头直指"四人帮"。

---

① 中共中央文献研究室：《邓小平年谱（1975—1997）》上册，北京，中央文献出版社，2004：100页。

这篇文稿出手不凡，一开始即以高屋建瓴之势，论述了毛泽东三项重要指示对全党全国各项工作的重要指导意义。

“毛主席的这三项重要指示，不仅是当前全党、全军和全国各项工作的总纲，而且也是实现今后二十五年宏伟目标的整个奋斗过程中的工作总纲。”

这篇文稿指出：

必须用三项指示这个工作总纲和各项政策来指导各方面的工作，整顿各方面的工作。工业要整顿，农业要整顿，交通运输要整顿，财政贸易要整顿，科学技术要整顿，文化教育卫生要整顿，文学艺术要整顿，军队要整顿，党也要整顿。在各方面的整顿中，党的整顿、党的工作的整顿最重要。

这篇文稿对被“四人帮”搞乱了的思想理论是非进行了澄清。指出：

我们要遵循毛主席的教导，辩证地理解政治和经济的对立统一关系，既要认识政治的统率作用，又要认识政治工作是完成经济工作的保证，是为经济基础服务的。可是我们一些同志至今还是用形而上学来对待政治和经济、革命和生产的关系，总是把政治和经济互相割裂开来，把革命和生产互相割裂开来，只讲政治、不讲经济，只讲革命、不讲生产，一听到要抓好生产，搞好经济建设，就给人家戴上“唯生产力论”的帽子，说人家搞修正主义。这种观点是根本站不住脚的。

这篇文稿尖锐地揭露了“四人帮”及其资产阶级帮派体系，打着“革命”的旗号，肆意制造内乱的反动实质。指出：

这些反马克思主义的阶级敌人，继承林彪的衣钵，总是把我们的革命口号接过去，加以歪曲，加以割裂，塞进私货，来混淆黑白，颠倒是非，把我们一些同志、一些群众的思想搞乱，把一些地方、一些单位的党组织搞乱，分裂党，分裂工人阶级，分裂群众队伍。他们打着反修正主义的旗号搞修正主义，打着反复辟的旗号搞复辟，把党的好干部和先进模范人物打下台，篡夺一些地方和一些单位的领导权，在这些地方和单位实行资产阶级专政。

这些文笔犀利的语言，真是如匕首、似投枪，直刺“四人帮”及其帮派体系的要害，将他们在“文化大革命”中长期赖以存身的伪善面具撕得一干二净，从而把他们妄图篡党夺权的真实面目清清楚楚地暴露在光天化日之下。

这篇文稿旗帜鲜明地深入阐述了马克思主义关于“革命就是解放生产力，革命就是促进生产力的发展”的基本观点。指出：

列宁说过：“政治教育的成果，只有用经济状况的改善来衡量。”毛主席也说过：“中国一切政党的政策及其实践在中国人民中所表现的作用的好坏、大小，归根到底，看它对中国人民的生产力是否有帮助及其帮助之大小，看它是束缚生产力的，还是解放生产力的。”区别真马克思主义和假马克思主义，区别正确路线和错误路线，区别真干革命和假干革命，区别真干社会主义和假干社会主义，区别干部所做工作的成绩是好是坏，是大是小，归根结底，只能也只应按照列宁和毛主席所提出的这个标准来衡量。

这篇文稿辛辣地批驳了“文化大革命”中那种所谓“只要革命搞好了，生产自然而然就上去了”的荒唐论调。指出：

一个地方、一个单位的生产搞得很坏，而硬说革命搞得很好，那是骗人的鬼话。那种认为抓好革命，生产自然会上去，用不着花气力去抓生产的看法，只有沉醉在点石成金一类的童话中的人才会相信。

这篇文稿最后强调指出：

只要我们以毛主席的三项重要指示为纲，做好各方面的整顿工作，继续坚持独立自主、自力更生的方针，我们就一定能够实现在本世纪内把我国建设成为一个社会主义强国的宏伟目标。

《论全党全国各项工作总纲》从理论上对“以三项指示为纲”进行了阐述，并详细阐述了各项工作整顿的指导思想和方针、政策，突出强调要加快发展生产力，把国民经济搞上去，是一篇重要文献。

根据胡乔木的意见，对这篇文稿进行了修改。并准备首先在以中国科学院哲学社会科学部名义创办的思想理论刊物——《思想战线》创刊号上发表。由于当时全国的主要理论宣传阵地大多被控制在“四人帮”手里，所以，创办《思想战线》是与“四人帮”争夺理论宣传阵地的一个重要斗争。胡乔木于10月6日在谈到创办《思想战线》时，明确指出：现在，主席的指示在刊物上得不到反映，这是个严重的问题。我们的刊物就要反映。这个刊物无论从任务和内容上说，都不单单是学部的刊物，它是面向全国、面向广大群众的刊物。这是中央交给我们的任务，要尽一切努力把它办好。

但是，随着“反击右倾翻案风”运动的开始，《思想战线》没有能够创办，《论全党全国各项工作的总纲》也未能发表问世。广大干部、群众真正看到这篇文稿强烈的战斗性和锐利的思想锋芒，是在“反击右倾翻案风”运动中，作为“批判材料”见到的。这篇文稿不仅没有受到广大干部、群众的批判，反而得到了广大干部、群众的高度评价。

尽管邓小平对胡乔木组织起草《论全党全国各项工作的总纲》这篇理论文章的创意和基本设想，表示过坚决的支持，但邓小平在当时并没有来得及看到这篇文稿。1977年，邓小平在一次谈话中说：“‘三株大毒草’中的《论总纲》确实最近才看到。文章写得好，针锋相对，很尖锐，是株‘香花’，不是‘毒草’。”

第二十七章 毛泽东谈如何评价《水浒》

1975年，邓小平主持中央工作，对全国各个方面进行全面整顿，毛泽东最初是支持的。周恩来对邓小平主持中央工作、进行全面整顿更是充满了关注，大力支持，并对邓小平在主持中央工作期间表现出来的胆识、魄力、才干和政绩表示了充分的肯定。

周恩来早已积劳成疾，之所以一直带病坚持工作，一方面是出于对党对人民事业高度负责的态度和精神，一方面也是担心住院以后，党和国家的重要权力落到"四人帮"手里。因此，为了党和国家的最高利益，周恩来首先竭尽全力落实毛泽东关于让邓小平恢复工作的指示。然后，又同"四人帮"进行了坚决的斗争，保证了毛泽东关于让邓小平在四届人大上出任国务院第一副总理的预定计划圆满实现。直到邓小平真正担负起了国务院的领导重任，周恩来才放心地住进了医院。

1975年9月7日，重病在身的周恩来不顾病情的严重恶化和医务人员的再三劝阻，坚持会见了由罗马尼亚共产党中央执行委员会委员、中央书记维尔德茨率领的罗马尼亚党政代表团。在宾主互致问候中，谈到自己的身体情况时，周恩来以一个彻底的唯物主义者的态度，坦率地说："马克思的请帖，我已经收到了。这没有什么，这是不以人的意志为转移的自然法则。”

接着，周恩来无限感慨地说：“时间过得真快！才只有10年，就在10年前，我到布加勒斯特去参加乔治乌—德治同志的葬礼，大衣也没穿，步行走了4个多钟头。现在，我可以告诉你，就连4分钟也走不了了！”

在回顾访问罗马尼亚的往事时，周恩来充满深情地说：“我再也不能看到漂亮的布加勒斯特了。但是，我还可以从电影上、从照片上、从图画上看到它。”

最后，周恩来谈到了中国的接班人问题。他请维尔德茨转告罗马尼亚社会主义共和国总统、罗马尼亚共产党中央委员会总书记：

“我现在病中，已经不能再工作了。邓小平同志将接替我主持国务院工作。邓小平同志很有才能，你们可以完全相信，邓小平同志将会继续执行我党的内外方针。”①

周恩来强调中国共产党是有许多有才干、有能力的领导人的。现在，第一副总理已经全面负起责任来了。

这时，陪同周恩来会见外宾的一位中共中央政治局委员、国务院副总理解释说：这就是邓小平同志。

接着，周恩来又表情十分严肃地说：

“具有50多年光荣历史、在毛泽东思想培育下的中国共产党，是敢于斗争的！”②

虽然，周恩来早已知道自己患的是不治之症，但是，亲眼看到邓小平已经主持中央工作，各项工作都呈现出新的气象，他为此而感到由衷的喜悦。

① 中共中央文献研究室：《周恩来年谱（1949—1976）》下册，北京，中央文献出版社，1997：719~720页。

② 中共中央文献研究室：《周恩来年谱（1949—1976）》下册，北京，中央文献出版社，1997：720页。

周恩来会见外国客人，实际上也是以自己生命的最后力量，向国际社会表示他对邓小平寄予的厚望和坚定不移的支持。这是周恩来最后一次会见外宾。

几天之后，周恩来又一次进行大手术之前，一些中共中央政治局委员去看望他，周恩来以锐利的目光直视着张春桥，说：你和洪文同志要好好帮助小平同志工作。

周恩来总理，自始至终对邓小平充满了无限的信任，并通过各种方式对邓小平主持中央工作给予有力的支持。

但是，“四人帮”并不甘心在一系列问题上受到的挫败。他们大肆进行阴谋活动，处心积虑地寻找机会，伺机反扑。

在国务院一些部委进行的整顿中，在一些省、市、自治区进行的整顿中，都曾遇到过“四人帮”支持的帮派体系的反对、阻挠、干扰和破坏。他们或者秘密“串联”，召开“派性会议”，商量对策；或者向上写诬告信，诬蔑陷害坚决进行整顿的领导干部；或者利用他们在领导班子中窃取的那一部分权力，为派性张目，给整顿设置重重障碍；或者贴出大字报、大标语，攻击、谩骂、诽谤勇于搞整顿、敢于捅“马蜂窝”的领导干部，把为进行整顿而采取的各种措施诬蔑为“复辟”“倒退”，是“翻文化大革命的案，算文化大革命的账”，是“否定文化大革命中的新生事物”，如此等等，不一而足。各种“文化大革命”中常用的方式方法，无所不用其极。他们的目的只有一个，抵制全面整顿的顺利进行，继续“文化大革命”所造成的混乱局面。

“四人帮”还通过各种阴谋手段，对邓小平主持的全面整顿进行诬蔑和攻击。1975年6月10日，邓小平陪同来访的菲律宾总统马科斯到上海参观访问。王洪文立即秘密打电话给张春桥、姚文元以及王洪文不在上海时主持上海市委工作的市委书记马天水，对后者布置说：“邓小平到上海，你要注意。”邓小平在上海期间，考虑到马天水是战争年代参加革命的老干部，又是长期在上海负责工交工作的老人，出于对马天水的教育挽救，根据毛泽东对“四人帮”的批评和中央政治局两次批评“四人帮”会议的内容，向马天水传达了毛泽东对江青、对“四人帮”的多次批评的精神，告诫马天水不要把什么都当成“经验主义”“唯生产力论”“资产阶级法权”来批判，要维护各级党委的领导，不要弄得各级党委的话没人听。最后，还告诉他以后到北京还可以再谈谈。但马天水在“文化大革命”中，经过“四人帮”的先打后拉，早已心甘情愿地上了“四人帮”的战车，投靠了“四人帮”。听了邓小平教育挽救的谈话后，不仅毫无悔改之意，反而鬼迷心窍，将邓小平同他谈话的内容密报了王洪文和姚文元。[①]王洪文和姚文元让马天水将邓小平同他谈话的内容整成材料，用大字抄写，报给毛泽东，并附上王洪文的话，诬蔑这次谈话是一次“策反”的谈话，在政治上、组织上都是错误的。妄图通过这件事，诬告邓小平，制造毛泽东对邓小平的不信任，离间毛泽东与邓小平的关系。王洪文、姚文元的用心，是极其险恶的。

由叶剑英、邓小平主持，在1975年夏天召开的中央军委扩大会议，根据毛泽东关于“军队要统一”“军队要整顿”的指示精神，全面部署了对军队的整顿工作。中共中央副主席、中央军委副主席叶剑英、邓小平代表中共中央、中央军委在会上的重要讲话，在全党、全军、全国都产生了很大、很好的影响。王洪文作为中央军委常委、张春桥作为中央军委常委兼中国人民解放军总政治部主任（1975年2月5日，中共中央发出通知，决定取消中共中央军委办公会议，成立中共中央军委常务委员会，叶剑英、王洪文、邓小平、张春桥、刘伯承、陈锡联、汪东兴、苏振华、徐向前、聂荣臻、粟裕11人为常务委员，中央军委常委会由叶剑英主持），均参加了这次会议，他们在会上一言不发，并没有提出任何不同意见。会后，他们却大肆制造谣言，攻击军委扩大会议“问题多着呢”，“要批判的不只

① 中共中央文献研究室：《邓小平年谱（1975—1997）》上册，北京，中央文献出版社，2004：56页。

是这两个讲话”，诬蔑会议后军队各大单位经过调整组成的领导班子是“复辟班子”，等等。王洪文还利用权力，调阅会议记录和有关文件，阴谋“秋后算账”。1975年秋天，王洪文又采用瞒天过海的手法，向毛泽东诬告说：七、八、九三个月，谣言一大堆，集中在江青同志，谣言来自北京。王洪文公然把人民群众中流传的毛泽东和中央政治局对江青、对“四人帮”的批评情况，诬蔑为“谣言”，并加以歪曲，欺骗毛泽东。

1975年8月，“四人帮”又企图利用评论《水浒》的机会进行反扑。他们假借评论《水浒》的名义，借古喻今，把矛头指向周恩来、邓小平等老一辈无产阶级革命家和一大批重新恢复工作的领导干部，层层批“宋江”，揪所谓“投降派”，企图制造新的政治动乱。幸而毛泽东及时发现了他们的阴谋，坚决制止了。

事情是这样的：

毛泽东的晚年，眼睛因患白内障，看书很困难，这对于每天都手不释卷的毛泽东来说，实在是太不方便了。须知，读书，对于毛泽东来说，是像吃饭、睡觉一样，具有同等重要意义的大事。有时候，读书甚至比吃饭、睡觉还重要。

为了解决毛泽东的读书问题，中共中央办公厅从北京大学中文系挑选了一位女教师，专门给毛泽东读书。每次女教师读书以后，毛泽东一般也谈谈看法，对书中的内容作一些评论。

8月13日这天深夜（实际上应为8月14日凌晨），女教师在读书之后，请教毛泽东对几部中国古典小说的评价问题。毛泽东在谈到《水浒》这部古典小说时，评论道：

《水浒》这部书，好就好在投降。做反面教材，使人民都知道投降派。

《水浒》只反贪官，不反皇帝。摒晁盖于一百零八人之外。宋江投降，搞修正主义，把晁的聚义厅改为忠义堂，让人招安了。宋江同高俅的斗争，是地主阶级内部这一派反对那一派的斗争。宋江投降了，就去打方腊。

这支农民起义队伍的领袖不好，投降。李逵、吴用、阮小二、阮小五、阮小七是好的，不愿意投降。

鲁迅评《水浒》评得好。他说：“一部《水浒》，说得很分明：因为不反对天子，所以大军一到，便受招安，替国家打别的强盗——不‘替天行道’的强盗去了。终于是奴才。”（《三闲集·流氓的变迁》）

金圣叹把《水浒》砍掉了二十多回。砍掉了，不真实。鲁迅非常不满意金圣叹，专写了一篇评论金圣叹的文章《谈金圣叹》（见《南腔北调集》）。

《水浒》百回本、百二十回本和七十一回本，三种都要出。把鲁迅的那段评语印在前面。①

女教师一边听着毛泽东这一番别出心裁不同凡响的谈话，一边迅速记录了下来。事后，毛泽东的机要秘书让女教师把毛泽东关于评论《水浒》的谈话记录整理出来，交给了中央办公厅。

当时掌握意识形态大权的姚文元，见到毛泽东评《水浒》的谈话后，立即意识到大有文章可做。闻风而动，给毛泽东写信说：

评论《水浒》，“对于中国共产党人、中国无产阶级、贫下中农和一切革命群众，在现在和将来，在本世纪和下世纪坚持马克思主义，反对修正主义，把毛主席的革命路线坚持下去，都有重大的、深刻的意义。应该充分发挥这个‘反面教材’的作用”。

姚文元还向毛泽东提议：

为了执行毛主席提出的任务，拟办以下几件事：

一、将主席批示印发政治局在京同志，增发出版局、《人民日

① 毛泽东：《建国以来毛泽东文稿》第13册，北京，中央文献出版社，1998：457页。

报》《红旗》《光明日报》及北京批判组谢静宜同志、上海市委写作组。附此信。

二、找出版局、人民文学出版社同志传达落实主席指示，做好三种版本印刷和评论的工作。我还看到一种专供儿童青年读的《水浒》，是根据七十一回本改的六十五回本，也要改写前言，增印鲁迅的话，否则流毒青少年。

三、在《红旗》上发表鲁迅论《水浒》的段落，并组织或转载评论文章，《人民日报》《光明日报》订个计划。

以上可否，请批示。

姚文元

1975年8月14日

毛泽东见到姚文元的请示信后，在上面批示了“同意”二字。[①]

从此，在姚文元的“导演”下，《红旗》杂志、《人民日报》等各大报刊，连篇累牍地发表评论《水浒》的各种社论、评论和理论文章，在全国掀起了一个评《水浒》的高潮。

① 毛泽东：《建国以来毛泽东文稿》第13册，北京，中央文献出版社，1998：460页。

第二十八章　“要敢于摸一摸老虎屁股”

评论《水浒》的运动开始后，在1975年5月3日、5月27日、6月3日三次中央政治局会议上分别受到毛泽东和中央政治局委员们批评，向毛泽东和中央政治局写过书面检讨，一度消沉的江青，故态复萌，借评《水浒》之机，又“活跃”起来。

1975年8月下旬，江青对文化部部长于会泳等人说：“主席对《水浒》的批示有现实意义。评论《水浒》的要害是架空晁盖，现在政治局有些人要架空主席。”

9月12日，江青在山西省昔阳县大寨大队召开的一次群众大会上的讲话中，借题发挥，含沙射影，无中生有，制造事端，大讲了一通评论《水浒》“要联系实际”的问题。她说：

“首先向同志们报告一个好消息，咱们主席的身体很健康。最近在接见（柬埔寨）西哈努克亲王他们的时候，主席的眼睛都能看得见西哈努克头上的白发，听觉比我好。最近评《水浒》是我们主席亲自批的，因为我们党内有十次路线错误，今后还会有的。不学就不能够识别坏人嘛！林彪就学冯玉祥啊！他是大盗窃犯、大贪污犯。……所以你们不要把评《水浒》看成是文学界的事。主席对学马列的讲话，有人就不提，胆敢删掉。现在我们批《水浒》，就是要看清宋江是如何排斥晁盖、架空晁盖的。他把那些土豪劣绅、武将文吏请到梁山上去，把重要的岗位统统都占领了。不然，他那么容易得逞？晁盖一死，第二天全部实现了。所以说，搞修正主义很容易。我每天是‘闻鸡起舞，枕戈待旦’嘛！大家要提高警惕。”

9月17日，江青又在大寨召集北京电影制片厂、长春电影制片厂、中共中央新闻纪录电影制片厂、新华社、人民日报社、法家著作注释组、北京大学清华大学大批判组等单位的100多人，进行谈话。在谈话中，江青再次大放厥词，胡言乱语，攻击别人，美化自己。她说：

“评《水浒》就是有所指的。宋江架空晁盖，现在有没有人架空主席呀？我看是有的。”

“二十二条语录政治局一遍都没有学完。”

“他们反对学理论，反对限制资产阶级法权。”

“党内有温和派，有左派，左派领袖就是鄙人。”

“最近，有那么一些人，把主席批评我的一封信，江某人向政治局传达的，政治局没有讨论，给传出去了。”

“我这个人天天挨骂，修正主义骂我，共产党员还怕挨骂吗？”

“在北京我跟他们斗了半年多了。”

江青在大寨的两次讲话，哪里是在评论《水浒》，分明是在指桑骂槐，肆意诬蔑、诽谤、影射周恩来、邓小平等老一辈无产阶级革命家，发泄对中央政治局两次会议批评她的不满情绪，蓄意把评论《水浒》的矛头指向现实的政治生活，为“四人帮”篡党夺权制造舆论。

在“四人帮”控制下的舆论工具，也按照“四人帮”的意图，极尽影射之能事，锋芒所向，“司马昭之心，路人皆知”。

8月28日，《红旗》杂志第九期发表《重视对〈水浒〉的评论》一文。文章说：“充分开展对《水浒》这部书的批判，充分发挥这个反面教材的作用，使人民群众都知道投降派的真面目。”

8月31日，《人民日报》发表《评〈水浒〉》的长篇文章。说：“在社会主义历史阶段，要反修防修，坚持无产阶级专政下的继续革命，就必须知道投降派，识别投降派，反对投降派。”

9月4日，《人民日报》发表《开展对〈水浒〉的评论》的社论。社论中把毛泽东评论《水浒》的谈话用黑体字排印出来，公开发表。并强调指出：评论《水浒》“是我国政治思想战线上的又一次重大斗争，是贯彻执行毛主席关于学习理论、反修防修重要指示的组成部分……”

对于江青的倒行逆施，邓小平进行了有力的抵制和迎头痛击。

1975年9月，中共中央决定召开全国农业学大寨会议。毛泽东对这次会议十分重视，要求凡能去的中央政治局委员都要参加这次会议，并委托邓小平代表中央在会上作重要报告。9月15日，会议在山西省昔阳县开幕。

邓小平在讲话中首先指出：实现四个现代化，关键是农业现代化，如果农业搞得不好，很可能拖了我们国家建设的后腿。

邓小平说：“这次会议是很重要的，可以说是1962年七千人大会以后各级领导干部来得最多的一次重要会议。”

江青插话：“内容不一样。”

邓小平驳斥说：“重要性一样。”

接着，邓小平阐述道：“这次会议涉及的问题，虽然不像1962年的七千人大会那样全面，但就实现25年的目标来说，这次会议的重要性仅次于那次会议，或相当于那次会议。”

邓小平强调指出，要有农业这个基础的发展，才能推动工业、国防和科学技术另外三个现代化的前进。如果农业搞得不好，很可能农业拉了我们国家建设的后腿。

讲到这里，邓小平深有感慨地说，“毛主席提出‘深挖洞，广积粮，不称霸’，我们现在积了多少粮？”他还心情沉重地说，“全国还有部分县、地区，粮食产量还不如解放初期。”

听到邓小平的话否定“文化大革命”以来的“大好形势”，江青又插话：“不能那么说，那只是个别的。”

“个别的也是不得了的事呀！”“就是个别的，也是值得很好注意的事。”邓小平针锋相对，寸步不让。

接着，邓小平以对农村实际情况的深入了解，摆事实说：“据23个省、市、自治区统计，人民公社基本核算单位农业产值按人口计算平均124元。最低的贵州，倒数第一，只有六十几元；四川倒数第二，九十几元，这行吗？”江青又插话：“八千万人口。”

邓小平说：“九千多万啰！”“啰”字音高韵长，反映了他内心对江青胡乱插话的极度反感和对江青孤陋寡闻的极大蔑视。

“类似四川，100元左右的还有好几个省。这是讲产值，还不等于社员收入。社员收入有的很少，有的还倒欠账。这种状况，我们能满意吗？”邓小平继续讲道。

江青又抢白说：“有些债要取消了。”

邓小平扫视了江青一眼，当即指出：“那是政策问题，中央要另行研究。”邓小平在讲话中，提出了各方面都要进行整顿的问题。邓小平强调对各方面的工作都要实行整顿的方针，实际上就是要系统地纠正“文化大革命”的错误。

邓小平说：“现在全国存在各方面要整顿的问题。毛主席讲过，军队要整顿，地方要整顿。地方整顿又有好多方面，工业要整顿，农业要整顿，商业也要整顿，文化教育也要整顿，科学技术队伍也要整顿。文艺，毛主席叫调整，实际上调整也就是整顿。”[①]

邓小平的这段话，一口气讲了八个方面的整顿。实际上是指向“四人帮”的宣战书，是纠正“文化大革命”错误的动员令，是向四个现代化进

① 中共中央文献研究室：《邓小平年谱（1975—1997）》上册，北京，中央文献出版社，2004：98~99页。

军的冲锋号。

按照中央研究决定的议程，“全国农业学大寨会议”本来没有安排江青讲话。但邓小平讲话后，江青却执意要讲话。她一开口，就批评有的省、自治区、直辖市委的负责人不重视会议，“第一书记只来了一个内蒙古的尤太忠”，邓小平当即指出：各省、自治区、直辖市是按照中央通知办事，主管农业的书记来了就行。

江青还大谈什么“评《水浒》”“学理论抓农业”“《水浒》的要害是架空晁盖”。还说要给大家发她关于“评《水浒》”的讲话稿，播放她的讲话录音，一副气势汹汹、不可一世的模样。江青的所作所为，引起与会同志的极大反感。

9月25日，邓小平将讲话稿报送毛泽东审阅。9月26日，经毛泽东批准，邓小平的讲话稿被印发给会议代表。由于邓小平的讲话说出了广大人民群众的心里话，很快传播开来，在全党、全军、全国引起强烈反响，广大人民群众无不觉得他讲得痛快淋漓，无不为之拍手称快。

全国农业学大寨会议后，各级党组织大张旗鼓地贯彻落实会议精神，各地抽调了上百万干部到农村整顿后进社队。中央还专门发出文件，强调不能把社员正当的家庭副业当作资本主义来批判。经过整顿，1975年全国农业总产值比上年增长4.6%。粮食产量达到2845亿公斤，比上年增产92.5亿公斤。绝大多数主要农产品的产量，都有所增长。

与此同时，科学、教育、文艺领域也都进行了整顿。在“文化大革命”中被破坏得混乱不堪的科研机构、大中小学校、文艺团体开始展现出新的勃勃生机，长期被诬蔑为“臭老九”“臭知识分子”“改造对象”的广大知识分子，从全面整顿中看到了希望，看到了前途。尤其是邓小平传达的毛泽东指示“老九不能走”的讲话贯彻以后，广大知识分子欢欣鼓舞，奔走相告，各项工作开始逐步走上正常轨道。

1975年9月27日和10月4日，在全面整顿大见成效的形势下，邓小平在农村工作座谈会作了《各方面都要整顿》的重要讲话，阐述了抓全面整顿的基本思想，并谈到毛泽东对全面整顿的赞成和支持。

邓小平认为：“文化大革命”以来积累的问题很多，只有通过整顿才能解决这些问题。他指出：当前，各方面都存在一个整顿的问题。农业要整顿，工业要整顿，文艺政策要调整，调整其实也是整顿。要通过整顿，解决农村的问题，解决工厂的问题，解决科学技术方面的问题，解决各方面的问题。

邓小平特别强调了毛泽东对整顿工作的支持。指出：我在政治局讲了几个方面的整顿，向毛泽东同志报告了，毛泽东同志赞成。

邓小平号召各级领导干部在抓整顿中，“要敢字当头，横下一条心”；对于那些“老大难”单位，要敢于摸一摸“老虎屁股”。他指出：现在问题相当多，要解决，没有一股劲不行。要敢字当头，横下一条心。这半年来，我讲了多次话，中心是讲“敢”字当头。有个“老大难”单位，过去就是老虎屁股摸不得。后来下了决心，管你是谁，六十岁的老虎屁股也好，四十岁的老虎屁股也好，二三十岁的老虎屁股也好，都得摸。一摸，就见效了。

邓小平要求，在整顿中要把整党作为中心环节，只有抓住了这个主要矛盾，整顿工作才能真正搞好。整党的重点是整顿各级领导班子，要通过整党把农村、工厂、科研单位直至生产队、车间、研究室一级的领导班子整顿好。

邓小平指出：整顿的核心是党的整顿。只要抓住整党这个中心环节，各个方面的整顿就不难。这次座谈会要议议整党这个题目，这是毛泽东同志同意的。整党怎么搞？办法肯定应当不同于过去。请各省根据自己的特点，搞出个规划来。整党主要放在整顿各级领导班子上，农村包括公社、大队一级的，工厂包括车间一级的，科研机构包括研究室一级的，这样解决问题比较快，领导班子整顿好了，党员的问题就容易解决了。

邓小平提出，要通过整党挑选干部，特别要选好基层组织的主要负责人；要建立强有力的县委，配备精干的县委书记；培养青年干部要经过各个台阶的锻炼；挑选领导干部，要看是否肯干，能否带头吃大苦耐大劳，是否有头脑。

邓小平强调指出：要在整党的基础上挑选干部。一个大队，一个公社，一个县，选好了一、二把手，整个领导班子就带起来了。特别要抓好县委一级，建立一个强有力的县委可是重要啊！当好一个县委书记并不容易，要有全面的领导经验，对东西南北中、党政军民学各方面的工作都能抓得起来。这跟当个厂长只管一个工厂情况不同。县委书记当好了，到地委、省委工作就比较容易，比较顺手。现在有些省提拔个省委书记都感到困难，我看不会那样难吧。县委书记、地委书记一大堆，为什么连个省委书记都找不出来？我想问题恐怕是没有注意或者注意不够。①

……

在江青集团借着评论《水浒》，大力宣扬“要联系实际”、批判“党内的投降派”的时候，重病在身的周恩来，对江青集团的险恶用心是十分清楚的。早在四届人大闭幕后，由于“四人帮”的“组阁”阴谋在四届人大上被彻底挫败，他们气急败坏，就把周恩来视为他们篡夺党和国家领导权的最大障碍，多次挑起事端，利用各种机会，进行攻击。周恩来始终以大局为重，以党和人民的根本利益为重，坚持党的原则，不给“四人帮”篡党夺权的阴谋以可乘之机。但是，周恩来也确实考虑过同“四人帮”进行坚决的毫不妥协的斗争，可能会出现的各种后果。1975年7月1日，周恩来同来访的泰国总理克立·巴莫签署了中国和泰国建立外交关系的联合公报后，一部分工作人员抓住摄影记者还在的机会，围住周恩来，要求同他合影。周恩来同意了大家的要求，但又语意深重地说：“我这是最后一次同你们合影。希望你们以后不要在我脸上打叉叉。”②

---

① 《邓小平文选》第2卷，北京，人民出版社，1994：35~36页。

② 中共中央文献研究室：《周恩来年谱（1949—1976）》下册，中央文献出版社，1997：714页。

在“文化大革命”中，凡是一个人被“打倒”了，与他合过影的人，为了表示与他划清政治界限，往往要在合影照片上的这个人脸上划上××。工作人员听了周恩来的话，心情都十分沉重。

面对江青集团借着评《水浒》所进行的肆意诽谤，周恩来心中充满了悲愤。他要用一个共产主义战士的光明磊落，反击“四人帮”这一伙躲在阴暗角落里的卑鄙的政治小人的无耻攻击。

1975年9月20日，医院对周恩来进行一次手术。

周恩来——这位把毕生的心血和精力都无私地奉献给了中国人民解放事业和社会主义建设事业的著名革命家；这位在政治斗争的惊涛骇浪中拼搏了一辈子而一贯从容大度、坦然自若的著名外交家；这位既具有政治上的雄才大略，又具有钢铁般的自制力的著名政治家，已经意识到自己将不久于人世。

这次手术前，周恩来特意让工作人员拿来自己1972年6月23日在中央批林整风汇报会上所作的《关于国民党造谣诬蔑地登载所谓〈伍豪启事〉问题的报告》的录音记录稿，用已经颤抖的手，郑重地亲笔签上了自己的名字，并注明了签字的环境和时间：“于进入手术室，一九七五、九、二十”。

在进入手术室前，周恩来躺在平车上还关切地问道：小平同志来了没有？当邓小平俯身问候时，周恩来握住邓小平的手，用力说道：你这一年干得很好，比我强得多！①

在进入手术室时，周恩来大声说道：“我是忠于党、忠于人民的！我不是投降派！”②

这时，在场的邓颖超要求中共中央政治局委员、中央办公厅主任汪东

① 中共中央文献研究室：《邓小平年谱（1975—1997）》上册，北京，中央文献出版社，2004：102页。

② 中共中央文献研究室：《周恩来年谱（1949—1976）》下册，中央文献出版社，1997：721页。

兴将此情况报告给毛泽东。

这是周恩来在用自己最后的力量，同“四人帮”进行坚决的抗争！

这是周恩来在用自己最后的力量，捍卫自己无私无畏，奋不顾身，舍生忘死，鞠躬尽瘁，为中国革命和建设事业英勇奋斗的清白历史。

这是周恩来在用自己最后的力量，捍卫自己不容玷污的政治尊严和崇高人格！

言为心声。

唯至柔者至刚。

在周恩来冷静大度、风度翩翩的崇高形象中，永远耸立着一个共产主义者所具有的勇于捍卫党和人民根本利益的钢铁般不可动摇的政治信念。

在这次手术中发现，周恩来的病况已经无医无治——癌细胞已经扩散到他的整个身体。邓小平得知后，立即指示医疗组：尽一切努力，减少痛苦，延长生命。①

对于这件事，邓小平一直难以忘怀。1991年9月29日，在观看电影《周恩来》时，邓小平回顾当年的情景，往事历历在目，不禁感慨万千。他清楚地记得当时和中央政治局常委们在医院守候的情景，清楚地记得周恩来在进手术室时对他大声说的话。他说：“总理讲的是心里话，也是讲给‘四人帮’听的。”②

关于“伍豪事件”的真相，只有十分熟悉中共历史的人才比较清楚。此事的经过是这样的：

周恩来早年在天津与进步青年一起投身革命活动，在天津创办“觉悟社”时，几位发起人采用抽签的方法，用抽到的阿拉伯数字作为自己姓名的代号。周恩来抽到的是五号，“伍豪”即五号的谐音。以后周恩来曾

① 中共中央文献研究室编：《邓小平年谱（1975—1997）》上册，北京，中央文献出版社，2004：102页。

② 中共中央文献研究室编：《邓小平年谱（1975—1997）》上册，北京，中央文献出版社，2004：102页的注释。

用“伍豪”的化名，从事革命活动。周恩来成为中国共产党中央的负责人后，用“伍豪”的化名起草过文件，发表过文章。他为机要通讯编制的密码，被称之为“豪密”。

大革命失败后，国民党反动派对共产党人和革命志士进行残酷的镇压和屠杀。在白色恐怖下，中共中央为了保护党的领导机关的安全进行了英勇机智的斗争。1928年11月14日，中共中央常委会议决定，成立由周恩来等组成的中央特别委员会。这个机构对保卫中共中央的安全，营救被敌人逮捕的同志，严惩叛徒，向中共组织通报敌情，配合工农红军和农村根据地的斗争，都起了重要作用。

1931年4月24日，中共中央政治局候补委员、中央特别委员会领导成员之一顾顺章被国民党特工部门逮捕后，投敌叛变。

因顾顺章熟悉中共中央机关的工作方法、联系方法和各个交通线的情况，对中央特别委员会的内情更是了如指掌，因而给中共中央领导机关的安全造成极大威胁。中共中央得到打入国民党中央组织部调查科的钱壮飞转报的这一情况后，委托中共中央政治局常委、中央军委书记、中央组织部部长周恩来全权处理这一紧急事变。周恩来在陈云等的协助下，果断采取紧急措施：

一、销毁大量机密文件，将党的主要负责人迅速转移，并采取严密的保卫措施；

二、将一切可能成为顾顺章侦察目标的干部，迅速转移到安全的地区或调离上海；

三、切断顾顺章在上海所能利用的所有重要关系；

四、废止顾顺章所知道的一切秘密工作方法。

当夜，中共中央、江苏省委和共产国际远东局的机关全部安全转移，使国民党企图一举破坏中共中央领导机关的计划化为泡影。周恩来所采取的非常时期的一系列果断措施，把顾顺章叛变所造成的损失减少到了最低限度，保卫了中共中央和中央领导同志的安全，使敌人企图利用顾顺章叛变而破获中共中央机关、抓捕中共中央负责人的阴谋彻底破产。[①]

此后，中共中央领导机关在上海的处境困难，一度陷于停顿状态，中央政治局会议和常委会议难以举行。中央决定改变工作方式，尽可能少地召开会议，采取分头负责的办法。周恩来被指定负责军事工作和中央革命根据地、赣东北革命根据地。6月10日，周恩来主持中共中央政治局会议。会议通过了周恩来起草的《中央审查特委工作总结》。指出：特委工作虽有许多成绩，给予党不少保护作用，但终因顾顺章一个人的叛变，遂使全部工作发生动摇，这不能不说是特委工作本身的错误的结果，尤其是特委本身政治教育的缺乏，成为特委基础不能巩固的历史病源。并且周恩来在《总结》中作了自我批评，表示：直接指导这项工作的伍豪同志要负错误的主要责任。《总结》对今后特委的组织、工作方针、纪律等规定了原则。[①]

国民党的阴谋被挫败后，气急败坏，就采用造谣的方式，由国民党中央组织部调查科情报股总干事张冲和国民党特工黄凯合谋，伪造了《伍豪等脱离共党启事》，送给上海各大报纸登载，企图打击和搞乱共产党的力量。1932年2月15日，由黄凯派人将这一伪造的“启事”送上海申报馆广告门市部。广告处律师看后认为，这一“启事”称伍豪等243人脱党，而通篇文内只具名伍豪一人，有明显漏洞，暂没登出。但是2月16日、17日、18日的《时报早晨号外》《新闻报》却先后刊登出来。《申报》在国民党上海新闻检查处的压力下，于2月20日也刊登了这一启事。中共上海地下组织发现此事后，在陈云同志亲自主持下，采取果断措施揭穿了国民党的阴谋。

其实，周恩来这时已不在上海。他于1931年12月上旬离开上海，12月

---

① 中共中央文献研究室：《周恩来年谱（1898—1949）》，北京，中央文献出版社、人民出版社，1980：210页。

① 中共中央文献研究室：《周恩来年谱（1898—1949）》，北京，中央文献出版社、人民出版社，1980：210页。

下旬已在中央革命根据地首府瑞金，就任中共苏区中央局书记，开始领导中央革命根据地的党政工作并参与组织指挥红军作战。

对于国民党的造谣诬蔑，上海的中共临时中央和中央革命根据地的毛泽东都采取措施，进行了有力驳斥。1932年2月20日，中共临时中央机关报《斗争》发表《伍豪启事》指出，这是“国民党造谣诬蔑的新把戏！”“一切国民党对共产国际、中国共产党与我个人的造谣诬蔑，绝对不能挽救国民党于灭亡。”2月下旬，中华苏维埃共和国临时中央政府主席毛泽东就此发出布告说：“伍豪脱离共产党”一事显然是屠杀工农兵士而出卖中国于帝国主义的国民党党徒的造谣诬蔑。

1967年，“文化大革命”进入第二个年头。在江青、康生煽动下，全国掀起了所谓的“抓叛徒”风潮，其主要目的是用“叛徒”的罪名打倒一大批党政军领导干部，重点是那些原在国民党统治区出生入死地从事党的地下工作的同志。国家主席刘少奇被扣上了“党内最大的叛徒”的帽子；薄一波等61名被从国民党监狱中营救出来的同志，也统统被扣上“叛徒”的帽子；许多当年打入敌人内部从事地下工作的同志都被打成“叛徒”“特务”。江青还处心积虑地把暗箭射向周恩来。有一个红卫兵组织在原国民党统治时期的上海报纸上，找到“伍豪等脱离共产党启事”这一消息，如获至宝，马上呈报“中央文革小组”。江青如果去问一下毛泽东或者康生，就会清楚事情真相。因为这件国民党造谣诬蔑周恩来的事在1942年延安整风时就已搞清楚。江青没有这样做，却去找周恩来。周恩来看出江青居心叵测，必须认真对待。他把这件事告诉了邓颖超。他们看出，20世纪30年代国民党的阴谋没有得逞，而60年代的江青却想利用国民党的办法来达到加害周恩来的目的。周恩来、邓颖超认为，有必要借这个机会把这件事再次搞清楚，给组织留下真实的史实。

当年周恩来的卫士之一高振普在《周恩来卫士回忆录》中回忆说：

这件事在1942年延安整风时虽已搞清，作过结论，但没有文件材料。周总理委托邓大姐把办公室的秘书和卫士组的同志约到一起，具体交代了做法：由赵茂峰去北京图书馆借来1931年和1932年在上海出版的《申报》《新闻报》《时报》等报纸，由卫士组的警卫、司机、厨师、服务员等查找。后来，医生、护士也参加进来。因报纸种类较多，我们这些人对当时的事情又不清楚，查找起来得花一定时间。我们查遍1931年的各报，没有查到，再查1932年的。

经过几天的查找，由司机杨全明查到了，是2月20日在《申报》登出的。张树迎先拿给邓大姐看，邓大姐叫马上送周总理，让周总理仔细地看这条《伍豪等脱离共党启事》的消息。

看完这条消息，总理当即说："还有一条消息是当时在上海的党中央反驳国民党的。"叫我们再查。我们主观地认为不会登在《申报》上。于是又把其他报纸翻遍了，也没找到。周总理肯定地说："会有的，陈云同志在延安的时候说过，是登了报的。"我们又开始查找，细心的乔金旺查到了，就在2月22日《申报》的广告栏内登出：

"伍豪先生鉴：承于本月十八日送来广告事一则，因福昌床公司否认担保，手续不合，致未刊出。申报馆广告处启。"

同是一个《申报》，两天之内登出不同的两则消息，人们不难看出这第二条消息是否定第一条的。周总理看到这第二条消息说："这就清楚了。"他请新华社的摄影师钱祠杰，把这两则消息翻拍下来。后来的事，周总理就不叫我们管了，只是嘱咐把图书馆的报纸保存好，暂不退回。我们把借来的报纸摞在一起，足有一米多高。

周总理非常认真地对待这件事，他亲自写了专门报告。在1972年批林整风汇报会上，他作了《关于国民党造谣诬蔑地登载所谓"伍豪启事"问题的报告》，对事件的真相作了详细的说明。在会上，公布了毛泽东1968年1月16日在北京大学一位学生来信反映1932年2月上海各大报纸登载《伍豪等脱离共党启事》上的批示："此事已弄清，是国民党造谣诬蔑。"同时宣布毛主席的意见和政治局的决定，会后将录音、记录稿和其他文献资料存入档案，并发至全国各省。周总理写好的这份报告，因工作原因，一直没有下发，存在了他自己身边。

1975年9月20日，周总理在进入手术室前，又想起了这件事，要把这份已存多年的文件，取出来看看。邓大姐也不解其意，便说存在保险柜里，要看，手术后再看吧。总理说在病房等着，一定要派人去取。邓大姐就叫她的秘书赵炜去取。医生、护士和我们几个人都围站在总理的周围。医院与中南海只一路之隔，十几分钟赵炜便取了回来，交到总理手里。周总理躺在进手术室的平车上，戴上老花镜，翻看了几页，就在首页的标题下侧，郑重地签上“周恩来”三个字，又写了1975年9月20日并注明是在入手术室前。签完后，亲自交给邓大姐，这才同意推他进手术室。[①]

自从1965年酝酿“文化大革命”开始，江青集团是惯于借批判一本书掀起一场政治运动或打倒某个人的。请看下列事实：

1965年，江青通过与张春桥秘密策划，背着中共中央主持一线工作的负责人，私自在上海布置姚文元撰写长篇文章《评新编历史剧〈海瑞罢官〉》，11月10日在上海《文汇报》上发表，由此揭开十年“文化大革命”的序幕。新编历史剧《海瑞罢官》的作者，著名历史学家、北京市副市长吴晗因此而受到批判，最后被置于死地。

1967年，“中央文革小组”成员戚本禹撰写了《爱国主义，还是卖国主义？——评反动影片〈清宫秘史〉》的长篇文章，4月1日在《人民日报》上发表，不点名地对刘少奇进行攻击、诬蔑。不久，刘少奇即被作为“中国的赫鲁晓夫”“党内头号走资本主义道路的当权派”受到公开批判，最后被彻底打倒，亡命开封。

1967年9月8日，《人民日报》公开发表了“中央文革小组”成员姚文元撰写的长篇文章《评陶铸的两本书》，对陶铸肆意诬蔑，并用牵强附会、捕风捉影等手法，对陶铸过去出版的两本书进行“无限上纲”的批

① 高振普：《周恩来卫士回忆录》，上海，上海人民出版社，2000：139~141页。

判。陶铸很快由“党内最大的保皇派”上升为“大叛徒”，遭到关押监禁，死于合肥。

到了1975年，“四人帮”又企图利用评《水浒》大做文章，故伎重演，含沙射影，把矛头指向周恩来、邓小平等老一辈无产阶级革命家；指向林彪事件后恢复工作、重新走上各级领导岗位的一大批领导干部；指向四届人大新任命的国务院和各部委负责人。

这时候，广大干部、党员和人民群众通过历时九年的“文化大革命”，已经看穿了“四人帮”的阴谋伎俩，对“四人帮”的行径表示了极大的义愤。

江青在大寨讲话以后，就有正直无私的新华社记者甘冒风险，将江青的讲话记录整理后，报给了新华社负责人。新华社负责人觉得此事重大，应该上报给毛泽东。若干年后，当年曾参与向毛泽东反映情况的吴冷西（当时为国务院政治研究室负责人之一）在接受《文化报》记者采访时，首次披露了当年新华社副社长穆青等同志向毛泽东状告江青的始末：

“1975年9月，华国锋在昔阳主持召开全国农业学大寨会议。邓小平同志按照党中央的安排，在会议上发表了讲话。谁知江青却赶到会议上大放厥词，口口声声地说她‘代表毛主席向大家问好’，并且露骨地宣扬《水浒》中‘宋江架空晁盖’，以此影射邓小平同志。”

“正在会议上采访的新华社记者，听了江青的论调后，十分气愤，立即将她的言论写成材料交到了时任新华社副社长的穆青手中。”

“穆青分析着这份材料，感到事关重大，便立即打电话给我，说有要事希望与我个别商量。我即乘轿车从中南海北门出来，绕到新华社的后门，将正在路边悄悄等候的穆青接上车来。”

“在车上，穆青把江青的那份讲话材料交给了我。我和穆青都感到江青的矛头是对准小平同志，事态非常严重。”

“于是，我立即把材料交给胡乔木同志。乔木看后便和我一道来到邓小平的家中。小平提出，由我们设法把材料报告给毛主席，向毛主席揭露江青的政治阴谋。”

“乔木要我用车把穆青从新华社后门悄悄接出来。我们在车上仔细地商量如何才能经过唐（闻生）、王（海容）两小姐，直接把材料送到毛主席手中。这时，穆青建议，由他找新华社负责中央领导人活动报道的记者李琴想办法。我同意了这一方案。”

“穆青找到李琴，向她讲述了上书给毛主席的重要政治意义。李琴满口答应完成任务。穆青和当时任新华社社长的朱穆之又联名给毛主席写了一封信。他们知道，在‘四人帮’肆虐的政治高压下，写这样的信，需要承担巨大的政治风险。”①

随后，新华社记者李琴将江青大寨讲话的记录稿交给唐闻生，请唐闻生在毛泽东接见外宾时面交毛泽东。但是，以后由于形势发生变化，这份材料最终未能送到毛泽东处。

1975年9月21日上午，毛泽东在中南海会见英国前首相爱德华·希思。邓小平和王海容、唐闻生陪同会见。这次外事活动结束后，邓小平向毛泽东汇报了江青“在全国农业学大寨会议”期间的一些情况，毛泽东作了指示。9月24日下午，邓小平陪同毛泽东在中南海会见以越南劳动党中央委员会第一书记黎笋、越南劳动党中央政治局委员兼政府副总理黎清毅为正副团长的越南民主共和国党政代表团，陪同人员除增加担任越语翻译的外交部亚洲司副司长梁枫外，其余皆为3天前毛泽东会见希思时的人员。这次会见结束后，邓小平向毛泽东汇报了江青在“全国农业学大寨会议”期间，关于评论《水浒》的讲话情况。毛泽东听了以后，对江青的评《水浒》讲话极为愤怒，说：“放屁！文不对题。那是学农业，她搞批《水浒》。这个人不懂事，没有多少人信她的，政治局也没有多少人信她的。”由于毛泽东明确否定了江青的大寨讲话，使邓小平排除了“四人

① 佘熙：《吴冷西新近首次披露穆青向毛泽东状告江青始末》，载《中国文化报》，1996-11-21。

帮”的干扰，继续大刀阔斧地推进全面整顿。

此前，在“全国农业学大寨会议”召开期间，江青向主持大会的中央政治局委员、国务院副总理华国锋要求，在大会上播发她9月12日在大寨大队群众大会上的评《水浒》讲话录音时，华国锋不敢做主，请示了毛泽东。毛泽东当即指示：“稿子不要发，录音不要放，讲话不要印。”②

由于毛泽东的严厉斥责，江青集团妄图利用评《水浒》制造新的政治动乱的阴谋，终于没有得逞。

实际上，粉碎“四人帮”以后，当年为毛泽东读书的北京大学中文系那位女教师回忆，毛泽东评《水浒》的谈话，本意就是回答女教师提出的关于如何评价中国几部古典小说的问题，根本没有包含其他意思。

女教师是这样回忆的：

“主席一向关心历史、哲学史和文学史的研究工作，重视对作家作品的评论。当时，他老人家虽在病中，日理万机之余，仍是手不释卷，尤其爱读鲁迅的文章。读时，常常发出赞许的笑声。偶或，他也让我提些问题，然后，通过解答，亲切慈祥地给我讲点历史、文学史和鲁迅。我曾向他请教过关于一些作家作品的评价问题。1975年8月13日，我又请教了关于他提到过的那几部古典小说的评价问题。他先讲了《三国演义》《红楼梦》等几部书的问题，然后谈到了《水浒》。关于《水浒》，学术界的基本评价，向来是很高的，甚至有的说，这是一部千古不朽的农民运动的史诗。但到1974年，《北京日报》到北大中文系约写一篇批判《水浒》的文章时，却透露说《水浒》是只反贪官，不反皇帝。由于不是正式消息，对精神实质理解不一，学术界在讨论时，分歧又很大，这篇文章没有发表。因此，当谈到《水浒》时，我顺便向主席请教了这件事。主席说，那两句话，是他在一次政治局扩大会议上讲的。接着我又请教他：既然如此，那

② 中共中央文献研究室编：《邓小平年谱（1975—1997）》上册，北京，中央文献出版社，2004：103页。

么《水浒》一书的好处在哪里？应当怎样读它？……”①

从以上这段回忆中，可以十分清楚地看到，毛泽东纯粹是为了答复女教师的“请教”，才谈了关于如何评价《水浒》的那一番话的。而“四人帮”所搞的评《水浒》运动，则完全是借题发挥，另搞一套。

① 杨建业：《在毛主席身边读书——访北京大学中文系讲师芦荻》，载《光明日报》，1978-12-29。

第二十九章　邓小平始终不渝坚持原则

“四人帮”企图利用评《水浒》发动一场政治动乱的阴谋虽然被毛泽东及时制止了，然而随着邓小平主持的全面整顿的深入发展，毛泽东和邓小平之间在如何看待和对待“文化大革命”问题上却出现了明显的分歧。

毫无疑问，毛泽东最初对邓小平是信任的、是坚决支持的，对邓小平的魄力、能力、才干和工作作风尤为看重，不然他也不会亲自提议把邓小平放在中央党政军的主要领导岗位上，亲自批准由邓小平主持中央党政军的日常工作，亲自主持中央政治局会议批评江青和“四人帮”，亲自把邓小平作为自己晚年选择的接班人，寄予无限的希望，授予极大的权力，赋予极重的责任，多次给予高度的评价。

从1975年初一直到1975年9月，毛泽东对邓小平主持中央工作进行全面整顿，都是保持着支持的态度，同时把邓小平作为周恩来的接班人及他本人身后主政的人选之一。9月24日，毛泽东在会见越南劳动党中央委员会第一书记时说，现在天下最穷的不是你们，而是我们。我们有8亿人口，我们现在有领导危机。总理身体不好，一年开过四次刀，危险。康生身体不好，叶剑英身体也不好，我82岁了，我也有病。说到这里，毛泽东用手指着陪同会见的邓小平说，只有他算一个壮丁。[1]

但是，邓小平对全国各个方面的全面整顿，不能不否定“文化大革命”中所实行的许多错误政策，不能不逐渐发展成为对“文化大革命”错误的比较系统的纠正。而“文化大革命”又恰恰是毛泽东晚年极为重视的一件事。他已经知道对这件事拥护的人少，反对的人多，也在“九一三”事件以后逐渐纠正了一些他所意识到的“文化大革命”的错误，多次表示对“文化大革命”中的“打倒一切，全面内战”很不赞成。但总的来说，毛泽东一直没有能够从总体上、从全局上、从根本上认识到“文化大革命”的错误，并且一直在全局上对“文化大革命”持肯定的态度。而1975年的全面整顿给全国各行各业带来的显著变化，在事实上是对“文化大革命”错误的一个有力的否定。

邓小平所进行的全面整顿的性质，从实质上说，发展下去，将是从理论到实践对“文化大革命”的彻底否定。因此，全面整顿遭到只有依靠“文化大革命”才能飞黄腾达，窃据党政要职，并企图继续依靠“文化大革命”篡党夺权的“四人帮”的强烈反对。

同时，彻底否定“文化大革命”的这种发展前景也是毛泽东所不能容许的。

1975年下半年，根据毛泽东的意见，鉴于他行动、说话已经十分困难，将毛泽东的大弟弟、革命烈士毛泽民的儿子，毕业于哈尔滨军事工程学院，参加了东北地区的“文化大革命”，在“三结合”中被任命为辽宁省革命委员会副主任，以后逐渐担任了中共辽宁省委书记、中国人民解放军沈阳军区政治委员的毛远新，临时留在北京，担任毛泽东和中共中央政治局之间的联络员。

关于毛远新担任毛泽东与中共中央政治局之间的联络员一事的来龙去

① 毛毛：《我的父亲邓小平：“文革”岁月》，北京，中央文献出版社，2000：410页。

脉，大致经过是这样的：1975年9月是新疆维吾尔自治区成立20周年，新疆要举行庆祝活动，中共中央、国务院要派中央代表团到新疆进行慰问，参加庆祝活动。在组织中央代表团时，考虑到毛远新是牺牲在新疆的革命烈士毛泽民的儿子，就把毛远新确定为中央代表团成员之一。于是，1975年9月28日，毛远新作为中央代表团成员，随中央代表团从北京前往新疆，参加新疆维吾尔自治区成立20周年的一系列庆祝活动。10月，中央代表团从新疆返回北京。此后，毛远新没有回沈阳工作，留在北京，担任毛泽东与中共中央政治局之间的联络员。同时，仍然担任中共辽宁省委和中国人民解放军沈阳军区的领导职务。

毛远新到北京给毛泽东当联络员后，思想、行动与“四人帮”，特别是江青十分接近。

1975年9月27日，毛远新向毛泽东汇报辽宁省的情况和自己对形势的看法，认为社会上有一股否定“文化大革命”的风。很显然，毛远新把矛头指向邓小平主持的全面整顿工作。

对此，邓小平看得十分清楚，保持了应有的警惕。10月31日，邓小平给毛泽东写了一封信，提出：“我有事需向主席当面谈谈，并取得主席的指示和教诲。明日下午或晚上都可以。如蒙许可，请随时通知。”[①]

11月1日晚上，毛泽东即把邓小平找去谈话。在这次谈话中，毛泽东批评了邓小平为刘冰等人转信之事。邓小平向毛泽东询问，这一段时期以来中央工作的方针、政策正确与否。毛泽东肯定地说：“对。”

对此，《邓小平年谱》作了记载：11月1日晚上，邓小平到毛泽东处谈话。毛泽东肯定邓小平领导整顿的成绩，同时批评邓小平为刘冰等人转信的做法。[②]

① 中共中央文献研究室：《邓小平年谱（1975—1997）》上册，北京，中央文献出版社，2004：124页。

② 中共中央文献研究室：《邓小平年谱（1975—1997）》上册，北京，中央文献出版社，2004：125页。

1975年9月底至11月初，毛远新先后几次同毛泽东谈话，以汇报工作、反映情况为名，攻击邓小平主持的全面整顿工作。

对毛远新在发动“反击右倾翻案风”运动中的作用，姚文元于1980年7月25日在秦城监狱中受审时曾做了以下交代：

姚文元：另外，我再补充一点，在批邓中毛远新是起了很坏的作用的。

审判员：毛远新是怎么参加政治局的？

姚文元：毛远新是以毛主席的联络员的名义列席政治局会议的，但他又不像是联络员，他的每次发言都成了中心调子，每次传达毛主席指示之后，都有他自己的解释，而且还说毛主席同意他的看法。这就超过了联络员的职责，这也说明当时党内生活极不正常。批邓时，他经常跑到江青身边商量一些事情。江青对毛远新也是没有什么顾虑的，把他当作自己的孩子一样。听说毛远新是由江青抚养大的，感情很深，江青喜欢叫毛远新乳名“小豆子”，毛远新也一直称江青“妈妈”。有一次开会时，江青得意地说：“远新也当了几年省委书记了，政治局会上我叫他同志，他叫我同志，回到家里爱叫什么就叫什么。”

审判员：毛远新和江青的关系你是怎么知道的？你还知道哪些？

姚文元：江青讲毛远新是孩子一类的话，是在政治局会上说的。另外我听王秀珍说过，毛远新的妻子是王洪文介绍的，原来是上海国棉十七厂的一个工人。我觉得这都不是很正常的现象。

审判员：以江青为首的“四人帮”处心积虑地要第二次打倒邓小平同志，目的是什么？后果是什么？这是什么性质问题？

姚文元：这个，我也不知道。“四人帮”反对邓小平副主席有很复杂的历史背景，也有各种不同的原因。当时毛主席还健在，邓小平副主席主持工作，很多问题毛主席是支持他的，怎么会在毛远新汇报后一下子转过来了？没有人解释过，我也有这个疑问，但找不到答案。我一直有个感觉，觉得毛主席是不是在培养毛远新。这完全是我的一种感觉，错了是我的一种感觉，错了完全由我个人负责。[①]

毛远新于1975年9月底至11月初向毛泽东反映的主要有以下几个方面的内容：

今年以来，在省里工作，感觉到一股风，主要是对“文化大革命”。1．“文化大革命”怎么看？主流、支流，十个指头，三、七还是倒三、七，肯定还是否定。2．批林批孔运动怎么看，主流、支流，似乎迟群、小谢讲了走后门的错话干扰，就不讲批林批孔的成绩了。口头上也说两句，但阴暗面讲得一大堆。3．刘少奇、林彪的路线还需不需要继续批，刘少奇的路线似乎也不大提了。

工业现代化主要强调加强企业管理、规章制度，但工交战线主要矛盾是什么？

农业、财贸战线也有类似问题，教育革命主流、成绩是什么？……文艺革命主流、支流等等，总之，“文化大革命”中批判了刘少奇、林彪的路线，批判了17年中各条战线的修正主义路线还应不应该坚持下去。

对“文化大革命”，有股风，似乎比1972年批极左还凶些。

担心中央，怕出反复。

我很注意小平同志的讲话，我感到一个问题，他很少讲“文化大革命”的成绩，很少提批刘少奇的修正主义路线。

“三项指示为纲”，其实只剩下一项指示，即生产搞上去了。[①]

粉碎“四人帮”以后，在审判“四人帮”及其主要成员的法庭上，毛远新曾如实交代了他担任毛泽东和中央政治局的联络员期间，在发动“反击右倾翻案风”运动、诬陷邓小平问题上所起的恶劣作用：

“我在中央当毛主席联络员这一段，说我向毛主席诬陷邓小平，我

① 《中国现代史论》第7卷，成都，四川人民出版社，2010：271~272页。

① 中共中央党史研究室：《中国共产党历史大事记》，北京，人民出版社，1991：317页。

不服气。因为邓小平当时就是要纠正‘文化大革命’的错误，主席思想上虽然有对邓小平不满意的地方，但要不是我首先提出有一股风，就不能造成后来在全国的‘反击右倾翻案风’运动。当时江青他们四个人是挨了主席批评的，日子不好过。从这个意思上讲，我起了江青反革命集团起不到的作用，我起的作用超过了他们，我在1975年、1976年对党和国家犯了大罪，这是我的真心话。在京西宾馆向马天水等人诬陷邓小平，那些话是张春桥讲的，他们一讲我就接受了，而且还有发挥，如在辽宁讲邓小平是邓‘纳吉’，这些话是我说的，这是诬陷。”

1975年10月中旬，在党内长期以极左面目出现，20世纪40年代因人为制造“抢救”运动而犯过严重错误，20世纪六七十年代又在“文化大革命”中以“理论权威”“中央文革顾问”身份，与“四人帮”合谋干了大量整人、害人坏事的康生，重病在身，自知已不久于人世。有一天，康生强撑病体，面见毛泽东，说邓小平否定“文化大革命”，告了邓小平一状。

毛远新因为是毛泽东的侄子，在“文化大革命”中“经风雨，见世面”，经历了东北地区“文化大革命”的全过程，被吹捧为“无产阶级革命事业的可靠接班人”，是毛泽东晚年十分信任的青年人之一。

康生则早年在共产国际工作过，曾任中国共产党驻共产国际代表团副团长（团长为王明），归国后担任过中央情报部部长和中央社会部部长，号称“马克思主义理论家”“中国的捷尔任斯基”“反修战士”，主持写过“九评”，又担任过第十届中共中央副主席的重要职务，也是毛泽东比较重视的人物。

毛远新与康生，一老一少，各自具有不同的身份，代表着不同的人物。这两个人对全面整顿的看法，引起了毛泽东的注意和重视。

在长期政治斗争的惊涛骇浪中，毛泽东极具个性，富有挑战精神。所以，毛泽东是一个在重大政治原则问题上绝不让步的人，一时他认为邓小平要否定“文化大革命”，要否定他晚年所从事的“无产阶级专政下继续革命”的理论和实践，要否定“文化大革命中涌现出来的各种新生事物”时，对邓小平的态度就发生了根本性的变化。

毛泽东肯定了毛远新的看法，说：“有两种态度，一是对文化大革命不满意。二是要算账，算文化大革命的账。”毛泽东提议召开小范围的会议，当面向邓小平谈出毛远新的看法。[①]

按照毛泽东要求，毛远新去找邓小平、陈锡联、汪东兴开会，把他的意见全部讲了出来。在11月2日召开的会议上，毛远新谈了否定全面整顿的意见，然而，邓小平却明确表示，不能同意毛远新关于“中央搞了个修正主义路线”的意见，不能同意毛远新对中共中央九号文件下发以后全国形势的看法。

邓小平十分坦率地说：“这个问题还可以再想一下，你的描述，是中央整个执行了修正主义路线，而且是在所有领域都没有执行主席的路线。说毛主席为首的中央搞了个修正主义路线，这个话不好说。”邓小平对过去的主要工作和自己过去的讲话作了简略的回顾，指出：“我是从今年3月九号文件开始抓工作，主持中央工作是7月。九号文件以后是什么路线，我主持中央工作三个多月是什么路线，可以考虑嘛，上我的账，要从九号文件开始算起。从九号文件以后全国的形势是好一点，还是坏一点，这可以想想嘛。对九号文件以后的评价，远新同志的看法是不同的。是好是坏实践可以证明。”最后，邓小平向与会者强调：“昨天晚上，我问了主席，这一段工作的方针政策是怎样？主席说对。”[②]

11月3日，毛远新向毛泽东汇报了11月2日晚上的会议情况。听完毛远新的汇报，毛泽东不禁对邓小平的态度有些失望。毛泽东对邓小平是寄予信任和希望的，本来是想通过四人会议让邓小平作自我批评，没有料到邓

① 中共中央文献研究室：《邓小平年谱（1975—1997）》上册，北京，中央文献出版社，2004：125页。

② 中共中央文献研究室：《邓小平年谱（1975—1997）》上册，北京，中央文献出版社，2004：126页。

小平坚持真理，无所畏惧，邓的这种坚定态度激怒了毛泽东，因此，他指示毛远新：继续开会，范围扩大一点，让李先念、纪登奎、华国锋、张春桥也参加，八个人先行讨论。

毛泽东说："对文化大革命，总的看法：基本正确，有所不足。现在要研究的是在有所不足方面，看法不见得一致。"[①]毛泽东对"文化大革命"总的评价是"三七开，七分成绩，三分错误"。毛泽东还说："文化大革命犯了两个错误，1．打倒一切；2．全面内战。"毛泽东要求开八人会议时，要抓住当前两条路线斗争，集中讨论"文化大革命"问题，要以他对"文化大革命"的结论为基础，对"文化大革命"作个决议。

根据毛泽东的要求，11月4日，召开了有邓小平、陈锡联、汪东兴、李先念、纪登奎、华国锋、张春桥和毛远新八人参加的会议，着重讨论对"文化大革命"的认识问题。会后，毛远新向毛泽东汇报了召开八人会议的情况。毛泽东说：我批评某人不是打倒，而是改正错误，团结起来，搞好工作。安定团结不是不要阶级斗争，阶级斗争是纲，其余都是目。毛泽东指示，八人会议要逐步扩大几个人。开会就是帮助小平同志及大家，互相帮助，搞好团结，搞好工作。[②]

毛远新问毛泽东："这次会议争取在对文化大革命这个问题上能初步统一认识，对团结有利，目的是通过讨论，团结起来，搞好工作，是这样吧？"毛泽东肯定地回答："对。"毛泽东还特别对毛远新说："会议的情况不要告诉江青，什么也不讲。"[③]

这时，毛泽东仍想把事情限定在数量有限的几个中央政治局委员范围内，通过中央政治局内部开会，采用比较温和的方式解决问题，不想让

---

① 中共中央文献研究室：《邓小平年谱（1975—1997）》上册，北京，中央文献出版社，2004：126页。

② 中共中央文献研究室：《邓小平年谱（1975—1997）》上册，北京，中央文献出版社，2004：127~128页。

③ 中共中央文献研究室：《毛泽东传（1949—1976）》下册，北京，中央文献出版社，2003：1756页。

江青插手，把事情闹大，从中生事。由此可见，毛泽东还在尽力维护他从1974年下半年开始努力实现的“安定团结的政治局面”。

但是，“反击右倾翻案风”运动还是爆发了，而且是从毛泽东对一封信的批示这样的特殊形式开始的。

1975年8月13日，清华大学党委副书记刘冰等四人，给毛泽东写信，反映清华大学党委书记、清华大学革命委员会主任迟群的问题：

小平同志转呈主席：

我们是在清华大学领导班子中工作的几个共产党员。自1968年7月27日，在您老人家亲切关怀下，工人解放军毛泽东思想宣传队开进学校，贯彻执行您的革命路线，学校面貌发生了巨大变化，现在学校教育革命形势很好，广大干部和教职工欢欣鼓舞，目前正在贯彻您的三项指示，为把教育革命搞好而努力工作。

迟群同志随宣传队进校，作为学校的主要负责人，我们就同他相处共事，前几年他的工作是努力的，群众反映是好的，对于他所传达的中央和上级精神，我们一直是认真领会坚决执行的。但是，近几年来，迟群同志在赞扬声中经不起考验，没有自知之明，也没有知人之明，思想和作风上起了严重变化，官做大了个人野心也大了，飞扬跋扈，毫无党的观念，搞一言堂，搞家长制，资产阶级生活作风越来越严重，背离了主席接班人五项条件的要求。

由于清华所处的地位和对外影响，一年多来，我们的心情十分沉重，为了党的事业，我们从维护大局出发，对迟群同志的问题总是尽量在我们几个主要负责人内部解决，对他从爱护教育出发，多次劝说和帮助，谢静宜同志也对他作过严肃认真地（的）批评，但他拒不接受，仍一意孤行。学习了无产阶级专政理论，他口头上要改正，但实际上没有什么变化，越来越糟糕。我们本着对党的事业负责的态度，向您老人家如实汇报，请求中央派人解决。

对迟群同志的问题，我们是有缺点错误的，主要是我们党性不强，有私心杂念，因此对他的错误斗争不力，一味迁就，这是我们应向您老人家，向党中央作深刻检讨的，并衷心地接受对我们的批评教育。我们一定要努力工作，把学校教育工作搞上去。

敬祝

您老人家健康长生！

中共清华大学委员会
副书记 刘 冰
副书记 惠宪钧
副书记 柳一安
常 委 吕方正
1975年8月13日[①]

刘冰等人写的这封信，直言不讳地揭发了迟群在思想意识和工作作风等方面存在的严重问题，请“小平同志转呈主席”。邓小平收到了这封信。然后，这封信就由邓小平转给了毛泽东。

据毛泽东晚年的机要秘书回忆，毛泽东收到邓小平转来的刘冰等人的联名信后，一开始没有表明态度，只是让把这封信放在“待办件”中。1975年10月13日，刘冰等人再次上书，又写了第二封给毛泽东的联名信，进一步揭发、反映迟群的问题，同时也揭发、反映了具有特殊身份的谢静宜的一些问题：

邓副主席并呈毛主席：

关于迟群同志的问题，我们曾于8月13日向您和毛主席老人家作

① 刘冰：《风雨岁月：1964—1976年的清华》，北京，当代中国出版社，2008：263~264页。

了报告，我们希望他改正错误，好好工作。可是两个月来，他表现更为不好，搞了许多违背党的原则的活动。尽管我们努力落实毛主席老人家的三项指示，想把学校工作搞好，但他的这些活动，使我们在工作中遇到困难。这使我们不得不再次向您和毛主席老人家报告他的情况。

为了迟群同志能够改正错误，为了党的事业，我们希望谢静宜同志也能站在党的立场上同他的错误作斗争。谢静宜同志曾对迟群同志的错误作过批评，我们在上次报告中曾经提到过，我们也曾向她反映过对迟群有意见，每次她都劝说我们。最近，我们向她反映对迟群的意见后，她越来越明显地袒护迟群的错误，在一次书记会上，因为一个干部的批准手续问题，她借题发挥，用威胁的口气说："岂有此理，你们告去吧！"联想起十大以后迟群发泄不满情绪时，她曾在迟群面前握着迟群的手讲些不合原则的话，当时我们就实在看不下去。我们希望谢静宜同志在党内是非问题上坚持党性原则，起到积极作用。我们盼望中央解决我们班子的问题，以便我们更好地朝气蓬勃地带领全校师生员工更加深入贯彻落实毛主席老人家的三项指示，把学校工作搞好。我们一定要顾全大局，一定要坚持党的原则，按中央指示办事解决我们班子的问题，一定要按照毛主席老人家的教导"力戒骄傲"，努力工作。我们绝不因为对迟群同志有意见而影响对主席三项指示的贯彻，请毛主席老人家和中央放心。

上次报告由于仓促，迟群同志的错误遗漏了一些，现在补充送上（见关于迟群同志的错误补充情况）。

以上报告如有错误请中央指教和批评。

敬祝毛主席老人家健康、长寿！

中共清华大学委员会
副书记 刘 冰
副书记 惠宪钧

副书记 柳一安

1975年10月13日[①]

在刘冰等人上书毛泽东的第一封信中，只揭发、反映了迟群的一些严重问题；在他们上书毛泽东的第二封信中，则不仅进一步大胆揭发、反映了迟群在中共十大和四届人大以后，由于没有当上中共中央委员和国家教育部部长，对毛泽东主席和周恩来总理极端不满，公开攻击中共中央和中央领导同志，在群众中造成恶劣影响等新的事实，而且反映了谢静宜的一些问题，真有一股子“舍得一身剐，敢把皇帝拉下马”的精神。

刘冰等人上书毛泽东的第二封信，由胡乔木交给邓小平，由邓小平转给了毛泽东。

迟群原为中央警卫部队8341部队的宣传科副科长，谢静宜原为中央办公厅的机要干部。1968年夏天，毛泽东鉴于北京各大专院校的“群众组织”，“一不斗、二不批、三不改”（即不按“文化大革命”的战略部署搞“斗、批、改”），专门闹派性、搞武斗，闹得首都不得安宁，遂派出最忠诚的8341部队和3万多首都工人，组成“首都工人、解放军毛泽东思想宣传队”，开进派性斗争最激烈的清华大学，整顿秩序，制止武斗。到8月底，“首都工人、解放军毛泽东思想宣传队”全部进驻北京的59所大专院校，接管了对这些学校的领导权。

迟群、谢静宜就是这样受命作为进驻清华大学的“首都工人、解放军毛泽东思想宣传队”成员，进入清华大学的。迟群由于善于紧跟“形势”，能言善辩，头脑灵活，以后成为“驻清华大学工人、解放军毛泽东思想宣传队”的负责人，并逐渐当上了清华大学革命委员会主任、清华大学党委书记。谢静宜因长期在中央办公厅工作，比较受到上级信任，以后

---

① 刘冰：《风雨岁月：1964—1976年的清华》，北京，当代中国出版社，2008：268~271页。

也成为“驻清华大学工人、解放军毛泽东思想宣传队”负责人，并逐渐担任了清华大学革命委员会副主任、清华大学党委副书记、中共北京市委书记等领导职务。

在“批林批孔”运动中，迟群、谢静宜曾多次被江青派为“信使”，先后到一些部队、工厂、农村、机关传送江青写给一些单位的信和送给这些单位的“批林批孔”资料，中共中央文件上曾多次提到他们的名字，因而这两个人成为当时全国闻名的人物。

在迟群、谢静宜控制下的“北京大学、清华大学大批判组”，一贯秉承江青的意图，炮制了大量为“四人帮”篡党夺权、为攻击老一辈无产阶级革命家服务的“理论文章”，成为在“文化大革命”中为江青充当“笔杆子”“炮队”的一支骨干力量。在“文化大革命”中相当长的一段时间内，由“北京大学、清华大学大批判组”或由这个“大批判组”化名的“梁效”的文章，竟能左右中国的舆论界和理论界，成为中国意识形态领域的“主导力量”。“梁效”的文章所透露的政治信息，竟然成为人们观察中国政治形势变化的“晴雨表”。在全国形成了“小报抄大报，大报抄梁效”的很不正常的怪现象。特别是在“文化大革命”的中后期，“四人帮”每发动一场新的政治运动或想打倒某个人，必然先由“梁效”发起“舆论攻势”，用大块大块、整版整版的“理论文章”，作为“重型炮弹”，进行“火力袭击”，极尽造谣、诬蔑、诽谤之能事。在“评法批儒”运动中是如此，在“批林批孔”运动中是如此，在“评《水浒》”运动中是如此，在“反击右倾翻案风”运动中更是如此。

对于迟群，毛泽东并不熟悉，也无好感，因为8341部队在毛泽东身边工作的同志经常在毛泽东那里反映迟群的恶劣行为。对于谢静宜，毛泽东倒是比较熟悉，因她原在中央办公厅工作，时常完成一些毛泽东交办的任务，故毛泽东总是称她为“小谢”。

刘冰等人揭发、反映迟群、谢静宜问题的两封信，由邓小平转给毛泽东以后，引起了毛泽东的深思。毛泽东把这两封信与社会上否定“文化大革命”的呼声，与邓小平在全面整顿中对“文化大革命”理论与实践的否定，联系到了一起，作为一个重大的政治问题来进行考虑、进行处理了。

于是，毛泽东在刘冰等人两次来信上作了如下批示：

“清华大学刘冰等人来信告迟群和小谢，我看信的动机不纯，想打倒迟群和小谢。他们信中的矛头是对着我的。我在北京，写信为什么不直接写给我，还要经小平转。小平偏袒刘冰。清华大学所涉及的问题不是孤立的，是当前两条路线斗争的反映。”①

从毛泽东的批示看，毛泽东的意见是很明确的，不仅认为刘冰等人写信反映迟群和谢静宜的问题“矛头是对着我的”，而且把转信的邓小平也牵连了进去。

于是，问题的性质骤然严重了。刘冰等人向毛泽东“上书”，成为“当前两条路线斗争的反映”。

11月3日，中共中央政治局委员、全国人大常委会副委员长、中共北京市委第一书记吴德来到清华大学，在校党委扩大会议上传达了毛泽东在刘冰等人两封来信上的批示。以此为起点，“反击右倾翻案风”运动拉开了帷幕。

接着，在“四人帮”的干将迟群的主持与操纵下，清华大学先后召开1000多人参加的党委扩大会议和全校大会，揭发、批判刘冰和教育部长周荣鑫等“否定教育革命，翻文化大革命的案”的言行。实质上是明批刘冰、周荣鑫，矛头暗指邓小平。

会后，清华大学、北京大学在“四人帮”帮派体系的策划下，贴出大批大字报进行所谓“教育革命大辩论”，开展“反击右倾翻案风”，点名批判刘冰、周荣鑫等人。消息很快传开，各地一些在全面整顿中受到批判的“帮派人物”，纷纷到清华大学、北京大学“看大字报”“取经”。一

① 毛泽东：《建国以来毛泽东文稿》第13册，北京，中央文献出版社，1998：486页。

些在全面整顿中本来已经“安定团结”的地方，又纷纷乱了起来。一场新的政治动乱骤然而起，大有从北京波及全国之势。

11月20日，根据毛泽东的意见，中央政治局举行会议，讨论对“文化大革命”的评价问题，对邓小平作了错误的批评。尽管如此，毛泽东仍然希望在“文化大革命”问题上统一认识，提出由邓小平主持作一个肯定“文化大革命”的决议，总的看法是“文化大革命”基本正确，有所不足。对于“文化大革命”总的评价是“三分缺点，七分成绩”，邓小平不能同意。邓小平说：由我主持写这个决议不合适，我是桃花源中人，“不知有汉，无论魏晋”。实际上仍然坚持自己对“文化大革命”的否定性看法。①

随后，对邓小平的批评逐步升级。“四人帮”借机兴风作浪，要求中央政治局停止邓小平工作。毛泽东仍对邓小平寄予一定程度的希望，让邓小平“专管外事”。

11月下旬，根据毛泽东的指示，中央政治局要在北京召开有130多名党政军领导机关负责的老同志参加的打招呼会议，并在会上传达经过毛泽东批准的《打招呼的讲话要点》。

这次会议的目的，是向党政军高级领导人传达毛泽东对刘冰等人的信的批示及有关指示。因为邓小平仍在主持中央工作，所以在召开“打招呼会”的会前，邓小平将中央草拟的《打招呼的讲话要点》报送毛泽东审定，并于11月21日写信将开会的方式向毛泽东作了报告：“遵照主席指示，向一些同志打个招呼，免犯错误。现拟了一个136人的名单，并拟了一个打招呼的谈话要点，都是由政治局会议讨论修改了的，现送上，请审阅批示。”“打招呼的方法是，把大家召集到一块谈，政治局同志都出席。”“政治局商量，准备把谈话要点发给各大军区司令员和政委，以及

① 中共中央文献研究室：《邓小平年谱（1975—1997）》上册，北京，中央文献出版社，2004：131~132页。

省市委第一书记，也给他们打个招呼，此点也请主席批准。”

毛泽东收到邓小平的报告后批示：“很好。但不仅只是老同志，要有中年、青年各一人同听同议。如同此次十七人会议那样。即也要对青年人打招呼，否则青年人也会犯错误。请政治局再议一次，或者分两次开，或者先分后合。”次日，毛泽东又给邓小平写信：“还是你们议得好，先给老同志打招呼。青年问题暂缓。因有的还未结合，有的在打派仗（如七机部），有的貌合神离（如清华），召集不起来。”②

11月24日，中央召开的“打招呼会”在北京举行。参加会议的有全体在京的中共中央政治局委员、中央党政军机关一些负责的老同志，共130余人。会议由邓小平主持。他首先指出会议的主题：“今天开的是打招呼的会议。在北京的政治局委员都到了，还请了一百多人。先念一念毛主席批准的政治局的《打招呼的讲话要点》。”

然后，在会上宣读了毛泽东亲自审阅批准的《打招呼的讲话要点》：1.清华大学党委副书记刘冰等诬告迟群、谢静宜，矛头实际上对着毛主席。根据毛主席指示，清华大学党委召开常委扩大会议，就刘冰等同志的信展开了大辩论，并已扩大至全校师生。2.毛主席指出：刘冰等人来信告迟群和小谢，“动机不纯，想打倒迟群和小谢，他们信中的矛头是对着我的。”毛主席的指示非常重要，清华大学出现的问题绝不是孤立的，是当前两个阶级、两条道路、两条路线斗争的反映。这是一股右倾翻案风。有些人总是对“文化大革命”不满意，总是要算“文化大革命”的账，总是要翻案。通过辩论，弄清思想，团结同志，是完全必要的。3.毛主席指示，要向一些同志打个招呼，以免这些同志犯新的错误。

《打招呼的讲话要点》和召开这次“打招呼会”，主要在于向开会的领导干部强调几点：1.“三个正确对待”的问题，要正确对待“文化大革

② 中共中央文献研究室：《邓小平年谱（1975—1997）》上册，北京，中央文献出版社，2004：132页。

命”，正确对待群众，正确对待自己。2.要以阶级斗争为纲，这是党的基本路线，有一种提法，说以毛主席“三项指示为纲”，这是不正确的。阶级斗争是纲，其他两项是目。3.要正确对待新生事物，应该支持和肯定，不要指手画脚，教育界和各行各业都要注意这个问题。4.老中青三结合，特别是对青年干部，采取一棍子打死的态度不对。最后，清华大学这场大辩论很快要扩大到全国，至少扩大到教育、文化领域。

毛泽东要求邓小平在会议上传达《打招呼的讲话要点》和毛泽东的有关指示精神，实际上包含着他对邓小平的一番良苦用心。他希望邓小平能够认识“错误”，并在传达的时候有所表示；同时要通过这次传达，给老同志们“打个招呼”，让大家都知道毛泽东的态度，使老同志不要再犯否定“文化大革命”的错误。

11月26日，中共中央发出关于转发《打招呼的讲话要点》的通知，向各省直辖市自治区党委第一书记、各大军区党委第一书记、中央和国家机关各部委党的负责人、军委各总部和各军兵种党委第一书记，通报了“打招呼会议”情况，转发了《打招呼的讲话要点》，要求在上述党委的常委中传达讨论。

从此，“反击右倾翻案风”运动拔地而起，从清华大学波及全国，引起了一场新的全国规模的政治动乱。

在1975年邓小平主持中央工作期间，久卧病榻的周恩来对邓小平进行的全面整顿一直是坚决支持的。“反击右倾翻案风”运动的爆发，而且一开始就矛头直指邓小平，全盘否定全面整顿，令周恩来十分愤慨。12月8日，周恩来在医院与王洪文的谈话中，告诫王洪文要记住毛泽东1974年在长沙谈话时关于“江青有野心”的指示。当周恩来看到“反击右倾翻案风”的浊浪愈来愈猛烈时，一方面担忧中国社会主义事业的前途命运，一方面担心邓小平能否承受住这样巨大的政治压力。一天，周恩来特意派人把邓小平找到医院问道：“态度会不会变？”邓小平明确答复：“永远不会！”周恩来说：“那我就放心了！”[①]这是两位心心相印的无产阶级革命家置个人生死荣辱于不顾，决心为中国实现安定团结，把中国引向建设社会主义强大国家的道路而奋斗到底、至死不渝的政治宣言。其浩然正气，直冲云天。

1975年12月，中央政治局连续开会。这些会议仍由邓小平主持。邓小平后来形容这些会议时说：“我主持会，也就是开始时说声‘开会’，结束时说一句‘散会’。”其他的时候，只是一言不发地坐在会场里，轻蔑地听着“四人帮”胡说八道一通。

当这些会议进行了一段时间以后，邓小平于12月20日在中共中央政治局会议上发言说：九号文件以前一段时间，看到相当部分工业生产上不去，事故比较多，不少地方派性比较严重，确实很着急。二三月间铁路运输问题很多，影响到各方面的生产，所以我提出首先从铁路着手解决问题。在这个问题上，除了在管理体制上提出强调集中统一以外，特别强调了放手发动群众，批判资产阶级派性，强调了抢时间，企图迅速解决问题。因此，在方法上强调对少数坚持打派仗的头头，采取坚决调离的方法。徐州问题的解决，铁路上的面貌很快地改观，我当时觉得，用这种方法的结果，打击面极小，教育面极大，见效也最快。同时我还觉得江苏运用铁路的经验解决全省其他问题，也得到较快较显著的效果，所以我认为这个方法可以用之于其他方面。紧接着，把这样的方法用之于钢铁，用之于七机部，用之于某些地区、某些省，用之于整顿科学院的工作。在这次会议之前，我还自认为这些方法是对头的。[①]

邓小平还谈了对派性，对工业生产，对文教系统，对老、中、青三结合，对新生事物，特别是对“文化大革命”的态度。认为最主要、最根本

① 毛毛：《我的父亲邓小平：“文革”岁月》，北京，中央文献出版社，2000：431页。

① 毛毛：《我的父亲邓小平：“文革”岁月》，北京，中央文献出版社，2000：431~432页。

的原因，是对“文化大革命”的态度问题。他说，“桃花源中人”，八年未工作，不是主要原因。主要原因是思想认识问题。[②]

邓小平讲的，都是真话。他主持中央工作，进行全面整顿，其目的就是要否定“文化大革命”，消除“文化大革命”在各个领域造成的混乱状态，全力以赴把国民经济搞上去，为实现四届人大提出的“四个现代化”而奋斗。这样做的效果十分显著，功过是非，历史自有评说。

② 毛毛：《我的父亲邓小平：“文革”岁月》，北京，中央文献出版社，2000：431~432页。

第三十章　中国形势发生逆转

1975年10月“反击右倾翻案风”爆发以后，迅速从北京扩大到全国范围，以第四届全国人民代表大会第一次会议召开为标志，开始逐渐走上正常轨道的党和国家政治生活再次被打乱。邓小平主持中央工作后，全力以赴推进的对全国各个领域的全面整顿，被迫中断。随着“反击右倾翻案风”运动不断地深入和扩大，从不点名地批判邓小平，最后发展到公开点名批判邓小平。

广大干部、党员和人民群众对来之不易的“安定团结”的大好局面遭到破坏、毁于一旦，无不痛心疾首，扼腕叹息，而“四人帮”对“反击右倾翻案风”却是蓄谋已久。早在1975年10月，王洪文在上海期间，就与上海市革命委员会负责人马天水、到上海开会的文化部部长刘庆棠等人多次密谈。王洪文叮嘱这些“四人帮”党羽：“要密切注意清华，北大动向，那里有大事。”他还让这些人“要讲究策略”，要“振奋精神，准备斗争”。后来，王洪文还将“四人帮”在上海的党羽召到北京打招呼。他肆意诬蔑：“邓小平是还乡团的总团长，华国锋、叶剑英、李先念等是还乡团的分团长。”“反击右倾翻案风”开始后，“四人帮”及其帮派势力乘机呼风唤雨，兴风作浪，或策划于密室，或点火于基层，唯恐天下不乱。

中华大地，再度出现“文化大革命”初期已经出现过的那种混乱局面。

1975年12月1日，经过“四人帮”的一番精心策划，由北京大学、清华大学大批判组撰写的第一篇“反击右倾翻案风”的长篇文章《教育革命的方向不容篡改》，在1975年的《红旗》杂志第12期上公开发表。

这篇文章，仅仅从题目上就可以看出其背景很硬，根子很粗，口气很大，来势凶猛，咄咄逼人。真是大有“炸平庐山，停止地球转动之势”。

这是根据“四人帮”的旨意在中央报刊上公开发表的第一篇混淆是非、颠倒黑白的“反击右倾翻案风”重头文章，也是“四人帮”射向在全面整顿中纠正“文化大革命”错误的广大干部和群众的一发“重磅炮弹”，是“四人帮”发起“反击右倾翻案风”舆论攻势的“第一炮”。

此文于12月4日被《人民日报》和其他报刊全文转载，中央人民广播电台在《新闻联播》节目中向全国进行了广播。

许多经历过那段大动乱岁月的人们至今对当时的情景仍然记忆犹新。

这篇文章首先用“文化大革命”的语言，概括地集中描述了一番“文化大革命”给教育战线带来的“教育革命”的一派“大好形势”：

> 当前，全国人民认真学习并贯彻执行毛主席关于理论问题等一系列重要指示，进一步推动了各项工作。同全国一样，教育战线的形势也一派大好。从上海“七·二一”工人大学到辽宁朝阳农学院，从江西共产主义劳动大学到大寨学校，大江南北，长城内外，朵朵教育革命的鲜花竞相开放。崭新的无产阶级教育制度通过各种试验，正在逐步建立和巩固起来。从1968年7月27日工人、解放军宣传队进驻学校以来，清华大学、北京大学在毛主席革命路线指引下，无产阶级教育革命蓬勃发展，广大工农兵学员迅速成长，知识分子队伍发生了深刻变化。

然后，这篇文章笔锋一转，对在全面整顿中进行的教育整顿大肆挞伐：

> 在大好形势下，必须看到教育领域里的阶级斗争、路线斗争仍然是尖锐、复杂的。最近，教育界有一种奇谈怪论，说什么“文化大革命”以来，教育革命这也不行，那也不是，教育革命的方向“总没有解决好”，因而“就是要扭”。这无非是说，教育革命搞过头了，搞糟了，要把教育革命的方向“扭”回去。问题很明显，当前争论的焦点在于：是坚持教育要革命的方向，把无产阶级教育革命进行到底，还是为修正主义教育路线翻案，复辟资产阶级知识分子统治我们学校的旧教育制度？我们必须抓住问题的实质，批判否定教育革命的错误思潮，分清路线上的大是大非，继续巩固和发展教育革命的成果，加强无产阶级在上层建筑领域对资产阶级的全面专政。

接着，这篇文章用典型的“文革笔法”，一一歌颂了“文化大革命”给教育界带来的所谓“巨大变化”，历数了“教育革命”取得的所谓“巨大成就”。然后，又一一批驳了所谓“否定无产阶级教育革命的奇谈怪论”。

12月14日，中共中央转发了《清华大学关于教育革命大辩论的情况报告》。这个《报告》，系统介绍了清华大学以刘冰等人上书毛泽东的两封信为“靶子”，在全校开展“教育革命大辩论”的情况，并认为刘冰等人“诬告”迟群和谢静宜，是有深刻的政治背景和社会原因的。

《报告》还说：“今年7、8、9三个月，社会上政治谣言四起，攻击和分裂以毛主席为首的党中央，否定无产阶级文化大革命，翻文化大革命的案，算文化大革命的账。这是一股右倾翻案风。”

《报告》对教育部部长周荣鑫在教育系统进行的全面整顿进行了点名攻击，指责说：“教育部周荣鑫同志到处讲话，制造和散布种种否定教育革命的奇谈怪论，反对毛主席的教育路线，篡改教育革命的方向，并且直接插手刘冰等人的诬告信。”

《报告》认为：“这场斗争，绝不是孤立的，而是当前两个阶级、两条道路、两条路线斗争的反映，是无产阶级文化大革命的继续和深入。”

这个《报告》的基本内容和许多极左论点，成为“反击右倾翻案风”运动的基调。

以《教育革命的方向不容篡改》的公开发表和《清华大学关于教育革命大辩论的情况报告》被中共中央转发为标志，全国性的“反击右倾翻案风”运动正式爆发。铺天盖地的大字报又贴满了党政机关、学校、工厂和部队领导机关。各级党政领导干部被作为“不肯改悔的走资派”再度遭到揪斗，铁路运输重新瘫痪，大批工厂停工停厂。许多省、地（市）、县（市）领导机关不断遭到冲击，被弄得开不成会，办不成公。许多领导干部不断遭到围攻和无理纠缠，被弄得吃不好饭，睡不好觉，无法履行工作职责。

“四人帮”还利用他们篡夺的那一部分权力，把中共中央、国务院和中央军委在全面整顿中发出的大批机密文件，把中共中央、国务院、中央军委一些领导同志在1975年全面整顿中的讲话、报告、指示、批示，加以断章取义、歪曲篡改，印成没有文件标志、没有印发机关的所谓“白头材料”，大量向全国广泛散发，供各地帮派体系进行批判。

“四人帮”颠倒是非，混淆黑白，信口雌黄，指鹿为马，全面否定1975年在邓小平主持下全面整顿的全部成果，把邓小平主持中央工作期间为治理“文化大革命”的混乱局面而采取的一系列正确的路线、方针、政策、措施，一概诬蔑为“右倾翻案风”；把邓小平主持下对全国各个领域进行的全面整顿，一律诬蔑为是“复辟”“倒退”“开历史的倒车”；把反对“派性”，整顿、调整各级领导班子，一律诬蔑为“翻文化大革命的案，算文化大革命的账，否定文化大革命的胜利成果，否定文化大革命中涌现出来的新生事物”；把国家计划委员会、中国科学院、国务院政治研究室和有关方面一起起草、修改的《论全党全国各项工作的总纲》《科学院工作汇报提纲》《关于加快工业发展的若干问题》三篇文稿，诬蔑为“三株大毒草”。

总之，凡是1975年全面整顿中邓小平主持的、支持的又受到广大干部和人民群众拥护的事物，“四人帮”一概全盘否定，口诛笔伐，必欲“批倒批臭，打翻在地，再踏上一只脚”而后快。凡是1975年全面整顿中邓小平批评的、反对的，广大干部和人民群众深恶痛绝的东西，“四人帮”一律加以支持、吹捧和赞扬。他们并把这种做法称为是“对着干”。

在1975年的全面整顿中不辞辛劳、日夜奔波的大批党政领导干部，被戴上“邓小平的黑干将”“还在走的走资派”“还乡团头子”的帽子，受到无休止的批判斗争。万里、胡耀邦、张爱萍、周荣鑫这四位在全面整顿中呕心沥血，冲锋陷阵，为铁道系统整顿、科技系统整顿、国防科技系统和国防工业系统整顿、教育系统整顿立下了大功的先锋人物，被“四人帮”诬为“邓小平的黑干将”“右倾翻案的急先锋”“大刮右倾翻案风的四条汉子”，分别受到点名批判，停止了领导工作，再度成为随时准备接受“革命群众”批判的“靠边站”人物。

周荣鑫在全面整顿中态度坚决，对教育界的整顿行动积极，立场坚定，旗帜鲜明，措施得力，深受全国教育系统干部、教师、学生和学生家长的好评。由于他曾支持刘冰等人上书毛泽东揭发、反映迟群的问题，被“四人帮”视为“眼中钉”“肉中刺”，必欲置之于死地而后快。“反击右倾翻案风”运动刚一开始，周荣鑫就处在“反击右倾翻案风”火力的集中攻击之下。

1975年11月8日，“四人帮”中的头面人物张春桥以中央政治局常委、国务院副总理的名义，找周荣鑫谈对教育界形势的看法。

周荣鑫坚持对教育进行整顿的正确方针，认为当前教育界亟待解决的问题是学生不读书。这个问题不解决，就不能培养和造就“四化”建设的合格人才，就会拖“四个现代化”的后腿。

张春桥对周荣鑫的看法大为不满，说，“社会上有否定文化大革命，否定教育革命的风”，并认为这才是教育界亟待解决的问题。

接着，张春桥又说出了一番令人震惊的“文革高论”。他说：“一个是培养有资产阶级觉悟的有文化的剥削者、精神贵族，一个是培养有觉悟的没有文化的劳动者，你说要什么人？”

随即，张春桥又自问自答，语出惊人地说：“我宁要一个没文化的劳动者，而不要一个有文化的剥削者、精神贵族。”

这是什么逻辑？完全是地地道道的诡辩论加胡说八道。

难道在社会主义国家办的学校里，教师向学生传授一些文化知识，学生认真学习一些建设社会主义的有用本领，反倒成了“罪过”，反倒成了“培养有资产阶级觉悟的有文化的剥削者、精神贵族”了。这真是地地道道的混蛋逻辑，蛮不讲理到了极点。既然周荣鑫让学生学习文化知识这么不好，你张春桥为何还让自己的子女上学？为何不把你自己的子女一个一个从小就送到农村去、送到工厂去劳动呢？

周荣鑫理所当然地不同意张春桥的说法，对他的观点进行了批驳。

张春桥恼羞成怒，以势压人，责令周荣鑫就“刮右倾翻案风”问题，作出检查。他还为迟群大唱赞歌，说什么“迟群1968年带领‘工人、解放军毛泽东思想宣传队’到清华大学以来，路线是正确的”等等。

1975年下半年，迟群就开始按照江青的旨意，搜集周荣鑫在各种会议上的讲话材料，并于同年11月22日送给江青。与此同时，迟群还指使清华大学一些人公开张贴诬陷周荣鑫的大字报，指挥清华大学、北京大学大批判组编印了《周荣鑫是怎样同毛主席教育革命战线对着干的》《周荣鑫修正主义教育观点》《周荣鑫右倾翻案言行》等八种材料，诬陷周荣鑫“把矛头指向毛主席和以毛主席为首的党中央”，“妄图恢复资产阶级在学校的一统天下，专无产阶级的政”。并将这些材料铅印两万册，广为散发。

1975年12月30日，张春桥以中共中央政治局常委、国务院副总理身份会见阿尔巴尼亚来华访问的客人。在谈到当时中国正在进行的教育革命大辩论的情况时，这个“四人帮”的主要成员介绍说：“现在争论的头一个问题，是对文化大革命以前17年教育怎样估计。”

张春桥认为：这17年是“资产阶级专了我们的政”。“但有人说，这17年很好，那个时候倒是马列主义的，相反，文化大革命以来，学校反而不好了，教育质量降低了，在课堂上课少了。大学生不如以前中学生读书多。”

张春桥在谈话中，还肆意诬蔑了周荣鑫一通。周荣鑫担任教育部部长期间，一心一意抓好教育整顿，为恢复正常的教学秩序、提高教学质量做出了极大成绩。张春桥却说什么“我们的教育部长也有问题”。

1976年2月，迟群秉承张春桥的旨意，同教育部的“四人帮”帮派势力头头策划成立了“教育部临时领导小组”，夺了周荣鑫的领导权。迟群说：“要把邓（小平）、周（荣鑫）打倒，不批怎么行……”同年3月，本来就有病的周荣鑫因受迫害病情加重。迟群在教育部咒骂他说：“东风来就装死装病，西风来就大搞翻案。”煽动对周荣鑫继续批斗。4月7日晚上，迟群到教育部对“四人帮”帮派势力头头说：“周荣鑫的黑后台倒了”，“要把周荣鑫与邓小平的黑关系突破一下”。“四人帮”的黑干将在迟群的授意下，更加紧了对周荣鑫的迫害，连续5天轮番对身患重病的周荣鑫进行残酷批斗。

据不完全统计，自从“反击右倾翻案风”的浪潮起来后，在“四人帮”的指使下，周荣鑫先后被追查、批斗50多次，身心遭到极大的摧残。1976年4月12日上午，在一次批斗、追查会上，周荣鑫的身体再也支持不住，当场昏倒在地。当天晚上含愤辞世，终年59岁。

万里，作为邓小平主持“全面整顿”的先锋之一，在“反击右倾翻案风”中也屡遭磨难。

万里出生在山东东平县一个城市贫民家庭，父亲在万里不到两周岁时即离家去外地谋生，后来在同日军作战中阵亡。万里的母亲靠着为别人做针线活、拆洗衣被、手工纺织，以及捡拾庄稼，带着万里兄妹3个过着十分艰难的贫困生活，即使在这样的条件下，万里的母亲仍然十分重视对万里的培养和教育，把万里从小学供到初中。这在当时是非常不容易的。1933年，万里考入山东曲阜师范学校读书，受到新思潮、新思想的洗礼，开阔了视野，并在阅读马克思主义书籍中坚定了对共产主义理想的追求，开始参加革命活动，在学校加入了中国共产党。

万里毕业后回到东平县小学任教，从事地下活动，任中共东平县委书记。随着工作范围的扩大和担负的革命责任的增加，万里整天在阶级斗争的血雨腥风中奔波。万里的母亲只有万里这一个儿子，万里成为职业革命家后，她在担负沉重的家族生活负担的同时，默默无闻地为革命作了许多贡献。当中共东平县委第一次会议在万里家的破土屋中召开时，万里的母亲一边在屋外纳鞋底，一边为屋里开会的这些“青年革命家”站岗放哨。

新中国成立后，万里把母亲从东平接到了北京。她到北京后，几乎把全部家务都承担起来了。万里是一位孝子，深感母亲的一生是很不容易的！可是，就在1976年5月，“反击右倾翻案风”愈演愈烈之际，母亲病重。此时，万里正在铁道部受批判，不能尽孝在母亲身边，心情非常难过，又不便告诉母亲。然而外边的风声，母亲不可能一点也听不到。

据万里的儿子万伯翱回忆：那时“四人帮”正掀起“批邓、反击右倾翻案风”的高潮。刚刚从中国经济边缘中理出头绪和稍有起色的国防、能源、交通、教育等又陷入一片茫然和混乱。当时父亲任铁道部部长，他昼夜奔忙在全国的钢铁运输线上，刚把“四人帮”破坏得不像样的铁路整顿得“多装快跑，当好先行，四通八达”，却又被打倒。就连奶奶也问我：“你爸爸领导铁道部，使车辆安全、正点到达，也不对吗？”我只好回答：“有人说这是资本主义，他们说宁要‘社会主义的误点’，也不要爸爸的‘资本主义正点’。”

万里的母亲是一位平凡而伟大的母亲，临终时头脑仍然清醒，还曾问万里的儿子：“邓小平现在如何了？他要打不倒，你爹娘就不要紧啊！”她始终坚信自己的儿子是劳动人民和共产党的好儿子。万里那时正在铁道部写检查挨批斗，他请假到医院向母亲的遗体告别，看到她那满头银发和饱受风霜的脸，似乎倔强地在质问苍天："指鹿为马之日，何时结束？大千世界，朗朗蓝天，何时还我儿子清白？"母亲的遗体就要被拉走火化，万里泪流满面，失声哽咽，他又异常突然地扑向母亲。警卫人员和孩子们忙把万里架住。遗体被拉走了，万里和家人的哭声振荡着医院……久经战火考验的万里，从不流泪，这是家人第一次看到万里动容，痛哭失声。

1976年5月间，万里腿痛，北京医院诊断是"脉管炎"，要他休息治疗。万里非常要强，没有住院治疗。到了6月上旬，他走路时有一条腿使不上劲，有时一瘸一拐，小腿很明显地一条粗、一条细。医生说：这种病闹不好是要截肢的，甚至有生命危险。万里听了还有点犹豫，认为"这个时候住院不好，人家是否会说闲话，以为我逃避斗争"。6月15日，万里总算在大家的劝说下住进了北京医院。万里住院后，"四人帮"及其追随者没有放松对万里的批判，6月20日，当时在国务院任副总理的孙健亲自到北京医院向万里宣布中央决定："铁道部日常工作由××主持"，要万里检查交代问题。万里的夫人边涛说："说起这件事儿可真有点'神'了，他们曾经三次准备开批斗大会都没开成；第一次是7月27日××派人到医院通知万里，明天召开铁道部机关全体干部大会，要万里检讨，第二天凌晨，发生了唐山大地震，没开成。第二次是9月8日来通知，第二天毛主席逝世了，又没开成。第三次通知是10月6日，就在当天"四人帮"垮台了。"边涛说，你看看多巧，三次都差一点儿，大概是万里"命大"，感动上帝了。

在"反击右倾翻案风"愈演愈烈之际，中国科学院负责人胡耀邦的日子也很不好过。在"四人帮"的鼓噪下，胡耀邦、李昌被迫停职反省，并遭到批斗。

当时的中国驻德意志联邦共和国（西德）大使王殊回忆说：

我陪同西德施密特总理访华以后，就留在北京准备参加将在1975

年11月末外交部举行的外事会议。11月中旬,外交部内通知说，胡耀邦同志要邀请包括我在内的几个驻发达国家的大使到中国科学院去座谈加强同国外科技合作的问题。胡耀邦同志在不久前被任命为中国科学院副院长后，同一些科技界专家学者起草了关于中国科学院工作的《汇报提纲》，准备向中央汇报整顿和恢复遭到严重破坏和干扰的中国科学院工作的想法。9月26日他向主持党政工作的邓小平副总理说明了这个提纲的主要内容，小平同志肯定了所提的加强自然科学工作，整顿研究所以及科室领导班子等的意见。因此，他乘大使们回国参加外事会议之便，邀请几位驻发达国家的大使座谈，征求对《提纲》的意见，并且希望他们帮助推动国外科技机构同中国科学院的科技合作。

当天一早，我们七八个大使，包括中国驻美国联络处主任黄镇、中国驻法国大使曾涛、中国驻英国大使宋之光等，到了科学院的办公大楼。几位老大使过去同耀邦同志一起工作过或者很熟悉，对他又出来主持工作非常高兴。黄镇大使还对他说，有你出来主持科技工作，我就放心了。

大使们在座谈中对《提纲》中所说的整顿科研机构和加强科学研究非常赞成，提出了很多特别是同国外科技机构合作的意见。我是一个新兵，自然科学方面的知识很少，同西德科学机构的联系还（才）刚刚开始，也同大家一样表示在回到西德以后努力推动这件事。

会后，耀邦同志准备了好几辆汽车，要我们到他家里去吃便饭。在吃饭的时候，大家谈得很高兴，都感到在林彪坠机丧生以后，国内出现了一些宽松的气氛。1973年3月小平同志恢复了副总理的职务，12月又被任命为总参谋长。毛主席在1974年7月批评了江青一伙“不要搞成四人小宗派”。1975年1月召开四届全国人大，在周总理病重后，由邓小平副总理主持党政工作。与此同时，全国各条战线开始整顿，恢复从“文革”以来受到严重破坏和干扰的工作和生产。一些老同志又出来工作，担任了重要的职务。我们外交部也一样，在周总理的亲自安排下进行了整顿，派出了在“文革”初期被召回挨批的大使和其他外交官到国外使馆去，恢复了正常工作。在快要吃完的时候，耀邦同志的秘书进来说，刚刚接到电话，中央通知耀邦同志马上去开会。我们赶快吃完了饭后就各自乘车回家，以便让耀邦同志去开会。

过了一两天，我们才知道风云已经突变。“四人帮”对这两年来的整顿工作恨之入骨，不肯罢休，把已见成效的整顿工作攻击为“右倾”，一直都在窥测时机进行反扑。1975年11月毛主席对清华大学党委副书记刘冰等反映“四人帮”走卒、该校党委书记迟群、副书记谢静宜等问题的报告作了批示，从而开始了“反击右倾翻案风”的运动。接着，中央在北京召开了各部“打招呼会”，把这个运动扩大到了全国，出现不久的宽松又被极左的紧张气氛所取代。后来才知道，耀邦同志在我们去他家里吃饭时得到通知要去开的会，就是这个部署开展“反击右倾翻案风”的“打招呼会”。很快，耀邦同志再次下台离开了科学院，他领导起草的《汇报提纲》也成了被大批特批的“大毒草”之一。①

1976年2月的一天，由“四人帮”精心策划，在首都体育馆举行“反击科技界右倾翻案风”大会，即批判胡耀邦、李昌大会。姚文元事先通知要在《人民日报》第一版预留好版面，准备报道这次批判大会实况。胡耀邦因病未到场，他在电话中勉励李昌“要坚决顶住逆流，泰山压顶不弯腰，原则问题绝不让步。沧海横流，方显出英雄本色”。李昌与胡耀邦本是革命战争年代的老战友，新中国诞生后共青团工作的“老搭档”。在抗日战争时期，1939年中共中央决定成立中央华北华中工作委员会，由老资格革命家王稼祥任主任，王若飞任秘书长，担任中央军委总政治部组织部

① 王殊：《五洲风云纪》，上海，上海辞书出版社，2007：134~135页。

长的胡耀邦和担任中央青年工作委员会组织部长的李昌均为华北华中工作委员会委员。解放战争时期，胡耀邦担任华北人民解放军第四纵队政治委员时，李昌任纵队政治部主任。20世纪50年代初，胡耀邦担任团中央第一书记时，李昌是团中央的副书记，在1953年召开青年团第二次全国代表大会时，胡耀邦向大会作工作报告，李昌向大会作关于修改团章的报告。现在，两人在“反击右倾翻案风”中又成了风雨同舟、患难与共的“难友”。这次批判大会虽然胡耀邦患病不能到场，但李昌并不畏惧，他甚至为能给胡耀邦分担一点压力而感到自豪。因为他们在中国科学院的所作所为，无愧于中共中央和邓小平的重托，无愧于中国科学院科研人员的信任。

批判大会开始以后，与会的科研人员和干部、群众向主席台上递条子：我们不认识胡耀邦、李昌，想要认识谁是胡耀邦、李昌。这时，李昌在主席台上站了起来，一身正气，大义凛然，全场爆发出雷鸣般的热烈掌声。这哪里只是掌声，这分明是人心所向啊！李昌被要求在会场绕行一周，与会者向他投来亲切的目光和善意的微笑，以示慰问和鼓励。真是公道自在人心。对胡耀邦、李昌的批判会，一下了变成了对他们的声援会。而且，许多与会者纷纷退场。结果《人民日报》对这次会议无法报道，“四人帮”的帮派势力不得不草草收场。

在国防科研系统，“四人帮”把“反击右倾翻案风”的矛头对准了张爱萍，多次向毛泽东反映张爱萍否定“文化大革命”的问题。张爱萍以后回忆说：1975年年底，邓小平有一次当面对毛泽东说：“张爱萍到国防科委是我派去的。”

“沧海横流，方显出英雄本色”；“四害”跳梁，更展现将军风骨。在“四人帮”掀起“反击右倾翻案风”浪潮的日子里，张爱萍以一个老共产党人久经考验的大无畏精神和高风亮节，大义凛然，坚决抑制，维护了党的原则和共产党人的尊严。

在“四人帮”及其帮派势力的策划下，张爱萍在1975年全面整顿中主持工作和分管过工作的有关单位，拟于1976年1月8日召开大会，对张爱萍进行批判。但是，由于这一天周恩来总理逝世，策划者不得不取消原定1月8日对张爱萍的大会批判。张爱萍曾给一些同志讲：是总理在保护我，用他的走来免除我的一场灾难。然而，这个代价太大太大了！我宁可用自己的生命换来总理的健康。

10天以后，对张爱萍的批判大会于1月18日在先农坛体育馆举行。这是一个有国防科委机关、二机部和七机部机关及230厂等单位参加的有七八千人的大规模批判大会。一位亲历者回顾说："参加这次批判会是上级硬行指派人数拉去的，对230厂的职工，会前没告诉会议内容。当我们知道是批判张主任时，不少人都骂缺德。我们看到张主任又黄又瘦，旁边还跟着个医生，带着个氧气袋，大家心里都很难过……"

也许是底气不足，心虚胆怯，也许是为了壮一壮声势，抖一抖威气，大会主持者在会议开始时即向全体与会人员宣布：这次批判大会上，张爱萍要有个检讨。

张爱萍有什么错误必须检讨呢？

经历了"十年内乱"的人们已经再也不像"文化大革命"初期那样狂热和盲从了，他们早已从"文化大革命"的理论和实践中弄明白"四人帮"的葫芦里究竟卖的是什么药了。当大会主持人宣布"张爱萍检讨"时，全场七八千双目光一齐投向了久未露面的张爱萍。

与会人员中除了跟随"四人帮"的跳梁小丑以外，绝大多数干部、群众是以尊敬、关心、期盼的目光迎接张爱萍的。

张爱萍果然是大将风度，没有辜负与会同志的信任和尊敬。他身着中国人民解放军军装，身板笔挺，坦然自若，缓步走到主席台正中，首先向全场与会同志点头致意，然后缓缓从军装口袋里掏出一张纸，语调平稳、语言清晰地念道："去年3月我重新工作以来，到了一些单位，接触了一部分干部群众，讲了一些话，也作了一些决定。假如我犯了路线上的错误，将由我个人承担全部责任，与其他同志没有任何关系！"

在这个讲话中，张爱萍用了“假如”二字，那里面蕴涵着不承认“四人帮”强加的各种罪名的深刻内涵，同时也表示了“好汉做事好汉当”的英雄气概。听了他的出人意料、别开生面的“检讨”，霎时间，整个会场像凝固了一样，片刻，整个会场又沸腾起来。人们在心底里不禁爆发出一阵又一阵热烈的欢呼声：张爱萍真不愧是张爱萍啊！

然后，张爱萍缓步走下主席台，昂首离去。他用这种行动，表示了对“四人帮”导演的这一幕闹剧的抵制和蔑视。

若干年后，张爱萍的这一事迹还深深地印在人们的脑海里，被传为美谈。一位著名核物理学家、潜地导弹总设计师回忆说：“听到张主任的这个检讨，开始感到吃惊，又为他担心，继之感到振奋，当他念完稿子稳步走出讲台时，我简直想为他鼓掌了。精彩！这是常人做不到也不敢做的。使那些气壮如牛的造反派们，一个个都十分无奈。”

群英七千不展眉，
沉默无语忧安危。
“右倾翻案”帽子飞，
“今不如昔”罪名迫。
听狂吠、大棒挥，
“革命左派”乱世魁。
……

这是张爱萍为那次批判大会写下的“纪实诗”。

当江青集团在全国制造新的动乱，掀起“反击右倾翻案风”狂潮，肆意诬陷迫害各级领导干部的时候，第七机械工业部的帮派势力头头凭着灵敏的政治嗅觉，揣测到江青集团的阴谋意图，写信给江青、张春桥、姚文元，诬告国防科委主任张爱萍、七机部部长汪洋。1976年1月9日，他写信给王洪文等人，诬陷中共中央副主席、国务院副总理邓小平“在主席年高健在和总理病重住院的时机”，“纵容、支持科技界的张爱萍、汪洋，扼杀社会主义新生事物，打击无产阶级新生力量，大搞反攻倒算，复辟倒退”。同年2月18日晚上，在七机部党的核心小组会议上，他诬陷邓小平“搞复辟很快，他比林彪搞得更快”；“主席年高，总理病重，他大权在握，放手抢班夺权”；“他安插的人，也可能……把苏军引过来，搞里应外合”。3月18日下午，他向王洪文等人当面诬告“邓小平、张爱萍散布了许多奇谈怪论，甚至反动言论。张爱萍……很多言论都是对着主席的”。3月29日，他又向江青、王洪文等人当面诬告“张爱萍是反毛主席的”。4月24日，在七机部党的核心小组会议上，他诬陷邓小平、张爱萍是“反革命分子”。

对于七机部帮派势力头头在“反击右倾翻案风”中诬陷邓小平和张爱萍的表现，江青极为满意。3月29日，江青借接见国防科委和七机部党委领导人的机会，对这个帮派势力头头表示出异乎寻常的亲热。江青把这个帮派势力头头叫到自己的身边，一语双关地指着旁边的座位说：“这是叶帅坐的位置。”让他坐下。有人给他搬来一个小桌子，江青嫌矮，又亲自换了一个高一点的桌子。江青询问了这个帮派势力头头的原籍是哪里，又拿来地图，用笔在他原籍所在的县名处画了一个圈。会上，江青又别有用心地写了“策略”二字给此人看。江青通过这些举动，表示了对七机部帮派势力的大力支持。此人事后向七机部的帮派势力大肆渲染江青对他十分器重，并说：“我的工作看来要由中央决定了。”

有了江青的撑腰打气，七机部的帮派势力在“反击右倾翻案风”中猖獗一时，把国防科委和七机部闹得乌烟瘴气、不得安宁。刚刚在全面整顿中恢复的正常的工作秩序、科研秩序和生产秩序又被打乱，许多工作陷入瘫痪状态。国防科委主任张爱萍心力交瘁，被迫住院。坚决支持张爱萍进行全面整顿的国防科委副政治委员肖向荣因多次遭到批斗，导致心脏病发作，以身殉职。七机部部长亦被整得病倒。国防科委和七机部多数领导人处于被动挨整的地位，不能正常工作。

尽管“四人帮”于1975年11月掀起“反击右倾翻案风”运动，全盘否定邓小平1975年主持中央工作，进行全面整顿的巨大成绩，但是，铁的事实却是任何人也篡改不了的。国家有关方面的统计数字表明，1975年的国民经济状况与1974年“批林批孔”运动时造成的下降局面相比较，各个方面都得到了较为显著的回升。

第三十一章　患难与共 战友情深

1975年的冬天是一个寒冷的冬天。“反击右倾翻案风”的“政治寒流”向全国蔓延。

1976年的1月更是滴水成冰。“反击右倾翻案风”运动逐步向“纵深”发展。

1976年1月1日，当中华大地进入新的一年的第一天，中国舆论界最权威的《人民日报》《红旗》杂志、《解放军报》发表了题为《世上无难事，只要肯登攀》的元旦社论。

从1966年开始的“文化大革命”，到1976年已经整整进行了十年。其间，大大小小的政治运动一个接着一个，一个连着一个，一个套着一个。利用“两报一刊”的社论指导运动的方向，早已经成为“文化大革命”中的一个不成文的惯例。这是人人皆知的事情。无论是中国人，还是外国人，都已经习惯于从“两报一刊”的社论中判定中国政治运动的基本走向。1976年的“两报一刊”“元旦社论”，公开了毛泽东对“三项指示为纲”的指责：什么“三项指示为纲”，“安定团结不是不要阶级斗争，阶级斗争是纲，其余都是目”。

在“两报一刊”元旦社论精神的“指引”下，“反击右倾翻案风”运动以更加迅猛的势头向前发展。

1976年1月，江青在中共中央政治局举行的一次会议上，对邓小平进行“批判”，诬蔑邓小平在全国搞右倾翻案、复辟倒退，说邓小平还宣称不怕第二次被打倒，拼老命也要干，等等。

江青集团没有料到，这段批判发言在全国传开以后，不仅没有起到预计的批判效果，反而使拥护邓小平进行全面整顿的广大干部、群众更加支持和崇敬邓小平了。

在报纸、刊物、广播电台、电视台开足马力、连篇累牍地进行“反击右倾翻案风”的时候，周恩来的生命逐渐走到了尽头。一方面他以超过常人的毅力忍受着疾病的折磨，一方面又敏锐地注视着国内的政治风云变幻。在这令人担忧的日子里，邓小平仍然经常到医院去看望周恩来。1975年12月中旬以后，周恩来已经生命垂危，经常处于昏睡状态。在周恩来生命的最后时刻，邓小平多次到医院看望他的兄长和老战友。叶剑英、李先念等也都相继到医院看望。周恩来在一次同叶剑英见面时，曾向叶剑英作最后的交代。他语重心长地说：要注意斗争方法，无论如何不能让党和国家的领导权落到“四人帮”手里。周恩来的嘱托，为叶剑英坚决同“四人帮”斗争增添了无穷的信心和力量。①

在病床上，周恩来还多次低声吟唱《国际歌》。周恩来坚信，自己的生命可以逝去，但自己为之奋斗了一生并献出了全部智慧和心血的“英特纳雄耐尔一定会实现”，共产主义的伟大事业是不可阻挡、不可战胜的。早在1974年，当周恩来因病做第一次手术前后，工作人员出于关心，为了让他学会“养病”，曾想方设法为他安排一些娱乐活动，但他除了“工作”以外，对其他活动全无兴趣。唯一的例外，是对工作人员播放的两首

---

① 中共中央文献研究室：《周恩来年谱（1949—1976）》下册，北京，中央文献出版社，1997：724页。

用古词谱的曲子百听不厌，极为入神。

第一首古词是岳飞的《满江红》：

怒发冲冠，
凭栏处，
潇潇雨歇。
抬望眼，
仰天长啸，
壮怀激烈。
三十功名尘与土，
八千里路云和月。
莫等闲，
白了少年头，
空悲切。

靖康耻，
犹未雪；
臣子恨，
何时灭？
驾长车踏破贺兰山缺。
壮志饥餐胡虏肉，
笑谈渴饮匈奴血。
待从头收拾旧山河，
朝天阙。

第二首古词是辛弃疾的《南乡子·登京口北固亭有怀》：

何处望神州，
满眼风光北固楼。
千古兴亡多少事？悠悠。
不尽长江滚滚流。
年少万兜鍪，
坐断东南战未休。
天下英雄谁敌手？曹刘。
生子当如孙仲谋。

到1975年12月，周恩来已濒临生命的最后时刻，仍然一如既往，关心着党和国家的前途和命运，也关心着邓小平的前途和命运。因为他已经从中国政治风云的新的变幻中，敏锐地察觉到，一场新的关系到中国向何处去的历史性决战即将来临。

当1976年开始的时候，《人民日报》第一次公开发表了毛泽东的两首词。一首是《水调歌头·重上井冈山》（1965年5月）：

久有凌云志，
重上井冈山。
千里来寻故地，
旧貌变新颜。
到处莺歌燕舞，
更有潺潺流水，
高路入云端。
过了黄洋界，
险处不须看。

风雷动，

旌旗奋，
是人寰。
三十八年过去，
弹指一挥间。
可上九天揽月，
可下五洋捉鳖，
谈笑凯歌还。
世上无难事，
只要肯登攀。

另一首是《念奴娇·鸟儿问答》（1965年秋）：

鲲鹏展翅，
九万里，
翻动扶摇羊角。
背负青天朝下看，
都是人间城郭。
炮火连天，
弹痕遍地，
吓倒蓬间雀。
怎么得了，
哎呀我要飞跃。

借问君去何方，
雀儿答道：
有仙山琼阁。
不见前年秋月朗，

订了三家条约。
还有吃的，
土豆烧熟了，
再加牛肉。
不须放屁，
试看天地翻覆。

当时，已经处于弥留之际的周恩来从中央人民广播电台的广播中听到了毛泽东的这两首词。随后，每当周恩来清醒的时候，便多次让工作人员为他朗读，偶尔议论一两句话，悉心体会和琢磨这两首词的意境，深入思考毛泽东通过发表这两首词所要表达的深邃的政治内涵。

自从1935年遵义会议确立毛泽东在中共中央的领导地位以来，整整40年间，周恩来忠心耿耿，甘为辅弼。与毛泽东风雨同舟，患难与共，经天纬地，治国安邦，使得海内一统，举世赞佩。“文化大革命”中，周恩来忍辱负重，苦撑危局，以“我不入地狱谁入地狱”的精神，直面内乱，力挽狂澜，保证了中央党政军领导核心和中枢工作的正常运转。在患病以后，又飞往长沙，与毛泽东彻夜长谈，共商国是，议定了由邓小平出任中共中央副主席、国务院第一副总理、中央军委副主席兼中国人民解放军总参谋长，主持中央党政军日常工作的大计。如今，毛泽东与周恩来都重病在身，久卧病榻，难以相见。

据毛泽东最后一位机要秘书回忆：“他们的病榻相距并不远，却被一堵红墙和西安门大街的柏油马路无情地隔开了。一个在北海西岸305医院内，一个在中南海西岸的游泳池旁，他们情有所往，不忍相见，无力相见，也永远不能相见了。”周恩来唯有通过听毛泽东的两首词，来表达对毛泽东的无限深情了。

这时，邓小平在接受批判的同时，仍然时刻注意着周恩来的病情和要求。1975年12月20日清晨7时，病情严重的周恩来要找罗青长谈台湾问题。医务人员用电话请示邓小平。邓小平沉重地说："总理病成这个样子，他要找谁就找谁。"12月22日下午一时半，邓小平与其他中央领导人听取了周恩来医疗组的紧急汇报。28日午夜，周恩来再次病危，医疗组对周恩来进行抢救，邓小平被从睡梦中叫起，和其他五位中央负责人赶到305医院，陪同邓颖超一起守候在周恩来的病榻边，直到看见周恩来的病情有所好转后，才离开医院。

1976年1月5日，医生们为周恩来做了最后一次手术。邓小平等在京的中共中央政治局委员一直在周恩来的住地守候着。

1976年1月8日，伟大的马克思主义者、无产阶级革命家、中国共产党中央委员会副主席、中华人民共和国国务院总理、中国人民政治协商会议全国委员会主席周恩来，因患膀胱癌，长期医治无效，在北京逝世。

对于邓小平来说，周恩来的逝世不仅使自己在中央领导核心失去了一位最坚定最有力的支持者，而且也使自己失去了最值得信赖的同志、战友和兄长。

早在旅欧勤工俭学期间，邓小平就和周恩来一起，积极投身于共产主义运动。1924年，周恩来主持的中共旅欧组织和旅欧共产主义青年团合办的机关刊物《赤光》半月刊创刊，《赤光》创刊号上发表的《赤光的宣言》指出："我们所认定的唯一目标便是：反军阀政府的国民联合，反帝国主义的国际联合。"这一目标，明确无误地提出了《赤光》在反帝反封建军阀斗争中担负的历史使命。邓小平参加《赤光》的编辑工作，并主要负责刻版、油印。因为他工作认真负责，一丝不苟，刻印的蜡版肥圆黑粗，秀丽工整，力透纸背，印刷清晰，因而被周恩来和同志们亲切地称为"油印博士"。在异国他乡勤工俭学之后的晚上，常常是周恩来伏案挥毫疾书，或写作或改稿，邓小平编辑设计，刻版油印，二人配合默契，为了共产主义的崇高理想，度过了一个又一个的不眠之夜。

大革命失败后，邓小平在中共中央机关工作，曾筹备"八七"会议，以后任中央秘书长。当时，周恩来先后担任中共临时中央政治局候补委员、中央军事部部长、中央南方局成员兼军事委员会主任、临时中央政治局常委、中央组织局代理主任等重要职务。邓小平协助周恩来处理中央日常工作，机智果断，周密严谨，深受周恩来的信任和好评。当中央决定派人到广西发动武装起义，创建左、右江革命根据地时，周恩来点名“派邓小平同志去”担任中央代表。这是邓小平革命生涯中第一次独立领导一个大的战略区域的工作。

在抗日战争和解放战争中，邓小平一直与刘伯承带兵打仗，战斗在革命战争的最前线。周恩来先是参与国共谈判，时而长驻重庆，时而长驻南京，在“不流血的战场上”，唇枪舌剑，无私无畏，英勇奋战。以后，又长期在中共中央领导核心，协助毛泽东指挥解放战争，“运筹于帷幄之中，决胜于千里之外”。两人虽然很少有机会见面，但同志之情、战友之情却是关山难阻，与日俱增。

中共八大以后，特别是从1959年到1966年5月“文化大革命”爆发以前的七年间，邓小平与刘少奇、周恩来共同主持中央第一线的工作，处理党政军重大问题。为了工作方便，便于协商，减少中间环节，邓小平与周恩来商定，邓小平作为中央总书记、国务院副总理出席周恩来总理主持的国务院会议，周恩来作为中央副主席、国务院总理出席中央总书记邓小平主持的中央书记处会议。经过中央领导集体的共同努力和全国人民的艰苦奋斗，很快克服了“大跃进”造成的严重困难，实现了国民经济的恢复和发展。

“文化大革命”中，当邓小平被打成“党内第二号走资本主义道路的当权派”以后，周恩来仍然尽力保护他的安全，安排好他的生活。中共九大以后，由于面临苏联霸权主义对中国发动侵略战争的危险，中央决定对领导干部、老同志进行“战备疏散”。邓小平、陈云、王震等老同志的“疏散地”是江西。为此，周恩来亲自给江西省革命委员会打电话，要求一定要妥善安排好疏散到江西的老同志的住房、生活、劳动、调查研究……保护好他们的安全。

由于周恩来周到细致的精心安排，保证了邓小平等老同志在江西期间，没有遇到大的麻烦。

……

回顾与周恩来一起为共产主义事业而奋斗的艰难历程，回顾周恩来对自己的关心、支持和帮助，邓小平为失去周恩来而悲痛万分。

在“文化大革命”的艰难岁月里，周恩来在非常困难的条件下，通过各种方式和方法，为尽量减少“文化大革命”所造成的损失，为保护大批党内外干部，为在实际工作中尽可能纠正“文化大革命”的错误，为粉碎林彪集团，为使党和国家领导权不落到“四人帮”手里，为保持国民经济的正常发展，耗尽了大量心血，耗尽了全部精力。1970年10月19日，周恩来在会见美国友好人士埃德加·斯诺和夫人时，曾感情真挚地说：“在身体方面，文化大革命把我打败了，所以要打球蛋白了。因为睡得少，所以使我健康减弱了，近四年心脏有毛病，年纪已近73（岁）了。”从某种意义上讲，周恩来完全是被累死的。

邓小平在1980年8月回答外国记者提问时曾说过：

“周总理是一生勤勤恳恳、任劳任怨工作的人。他一天的工作时间总超过12小时，有时在16小时以上，一生如此。我们认识很早，在法国勤工俭学时就住在一起。对我来说，他始终是一个兄长。我们差不多同时期走上了革命的道路。他是同志们和人民很尊敬的人。‘文化大革命’时，我们这些人都下去了，幸好保住了他。在‘文化大革命’中，他所处的地位十分困难，也说了好多违心的话，做了好多违心的事。但人民原谅他。因为他不做这些事，不说这些话，他自己也保不住，也不能在其中起中和作用，起减少损失的作用。他保护了相当一批人。”①正因为这样，周恩来对中国革命和建设的卓越历史贡献和他伟大的人格，在“文化大革命”中成为一种巨大的精神力量，成为一种人们寄托着希望、理想和正义的象征，

① 《邓小平文选》第2卷，北京，人民出版社，1994：348页。

成为一种高昂的民族精神的代表。

周恩来的逝世使批判邓小平的一些内部会议被“冲”了。这时，邓小平在名义上还主持着中央的日常工作，他忍受着心中巨大的悲痛，全力以赴，力求妥善安排好周恩来的丧事。

1976年1月8日，即周恩来逝世的当天，邓小平给毛泽东写信报告说：中共中央政治局专门讨论了周恩来同志的丧事问题，议定了三个内容，一是向毛主席的请示报告；二是关于周恩来逝世的讣告；三是周恩来治丧委员会名单。邓小平请示：第二、三项“均须于今（八）日晚上广播，现送请审批，退东兴同志办理”。毛泽东在9日凌晨1时批示：“同意。”[①]

1月9日，邓小平再因周恩来丧事写信请示毛泽东：“总理逝世消息发表后，不少国家要求派代表团或代表来京参加葬礼。”其中有的已经准备动身。邓小平写道：“政治局对此作了紧急讨论，决定仍按主席批准方案（一律不请）执行。拟由治丧委员会发一正式公告，现送上，请主席批示，以便发表。退汪东兴办。”邓小平提出，由他自己约见阿尔巴尼亚驻中国大使，乔冠华约见日本驻中国大使，韩念龙约见斯里兰卡驻中国大使，说明“一律不请”的原因，并由中国外交部通知各国驻中国使馆。毛泽东批准了这一方案，批示“送汪即办”。[②]

1月9日，由毛泽东、王洪文、叶剑英、邓小平、朱德等107人组成的周恩来治丧委员会正式成立。首都天安门、新华门、劳动人民文化宫、外交部等地，下半旗志哀。1月10日、11日，党和国家领导人及各界代表1万多人来到北京医院，向周恩来的遗体告别。朱德委员长郑重地举起右手，向周恩来致以最后的敬礼。叶剑英、邓小平、宋庆龄、李先念等向周恩来沉痛志哀，作最后的诀别。在北京医院门前，自发赶来的干部、群众不断

① 中共中央文献研究室：《邓小平年谱（1975—1997）》上册，北京，中央文献出版社，2004：141页。

② 中共中央文献研究室：《邓小平年谱（1975—1997）》上册，北京，中央文献出版社，2004：141页。

擦拭着长流的眼泪，希望能够看一眼周恩来的遗容，表达对周恩来的不尽哀思和敬意。

周恩来虽死犹荣，令“四人帮”极为嫉恨。当新华社请示周恩来逝世报道等有关事宜时，姚文元下令不许组织悼念的报道。在“四人帮”的控制下，周恩来逝世后的6天里，只发了两条有关消息。在周恩来的遗体告别仪式上，所有的人都神情悲痛，而江青不但不行脱帽礼，反而故作姿态，左顾右盼，东张西望。全国亿万民众从电视中看到江青的“表演”后，都极为愤怒。在举国哀悼的日子里，“四人帮”的党羽、文化部部长于会泳竟然强迫文艺单位照常演出，还通知公安部门追查群众打来的抗议电话。“四人帮”的一系列倒行逆施，实际上是在与人民为敌、自掘坟墓。

周恩来的逝世，在中国人民的心中引发了无限的悲痛。1月11日下午，当周恩来的遗体被送往八宝山火化时，百万中国人民顶着凛冽的寒风，自发地从四面八方拥上北京街头，向周恩来致以最崇高的敬意，作最后的告别！当周恩来的灵车经过长安街时，十里长街上，顿时响起人民群众悲痛的哭声。当时，著名大文豪郭沫若曾写了《怀念周总理》一诗，真实地反映了周恩来逝世后，万民垂泪，五洲同哀的情景：

革命前驱辅弼才，
巨星隐翳五洲哀。
奔腾泪浪滔滔涌，
吊唁人涛滚滚来。
盛德在民长不没，
丰功垂世久弥恢。
忠诚与日同辉耀，
天不能死地难埋。

为举行周恩来的追悼会，邓小平于1月12日致函毛泽东：“悼词是由政治局会议审定的。现送上，请审阅批示。”毛泽东圈阅后，批示“同意”。[①]但是，由谁来为周恩来致悼词，又成为一个大问题。虽然自从“反击右倾翻案风”爆发以来，邓小平已经成为“批判对象”，但还没有被打倒，在名义上还主持中央工作。因此，拥护邓小平主持中央工作的人们认为让邓小平为周恩来致悼词最为适宜。

在中央开会讨论议定周恩来追悼大会议程时，张春桥提出由叶剑英致悼词。叶剑英说，我不能做，悼词由邓小平来做最合适；请小平同志来做。江青、张春桥反问道，那合适吗？叶剑英说，我看不出来有什么不合适，他是中央委员会副主席、中央军委副主席，他又是周恩来总理的亲密战友，代理总理工作，为什么邓小平同志不合适？我做不合适，只有小平做合适。叶剑英说得很坚决。

由于叶剑英当时的身份是中共中央副主席、中央军委副主席、国防部部长，在中央领导集体的职务和位置排列都居于江青、张春桥之上。所以，叶剑英坚持提议由邓小平代表中央在周恩来追悼大会上致悼词，“四人帮”也就没办法再反对了。最后，根据绝大多数中央政治局委员“同意”由邓小平为周恩来致悼词的意见，中央政治局作了相应的决定。[②]

举行周恩来追悼大会的议程定下来以后，邓小平又全力以赴，投入了准备周恩来丧事活动和完成周恩来遗愿的紧张工作。1月14日，邓小平写信给中共中央政治局成员：“东兴同志就总理骨灰撒散地点事与邓大姐商议。据查玉泉山已无水流，他们商定改用安—2型飞机撒到江河山地，邓大姐本人只送到机场，由工作人员上机撒散。以上办法比撒在某一固定地方好，应予同意。东兴同志已按此准备。”在这封信的传阅过程中，14位中共中央政治局成员画圈表示同意。至此，邓小平为周恩来丧事活动安排

① 中共中央文献研究室：《邓小平年谱（1975—1997）》上册，北京，中央文献出版社，2004：143页。

② 中共中央文献研究室：《邓小平年谱（1975—1997）》上册，北京，中央文献出版社，2004：143页。

的大事基本上确定下来。[①]

1月15日，中共中央、全国人大常委会、国务院以及各界群众代表5000多人，在北京人民大会堂隆重举行“周恩来同志追悼大会”。

中国共产党中央委员会副主席邓小平在周恩来同志追悼大会上致悼词。他代表中共中央，全面论述了周恩来在中国共产党创建和发展的各个历史时期的卓越功绩；特别是在八一南昌起义、红军长征、和平解决西安事变、指挥中国人民解放战争和新中国成立以后等中国革命和建设历史发展的各个重要转折关头建立的丰功伟绩；高度评价周恩来为共产主义伟大事业做出的巨大历史性贡献。

邓小平致的悼词，语气凝重，一言九鼎，字字句句有千钧之力，充分反映了全党、全军、全国人民对周恩来的无限崇敬之情，也充分体现了他对周恩来这位长期患难与共、肝胆相照的同志、战友、兄长的无限怀念之情。

在周恩来的晚年，由于“四人帮”一再无中生有，含沙射影，血口喷人，肆意挑衅，无端对周恩来进行攻击和诽谤，使周恩来极为悲愤。在周恩来病重和临终之前，确实担心“四人帮”在自己离世后，制造事端，诬蔑自己纯洁无瑕的政治历史和庄严的人格。如今，由邓小平主持起草，经中共中央政治局讨论通过，毛泽东亲自审定圈阅，邓小平代表中共中央所致的《悼词》，对周恩来为共产主义事业奋斗的一生作了全面、准确、公正的高度评价。周恩来九泉有知，可以安息了。

1976年1月15日夜晚，按照中共中央政治局的决定，一架飞机载着中共中央办公厅有关人员和周恩来的骨灰腾空而起，把周恩来的骨灰撒向祖国的江河大地。

---

① 中共中央文献研究室：《邓小平年谱（1975—1997）》上册，北京，中央文献出版社，2004：143页。

第三十二章　邓小平不再主持中央日常工作

中华人民共和国建立后，政务院总理、国务院总理职务一直由周恩来担任，长达20多年。周恩来辞世后，国务院总理之职不可久悬。“四人帮”中的张春桥早就觊觎着国务院总理的职位。“文化大革命”以来，他费尽心机，影射、攻击周恩来，策动“反击右倾翻案风”运动，把斗争矛头指向国务院第一副总理邓小平，无不包含着篡夺国务院总理职务的“祸心”。然而，张春桥却打错了算盘。1976年1月21日和28日，毛泽东先后提议，由华国锋任国务院代总理，主持中央日常工作。中共中央政治局经过讨论，一致通过了毛泽东的提议。

毛泽东关于由华国锋主持中央日常工作的这个决策，是一个重要信号，它表明，毛泽东已经决心用新的接班人华国锋，来取代他自1973年以来所委以重任，寄予信任，重点培养的接班人邓小平。

1976年2月2日，中共中央发出通知，向全党宣布：经毛主席提议，中央政治局一致通过由华国锋同志任国务院代总理；经毛主席提议，中央政治局一致通过，在叶剑英同志生病期间，由陈锡联同志负责主持中央军委的工作。

自中共中央这一通知发出后，邓小平实际上被停止主持中央的日常工作，叶剑英实际上被停止主持中央军委的日常工作。[①]

从此，由华国锋代替邓小平，主持中共中央日常工作和国务院的领导工作；由陈锡联负责主持中央军委工作。

按照毛泽东的这一决策，虽然国务院总理的职务没有交给周恩来和全党全国人民寄予厚望的邓小平，但是也没有交给“四人帮”。这就为以后的历史发展留下了机会，使党和人民粉碎“四人帮”的斗争能够较为顺利地进行。

华国锋1921年2月16日出生于山西省交城县一个制革工人家庭，原名苏铸，因革命工作需要，改名为华国锋，取“中华民族抗日救国先锋”之意。在学生时代，他关心国家的前途和命运，发愤苦读，成绩优异。抗日战争爆发后，他目睹日本侵略者占领家乡的暴行，立志抗日救国。1938年6月，他参加了山西牺盟会交城抗日游击队，从此走上革命道路。

华国锋于1938年10月加入中国共产党，属于典型的“三八式”干部。1940年2月，他受中共组织委派回家乡交城县开展工作，先后任交城县牺盟会秘书、县抗日救国联合会主任兼分区农民部部长、中共交城县委宣传部部长兼县抗日救国联合会主任。积极宣传抗日主张，广泛发动群众，建立抗日群众组织，领导群众减租减息，开展大生产运动，组织抗日武装，在极端艰苦的条件下坚持敌后抗战，为发展壮大当地抗日武装力量和开展党的工作做出了贡献。

全国抗日战争胜利后，华国锋历任中共交城县委书记、晋绥八地委组织部副部长、阳曲县委书记，带领当地军民同国民党政权进行了顽强斗争，先后参加了汾孝战役、开栅保卫战、黄崖战斗、古交战斗等。他在指挥战斗中，采取武装打击和政治攻势相结合的方式消灭、瓦解敌军，取得

---

① 中共中央文献研究室：《邓小平年谱（1975—1997）》上册，北京，中央文献出版社，2004：146~147页。

显著成绩，被中共晋绥分局作为经验推广。

华国锋坚决贯彻中共中央关于土地问题的指示精神，领导了交城、阳曲等地的土地改革，纠正了土地改革中“左”的偏差。他深入农村，放手发动群众，开展反奸清算、清匪反霸斗争，极大地调动了广大农民革命和生产积极性，为建立和巩固新生的人民民主政权做出了很大贡献。

1949年年初，中国人民解放军向南方进军前夕，华国锋任晋中南下支队一地委宣传部部长，随军南下。同年2月至1956年3月，历任中共湖南省湘阴县委书记，湘潭县委书记，湘潭地委副书记、专员、地委书记。他深入农村调查研究，总结基层经验，运用典型示范和逐步推广的方法，积极领导开展农村互助合作运动，同时抓好粮食收购、销售和管理工作，使当地农业较大幅度增产增收。

1956年3月，华国锋调任湖南省人民委员会文教办公室主任、中共湖南省委文教部部长。1957年8月，任中共湖南省委统战部部长。其间，他在贯彻百花齐放、百家争鸣的“双百”方针、促进文化教育事业发展、扩大统一战线等方面，开展了卓有成效的工作。1958年7月，当选为湖南省副省长，主管农村工作。1959年9月，任中共湖南省委书记处书记，同年12月任省政协副主席。他参与领导全省农村工作和农田水利基本建设，强调贵在鼓劲和科学精神，做出显著成绩。

“文化大革命”初期，华国锋受到冲击并被批斗。1967年7月以后，任湖南省革命委员会筹备小组副组长、省革命委员会副主任、主任，省革命委员会党的核心小组副组长、组长。1969年4月，在中共九大上当选为中央委员。1970年11月，当选为中共湖南省委第一书记，并任省军区第一政治委员、省军区党委第一书记。

华国锋在湖南工作20余年，对湖南各族人民怀有深厚感情，致力于新湖南建设，为改变湖南面貌、造福三湘人民付出了心血和汗水。他以身作则，深入工农业生产第一线，工作细致认真，与干部群众同甘共苦、艰辛创业，被毛泽东评价为“讲老实话，是老实人”。

华国锋重视经济建设，关心群众生活，主持兴修了洞庭湖排涝、韶山灌区等大型水利工程，致力于发展煤炭、钢铁等基础工业，积极支持发展地方工业，支持发展杂交水稻，对湖南的工农业生产和经济社会发展发挥了重要作用。“文化大革命”期间，他为维护全省的稳定和维持生产秩序做了大量工作。

根据中共中央决定，1971年1月，华国锋调国务院工作，任国务院业务组副组长，之后列席中央政治局会议。“九一三”事件中，在周恩来的直接领导下，他参与处理林彪集团问题的工作。同年10月，兼任广州军区政治委员、军区党委书记。1973年7月，任国务院计划生育领导小组组长。

在中共十届一中全会上，华国锋当选为中央政治局委员，协助周恩来主抓农业工作，使全国粮食生产保持比较稳定的增长。他还在进口成套化纤化肥技术设备、输油输气管道建设、保证市场供应和物价稳定等方面做了大量工作。1975年1月，任国务院副总理兼公安部部长，同年2月，在国务院常务会议上被确定为常务副总理之一。

华国锋在主管政法和科学等方面工作期间，认真贯彻中央关于落实干部政策的精神，在分管的部门解放了大批干部。他注重科学技术工作的发展和高科技人才的培养，并领导和支持高端国防项目的研制攻关工作。1976年周恩来逝世后，根据毛泽东提议，中央政治局通过，华国锋为国务院代总理，主持中央日常工作。

大多数中国人和世界上的主要媒体熟悉华国锋的名字是在林彪事件后的批林整风运动中。1970年庐山会议后，林彪集团加紧进行篡党夺权的阴谋活动。1971年，毛泽东为粉碎林彪集团做准备，在视察大江南北时，曾在长沙对华国锋谈过关于林彪的问题，表示了对华国锋的极大信任。湖南以外的中国人和外国人第一次知道华国锋的名字，主要始于毛泽东1970年12月18日同美国新闻记者埃德加·斯诺的一次谈话。毛泽东在谈到家乡湖南的情况时说：“湖南省的人物也出来几个了。第一个是湖南省委现在的第一书记华国锋，是老人。”毛泽东在这里说的“老人”，是指华国锋“文化大革命”以前就是湖南省委的负责人之一，是过去湖南省委的“老人”的意思。当斯诺把毛泽东同他的谈话内容整理成文章，在美国《生活》杂志发表后，因其中谈到中美关系和尼克松访华等极为敏感的国际问题，在全世界引起了极大的反响和震动。华国锋的名字亦开始被外国人所注意。粉碎林彪集团后，全国开展批林整风运动，先后下发了几批内部文件，向党内外广大群众传达。《毛主席会见美国友好人士斯诺的谈话纪要》，即为其中之一。于是，中国人也从中知道了华国锋的名字。

毛泽东决定由华国锋主持中央工作，华国锋被毛泽东亲自选定为国务院代总理，一下子堵住了张春桥阴谋篡夺党和国家最高权力的“路子”。张春桥眼睁睁地看着自己朝思暮想的国务院总理的位置一下子落到了华国锋手里，虽然气急败坏，但是又无可奈何。联想到1975年中共中央一号文件任命邓小平为中共中央军委副主席兼中国人民解放军总参谋长，张春桥气不打一处来，愤愤地在笔记本上写下了一则《有感》，以发泄他对毛泽东的重要决策，对1975年中央一号文件任命邓小平担任中央军委副主席兼总参谋长，对1976年中央一号文件决定由华国锋任国务院代总理主持中央日常工作的强烈不满，赤裸裸地暴露出张春桥野心家的真面目。

张春桥这样写道：

又是一个一号文件。

去年发了一个一号文件。

真是得志更猖狂。

来得快，来得凶，垮得也快。

错误路线总是行不通的。可以得意于一时，似乎天下就是他的了，要开始一个什么新“时代”了。他们总是过高地估计自己的力量。

人民是决定的因素。

代表人民的利益，为大多数人谋利益，在任何情况下，都站在人民群众一边，站在先进分子一边，就是胜利；反之，必然失败。正是：

爆竹声中一岁除，春风送暖入屠苏。

千门万户曈曈日，总把新桃换旧符。

1976年2月3日有感

张春桥在《有感》中，把自己打扮成一副“代表人民的利益，为大多数人谋利益，在任何情况下，都站在人民群众一边”的样子。实际上，“文化大革命”以来十年中他的所作所为，丝毫也没有代表人民的利益，丝毫也没有为大多数人谋利益，丝毫也没有站在人民群众的一边。相反，他始终代表着“四人帮”的利益，为“四人帮”谋利益，在任何情况下，都站在“四人帮”一边，为“四人帮”篡夺党和国家的权力，为制造“文化大革命”的混乱局面，或出谋划策，或下达指令，或直接指挥，对广大人民群众犯下了累累罪行。

第三十三章　人民群众是推动历史前进的真正动力

实事求是地说，中国人民对“反击右倾翻案风”运动十分不解，非常反感。

在周恩来逝世以后，人们曾希望“反击右倾翻案风”运动就此被打断，就此结束。然而，“四人帮”却逆民心而动，企图用“反击右倾翻案风”冲淡人民群众悼念周恩来的悲痛气氛。

1976年1月13日，姚文元连续三次给新华社下达指示：“不要因为刊登悼念总理的活动把日常抓革命促生产的报道挤掉了。”他还指责说：“这几天报纸登唁电数量太多，太集中”，并具体要求以后唁电版面要往后放。

在“周恩来同志追悼大会”举行的前一天，由姚文元主持策划，1976年1月14日在《人民日报》第一版以通栏标题刊登《大辩论带来大变化——清华大学教育革命和各项工作出现新面貌》的长篇文章，说什么：“近来，全国人民都关心清华大学关于教育革命的大辩论。”公然信口雌黄，伪造民意，完全是一派胡言。

在举行“周恩来同志追悼大会”的同一天，“四人帮”控制的《人民日报》不去反映中国人民的悲痛心情，却又抛出“梁效”的文章《教育革命与无产阶级专政》，胡说什么“树欲静而风不止，斗争并没有止息”。

1976年2月13日，《光明日报》在第一版刊登了一篇题为《孔丘之忧》的文章，一方面影射攻击周恩来，一方面把悼念周恩来逝世的中国人民诬蔑为“哭丧妇”。这篇文章写道：“让旧制度的‘哭丧妇’抱着孔丘的骷髅去忧心如焚，呼天号地吧。我们伟大的祖国‘到处莺歌燕舞’，无产阶级教育革命正在胜利前进！”“四人帮”的倒行逆施，激起了全国人民的强烈愤慨。

2月份，在“四人帮”的策划下，《红旗》杂志第2期发表北京大学、清华大学大批判组撰写的《回击科技界的右倾翻案风》，矛头直指胡耀邦；《人民日报》发表《无产阶级文化大革命的继续和深入》，号召把“反击右倾翻案风”运动引向“深入”。

以此为起点，“反击右倾翻案风”运动再次掀起新的“浪潮”。针对1975年的全面整顿，矛头对着邓小平和在各个领域主持整顿工作负责人的所谓“反击右倾翻案风”文章，在报刊上连篇累牍地刊登出来。一时间，犹如滔滔浊浪翻滚而来，大有排山倒海、铺天盖地之势。

“反击右倾翻案风”运动再度“升级”。

2月5日，中共中央发出《通知》，将《打招呼的讲话要点》扩大传达范围，传达到党内外群众。

2月6日，中共中央批转中央军委关于停止学习和贯彻执行1975年7月邓小平、叶剑英在军委扩大会议上的讲话的文件。

2月25日，中共中央召开有各省、直辖市、自治区和各大军区负责人参加的会议（打招呼会议）。会上传达了毛泽东自1975年10月至1976年1月的多次谈话。这个题目为《毛主席重要指示》的谈话，主要有以下内容：

社会主义社会有没有阶级斗争？什么“三项指示为纲”，安定团结不是不要阶级斗争，阶级斗争是纲，其余都是目。斯大林在这个问题上犯了大错误。列宁则不然，他说小生产每日每时都产生资本主义。列宁说建设没有资本家的资产阶级国家，为了保障资产阶级法权。我们自己就是建设了这样一个国家，跟旧社会差不多，分等级，有八级工资，按劳分配，等价交换。要拿钱买米、买煤、买油、买菜。八级工资，不管你人多人少。

“文化大革命”是干什么的？是阶级斗争嘛……

为什么有些人对社会主义社会中矛盾问题看不清楚了？……问题是自己是属于小资产阶级，思想容易右。自己代表资产阶级，却说阶级矛盾看不清楚了。

一些同志，主要是老同志，思想还停留在资产阶级民主革命阶段，对社会主义革命不理解、有抵触，甚至反对。对“文化大革命”两种态度，一是不满意，二是要算账，算“文化大革命”的账。

做了大官了，要保护大官们的利益。他们有了好房子，有汽车，薪水高，还有服务员，比资本家还厉害。社会主义革命革到自己头上了，合作化时党内就有人反对，批资产阶级法权他们有反感。搞社会主义革命，不知道资产阶级在哪里，就在共产党内，党内走资本主义道路的当权派。走资派还在走。

一百年后还要不要革命？一千年后要不要革命？总还是要革命的。总是一部分人觉得受压，小官、学生、工、农、兵，不喜欢大人物压他们，所以他们要革命呢。一万年以后矛盾就看不见了？怎么看不见呢，是看得见的。

不要轻视老同志，我是最老的，老同志还有点用处。对造反派要高抬贵手，不要动不动就“滚”。有时他们犯错误，我们老同志就不犯错误？照样犯。要注意老中青三结合。有些老同志七八年没管事了，许多事情都不知道，桃花源中人，不知有汉，何论魏晋。有的人受了点冲击，心里不高兴，有气，在情理之中，可以谅解。但不能把气发到大多数人身上，发到群众身上，站在对立面去指责。周荣鑫、刘冰他们得罪了多数，要翻案，大多数人不赞成，清华两万多人，他们孤立得很。[①]

在中共中央召开的这一次较大范围的“打招呼会议”上，还传达了毛泽东点名批评邓小平的一些谈话内容：

小平提出“三项指示为纲”，不和政治局研究，在国务院也不商量，也不报告我，就那么讲。他这个人是不抓阶级斗争的，历来不提这个纲。还是“白猫、黑猫”啊，不管是帝国主义还是马克思主义。……

他不懂马列，代表资产阶级。

他还是人民内部问题，引导得好，可以不走到对抗方面去。……

要帮助他，批他的错误就是帮助，顺着不好。批是要批的，但不应一棍子打死。[②]

同时，毛泽东也强调：对犯有错误和缺点的人，我们党历来有政策，就是惩前毖后，治病救人。要互相帮助，改正错误，搞好团结，搞好工作。

这份《毛主席重要指示》，是由毛泽东的联络员毛远新整理的。

在这次较大范围的打招呼会议上，已经受命主持中共中央日常工作的华国锋，于2月25日代表中央在会上讲话，要求与会的领导干部：当前，就是要搞好批邓，批邓小平同志的修正主义路线错误；对邓小平同志的问题，可以点名批判，但点名的大字报不要上街，不要广播、登报；注意不要层层揪邓小平在各地的代理人。[③]

针对当时与会的许多领导干部对批判邓小平很不理解，难以接受，

① 《毛主席重要指示》，载《建国以来毛泽东文稿》第13册，北京，中央文献出版社，1998：486~488页。《毛泽东重要指示》，当时曾作为“中共中央文件”，传达到全国，笔者保存的笔记本中，就有听传达时的记录全文。现在收入《建国以来毛泽东文稿》中的《毛主席重要指示》，与当时的传达记录比较，有一些删节。

② 中共中央文献研究室：《邓小平年谱（1975—1997）》上册，北京，中央文献出版社，2004：147页。

③ 中共中央文献研究室：《邓小平年谱（1975—1997）》上册，北京，中央文献出版社，2004：147~148页。

思想上转不过来弯子等问题，华国锋要求大家在揭发批判过程中“转好弯子”。

华国锋在讲话中，还要求到会的各省、直辖市、自治区和各大军区负责人：“把反击右倾翻案风的斗争开展起来。”华国锋讲话中还说：“要牢牢掌握斗争大方向。毛主席说，错了的，中央负责。政治局认为，主要是邓小平同志负责。”①

这次会议，实际上是一次“转弯子”会议。召开这次会议的目的，在于通过学习《毛主席重要指示》，首先排除在党政军高级领导干部中间对“批邓”的阻力，解决大家的思想问题，排除思想上的“障碍”，转好关于“批邓”的思想弯子。

会议期间，张春桥多次攻击邓小平是“垄断资产阶级”“买办资产阶级”，“对内搞修正主义，对外搞投降主义”。

江青于会议期间，在3月2日擅自召集十二省、区领导干部会议，并发表长篇讲话。她拉开架势，语无伦次，信口开河，胡说八道，大放厥词，集中攻击诬蔑邓小平。同时，吹捧武则天，吹捧吕后，借古喻今，为自己篡党夺权制造舆论。江青说：

邓小平这种事，恐怕很多同志不知道内幕，当然我知道的也不太多。不过，我是一个首当其冲的人物。他在去年4月底，不请示主席，擅自斗争一个政治局委员，4月底一直斗我到6月。邓小平是谣言公司的总经理，他的谣言散布得多……

首先打我。因为他知道我是一个过了河的卒子。在捍卫主席革命路线上，我是一个过了河的卒子，我很光荣。我这个过了河的卒子，能够吃掉他那个反革命老帅，所以他首先打我……

他1975年1月出来，刚刚只有一年多嘛。不过我对他一直有警惕，有

① 毛泽东：《建国以来毛泽东文稿》第13册，北京，中央文献出版社，1998：525~526页。

这么一个问号。这个人出来以后，从来不说一句无产阶级文化大革命有什么伟大的成果……

据这次揭发，他家的常客是什么人呢？李井泉、胡乔木、胡耀邦，还有王海容、唐闻生，还有什么人，我就搞不清了，那都是无话不说，交代任务的……

别人造谣我是武则天。我说，在阶级问题上，我比她先进，但在才干上，我不及她。

有人写信给林彪说我是武则天，有人又说是吕后。我也不胜荣幸之至。吕后是没有戴帽子的皇帝，实际上政权掌握在她手里。她是执行法家路线的。

武则天，一个女的，在封建社会当皇帝啊，同志们，不简单啊，不简单。她那个丈夫也是很厉害的，就是有病，她协助她丈夫办理国事，这样锻炼了才干的。从李世民到李治的能臣，她都用，而且为她所用。她简单吗？但是那些个孔老二的徒子徒孙专门攻击这样的人。其实在春秋战国时期就有个很厉害的女人，赵太后。同志们知道我讲过这个历史。齐威后，那都是很厉害的。他们就是用下流的东西诽谤武则天，诽谤吕后，诽谤我……

江青的这一次讲话，不仅肆意攻击了邓小平，而且明目张胆地为自己在1975年春天受到中共中央政治局多次会议的批评翻案。有人把她的讲话内容汇报给毛泽东以后，引起毛泽东的震怒，他愤怒地斥责说："江青干涉太多了，单独召开十二省讲话。"

当江青要求把她的讲话中的一部分内容印发全国时，毛泽东批示："不应该印发，此事是不妥的。"

3月3日，中共中央发出《关于学习〈毛主席重要指示〉的通知》，向全国印发了毛泽东1975年10月至1976年1月关于"反击右倾翻案风"的多次谈话。同一天，中共中央还转发了华国锋在中央召开的各省、直辖市、自治区和各大军区负责同志会议（打招呼会议）上的讲话。

从此，“批邓”问题在党内正式公开了。

就在中央召开打招呼会议期间，“四人帮”控制的舆论工具“反击右倾翻案风”的势头更加猛烈。2月29日，《人民日报》发表“梁效”“任明”的《评“三项指示为纲”》。这篇文章诬蔑说：“‘三项指示为纲’是一个否定以阶级斗争为纲的、彻头彻尾的修正主义纲领。这个纲领的要害，是复辟资本主义。”

这篇文章不点名地攻击邓小平说：“‘三项指示为纲’是党内那个坚持刘少奇、林彪修正主义路线的不肯改悔的走资派……提出来的。”“‘三项指示为纲’，是直接反对无产阶级文化大革命运动和批林批孔运动的。”

此文一发表，“不肯改悔的走资派”一词，就成了“反击右倾翻案风”运动中报刊上的一个“专有名词”——专门用来指邓小平，成为一种“不点名”的“点名批判”。

对于“四人帮”《评“三项指示为纲”》中的荒谬言论和歪理邪说，广大干部、群众极为反感。在全国政协直属学习组的一次会议上，为李宗仁先生归国做出了贡献，并与李宗仁先生一起归国的程思远的发言就很有代表性。

程思远说：“这些日子，有一个多月了，对新近开展的批‘三项指示为纲’、反击‘右倾翻案风’，我处于非常困惑、思想紊乱的状态。有理论问题、认识问题，更有实际问题，我都迷惑不解。在理论上，有个问题我感到糊涂。根据毛主席的教导，党内有思想斗争，这毫不为怪。但党内思想斗争是否会一下子扩大到篡改党的路线，复辟资本主义呢？是依据哪些条件而由思想斗争上升到阶级斗争的呢？一个人思想认识上有错误，提‘三项指示为纲’，而没有提‘阶级斗争为纲’，这个人是否就一下子上升为敌我矛盾，成为无产阶级的敌人呢？我实在弄不清楚。”

程思远还说：“第二个就是，‘三项指示为纲’里的三项指示都是毛主席的话，我过去认为很好，现在的‘文件’、‘社论’又告诉我，‘三项指示为纲’错了，而且是严重的方向性的政治错误，但是‘三项指示为纲’的错误其要害究竟是什么？我实在搞不明白，这个思想弯子不容易转过来。”

程思远认为：“第三，毛主席、周总理在去年四届全国人大，对国家领导机构已作了人事交替的安排，这是一件大事。但是不到一年的时候，国内政治局面仍不安定，特别是自周总理病逝至今，明确开展了这场反击右倾翻案风运动，全国风起云涌，再度陷入混乱。像我这种不了解内情、心中有事放不下、神经又脆弱的人，真是经受不了啊，我的血压也由原来长期正常的130／80，升到160／90，那是夜不能寐的恶果啊！”

程思远十分忧虑地指出：“我家小孩子从外边抄回来一个‘党内那个不肯改悔的最大走资派《一百例》’，说是反革命修正主义的纲领，我看了又看，就是看不懂，理解不了，何以它成了反革命的纲领？我还听来人讲，最近四川省大字报上街，炮轰中共四川省委，公开点了四川省委主要负责人的名，而且指名邓小平是后台，提出再度打倒邓小平。我听到这些消息，很不理解，心里非常难过！”

程思远讲到这里，竟然热泪长流。他实在是忧国忧民，尤其是为邓小平鸣不平啊！

尽管广大人民群众对“四人帮”诋毁全面整顿、批判“三项指示为纲”的胡说八道不屑一顾，但“四人帮”仍然全力开动各种宣传机器，与《评“三项指示为纲”》这篇暗藏杀机的文章相呼应，接连抛出了一大批长篇理论文章。

3月1日，《红旗》杂志第3期发表经姚文元审定的“池恒”的文章《从资产阶级民主派到走资派》，2月12日《人民日报》全文转载。在同期的《红旗》杂志上，还发表了“初澜”的《坚持文艺革命，反击右倾翻案风》，矛头指向文艺界的全面整顿。

3月3日，《人民日报》发表以本报记者名义写的题为《批判党内那个不肯改悔的走资派》的文章。

4月1日，《红旗》杂志第4期发表“苗雨”的《反击卫生战线的右倾翻案风》，矛头指向卫生系统的全面整顿。

同期的《红旗》杂志还发表“程越”的《一个复辟资本主义的总纲——〈论全党全国各项工作的总纲〉剖析》。

在这些文章中，“四人帮”肆意诬蔑邓小平是“不肯改悔的走资派”、否定“文化大革命的伟大成果”“算文化大革命的账，翻文化大革命的案”，诬蔑邓小平主持的全面整顿是“复辟、倒退”。

在“反击右倾翻案风”期间，“四人帮”在政治上制造了“老干部是民主派，民主派就是走资派”，“民主派到走资派是客观规律”的谬论。公然论证道：“从资产阶级民主派到走资本主义道路的当权派，从民主革命时期党的同路人到社会主义时期的反对派、复辟派，这不正是不肯改悔的走资派所走过的道路吗？”

“四人帮”还诬蔑“党内有一个资产阶级”，并大肆宣扬“现在革命的对象，就是旧社会吃过糠、抗日战争负过伤、解放战争扛过枪、抗美援朝渡过江的民主派”；“现在要打倒的就是爬雪山、过草地的‘走资派’，戴红领章、红帽徽的‘走资派’”等等，妄图通过“反击右倾翻案风”运动，把从中央到地方的大批党政军领导干部打成“走资本主义道路的当权派”，统统打倒，篡夺党和国家各级领导权。

在“反击右倾翻案风”中，“四人帮”竭力破坏社会主义制度的物质基础，把恢复和发展社会主义经济建设说成是“唯生产力论”；把广大干部和群众积极工作、努力生产，说成是为“资本主义打基础”，把各级领导干部勤勤恳恳，努力工作，说成是“只低头拉车，不抬头看路”，是辛辛苦苦的“走资派”。

“四人帮”还把全面整顿中加强企业管理当作是“管、卡、压”，把社会主义经济核算当作是“利润挂帅”，把关心群众生活当作是“物质刺激”，上纲上线进行批判。

“四人帮”的倒行逆施，严重破坏党的各项经济政策，破坏在全面整顿中建立和健全起来的各项规章制度，造成思想混乱，人心涣散，生产下降，一部分企业停工停产。

“四人帮”在组织上大肆篡党夺权，把重新恢复工作的老干部诬蔑为“还乡团”，把中央各部门、地方各单位坚决贯彻执行中央方针政策，对各方面工作进行整顿的领导干部诬蔑为“复辟回潮”的“黑干将”“邓小平的代理人”“新生的资产阶级分子”，肆意打击、陷害。他们大肆扩大帮派势力，大搞“纳新”“提干”，把帮派分子拉入党内，塞进各级领导班子，篡夺了相当大的一部分领导权力。

“四人帮”利用“反击右倾翻案风”，推波助澜，制造混乱，使邓小平等一大批老同志无法进行工作，使国家重新陷入混乱之中，使刚刚走向恢复和发展的国民经济重又陷于停滞倒退状态。1975年全国工业总产值增长15.1%，1976年急骤下降为1.3%。

实践证明，“反击右倾翻案风”运动完全违背广大党员和人民群众要求纠正“文化大革命”“左”倾错误的意志，违背民意，不得人心，因此必然要受到广大党员和人民群众的坚决抵制，必然要受到历史性惩罚。1976年清明节前后，以天安门事件为代表的群众抗议运动，就是在这个基础上爆发的。

“四人帮”逆历史潮流而动，违背中国人民的意志而行，全盘否定1975年的全面整顿，肆意攻击在1975年主持中央工作期间做出了巨大成绩的邓小平，在报刊上影射诽谤周恩来，这种种倒行逆施，激起了全国人民极大的愤慨。广大人民群众终于忍无可忍，爆发出震天撼地的力量，汇成了当代中国历史上最壮丽的乐章——四五运动。

四五运动的爆发，绝不是偶然的事件。它是十年“文化大革命”人心丧尽的必然结果。而“四人帮”在1976年掀起的“反击右倾翻案风”运动中，利用手中控制的舆论工具肆意批判邓小平、诬蔑周恩来，则是这场群众运动爆发的直接因素。

周恩来逝世后，中国人民陷入无限的悲痛之中，他们希望能在报刊上多读到一些反映周恩来生平业绩的悼念文章，慰藉忠魂，表达哀思。但“四人帮”一手遮天，强奸民意，不仅不刊登悼念周恩来的文章，反而变本加厉，连篇累牍地刊登一些“大辩论带来大变化”“孔丘之忧”一类的文章，继续把攻击矛头指向邓小平和周恩来，诬蔑周恩来和悼念周恩来的广大人民群众。

当时人们认为，“四人帮”把持下的上海《文汇报》，3月5日在刊登新华社关于沈阳部队指战员学习雷锋的一篇新闻稿时，全部删去了周恩来关于学习雷锋的题词“憎爱分明的阶级立场，言行一致的革命精神，公而忘私的共产主义风格，奋不顾身的无产阶级斗志”。

3月25日，上海《文汇报》在刊登的一篇题为《走资派还在走，我们就要同他斗》的报道中，出现了这样一段话：“孔老二要‘兴灭国，继绝世，举逸民’，党内那个走资派要把被打倒的至今不肯改悔的走资派扶上台。”当时人们普遍认为，这是把矛头公开指向周恩来，含沙射影地诬蔑周恩来是“党内走资派”。

“四人帮”的一系列行径，激怒了广大人民群众。“蓄之愈久，发之愈速。”中国人民积蓄已久的悼念周恩来、拥护邓小平、声讨“四人帮”的情绪，像火山一样，终于爆发了。

南京大学的青年学生和教师一马当先，于3月28日走上街头，抬着周恩来的大幅遗像和寄托哀思的花圈，高呼“保卫周恩来”等口号，排着浩浩荡荡的游行队伍，前往周恩来战斗过的梅园新村和雨花台烈士纪念碑，向周恩来表达深切的敬意。成千上万的工人、学生、教师、机关干部继之而起。南京——很快形成了悼念周恩来、声讨“四人帮”的高潮。

3月29日，南京大学师生又贴出“警惕赫鲁晓夫式的个人野心家、阴谋家篡夺党和国家的最高领导权”的大标语。同时，他们还走上街头、火车站，贴出了“打倒张春桥”等声讨“四人帮”的大标语。

3月30日，当南京大学的师生得知昨天写在开往上海的列车上的大标语，在进入上海市区前被全部冲刷掉以后，又用柏油和白色油漆在开往上海等方向的列车上书写了许多大幅标语：

“揪出《文汇报》的黑后台！”

“谁反对周总理就打倒谁！”

“警惕赫鲁晓夫式的人物上台！”

这些大幅标语，随着列车飞往四面八方，把南京人民的斗争迅速传向了祖国各地。

南京人民的正义斗争，吓得“四人帮”惊恐万状。他们盗用中央的名义，于4月1日发出《关于南京大字报问题的电话通知》：

1.据了解，最近几天，南京出现了矛头指向中央领导同志的大字报、大标语，这是分裂以毛主席为首的党中央，转移批邓大方向的政治事件。你们必须立即采取有效措施，全部覆盖这类大字报、大标语。对有关群众要做好思想工作。要警惕别有用心的人借机扩大事态，进行捣乱、破坏。

2.对这次政治事件的幕后策划人，要彻底追查。

3.所谓“总理遗言”，完全是反革命谣言，必须辟谣，并追查谣言制造者。

4.任何人不准冲击铁路。

于是，南京人民的正义斗争，遭到了“四人帮”的镇压。但是，长期以来深藏于广大人民群众心中的对“四人帮”倒行逆施的满腔怒火，是压不住、扑不灭的。

一场伟大的群众性的反对“四人帮”的新的浪潮正在酝酿之中。

在北京，从3月19日开始，以天安门广场为中心，出现了更大规模的悼念周恩来、拥护邓小平、声讨“四人帮”的群众运动。成千上万的青年、学生、工人、机关干部、知识分子和社会各界人士，或排着整齐的队伍，或扶老携幼，自发地聚集到天安门广场，在人民英雄纪念碑前敬献花圈、花篮，张贴传单、标语，朗诵诗词，发表演说，表达对周恩来的深切悼念，对邓小平全面整顿的大力支持，对早日实现“四个现代化”的强烈渴望，对“四人帮”祸国殃民、倒行逆施的严厉谴责。

与此同时，在杭州、郑州、太原等地也爆发了人民群众自发地悼念周恩来，反对“四人帮”的声势浩大的群众运动。

清明节前后，首都人民悼念周恩来、拥护邓小平声讨“四人帮”的活动，如大海的波涛，汹涌澎湃，一浪高过一浪。

4月1日，在庄严肃穆的天安门广场上，人如海花似潮，悲歌动地冲九霄。以悼念周恩来、拥护邓小平、怒斥“四人帮”为主题的文章、诗词，大量出现在人民英雄纪念碑上和天安门广场附近的松树上。

在天安门广场出现的诗词中，明显地充满了号召人民群众奋起反对“四人帮”的战斗锋芒。其中一首这样写道：

昔日悼总理，悲痛哭断肠。
今朝想总理，浑身是力量。
豺狼何所惧，虎豹咱敢降。
识破假马列，怒斥妖婆娘。

4月2日，从这天上午起，北京市各单位都传达了关于南京事件的电话通知和北京市委的电话通知，说“南京事件是反革命事件”，“天安门广场有反革命捣乱”，“清明节送花圈是旧习惯，应当破四旧”，“清明节是鬼节”等，要求人们不要去天安门广场。

然而，“抽刀断水水更流”。4月2日，天安门广场的人潮仍然有增无减。

这天清晨，中国科学院109厂的三四百名职工，抬着精心制作的巨大花圈，高举上写诗文的诗牌，排着整齐的队伍，沿着王府井大街、东长安街等繁华街道，来到天安门广场的人民英雄纪念碑前，把花圈献给周恩来、陈毅、杨开慧和革命先烈。并在人民英雄纪念碑前竖立起四块巨幅诗牌，上面用大字写着：

红心已结胜利果，

碧血再开革命花；
倘若魔怪喷毒火，
自有擒妖打鬼人。

这首诗的锋芒，直指“四人帮”。引人注目，发人沉思，催人猛醒，使人振奋。

4月3日，从清晨开始，无数的人流冲破“四人帮”下达的道道禁令，从四面八方汇集到天安门广场。

北京广播器材厂的100多名职工、家属，抬着花圈和“敬爱的周总理，我们永远怀念您”的花匾，来到了天安门广场……北京878厂的1000多名职工，抬着花圈和“敬爱的周总理，我们永远怀念您”的大匾，来到了天安门广场……

中国科学院半导体研究所的近千名知识分子、干部和职工，抬着花圈，来到了天安门广场……

来自北京其他单位的悼念队伍，一队接一队地来到了天安门广场……

这一天，人民群众放在人民英雄纪念碑前悼念周恩来和革命先烈的花圈，达到数千个。在人民英雄纪念碑周围的柏树上，人民群众献上的白花层层叠叠，仿佛万朵玉兰傲霜怒放。一时间，天安门广场成为花的海洋，人的浪潮，诗的怒涛。在众多诗词中，一首“江桥摇”，暗指江青、张春桥、姚文元“眼看要垮掉”的诗，格外引人注意。

该诗以《向总理请示》为题目，全文如下：

黄浦江上有座桥，
江桥腐朽已动摇。
江桥摇，
眼看要垮掉，
请指示，

是拆还是烧？

这首诗的诗句辛辣，迸发着锐利的锋芒。

4月4日是清明节，是中国历史传统中悼念先烈的日子。这一天又恰逢星期天。北京天安门广场悼念周恩来、拥护邓小平、反对“四人帮”的活动达到了高潮。

上午8时开始，北京曙光电机厂的3000余名职工和北京青云仪器厂的1000余名职工，分别排着整整齐齐的队伍，高举“深切悼念敬爱的周恩来总理”的巨大横标和精心制作的花圈，来到天安门广场。

数不尽的人群，从四面八方拥向天安门广场。有1400多个单位的职工，在人民英雄纪念碑四周摆放了2073个花圈，悼念周恩来。

广大自发参加纪念活动的200多万人民群众，用数不清的白花、花圈、花篮、花环、诗词、文章、条幅、标语，把天安门广场装点成了名副其实的“花山诗海”。

远远望去，天安门前，人如潮涌，花似海洋。

这是人民的意志在闪光。这是民族的觉醒在怒吼。

这是古老的中华在呐喊。

这是冲天的烈火在燃烧！

晚上，天安门广场仍然人山人海。这时，在人民英雄纪念碑西南角的汉白玉栏杆上，出现了一篇短文：《第十一次路线斗争大事记》。这篇文章写道：

1.1974年1月，江青扭转批林批孔运动的大方向，企图把斗争矛头对准我们敬爱的周总理。

2.1974年12月，江青背着中央接见外国传记记者，诬蔑中央领导同志，并企图在四届人大争当总理。

3.1975年1月，毛主席识破了江青的野心……召开了四届人大，邓小平同志重新回到了中央工作，取得了斗争的初步胜利，全国人民欢欣鼓舞。

4.1975年7月，毛主席严厉地批评了江青，停止其在中央的工作。在周总理养病期间，中央的工作由邓小平同志主持，斗争取得了决定性的胜利，全国人民大快人心。

5.最近的所谓反右倾斗争，是一小撮野心家的垂死的翻案活动。他们已经成了不得中国大多数人心的过街老鼠。

……

这篇短文的作者，显然比较了解毛泽东多次批评江青和“四人帮”的内情，所述事实基本上符合历史实际。天安门广场上的群众发现以后，纷纷诵读、传抄，使夜幕下的天安门广场又出现了新的怒斥“四人帮”的高潮。

在清明节前后天安门广场群众性的悼念活动期间，一位青年工人曾在巍峨的人民英雄纪念碑上，贴出了一首五言诗，一直受到人们的广泛传抄和背诵。这首诗的全文是：

欲悲闻鬼叫，
我哭豺狼笑。
洒泪祭雄杰，
扬眉剑出鞘。

这首诗的诗句言简意深，义正词严，犹如一把出鞘的宝剑直刺“四人帮”的心脏。后来，“四人帮”在《人民日报》发表的《天安门广场的反革命政治事件》中引用了这首诗，进行批判。结果，适得其反，使这首诗立刻传遍了全国，成为广大人民群众暗中传诵得最为广泛的一首诗。

在广大人民群众奋起悼念周恩来、拥护邓小平、反对“四人帮”的日子里，亿万中国人民的心飞向了天安门广场。老一辈无产阶级革命家、中共中央副主席、中央军委副主席叶剑英，也非常关注天安门广场上的群众运动。4月1日，他从办公室工作人员那里看到从天安门广场抄回来的“欲悲闻鬼叫，我哭豺狼笑。洒泪祭雄杰，扬眉剑出鞘”这首诗后，非常欣赏，反复吟诵，连声称赞：好诗，好诗！并打听作者的姓名，表示了极大的关心。4月2日，北京、南京都在采取措施，阻止人民群众悼念周恩来、拥护邓小平、反对“四人帮”的活动。叶剑英预感到一场大的政治风暴即将来临，他为党和国家的前途命运担忧，决心，挽狂澜于既倒。

清明节前这几天，叶剑英经常让工作人员和孩子们把从天安门广场抄来的诗词一首一首读给他听，听了以后，还要人抄给他看。他常常边读边赞：“这些诗词情真意切，爱憎分明，大气磅礴，真是难得的好词啊！”4月3日，叶剑英听了办公室工作人员讲述的天安门广场上的群众运动的动人场面，心情非常激动。这时叶剑英表示，一定要亲自去天安门广场看一看，但被工作人员阻止了。清明节这天傍晚，叶剑英再也忍不住了，悄悄乘车，来到天安门广场，他要亲眼看看人民群众的空前壮举。汽车在天安门广场上缓缓行驶，叶剑英以深情的目光注视着广场上的壮观场面，那高大的花圈和洁白的花朵，是人民群众献给周恩来的心香；那要求实现中国现代化的充满激情的辞章，是人民群众拥护邓小平全面整顿的呐喊；那犹如匕首、投枪般锐利的诗词，是人民群众反对“四人帮”的怒吼。在这庄严肃穆的天安门广场，在这中国人民内心深处真挚感情爆发的地方，老帅的心被深深地震撼了！也许，就在这个时候，老帅已经下定了决心，坚决粉碎“四人帮”集团，上慰忠魂，下顺民意，写出中华民族历史新的篇章。

需要说明的是，在北京天安门广场爆发悼念周恩来、拥护邓小平、声讨“四人帮”的群众运动达到高潮期间，为了不使江青等人找到借口，邓小平要求全家人在这一期间都不要去天安门广场。

“四五运动”是一场充分反映中国人民高度的政治自觉和历史主动精神的大规模群众运动。这场意义深远的群众运动，为半年以后党和人民粉碎“四人帮”集团，奠定了伟大的群众基础。

第三十四章　国殇

“群众是真正的英雄。”1976年春天以北京天安门广场为中心的悼念周恩来、拥护邓小平、反对“四人帮”的大规模群众运动，使“四人帮”惊恐万分，胆战心惊。自“文化大革命”以来的十年间，总是“四人帮”在那里盗用“群众运动”的名义，“运动”别人。如今觉醒了的人民群众用“群众运动”的方式起来反对“四人帮”了，这怎能不令“四人帮”惊慌失措呢？

从1976年3月30日至4月26日，王洪文、张春桥、江青、姚文元先后给当时的《人民日报》总编辑鲁瑛打了24次电话：一是给广大群众悼念周恩来的活动定性为反革命性质；二是诬陷邓小平和中央其他领导同志，欲将他们置于死地；三是打击敢于起来与“四人帮”作斗争的群众；四是出谋划策，为“四人帮”篡党夺权加紧制造舆论。

王洪文3月30日在电话中问鲁瑛：你们在南京有记者吗？鲁瑛连忙回答：有记者。王洪文布置道：叫他们反映重要情况。南京大街贴出打倒张春桥的大字报，那些贴大字报的是为反革命复辟造舆论。南京事件是因为省委有走资派，它的性质是对着中央的。

姚文元4月2日15时40分在电话中布置《人民日报》总编辑说：

要分析一下这股反革命逆流，看来有个司令部。报纸要继续反击右倾翻案风，掌握斗争大方向。这股反革命逆流这样猖狂，是没落阶级的表现，是不得人心的。因为有个资产阶级，他们是要跳的。

4月3日姚文元又打电话精心策划，对《人民日报》总编辑说：

是否可以写这样一篇社论，题目是《牢牢掌握斗争大方向》。首先讲，当前反击右倾翻案风的斗争形势大好，取得了很大胜利，党内那个不肯改悔的走资派已很孤立，工农业生产有很大发展。在这种形势下，我们要牢牢掌握斗争大方向。

第二段，要讲阶级斗争是很激烈的，要提防阶级敌人的破坏，要追查谣言等。

最后，要批邓，警惕转移斗争大方向，多讲几句。要写得短，气要足。

4月4日姚文元再次打电话攻击人民群众的纪念活动，对《人民日报》总编辑说：

天安门人民英雄纪念碑前的活动，是反革命性质。一要抓紧批邓，二要打击反革命。你们内部要继续讨论这种活动的性质，认清性质。要继续批邓，不要听信谣言，听到要追查。

4月5日王洪文亲自到天安门广场坐镇小楼，用电话指挥《人民日报》记者：跟着最坏的，离开天安门再抓。4日抓了3个。你们盯住，不仅（要盯）社会上的，（还）要盯党内资产阶级，民兵要参加对党内资产阶级的斗争。

早在3月份，人民群众刚刚开始往天安门广场送花圈时，“四人帮”的干将、北京市公安局长刘传新（粉碎“四人帮”后，刘传新畏罪自杀）就布置对送花圈的单位、人数和花圈数进行登记上报。以后，他又布置人员到广场监视人民群众的活动、照相取证、撕取诗词，并拘捕了几十个人。4月2日，正式成立首都工人民兵、北京市公安局、北京卫戍区联合指挥部，抽调了3000余人组成机动力量，随时准备出动。“四人帮”还采用各种卑劣手段，伪造情况，歪曲事实，隐瞒事实真相，欺骗中共中央和毛泽东。

4月3日凌晨4时40分，在黎明前的黑暗掩护下，王洪文由便衣人员保护，来到天安门广场，打着手电筒察看了人民群众放在人民英雄纪念碑四周的花圈和诗词。随后，他气急败坏地给公安部的亲信打电话，说“你还在睡觉啊，我刚到天安门广场去看了一下，那些反动诗词你们拍照下来没有？不拍照下来怎么行呢？将来都要破案的呀！否则到哪里去找这些人呢？你们应该组织人去把它拍照下来，要考虑到将来破案嘛。”王洪文一声令下，他的亲信立即行动，布置人员照相取证，在夜深人静时毁坏花圈，撕毁诗词，干尽了见不得人的勾当。

4月4日晚上，中共中央政治局召开会议，主持中央政治局工作的华国锋主持会议，研究天安门广场连日来发生的大规模群众活动的情况。在江青等人的摆布下，会议认为，天安门前聚集那么多人，公开发表“反革命”的演说，这“是反革命煽动群众借此反对主席、反对中央，干扰、破坏斗争的大方向”。华国锋说：“很恶毒的”，“一批坏人跳出来了，写的东西有的直接攻击主席，很多攻击中央”。吴德说：“看来这次是一个有计划的行动。邓小平从1974年至1975年他作了大量的舆论准备……今年出现这件事是邓小平搞了很长时间的准备形成的。”“性质是清楚的，就是反革命搞的事件。”①

在这次会议上，当江青从姚文元那里得知《第十一次路线斗争大事记》的内容后，气急败坏，点着北京市委、北京军区负责人的名字说：“中央的安全还有没有保障？为什么攻击中央的人不抓？抓不着要拿你们是问。”

① 中共中央党史研究室：《中国共产党历史大事记》，北京，人民出版社，1991：319页。

关于这次会议，毛远新向毛泽东的报告说：政治局分析了当时北京的情况，认为多数人是悼念总理，少部分有影射攻击中央的，个别是非常恶毒的。政治局认定，“这次是反革命性质的反扑”，“看出存在一个地下的‘裴多菲俱乐部’，有计划地在组织活动”。并且决定，从当晚（4日）开始，清理花圈、标语和抓“反革命”。这个报告得到了毛泽东的批准。[①]

4月5日，广大人民群众继续拥向天安门广场，在“还我花圈，还我战友”的口号下，采取抗议行动。

当天晚上6时半，由中共北京市委第一书记吴德出面，发表广播讲话：

这几天来，正当我们学习伟大领袖毛主席的重要指示，反击右倾翻案风，抓革命、促生产之际，极少数别有用心的坏人利用清明节，蓄意制造政治事件，把矛头直接指向毛主席，指向党中央，妄图扭转批判不肯改悔的走资派邓小平的修正主义路线、反击右倾翻案风的大方向。我们要认清这一政治事件的反动性，戳穿他们的阴谋诡计，提高革命警惕，不要上当。

全市广大革命群众和革命干部，要以阶级斗争为纲，立即行动起来，以实际行动保卫毛主席，保卫党中央，保卫毛主席的无产阶级革命路线，保卫我们社会主义祖国的伟大首都，坚决打击反革命破坏活动，进一步加强和巩固无产阶级专政，发展大好形势。让我们团结在以毛主席为首的党中央周围，争取更大的胜利！

今天，在天安门广场有坏人进行破坏捣乱，进行反革命破坏活动，革命群众应立即离开广场，不要受他们的蒙蔽。

在吴德的讲话用广播车广播以后，当天晚上9时30分，出动1万名民兵、3000名警察和5个营的卫戍部队，带着木棍，封锁了天安门广场，对

① 中共中央党史研究室：《中国共产党历史大事记》，北京，人民出版社，1991：319页。

留在广场的群众进行殴打，并逮捕了一些人。[②]

但是，这种镇压，却进一步激起了广大人民群众对“四人帮”的愤怒。

4月6日凌晨，中央政治局召开会议，部分在京的中央政治局委员听取北京市委关于天安门事件的汇报，认为群众的行动“是反革命暴乱性质”，并决定继续组织3万名民兵集中在天安门广场附近待命，派出9个营的卫戍部队在市区内随时机动。会议还建议北京市委将天安门事件写成材料通报全国，以便各地了解情况，有所准备。毛远新向毛泽东书面报告了政治局会议的决定，毛泽东表示同意。[①]

4月7日早晨7时，姚文元便召集《人民日报》总编辑鲁瑛，让他到人民大会堂，组织人马，以《人民日报》工农兵通讯员和《人民日报》记者名义撰写所谓的“现场报道”：《天安门广场的反革命政治事件》，为“四人帮”镇压广大群众的悼念活动制造借口，大造“反击右倾翻案风”的舆论。在“四人帮”的直接指使下，由姚文元一手策划指挥炮制的这篇文章，颠倒是非，混淆黑白，捏造事实，罗织罪名，对广大人民群众悼念周恩来、声讨“四人帮”的正义行动进行了肆意诬蔑。在这篇文章撰写过程中，王洪文、张春桥、姚文元进行了具体的策划。张春桥大放厥词，说：“这帮家伙写那些反动诗，就是要推出邓小平当匈牙利反革命事件的头子纳吉。”姚文元多次布置说：“要鲜明地点出邓小平。”“还要把‘由邓小平主持中央工作，斗争取得决定性胜利，全国人心大快’这些话引进去，这样更有力量。”要把“有预谋、有组织、有计划地制造的反革命的政治事件”这句话写上去。

4月7日，毛远新两次向毛泽东报告情况。毛泽东同意公开发表《人民

② 中共中央文献研究室：《关于建国以来党的若干历史问题的决议注释本》，北京，人民出版社，1985：429页。

① 中共中央文献研究室：《关于建国以来党的若干历史问题的决议注释本》，北京，人民出版社，1985：429页。

日报》记者关于天安门事件的所谓“现场报道”和4月5日晚上北京市委第一书记在天安门广场的“广播讲话”。经姚文元组织炮制的所谓“现场报道”，捏造罪名，诬陷人民群众悼念周总理是“反革命活动”，天安门广场发生的事件是“反革命政治事件”，“妄图扭转当前批邓和反击右倾翻案风的大方向”。毛泽东表示：据此开除邓的一切职务，保留党籍，以观后效。以上待三中全会审议批准。并说：由中央政治局作决议、登报、这次，一、首都；二、天安门；三、烧、打。这三件好。性质变了。毛泽东还提出：华国锋任总理。①

4月7日下午，毛远新向毛泽东汇报了中共中央政治局讨论他上午的指示的执行情况，并请示晚上广播中共中央根据毛泽东的指示作出的两个决议的问题。②

在谈到中共中央作出的第一个决议是任命华国锋为国务院总理的时候，毛泽东补充说：还要任党的第一副主席，并写在决议上。③

1976年4月7日晚上，中央政治局开会，一致通过根据毛泽东指示作出的两个决议：

1.中共中央关于华国锋同志任中共中央第一副主席、国务院总理的决议。根据伟大领袖毛主席提议，中共中央政治局一致通过，华国锋同志任中国共产党中央委员会第一副主席，中华人民共和国国务院总理。

2.中共中央关于撤销邓小平党内外一切职务的决议。

中共中央政治局讨论了发生在天安门广场的反革命事件和邓小平最近的表现，认为邓小平问题的性质已经变为对抗性的矛盾。根据伟大领袖毛主席提议，政治局一致通过，撤销邓小平党内外一切职务，保留党籍，以

① 中共中央文献研究室：《关于建国以来党的若干历史问题的决议注释本》，北京，人民出版社，1985：430页。

② 中共中央文献研究室：《关于建国以来党的若干历史问题的决议注释本》，北京，人民出版社，1985：430页。

③ 中共中央文献研究室：《关于建国以来党的若干历史问题的决议注释本》，北京，人民出版社，1985：430页。

观后效。这两个决议通过一个小时以后，立即以异乎寻常的速度，由中央人民广播电台向全国进行了全文广播。第二天，《人民日报》在第一版用大字标题，全文公布了这两个决议。

粉碎“四人帮”后，一位当年在毛泽东身边工作的同志回忆说：

“1976年清明前后，首都人民在天安门广场悼念周总理。当时，主席对外面情况一点都不知道，他病重动不了，连讲话的气力也没有，根本不知道外边发生了什么事。那些日子毛远新时常来。他说政治局的同志连夜开会，认为天安门前发生的事件不是孤立的，是一次匈牙利事件在中国的重演，还说邓纳吉之类的话。主席也无力细问，只能点头表示知道了。”“4月6日，毛主席正重病卧床。江青说有事要同主席谈。她走到主席床前对主席说：‘我来之前，特意到天安门广场绕了一圈，一路上硝烟弥漫，一伙人烧房子，烧汽车，这是以死人压活人。邓小平是他们的总后台。我要控诉。我建议开除邓小平的党籍。’又说：‘政治局已经开了会，作了安排，你放心，过一会儿毛远新还要来向你报告开会的详细情况’。”“不多时，毛远新带着政治局关于四·五的决议让主席表态。主席听了汇报后用红笔在另纸上写了‘同意，要保留党籍，以观后效’。后来《人民日报》发表的《天安门广场的反革命政治事件》和社论，主席没有看过。”

1976年4月7日中共中央两个决议的发表，明确说明：毛泽东已经下定决心，将华国锋作为自己最后选定的接班人。此时的毛泽东已经82岁，年事已高，身体日益衰弱，急于托付后事。1976年2月，毛泽东提议由华国锋任国务院代总理，但没有提出提高华国锋在中共中央的地位，使华国锋只能以中央政治局委员的身份代理国务院总理。这表明毛泽东对华国锋还要进行一段时间的观察、考察和考验，才能最后下定决心。

华国锋担任国务院代总理、主持中央日常工作以后的两个月间，在一系列重大问题上，都坚决贯彻执行毛泽东制定的路线、方针、政策。毛泽东怎么指示，华国锋就怎样照办。这使毛泽东感到华国锋办事可靠，十分放心。在经历了三四月间的“天安门事件”后，毛泽东终于最后下定决心，让华国锋作为自己的接班人。为了巩固华国锋的接班人地位，毛泽东采取了一个中国共产党历史上史无前例的举措，即在提名华国锋任国务院总理，中共中央形成决议以后，又提议在决议上增加写上“还要任党的第一副主席”。使华国锋成为“中国共产党中央委员会第一副主席，中华人民共和国国务院总理”，并由中共中央正式形成决议，立即公开发表。

这样，华国锋的接班人地位虽然没有宣布，但却是在决议中写得清清楚楚、明明白白的。毛泽东当时是中共中央主席，而华国锋任第一副主席、国务院总理，已经成为毛泽东之下的中国共产党中央委员会的第二号人物、中国国务院的第一号人物。

过去，在中国共产党的历史上，从来没有设过中央第一副主席的正式职务名称。刘少奇从1945年中共七大以后，一直到1966年中共八届十一中全会之前，在长达21年的漫长岁月里，长期居于中共中央第二号人物的地位，是仅次于毛泽东的党内第二号人物，也是毛泽东在中共七大上亲自选择的第一个接班人。但刘少奇从1956年到1966年担任中共中央副主席职务整整十年，从来没有被毛泽东提议在中央副主席前边加上过“第一”两个字。

显然，毛泽东是希望通过任命华国锋为中共中央第一副主席、国务院总理，向国内外明确表示，自己已经选择了华国锋作为接班人。并通过这种异乎寻常的做法，引起人们对原来不太引人注目的华国锋的注意，迅速提高华国锋的威信，很快巩固华国锋的地位，不断增强华国锋的声望，使华国锋具有法定的身份和特殊的地位。这样，在自己身体不行的时候，华国锋就能够顺利接班。

毛泽东的深谋远虑和用心良苦，由此可见一斑。

对于邓小平，毛泽东始终是器重的。虽然邓小平在全面整顿问题上、在如何对待“文化大革命”等一系列问题上，与毛泽东有不同的看法，根据毛泽东提议通过的中共中央决议，标志着邓小平作为毛泽东接班人的地位又一次被排除了。但毛泽东对待邓小平始终是持留有余地的态度，以便使事物还可以有新的转化。毛泽东在提出“反击右倾翻案风”前后，开始主张在中央政治局内部，由几位政治局委员对邓小平进行“批评、帮助”。继而，又提出由邓小平主持作一个肯定“文化大革命”的决议。在关于“反击右倾翻案风”问题的多次谈话中，毛泽东一再强调，邓小平“还是人民内部问题，引导得好，可以不走到对抗方面去”；“邓与刘、林还是有一些区别的”；“批是要批的，但不应一棍子打死。对犯有错误和缺点的人，我们党历来有政策，就是惩前毖后，治病救人。要互相帮助，改正错误，搞好团结，搞好工作”。一直到天安门事件以后，在作出中共中央4月7日决议前，毛泽东在提议“开除邓的一切职务”时，仍提出，要“保留党籍，以观后效”。表明了毛泽东虽然认为邓小平在对待“文化大革命”问题上与自己看法不一致，但并不是反对自己。因此，毛泽东总是希望邓小平能够“改正错误”，在统一对“文化大革命”认识的基础上“搞好团结，搞好工作”。

“文化大革命”是毛泽东晚年的一件大事，由于毛泽东在晚年始终未能认识到“文化大革命”的严重错误，深陷“文化大革命”的“泥潭”而一直不能自拔，在理论和实践上坚持和维护“文化大革命”的错误，再加上“四人帮”利用毛泽东晚年的错误，拨弄是非，歪曲事实，上报种种经过他们肆意歪曲的材料，进行篡党夺权的阴谋活动，由此产生了一系列严重后果：谁反对“文化大革命”、谁否定“文化大革命”的错误理论和实践、谁在实际工作中触及“文化大革命”这个“禁区”，谁就会被认为是反对毛泽东晚年所进行的“无产阶级专政下的继续革命”，被认为是“否定文化大革命的伟大成果”，因而也就被认为是反对和否定毛泽东晚年的理论和实践。

在毛泽东看来，“在路线问题上，没有调和的余地”。谁如果被认为是反对“文化大革命”、否定“文化大革命”，那就必然会轻则受到批判，重则被彻底打倒。邓小平正是因为在1975年的全面整顿中，否定了

“文化大革命”的“左”倾错误，因而导致了第二次被“打倒”的命运。

在毛泽东与邓小平之间，不存在任何“权力之争”，也不存在任何“个人恩怨”。唯一存在于两个人之间的矛盾是：一个要坚持和维护“文化大革命”的错误理论和实践，一个要否定“文化大革命”的错误理论和实践。唯此而已。

天安门事件以后，“四人帮”把邓小平打成“全国最大的不肯改悔的走资派”“天安门事件的总后台”“右倾翻案风的风源”，在全国掀起了一场更大规模的“批判邓小平的修正主义路线”“批邓、反击右倾翻案风”的运动。并对以天安门群众运动为中心的全国性悼念周恩来、拥护邓小平、声讨“四人帮”的群众性浪潮进行残酷镇压。到处追查所谓“政治谣言”，收缴所谓“反动诗词”，逮捕参与过反对“四人帮”活动的人民群众。

在北京市，从1976年4月初到6月17日，经过“四人帮”在北京市公安局的干将的全力追查，共搜集了诗词、悼文原件583件；强迫群众交出的诗词、悼文照片和现场照片108000多件，从中选出重点600余件编成《天安门广场反革命事件罪证集》，加上其他“重点线索”，总计立案追查的共1984件。连同天安门事件在内当时共拘捕群众388人。至于以隔离、办学习班、谈话等方式审查的数量更大，全北京市被触及的群众数以万计。

在此期间，“四人帮”一方面借追查所谓“天安门事件的黑后台”，在各省、直辖市和自治区大施淫威，一方面还把矛头指向军队。“四人帮”借清查天安门事件中的人和事，派出工作组进驻第二炮兵领导机关。张春桥等人在高级干部会上说：“二炮送的花圈最早、最大，挂得最高，是影响最坏的一支部队！”“四人帮”一再叫嚷，要清查所谓“黑后台”，逼迫二炮司令员和政治委员下令抓人。张春桥还质问二炮司令员：“你们二炮为什么送花圈？为什么不抓人？你们为什么不批邓？”二炮司令员巧妙地回答说：“周总理逝世的时候，正值二炮司令部、政治部、后勤部、技术部机关多数同志都在外地拉练，未能参加周总理的遗体告别仪式和悼念仪式，大家回到北京后，趁清明节编送了花圈，表示隆重的悼念！清明节又是我们民族的传统祭祀日。”

在清查天安门事件人和事的过程中，二炮的领导同志顶住了压力，保护了同志，使“四人帮”大为恼火。此前，二炮司令员于3月下旬在二炮通信部的一次讲话中，重申军队存在“肿、散、骄、奢、惰”和领导班子存在“软、懒、散”的问题，重申仍要贯彻军委扩大会议精神，并要秘书拿来叶剑英、邓小平的讲话，继续学习。天安门事件发生后，这件事被有人反映上去，成了二炮司令员抵制“运动”、搞“复辟”的“罪证”。“四人帮”把二炮领导同志说成是“复辟势力”“还乡团头子”，上上下下搞得乌烟瘴气，二炮领导同志也被批斗。由此，二炮贯彻军委扩大会议精神出现的新局面也急剧恶化起来。

在1975年邓小平主持中央工作，进行全面整顿中，国家计划委员会主持起草的《关于加快工业发展的若干问题》、中国科学院主持起草的《科学院工作汇报提纲》、国务院政治研究室主持起草的《论全党全国各项工作的总纲》，是三篇集中概括、反映邓小平决心纠正“文化大革命”的错误，对全国各行各业实行全面整顿，恢复和发展中共八大路线的重要文献。

这三篇文稿虽然在当时均未能作为正式中央文件下达或公开发表，但在全面整顿中所起的巨大作用却是不可估量的。

正因为这三篇文稿击中了“四人帮”的要害，触到了“四人帮”的痛处，所以，在“四人帮”掀起“反击右倾翻案风”后，几乎集中了所有的舆论工具，对这三篇文稿大张挞伐。在“四人帮”的指使下，他们的御用写作班子集中火力，口诛笔伐，把三篇文稿称之为“三株大毒草”，在全国进行系统的“批判”。

《论全党全国各项工作的总纲》，被诬蔑为“兜售‘三项指示为纲’的修正主义纲领”，“复辟资本主义的宣言书”。

《科学院工作汇报提纲》，被诬蔑为“是《二月提纲》在新形势下的变种”，是“反对无产阶级在整个上层建筑对资产阶级实行全面专政”的“一个修正主义标本”。

《关于加快工业发展的若干问题》，被诬蔑为“工业战线上复辟资本主义的黑纲领”，“是洋奴买办的经济思想和一整套修正主义办企业路线的写照，名为加快工业发展，实为加快资本主义复辟。”

由江青控制的北京大学、清华大学大批判组还编辑了《评〈论全党全国各项工作的总纲〉》《评〈关于加快工业发展的若干问题〉》《评〈关于科技工作的几个问题〉（即〈科学院工作汇报提纲〉）》的三本小册子，由人民出版社出版，大量印刷，向全国广泛发行，掀起全国范围的对三篇文稿的“革命大批判”，为“反击右倾翻案风”服务。

然而，事物的发展总是与那些逆历史潮流而动的人的主观愿望相反。三篇重要文稿一经与广大干部、群众见面，立即引起了人们的广泛兴趣。人们读了三篇文稿以后，纷纷提出：“这些文章不是写得很好吗？为什么要进行批判？”

“这三篇文章真是说出了‘文化大革命’以来，长期压在心头想说而不敢说的心里话。”“什么‘三株大毒草’，明明是‘三株大香花’嘛！”

更有一则曾在当时广泛流传的笑话说：

某工厂正在一个车间里召开批判会，批判“三株大毒草”。当发言者念到批判文章中引述的“大毒草”的内容时，恰巧一位迟到的工人进来了。听了一会儿以后，这位工人忍不住说：“今天学习的是什么文件，怎么说得这么好啊！很久没有听到传达这么好的文件了！”

泾渭竟然是如此分明。仅仅从对待三篇文稿的截然不同的态度上，已经可以清楚地看到整个人心的向背了。“人民，只有人民，才是创造历史的真正动力。”而逆历史潮流而动、逆广大人民群众的心愿而动的“四人帮”的彻底覆灭，已经是必然的了。

在江青集团最猖獗的日子里，广大党员、干部和人民群众仍然在内心深处表示坚决拥护邓小平主持的全面整顿。当时担任中国人民对外友好协会会长的老资格外交家王炳南，在“批邓、反击右倾翻案风”中的态度，反映了老同志、老干部和广大人民群众的普遍心声。“批邓、反击右倾翻案风”运动开始后，对外友协也奉命举行“批邓、反击右倾翻案风”大会。王炳南在会上传达了有关“批邓、反击右倾翻案风”的中央文件，作了动员讲话。但他的讲话与其说是动员“批邓”，还不如说是为邓小平评功摆好。王炳南说，因为邓小平工作做得多，所以头上的“辫子”也多，就像维吾尔族姑娘的头发一样，很容易被人“揪辫子”。他还说，现在报纸上批判“走资派还在走”，我们希望他不要走，希望他再回来嘛！与会同志对王炳南语意双关的讲话心领神会，会场上响起一片笑声和掌声。作为一个高级领导干部，在当时形势下顶风逆浪说出这样的话，是要承担巨大的政治风险的。然而，言为心声，不吐不快。即使会被人“抓小辫子”也要一吐为快，这就是老共产党人的风骨。

老将军谭善和回忆当时的情况时说：1975年，我从新疆（时任新疆军区副司令员）调回军委工程兵工作。不久形势逆转，“四人帮”在“反击右倾翻案风”中兴妖作怪，我的处境一度很困难。在这严峻时刻，自己也遇到很大压力的李达（抗日战争和解放战争时期一直担任八路军一二九师、晋冀鲁豫野战军、第二野战军参谋长，是刘伯承、邓小平的老战友，时任中国人民解放军副总参谋长——作者注）对我说：“那几个人（指江青集团）是纸老虎，总有一天要垮台。你不要太性急，要沉住气，要顶住，千万不能腿软。”听了老首长斩钉截铁、掷地有声的话语，我受到极大的鼓舞，进一步增强了战胜“四人帮”的信心。[①]

中国人民悼念周恩来、拥护邓小平、反对“四人帮”的四五运动虽然被“四人帮”镇压下去了，但是四五运动所酿成的中国现代历史上惊天动地的伟大壮举，四五运动所体现出来的亿万中国人民的集体意志和集体力

① 谭善和；《在征程中》，北京，军事谊文出版社，1995：117页。

量，却是任何人、任何力量也扼杀不了的。

粉碎“四人帮”后，1978年11月14日，根据当时正在召开的中央工作会议上陈云等老一辈无产阶级革命家的强烈要求，根据广大人民群众的迫切愿望，经中共中央政治局常委批准，中共北京市委宣布：1976年清明节，广大群众到天安门广场沉痛悼念敬爱的周恩来总理，愤怒声讨“四人帮”，完全是革命行动。因参加此事件而被捕的388人中没有一个人是反革命。对因悼念周总理、反对“四人帮”而受到迫害的同志，一律平反，恢复名誉。

天安门事件后，邓小平第二次被“四人帮”打倒了。但是，公道自在人心。在广大人民群众的心目中，邓小平是永远打不倒的。真正代表人民利益的人，真正全心全意为人民谋利益的人，是永远不会被打倒的。历史的发展虽然会走过曲折的道路，但历史前进的总趋势却犹如黄河九曲，终归大海一样，是任何力量也抗拒不了的……

对于第二次被打倒，邓小平在主持中央工作之初就有这个思想准备，他曾经号召在各个领域主持工作的同志，要有“不怕第二次被打倒”的精神。

关于再次落难后邓小平的思想状况，经常与邓小平朝夕相处的毛毛在一次接受记者的采访时作了如下谈话：

> 父亲的最高德行是“善于忍耐”。
>
> 越王勾践铸造的剑中间柔韧、两侧锋利，柔韧锋利兼具的剑是为战胜对手。同样，刚强韧性兼具是为应付险境。父亲的品德在这两方面尤为突出。
>
> 国外有人评价我父亲：他拥有一个最高的德行——善于忍耐。在非常年代里，父亲被打倒的时候，除了忍耐，他能做什么呢？一个人在不能有所作为的时候最好是忍耐。有时要忍受你不能忍受的东西。忍耐是一个人获得精神平衡的基础。他第一个妻子难产死亡，孩子也

夭折；第二个妻子在他最困难的时候离开了他；政治上他经历三起三落，晚年大儿子因他致残，他都忍受过来了。

毛泽东曾让汪东兴转达给父亲一些话，其中就有：要忍，不要着急。病中周恩来也曾问他："态度会不会变？"父亲坚定、明确地回答："永远不会。"这是他们置个人荣辱乃至生命于不顾的一次政治盟誓。上至官宦，下至黎民，在人身不由己的时候，只能忍耐。

现在我理解了他在著作中说的"制度不好可以使好人无法充分做好事，甚至会走向反面。"还有他在历经磨难后说的"永不翻案"。他能跟毛泽东保持联系6年（1966年至1972年），就为实现复出这一愿望。他第二次复出了，但又被打倒，这次他视为人生最后一搏，置个人生死、家庭于不顾，对他认定正确的事情死不悔改。

坚韧确实是他的最高德行。要说明的是，父亲不是天生就善于忍耐。党内斗争的激烈、国家和个人命运的坎坷，改变了父亲的天性。我曾听邓妈妈（邓颖超）说，你爸爸年轻时可不是这样的，爱说爱笑，他最大的变化是不爱讲话了。大革命时期，上海公共租界的一幢房子里，周伯伯、邓妈妈住楼上，父亲、张锡瑗妈妈住楼下，邓妈妈说，经常听到这对小夫妻高声谈笑，在白色恐怖的上海滩上、巡捕森严的租界地里，这笑声给人盼头。刘英妈妈也证实父亲年轻时的活跃。李富春唤爱说爱笑的父亲"小弟弟"。

不议国事，父亲的习惯。"老爷子，聊聊天呀。"我们有时跟他套近乎。"有什么好聊的。"他就这样回绝我们。他从不对我们说他过去的事，问他，往往是："有什么好说的。"他一星期也没几句话。我妈妈跟他相反，活跃开朗，笑口常开。我们的性格像我妈妈。我常常想，俗话说：江山易改，本性难移。像父亲这样的性格大转变，是非常环境扭曲了他，特别是"文化大革命"。

第三十五章　巨星陨落

1976年4月30日晚上，毛泽东由华国锋等陪同，在中南海自己那放满了中国历代线装古籍书的书房里，亲切会见了来自友好国家新西兰的政府首脑——新西兰总理马尔登。

会见以后，送走了客人。按照毛泽东晚年的惯例，这时要由陪同接见的中央领导人向毛泽东汇报一下近期的主要工作。担当这一任务的，最初是周恩来。中共十大以后，是周恩来和新选出来的副主席王洪文。周恩来病重住院以后，是主持中央日常工作的邓小平。周恩来逝世，邓小平在“反击右倾翻案风”中受到错误的批判以后，担当这一任务的便换成了中共中央第一副主席、国务院总理华国锋。华国锋抓紧时间，简明扼要地向毛泽东汇报了近段时间中央的主要工作和全国的形势，最后说：全国总的形势很好，也有几个省的形势不大好……

毛泽东一边认真地听着，一边认真地思考着，深邃的目光注视着这位自己亲自选定的外表憨厚的接班人。

这时，毛泽东的病情已经十分严重，没有工作人员的搀扶，甚至不能自己站起来。在华国锋汇报完工作以后，毛泽东为了表示对华国锋的信任和支持，拿起放在沙发旁小茶几上的铅笔，十分费力地用劲在白纸上写下了：

"慢慢来，不要着急。"

"照过去方针办。"

"你办事，我放心。"

写罢，毛泽东把白纸交给了华国锋。这三句话，虽然字写得不太清楚、十分潦草，字迹也有些模糊。但是，熟悉毛泽东笔法的人，只要稍加辨认，仍不难看出，这是千真万确、独具一格的"毛体"。一个年近83岁的久病老人，能够克服身体不便的困难，写下这三行字，已经很不容易了。

华国锋深深体会到了毛泽东写给自己的这三句话的重如泰山的分量和含义，立即在中共中央政治局会议上，向在京的全体中央政治局委员作了传达。与会的中央政治局委员都在自己的笔记本上作了亲笔记录。

在华国锋看来，毛泽东写给自己的这三句话，尤其是最后一句"你办事，我放心"，是将来毛泽东百年以后，自己正式成为毛泽东接班人的最有力最重要的依据。

其实，对于毛泽东的任何话，都应放在当时特定的历史环境和时间、空间等客观条件下去看待，这才是辩证唯物主义与历史唯物主义实事求是的科学态度。对于毛泽东的这三句话也不例外，他只是在听了华国锋的工作汇报后，听出华国锋在工作中有遇到困难的地方，为了鼓励华国锋，让华国锋放开手脚工作，为了表示自己对华国锋的信任和支持，在说话不便的情况下，以笔代口，写了这三句话。

1976年6月15日，早已重病在身，自知将不久于人世的毛泽东，在病情不断加剧的情况下，将自己最后选定的接班人华国锋召到了病床前。

这位早在青年时代就写下了"自信人生二百年，会当水击三千里"的气魄宏大的诗句，立志要"改造中国与世界"的伟人，直到暮年，仍然保持着敏锐的思维和清醒的头脑。他要向自己的接班人华国锋亲自交代一下后事。

毛泽东对华国锋及当时也在场的王洪文、张春桥、江青、姚文元、王海容等人说：

人生七十古来稀，我八十多岁了，人老总想后事，中国有句古话叫盖棺论定，我虽未盖棺也快了，总可以定论吧！我一生干了两件事，一是与蒋介石斗了那么几十年，把他赶到那么几个海岛上去了，抗战八年，把日本人请回老家去了。对这些事持异议的人不多，只有那么几个人，在我耳边叽叽喳喳。无非是让我及早收回那几个海岛罢了。另一件事你们都知道，就是发动“文化大革命”。这事拥护的人不多，反对的人不少。这两件事没有完，这笔遗产得交给下一代，怎么交？和平交不成就动荡中交，搞不好就得血雨腥风了，你们怎么办？只有天知道。①

如果说毛泽东有遗嘱的话，这就是毛泽东的“政治遗嘱”。82岁的毛泽东已经清醒地认识到：发动“文化大革命”，这事拥护的人不多，反对的人不少。但他既没有认识到“文化大革命”的错误，也无力去纠正“文化大革命”的错误了。他在1966年致江青的一封信中所提到的通过天下大乱达到天下大治的设想，到他临终之际也没有能够实现。

7月6日，伟大的马克思主义者、无产阶级革命家、中华人民共和国全国人民代表大会常务委员会委员长朱德，在北京逝世，终年90岁。

朱德的一生，是为中国革命和建设事业无私奋斗的一生，是全心全意为人民服务的一生。在他的晚年，正处于“文化大革命”的动乱岁月里，林彪集团、江青集团曾经多次对他进行诬蔑、攻击和诽谤，但他“意志坚如铁，度量大如海”，仍然坚持党的正确原则和路线。由于毛泽东的多次保护，朱德虽然受到“文化大革命”的冲击，但始终没有被打倒。毛泽东多次在中共中央的高层会议上称他为“红司令”，并在四届人大的筹备

① 陈文斌等：《中国共产党执政五十年》，北京，中共党史出版社，1999：456页。

中，提名朱德继续担任全国人大常委会委员长。

在最后的岁月里，朱德仍然极为关心党和国家的前途和命运。1975年12月，他在与一位红军时期的老部下，曾任沈阳军区政治委员、辽宁省委书记处书记的周桓的谈话中，对邓小平1975年主持中央日常领导工作后，在许多方面进行整顿，使形势有了转机，感到很满意。并赞扬说：现在形势很好，组织上顺过来了，思想上还未顺过来。他针对“四人帮”大搞“反击右倾翻案风”，妄图打倒邓小平和一大批老干部、篡夺党和国家最高领导权的阴谋说：要抢班夺权是不行的，林彪不是垮了吗？

朱德的逝世，在全国人民中引起了深切的悲痛。人民永远怀念这位德高望重的委员长。

中国政治形势的急剧变化——邓小平主持中央工作、江青集团发起“反击右倾翻案风运动”、周恩来逝世、“天安门事件”、邓小平被撤销党内外一切职务、朱德逝世……这一系列的重大事件在短短的时间内相继发生，一个接着一个。这一切，不仅震动了整个中国，也震动了世界。当时担任中国驻德意志联邦共和国大使的王殊回忆说：

我在1975年年底回国参加了外交部外事会议后，同老伴和三个孩子一起过了1976年的元旦……

过了元旦，我马上要回波恩去……1976年1月9日一早我就到了机场，准备从北京经罗马尼亚去法兰克福。天还没有全亮，天气很冷，机场从“文革”以来就不烧暖气了，说中国人死都不怕，还怕冷吗？人们也不敢提意见。进了候机室后，机场服务员给各人发了一条毛毯，不少人还冷得直发抖。我们正在候机室里等候天亮上飞机，扩音机忽然传出了哀乐声，宣布我们敬爱的周总理逝世了。这个突然而来的消息真是令人难以相信，候机室里一下子鸦雀无声，人们怀着十分紧张和悲痛的心情，听完讣告的全文。去年年底我回国时就听说周总理病危，但总是相信他经过治疗后能够逐渐恢复。这个消息来得实在太突然了，实在太不幸了。不一会儿，我国驻阿尔巴尼亚大使刘振华也来到了候机室，也是乘飞机经罗马尼亚去阿尔巴尼亚的。他是中央委员、前沈阳军区政委，他告诉我们说早些天中央就向一些重要部门的领导人发了周总理病危的通报，并且指定了一些同志研究治丧委员会名单和起草向国内外公布的讣告了。在去罗马尼亚的飞机上，机舱里一片寂静，正在离开祖国去国外的人们都沉浸在悲痛的气氛中。我的脑子里不断闪现着一幕又一幕周总理接见我时的情景，他的音容笑貌不断在我眼前和耳中显现，好像还是刚刚发生的事。人们很少说话，时而有叹息声，都在想着这根擎天柱倒下了，我们的国家和人民怎么办?

到布加勒斯特下机后就换机去法兰克福，刘振华同志继续飞往地拉那。到法兰克福时已是晚上，下着大雨，再乘使馆来接的汽车回到波恩时已是深夜了。使馆同志已根据中国外交部的指示连夜在大客厅里布置灵堂。西德各地的华人华侨已送来了几十个大花圈。

吊唁当天，前来的人有德方政府部门的高级官员、经贸界、文化界、科技界的代表、外交使团的官员和很多的老朋友。为两国建交做出了重大贡献的老朋友施罗德紧紧握住我的手说：“我永远忘记不了周总理同我的谈话。”

华人华侨来得很多，很多城市是包租了大客车来的，带来了很多大花圈，有些人伏在地上失声痛哭。还有很多的人给我写了信，表示深切的悼念。

我们听说在周总理遗体火化的当天，几十万群众在凛冽的寒风中，在十里长街上送别周总理。

不久，我们又听说北京越来越多的群众怀着沉痛的心情，到天安门广场送了无数的花圈、挽联和诗词，纪念把一生贡献给了人民革命事业的周总理，声讨“四人帮”的滔天罪行。他们遭到了殴打和逮捕，他们敬献的花圈、挽联和诗词都被清除了。邓小平同志也被解除了职务，又一次被迫离开了工作岗位。国内通知使馆，不准再放有邓小平同志形象的电影片，也不准再送有他名字的报刊书籍，使馆的影片库和书库又大清理了一遍，从“文革”以来已经有好多次了。

我们对国内的情况一点也不清楚，外交部内也没有任何的通知，每个人的心情越来越沉重。

后来，不幸的消息相继传来，我们敬爱的朱德委员长也逝世了。我们使馆又布置了灵堂，接待前来吊唁的人，他们也送了许多的大花圈。我们为周总理和朱德委员长没有能够再到德国来旧地重游感到难过，施密特总理都曾邀请他们到德国来访问，可惜他们已不可能实现这个愿望了。[①]

1976年7月28日，河北省唐山、丰南地区发生强烈地震，波及天津、北京地区，京畿为之震动。北京故宫大殿前用汉白玉雕刻的巨龙身上，可以清楚地看到震裂的痕迹。在中国，自古以来，从《史记》到其他古代典籍，都有许多每当大人物离世，“地动”或“天降巨星”的记载。

唐山地震波及北京以后，人们联想起1976年4月发生在吉林的那场世界历史上罕见的陨石雨。据当时新华社报道：“最大的三块陨石，每块重量超过了100公斤，最大的一块重量为1770公斤，大大超过了美国收藏的目前世界上最大陨石的重量（1078公斤）。这次陨石雨，无论是数量、重量和散落的范围，都是世界罕见的……”

毛泽东听到吉林陨石雨的消息后，以他那惯常的旁征博引、谈古论今的幽默语言和风格，对工作人员说：“中国有一派学说，叫做天人感应。《三国演义》里说诸葛亮、赵云死时，（天上）都掉过石头（陨石），真是有声有色，不同凡响。不过，要是谁死了都掉石头，地球恐怕就沉重得转不动了。”

1976年的中国，地动山摇，天降陨石，真是天崩地裂。难道真的有大人物离世吗？

但不容回避的事实是，1976年1月8日，周恩来总理逝世。7月6日，朱德委员长逝世。是纯粹偶然的巧合？还是“天人感应”？只有让自然科学家们去研究、去解释了。

---

① 王殊：《五洲风云纪》，上海：上海辞书出版社，2007：136~137页。

1976年9月8日晚上，北京人民大会堂灯火辉煌，即将结束对中国访问的西萨摩亚国家元首马列托亚·塔努马菲利第二殿下，正在举行访华答谢宴会，宴请中国的党、政、军重要领导人，对此次访华取得圆满成功和受到的盛情周到款待表示谢意。

正当宴会进行到高潮时，一阵急促的电话铃声传来了毛泽东病危的消息。

华国锋作为中共中央第一副主席、国务院总理，是这场宴会的主宾，接了电话以后，华国锋匆匆讲完话，没有等宴会结束，便向主人告别，驱车迅速赶到中南海。当他走进毛泽东住地时，毛泽东已经停止了呼吸。心电图上显示出心脏已经停止跳动的一条直线。此时，历史时针的指针已经指向了1976年的9月9日。

毛泽东逝世后，华国锋在中南海召开中共中央政治局会议，紧急研究治丧问题：

1.毛泽东的后事如何办理；

2.毛泽东的遗体如何处理；

3.是否邀请外国代表团来北京参加吊唁活动。

会议经过讨论，一致认为首先要保护好毛泽东的遗体，供各界人士吊唁、瞻仰。

当天，中共中央、全国人大常委会、国务院、中央军委发布《告全党全军全国各族人民书》。9月11日至17日在人民大会堂举行一周隆重的吊唁仪式。党和国家领导人参加了吊唁和守灵。首都30万干部、群众、各界人士和国际友人参加了悼念活动。60多个国家、政党送来了花圈。200多个国家、政党、组织以及著名人士发来了唁电或唁函。

9月18日，中共中央、全国人大常委会、国务院、中央军委在天安门广场隆重举行百万群众参加的“毛泽东主席追悼大会”。中共中央第一副主席、国务院总理华国锋致悼词。全国县以上地区都召开了追悼大会。朝鲜等30多个国家和政党也先后举行了追悼大会。

毛泽东是伟大的马克思主义者，伟大的无产阶级革命家、战略家和理论家，是中国共产党、中国人民解放军和中华人民共和国的主要缔造者和领导者。他早年投身中国革命，为中华人民共和国的缔造和中国社会主义事业的发展，建立了永远不可磨灭的历史功勋。他一直关注和支持世界各国被压迫民族和被压迫人民的正义斗争，为人类进步事业做出了重大贡献。

在毛泽东领导下的中国人民的革命和建设事业，改变了中国的面貌，影响了世界的进程，在整个人类历史发展的长河中写下了光辉灿烂的篇章。恩格斯在悼念马克思的时候曾经说过："我们之所以有今天，都应归功于他；现代运动当前所取得的一切成就，都应归功于他的理论的和实践的活动；没有他，我们至今还会在黑暗中徘徊。"中国共产党和中国人民，对于毛泽东也一直怀着同样的感情。

在20世纪初爆发的中国革命中，经过惊涛骇浪般的长期斗争的考验和锻炼，逐渐形成了一批无产阶级的革命领袖。他们犹如灿烂的群星布满了中国革命的"万里长空"。毛泽东，就是这群星中最璀璨、最明亮、最夺目的那颗北斗星。

从一个人看一个时代，从一个人看一个国家，从一个人看一场震撼世界的伟大革命，从来没有从像毛泽东身上看得这样鲜明、这样具体、这样丰富、这样生动。

毛泽东逝世的时候，邓小平已经失去了人身自由，处于一种活动空间仅限于自己家庭所在的大院内的"软禁"状态。他虽然不能亲自前往中共中央设置的吊唁大厅，向自己终生尊敬的伟大领袖和导师表达无限沉痛的心情，但仍然和家人一起，在家中设置了一个悼念毛泽东的灵堂，献上了花圈，表达自己对毛泽东的无限真挚的感情。

对于毛泽东，邓小平始终充满了敬仰和尊敬。在1927年的八七会议上，他第一次见到身材高大、一口湖南乡音的毛泽东，手执讲话提纲，慷慨激昂，宏论滔滔，言辞锋利，义正词严，剖析右倾错误对中国革命的危害，深刻阐述枪杆子里面出政权的真理。

中共中央派遣邓小平到中央革命根据地工作后，邓小平从实际工作中体会到，毛泽东关于中国革命的一整套理论和实践是完全正确的，是符合中国情况、适合中国国情、具有中国革命自身特点的马克思主义。因此，当“左”倾教条主义者排斥毛泽东、讥讽“山沟里哪里有马克思主义”的时候，邓小平旗帜鲜明、针锋相对，拥护毛泽东的正确主张。毛泽东被“左”倾教条主义者剥夺了对党和红军的领导权以后，邓小平也被打成“邓、毛、谢、古集团头子”，受到批判和处分。

在遵义会议以前，当毛泽东逐渐开始回到中央领导岗位的时候，邓小平立即结束了原来“靠边站”的处境，被任命为中共中央秘书长。随后，又参加了具有历史意义的遵义会议，成为中国革命实现历史性转折的重要当事人。

全国抗日战争爆发后，毛泽东作为中共中央领导人和中央军委主席，相继委任邓小平为八路军政治部副主任、八路军一二九师政治委员，给予了高度的信任。以后又相继任命邓小平兼任中共中央太行分局书记、中共中央北方局代理书记。

在全国解放战争中，毛泽东多次将邓小平写给中央的报告批转全党，并在按语中加以充分的肯定。同时，赋予了邓小平更重的责任，相继任命他为晋冀鲁豫中央局书记、晋冀鲁豫军区政治委员、中原局第一书记、中原军区政治委员。

在逐鹿中原、决战淮海的关键时刻，毛泽东亲自致电中原野战军、华东野战军，成立以邓小平为书记的总前委，授予指挥两大野战军、临机决断处置一切前线地区重大问题的全权，促成了淮海战役歼敌55.5万人的伟大胜利。这一胜利，敲响了国民党政府覆灭的丧钟，大大加速了中国革命在全国胜利的进程。

在辽沈、淮海、平津三大战役结束以后，人民解放军的百万雄师直逼长江，构成了一幅“万马潇潇饮长江”的壮丽画卷。毛泽东于中共七届二中全会后亲自点将，将指挥人民解放军第二野战军、第三野战军强渡长江、直捣南京、解放上海的重任，交给邓小平。毛泽东那给予了充分信任的“交给你指挥了”的亲切话语，令邓小平终生难忘。

在中共八大前夕，毛泽东亲自造“舆论”宣传邓小平，建议由邓小平担任中共中央总书记。从1956年中共八大到1966年“文化大革命”爆发以前，邓小平肩负中共中央总书记的重任，与刘少奇、周恩来一起，站在党和国家领导工作的第一线，处理党和国家日常工作整整十年。

在“文化大革命”中，由于毛泽东多次在中央会议上肯定邓小平“能打仗”“有功劳”，妥加保护，方使邓小平免遭刘少奇、陶铸的厄运。

在1973年，又是毛泽东点名让邓小平出来工作，多次评价邓小平“人才难得”，“办事果断”，“政治思想强”，“绵里藏针，柔中有刚，表面上一团和气，内部是钢铁公司”。并很快委以中共中央副主席、国务院第一副总理、中央军委副主席兼中国人民解放军总参谋长的重要职务……

虽然，在毛泽东与邓小平之间，在如何看待“文化大革命”等问题上存在着不同意见，但这在政治家之间是十分正常的现象。邓小平始终把毛泽东看作是伟大的领袖和导师。

1980年10月25日，邓小平就起草《关于建国以来党的若干历史问题的决议》问题，在同中央负责同志的谈话中，对如何评价毛泽东的功过和毛泽东思想，讲了十分中肯、十分深刻的意见。邓小平指出：关于毛泽东同志功过的评价和毛泽东思想，写不写、怎么写，的确是个非常重要的问题。我找警卫局的同志谈了一下，他们说，把我前些日子和意大利记者法拉奇的谈话向战士们宣读了，还组织了讨论，干部、战士都觉得这样讲好，能接受。不提毛泽东思想，对毛泽东同志的功过评价不恰当，老工人通不过，土改时候的贫下中农通不过，同他们联系的一大批干部也通不过。毛泽东思想这个旗帜丢不得。丢掉了这个旗帜，实际上就否定了我们党的光辉历史。

总的来说，我们党的历史还是光辉的历史。虽然我们党在历史上，包括新中国成立以后的三十年中，犯过一些大错误，甚至犯过搞“文化大革命”这样的大错误，但是我们党终究把革命搞成功了。中国在世界上的地位，是在中华人民共和国成立以后才大大提高的。只有中华人民共和国的成立，才使我们这个人口占世界总人口近四分之一的大国，在世界上站了起来，而且站住了。还是毛泽东同志那句话：中国人民从此站起来了。国内的人民也罢，国外的华侨也罢，对这点都有亲身感受。

也只有在中华人民共和国成立以后，才真正实现了全国（除台湾外）的统一。旧中国军阀混战时期不必说了，就是国民党统治时期，国家也没有真正统一过，像对山西、两广、四川等地，都不能算真正统一。没有中国共产党，不进行新民主主义革命和社会主义革命，不建立社会主义制度，今天我们的国家还会是旧中国的样子。

我们能够取得现在这样的成就，都是同中国共产党的领导、同毛泽东同志的领导分不开的。恰恰在这个问题上，我们的许多青年缺乏了解。

对毛泽东同志的评价，对毛泽东思想的阐述，不是仅仅涉及毛泽东同志个人的问题，这同我们党、我们国家的整个历史是分不开的。要看到这个全局。这是我们从决议起草工作开始的时候就反复强调的。

决议稿中阐述毛泽东思想的这一部分不能不要。这不只是个理论问题，尤其是个政治问题，是国际国内的很大的政治问题。如果不写或写不好这个部分，整个决议都不如不做。当然，究竟怎么个写法好，还要认真研究大家的意见。①

根据邓小平的意见，在《关于建国以来党的若干历史问题的决议》中，专门写了“毛泽东同志的历史地位和毛泽东思想”这一部分，对毛泽东在中国革命和中国社会主义建设中的历史地位，对毛泽东思想在中国革命和中国社会主义建设中的重要指导作用，都进行了高度评价和全面阐述。

① 《邓小平文选》第2卷，北京，人民出版社，1994：298~299页。

第三十六章　粉碎江青集团

1976年9月9日毛泽东逝世后，全党、全军、全国人民顿时陷入了极大的悲痛之中。在短短不到一年的时间里，巨星陨落，天柱倾折，中国人民相继失去了周恩来、朱德、毛泽东三位伟大的领袖。广大人民群众悲痛欲绝，泪湿衣襟。

然而，“四人帮”却加紧了篡夺党和国家领导权的阴谋活动。毛泽东逝世的第二天，“四人帮”就盗用中央办公厅的名义，通知各省、直辖市、自治区，重大问题要及时向他们请示报告，企图切断党中央与全国各地的联系，由他们发号施令，指挥全国。江青还想方设法，企图把毛泽东保存的文件、材料和手稿据为己有，姚文元等还公开动员和秘密“串联”一些人给江青写“效忠信”“劝进书”。王洪文私拍了准备上台时用的“标准像”。张春桥在笔记本中写下了要“镇反”、要“杀人”的设想。“按既定方针办”的所谓“毛主席临终嘱咐”，被写进《人民日报》《红旗》杂志、《解放军报》社论《毛主席永远活在我们心中》一文中，该文于1976年9月16日公开发表。这篇社论说，“按既定方针办”，就是“坚持以阶级斗争为纲，坚持党的基本路线，坚持无产阶级专政下的继续革命。”

从9月17日起，姚文元不断给新华社打电话，再三强调要反复宣传所谓“按既定方针办”的“毛主席临终嘱咐”。各中央新闻单位据此对“按既定方针办”的“临终嘱咐”进行了反复的重点宣传。

“四人帮”大力宣传“按既定方针办”这一“临终嘱咐”的目的，是想造成一种毛泽东在临终时给他们作了“临终嘱咐”的假象。借以打着毛泽东的旗号，继续坚持“文化大革命”和“反击右倾翻案风”的“既定方针”，继续打击邓小平等老一辈无产阶级革命家和一大批领导干部，篡夺党和国家的最高权力。

其实，毛泽东在临终前，一直处于昏睡不醒的状态。1976年9月7日，毛泽东生命垂危，不断抢救，又不断陷入昏迷状态。即使如此，每当他清醒过来的时候，还是要看书。他语言的含糊与声音的微弱，连最能听懂他话的机要秘书，也不明白他说的是什么。他示意给他拿过纸和笔来，用颤抖的手在纸上写下了个“三”字，给了秘书，然后又用手敲敲木床的床头。秘书这才猜出了毛泽东的意思——是要看关于日本首相三木武夫的书。当时正是三木武夫准备下台的时候，当机要秘书找来介绍三木武夫的一本书，拿给他看时，毛泽东点点头，露出了满意的神态。但是，毛泽东的手已经没有托住《三木武夫》这本书的力气了，尽管这是一本很薄很薄的书，只能由别人为他托着。毛泽东看了几分钟，就又昏迷过去了。《三木武夫》是毛泽东读的最后一本书。

由此可见，毛泽东在他清醒的瞬间，还在关注着世界形势和五洲风云。按照多年养成的“老习惯”，新华社每天编辑的两大本反映世界各国政治、军事、经济、外交动态的《参考资料》，毛泽东无论再忙再累，也是要亲自阅读，或由身边工作人员读给他听的。

所以说，毛泽东在临终之前，根本没有作过任何“按既定方针办”的临终嘱咐。

毛泽东逝世后，江青依然如故，颐指气使，根本不把中共中央第一副主席华国锋放在眼里。9月19日，江青打电话给华国锋，要求召开中共中央政治局常务委员会紧急会议，并提出她和不是政治局常委的姚文元以及连中央委员也不是的毛远新，都要参加会议，却不让中共中央副主席叶剑英参加会议，以便研究她所提出要解决的“重大问题”。

华国锋问江青：“会议讨论什么问题？”

江青却说，有紧急事情，你来中央不久，你不懂。

江青又到人民大会堂，纠缠着要求华国锋同意将毛泽东的所有文件、档案、资料、手稿交给毛远新整理，企图由“四人帮”来垄断毛泽东的文件、档案、手稿等资料，以便随时可以伪造和篡改毛泽东的指示，垄断对毛泽东晚年指示的“解释权”。

在9月29日召开的中共中央政治局会议上，江青公然提出“毛主席逝世了，党中央的领导怎么办”的问题，图谋篡权。毛远新本来在会前写信给华国锋，提出毛主席逝世了，他的联络员使命也结束了，要求同意他回辽宁的问题。但当华国锋念了毛远新的信，华国锋、叶剑英、李先念等政治局委员都同意让毛远新回辽宁的时候，江青却大发脾气，坚决反对。张春桥也提出毛远新不能走，要让毛远新整理毛泽东留下的手稿、资料，要由毛远新“准备三中全会的政治报告”等等。当“四人帮”的无理要求均遭到政治局委员们的否决之后，江青破口大骂，胡搅蛮缠，搞得政治局会议开不下去，只好不了了之。

以后，江青又多次向中央办公厅主任汪东兴索要毛泽东的文件、手稿。汪东兴在征求了叶剑英的意见后，坚决拒绝了。

在此期间，“四人帮”频繁活动。他们与上海的党羽之间“热线”不断，种种迹象表明，“四人帮”要“闹事了”。如果他们的阴谋得逞，党和人民就要遭难，中国的历史不知道又要倒退多少年。

“沧海横流，方显出英雄本色。”就在这历史发展的关键时刻，为了中国共产党、中国人民和中华民族的最高利益，中共中央第一副主席华国锋、老一辈无产阶级革命家叶剑英、中共中央政治局委员李先念等人，挺身而出，力挽狂澜，毅然决然地站到了粉碎“四人帮”集团的第一线。

早在1975年冬天，李先念心脏病突然加重，除了接见外宾，很少参加政治局会议。北京医院写报告，建议李先念换换环境，到外地去休息和治疗。与此同时，301医院也写了一份报告，建议叶剑英也到外地休息治疗。这两份报告经邓小平呈报毛泽东，毛泽东表示同意。然而他们都没有走，因为他们挂念着病重的周恩来。

华国锋任国务院代总理后即到李先念家探望，并建议他不去外地休息。华国锋回忆说："这时，我先找先念同志，对他说，现在同'四人帮'的斗争这样尖锐和复杂，你是不是不离开北京，就在北京养病，有什么事也好商量。当时我想我是从地方来的，对中央的许多事情心中无底，老同志不离开北京休养，有些事随时和老同志商量好办些。本来先念同志是可以到外地休养的，听我讲了以后，他决定留下来，不去外地了。"这不仅说明华国锋、李先念之间的相互尊重和信任，也说明了李先念在党和国家中所处的重要地位及在同"四人帮"斗争中的坚定立场和作用。

当时，为静观局势的发展，等待时机，避免"四人帮"节外生枝，李先念经过缜密考虑，给叶剑英打电话，商定"约法三章"：1.两人不去外地，就在北京休息；2.不相互探望；3.无特殊事，不相互打电话。对此，李先念曾在晚年向身边工作人员回忆过。李先念还曾在一次会上说过："我们电话约定不来往，叶帅要出去，我劝叶帅不要出去，人家会说我们搞'串联'活动。"

叶剑英和李先念都是有丰富斗争经验的老一辈革命家，他们之间的心是相通的。此后几个月，李先念没有去看望叶剑英。这完全是从同"四人帮"斗争大局出发，叶帅心里是非常清楚的。在党和国家的命运处在危难时期，两位老革命家留在北京，"镇之以静"，对于及时掌握形势的发展，抑制"四人帮"的猖狂活动，具有十分重要的作用。

毛泽东逝世后，叶剑英一方面与邓小平、陈云、李先念、邓颖超等老一辈无产阶级革命家保持经常的联系，征求他们对如何解决"四人帮"问题的意见；一方面经常和华国锋接触，坚决支持他顶住"四人帮"篡党夺权的一切无理要求。绝不能让“四人帮”篡党夺权的阴谋得逞。

同时，叶剑英与华国锋通过深入交谈，沟通思想，在解决“四人帮”问题上取得共识，形成了一致意见。华国锋曾于1977年3月22日在中央工作会议闭幕会上的讲话中说：“叶副主席同‘四人帮’斗争是很坚决的。他找到我那儿，和我商量，他说，我们和‘四人帮’的斗争是你死我活的斗争。在那段时间里，我和政治局不少同志都进行了接触，进行过酝酿。”

粉碎“四人帮”是一项极为艰巨复杂的斗争。在党和人民粉碎“四人帮”的过程中，汪东兴是一个关键人物。他早年参加革命，经历了长征。抗日战争初期，在军队卫生系统从事政治工作。以后，调到中共中央社会部，任室副主任、主任等职。解放战争时期，任中共中央书记处办公处副处长、警卫处处长。从此，开始担负起保卫中共中央、保卫毛泽东的重任，与毛泽东朝夕相处，转战陕北。

新中国成立后，汪东兴任政务院秘书厅副主任、公安部第八局副局长。1953年后，任中共中央办公厅警卫局局长，兼任公安部第九局局长、公安部副部长。1958年，根据毛泽东关于下放锻炼的指示，到江西工作，任省委常委、副省长。以后返回北京，仍负责中共中央领导机关和毛泽东的保卫工作。

“文化大革命”前夕，汪东兴于1965年11月任中共中央办公厅主任兼警卫局局长。1969年在中共九大上，当选为中央委员、中央政治局候补委员。1971年跟随毛泽东南巡，在“九一三”事件中保卫了毛泽东的安全。1973年在中共十大上，当选为中央委员、中央政治局委员。

由于汪东兴长期担任中央办公厅主任兼警卫局局长，又是中央警卫部队8341部队的主要负责人，因此，在粉碎“四人帮”的斗争中，汪东兴有着举足轻重的作用。叶剑英通过几次与汪东兴的谈话，了解到汪东兴在粉碎“四人帮”问题上，是坚决站在党和人民根本利益立场上的。他们一致认为，为了党和人民的根本利益，为了中国共产党和中国社会主义事业的前途，一定要解决“四人帮”的问题，至于个人的命运就不考虑了，要考虑党和国家的命运。

与此同时，叶剑英作为中央军委副主席，还与人民解放军军事科学院主要负责人粟裕、宋时轮，总参谋部主要负责人杨成武，总政治部主要负责人梁必业，空军主要负责人张廷发、吴富善，海军主要负责人萧劲光、苏振华，北京军区主要负责人傅崇碧，北京卫戍区主要负责人吴忠、吴烈等，保持着密切的联系，要求他们加强战备，掌握好总部机关、陆海空军和海防边防，掌握好部队，提高警惕，随时准备对付一切突发事件。

9月21日，中共中央军委副主席、老一辈无产阶级革命家聂荣臻元帅，派自己在革命战争年代的老部下，当时担任人民解放军副总参谋长的杨成武，去找叶剑英，建议“采取果断措施”，解决“四人帮”的问题。

聂帅在《聂荣臻回忆录》中写道：1976年9月21日，杨成武同志来看我，他谈了“四人帮”的倒行逆施和军队面临的严重形势。我把我的担忧心情也向他说了，要他马上到叶剑英同志那里，转告叶帅：“‘四人帮’一伙是反革命，是什么坏事都干得出来的，要有所警惕，防止他们先下手。如果他们把小平暗害了，把叶帅软禁了，那就麻烦了。‘四人帮’依靠江青的特殊身份，经常在会上耍赖，蛮横不讲理，采用党内斗争的正常途径来解决他们的问题，是无济于事的，只有我们先下手，采取断然措施，才能防止意外。”成武同志当即就去了叶帅那里，回来对我说，叶帅与我有同感，他想的和我想的是一样的，完全同意我的意见，他马上找有关同志商量，采取行动，并立即搬家，以防意外。10月5日，叶剑英同志又要成武同志告诉我，已经商量好了，要我放心。①

一天，李先念来到叶剑英住地，两人首先携手互致问候。然后，李先念谈了对形势的看法。叶剑英说，我们同他们（指“四人帮”）的斗争是你死我活的斗争，只有你死，才能我活，没有调和的余地了，要彻底解决

① 聂荣臻，《聂荣臻元帅回忆录》，北京，解放军出版社，2005：688~689页。

他们的问题，还要有周密的部署。

隔了一天，叶剑英亲自去拜访华国锋，两人单独进行长谈，详细讨论了对“四人帮”及其主要成员实行隔离审查的时间和措施，研究了向中共中央政治局其他成员通报的步骤以及接管重要新闻单位的人选。

这说明，中共中央两位主要负责人——中共中央第一副主席华国锋和中共中央副主席、中共军委副主席叶剑英已经下定决心，要彻底粉碎“四人帮”集团，为党、为人民、为国家，铲除这个连续制造了“十年内乱”，弄得党无宁日，国无宁日，民无宁日的祸害了。

在中共中央政治局多数同志取得解决“四人帮”问题的一致意见后，如何选择适当的时机、采用适当的方式去解决“四人帮”，成为一个需要慎重考虑的重大问题。

当时，曾经有人主张用召开中央会议的方式来解决“四人帮”的问题。叶剑英认为，“四人帮”是一个反革命集团，我们党同“四人帮”的斗争不是一般斗争，其性质已经超出党内斗争的范围，是你死我活的斗争，必须采取特殊方式彻底解决。

华国锋分别与叶剑英、汪东兴多次商量，最后决定：以召开会议形式对“四人帮”隔离审查，采取果断措施，彻底解决，然后立即召开中央政治局会议，向会议报告。叶剑英说：“这是一着很险的险棋，又非走不可，必须果断，又要周密。要万无一失地办事。”

这时，“四人帮”更进一步加紧了篡党夺权的步伐。

10月1日，江青来到清华大学，把邓小平诬蔑了一通，说：“文化大革命揪出了刘少奇、林彪，其实是他们自己跳出来的，邓小平也是自己跳出来的。4月4号他还参加了政治局会议。今年2月，他说洪文同志回来了（指王洪文1975年回上海“调查研究”后，又返回北京——引者注），我就不干了，主席还是让他工作。天安门事件给他做了总结，主席是宽大为怀的。主席让我们选王明当中央委员，我们都不愿选他。主席做了很多工作，说当反面教员也要选。主席风格是非常好的，但刘少奇、林彪，特别是邓小平迫害主席。我在主席逝世后的第一次中央会上，就控诉了邓小平，要求开除他的党籍，没有开除，要以观后效，还会有人为他翻案。”在清华大学大兴分校，江青说要准备迎接“最盛大的节日”。

10月初，张春桥在亲笔写的一个提纲中写道：“历史与现实。如今。时代。革命与专政。怎么革，怎么巩固政权，杀人。”

10月2日，王洪文让摄影人员一次给他拍摄了身着中山装、军装的标准照、办公照114张，并从中选定了标准照，指令让人按照周恩来的标准照进行修版，准备“上台”时使用。

10月3日，王洪文到北京郊区平谷县，大放厥词：“中央出了修正主义，你们怎么办？打倒！别人搞修正主义我也打倒他。”“今后还可能出唐小平、王小平之类，要警惕！”

姚文元则控制着舆论工具，按照“四人帮”的需要，连篇累牍地宣传“按既定方针办”的“临终嘱咐”，为“四人帮”的篡党夺权活动大造舆论。

在“四人帮”控制下的上海，“四人帮”的余党连续向被他们操纵的“上海工人民兵”突击发放各种枪、炮74000多件，各种弹药1000多万发。

……

10月2日，当华国锋在审定外交部部长乔冠华于9月30日送审的《中国代表团团长在联合国大会第三十一届会议上的发言》（稿）时，根据毛泽东给自己写的“照过去方针办”的原话，删掉了原稿中“按既定方针办”这句话，并特意批示：文中“引用毛主席的嘱咐，我查对了一下，与毛主席亲笔写的错了三个字。毛主席写的和我在政治局传达的都是‘照过去方针办’，为了避免再错传下去，我把它删去了。”

张春桥看到华国锋的批示后，为避免暴露“四人帮”大肆宣传“临终嘱咐”的阴谋，急忙出面阻止传达华国锋的批示，在文件上批示：“国锋同志的批示，建议不下达，免得引起不必要的纠纷。”

而后，江青亲自出马找迟群、谢静宜，说：马克思逝世以后，恩格斯始终不渝地坚持马克思的“既定方针”。而恩格斯逝世以后，列宁坚持了马克思、恩格斯的“既定方针”。她还要人写文章，说什么刘邦死后，吕后如何坚持了刘邦的“既定方针”。

10月4日，《光明日报》第一版发表“梁效”撰写的长篇文章——《永远按毛主席的既定方针办》。

这篇文章中说：“任何修正主义头子胆敢篡改毛主席的既定方针，是决然没有好下场的。”这篇文章发表后，引起了许多人的注意：

有的人认为，这篇文章的发表，标志着“四人帮”向毛泽东最后选定的接班人华国锋的公开挑战。

有的人认为，这篇文章的发表，标志着“四人帮”发出了篡党夺权的动员令。

有的人认为，这篇文章的发表，说明“四人帮”要闹事了，他们要动手了。

许多人看了这篇文章后，都认为事态发展已经到了极为严重的关头。

萧劲光是一位早年参加革命的老同志。新中国成立后，长期担任海军司令员。萧劲光作为一名老资格的高级将领，在对当时形势的看法上很有代表性。他在回忆录中写道：

> 毛泽东同志逝世以后，全国形势发生了急剧的变化。1976年10月4日，全国人民还没有从巨大的悲痛中缓解过来，“四人帮”经过密谋伪造的“按既定方针办”的毛主席临终嘱咐，在《光明日报》上用梁效的名义发表了。“四人帮”迫不及待地要篡夺党和国家最高权力的野心已显现在字里行间了。
>
> 随着形势的发展，“四人帮”误党误国的倒行逆施日益发展，他们要向党、向人民摊牌了。我感到到了党和人民下决心除掉这些党内蛀虫的时候了。为此，我曾两次找到叶剑英同志。第一次是在得知毛

泽东同志病危的消息以后，我预料江青、张春桥一伙在毛主席身后会有动作，他们会借毛主席的名义进一步干不可告人的篡权勾当。我到叶剑英同志处，与他深谈过这件事。叶剑英同志比我更知底细，他肯定了我的判断。我说，得想个办法把这些家伙搞掉，不然毛主席身后让他们掌了权，党和国家就糟糕了。叶剑英同志深深地点了点头，他也正在考虑着这个关系着党和国家前途和命运的大事。我还向叶剑英同志建议说，下命令调集军队，采取分割围歼的办法，把江青、张春桥等抓起来。叶剑英同志沉思良久，摆了摆手说，主席病重，现在还不是时机。10月6日上午，我又一次驱车来到叶剑英同志家里，诉说了自己看了近两天来报纸上宣传的毛主席"临终嘱咐"的文章后夜不能寐的心情，把自己对时局的看法和盘托出。我说，事不宜迟，如果再不动手，江青、张春桥等人就要动手了。如果党和国家的最高领导权落到他们手里，就要走大弯路了。叶剑英同志坚毅地告诉我说，正在采取措施解决这个问题。①

"以快打慢"，"制敌先机"。"当断不断，反受其乱。"粉碎"四人帮"的斗争，关系到中国共产党、中国社会主义事业和中华民族的前途与命运。在这历史发展的紧急关头，华国锋与叶剑英根据长期积累的丰富经验，果断决策，与汪东兴商定了粉碎"四人帮"集团的周密部署：

10月6日晚上8时，以在中南海怀仁堂召开中央政治局常委会议，研究审议《毛泽东选集》第五卷的清样，研究毛泽东纪念堂的方案等事宜的名义，采取果断措施，将"四人帮"一网打尽，彻底解决。

10月6日晚上7点多钟，叶剑英、华国锋提前来到中南海怀仁堂正厅。

汪东兴指挥经过精心挑选的8341部队指战员担任会议"警卫任务"。

① 萧劲光：《萧劲光回忆录》（续集），北京，解放军出版社，1989：351~352页。

一切部署妥当，就等“四人帮”来自投罗网了。

晚上8时左右，王洪文第一个来到怀仁堂。他刚走到东侧门，就被事先准备好的8341部队警卫人员一把扭住，然后推到坐在怀仁堂正厅的华国锋、叶剑英面前。

华国锋起身宣布：王洪文，你犯下了反党反社会主义的罪行。我代表党中央宣布，对你进行隔离审查。随后，8341部队指战员将王洪文押了下去。

第二个来到怀仁堂的是张春桥。他刚走到怀仁堂门口就发现气氛有些异常，还没来得及反应过来，就被8341部队两名警卫人员一拥而上，抓住胳膊推到了怀仁堂正厅华国锋、叶剑英的面前。华国锋当即代表党中央宣布了对张春桥隔离审查的决定。8341部队指战员也将张春桥押了下去。

第三个来到怀仁堂的是姚文元。本来，要召开中央政治局常委会，姚文元还没资格参加呢！为了让姚文元“到会”，在向他发会议通知时，专门告诉他，由于会议要讨论研究《毛泽东选集》第五卷的清样，请他列席会议。当姚文元皮包里装着《毛泽东选集》第五卷的清样走到怀仁堂前时，8341部队指战员迅速把他抓了起来。然后，也把他押了下去。

与此同时，由中央办公厅副主任张耀祠带领的一个小组，前往中南海江青的住地，根据汪东兴交给的“中央研究决定，粉碎‘四人帮’”的命令，执行逮捕江青、毛远新的任务。

张耀祠一行首先来到毛远新住地，宣布了中央对他进行“保护审查”的决定，要求他把文件柜钥匙和手枪交出来。毛远新骄横地说：“主席尸骨未寒，你们就……”他拒不交出钥匙和手枪。8341部队一位干部上前收缴了他的手枪和钥匙。随即，8341部队指战员把他押了下去。

然后，张耀祠一行来到江青的住地。

自“文化大革命”以来一直气焰嚣张，盛气凌人，终日算计着“打倒”这个“打倒”那个的江青，恐怕连做梦也不会想到末日已经临头。当张耀祠走到江青办公室时，她正坐在沙发上。

张耀祠向江青宣布：

“江青，我接华国锋总理电话指示，你现在还进行分裂党中央的活动，党中央决定将你实行隔离审查，马上执行。你到另外一个地方（去），你要老实向党坦白交代你的罪行，要遵守纪律。你把文件柜的钥匙交出来。”

在张耀祠宣布的时候，江青双目怒视，一动不动，一言不发，没有大吵大闹，也没有在地上打滚。她拖延了一会儿时间，似乎再也无计可施，只好慢慢地站起来，走到办公桌前，坐在桌旁的椅子上，用手解下系在腰间的一串钥匙，装进桌上的一个大信封里，用笔在上面写了“华国锋同志亲启”几个字，又用“密封条”将大信封的两端密封好，交给了张耀祠。随后，8341部队指战员将江青押了出去。

接着，当天晚上，根据华国锋和叶剑英的命令，中共北京市委和人民解放军北京卫戍区采取行动，逮捕了迟群、谢静宜。

由中共中央对外联络部部长耿飚一行，接管了中央广播事业局和中央人民广播电台等新闻媒体的领导权。

由北京军区副政治委员迟浩田一行，接管了《人民日报》的领导权。

……

自“文化大革命”以来，被“四人帮”把持了十年之久的宣传、舆论阵地，终于又重新回到党和人民的手中。叶剑英十分兴奋地说：“现在，终于该轮到我们说话了！”

若干年后，耿飚回忆了那个惊心动魄的夜晚：

> 1976年10月6日晚上8点来钟，我家中的红机子电话铃响了。我拿起话筒，听得很真切，是华国锋本人的声音。他要我坐自己的汽车，迅速赶到中南海怀仁堂。
>
> 一进中南海西门，我见到岗哨比平时增多了，感到有一种紧张的气氛。走进怀仁堂，看见华国锋、叶剑英同志正与北京卫戍区司令员

吴忠等在交谈。这时我才知道，华国锋和叶剑英在征得中央政治局多数同志同意后，已在今晚执行党和人民的意志，对江青、张春桥、王洪文、姚文元及其在北京的帮派骨干实行隔离审查，一举粉碎了祸国殃民的“四人帮”。

华国锋同志立即向我交代任务：“你和邱巍高（北京卫戍区副司令员）到中央广播事业局去，要迅速控制住广播电台和电视台，不能出任何差错，否则后果不堪设想。”

叶帅郑重嘱咐我：“要防止发生混乱，防止泄密，注意安全。”

华国锋同志问我：“你要不要带支手枪？”

“手枪不必带了。”我说：“但是须要有你的手令。”

他说：“好！”当即提笔在一张白纸上给当时的广播事业局局长邓岗写了一道手令：

邓岗同志：

为了加强对广播、电视的领导，中央决定，派耿飚、邱巍高同志去，请你们接受他俩的领导，有事直接向他们请示。

华国锋

十月六日

我接过手令之后问邱巍高：“广播事业局是哪个警备师守卫的？”

他答道：“是警备一师。”

“光我们两个去还不行。”我说，“请你把这个师的副师长找来，和我们一起去。”

出发前，华国锋同志对我说：“究竟怎样搞法，如何控制住电台、电视台，来不及细想，一切交给你去办了。总的原则是可以采取处理林彪事件的办法（指林彪自我爆炸后，中央暂不对外公布此事），内部已发生了变化，但外面不要让人看出异常来。”

我们领受完任务后，就驱车去广播事业局。后来有的文章说，耿飚带了多少军队去占领电台。这是误传。当时广播事业局虽然和其他新闻单位一样被“四人帮”所控制，但是广大干部群众是听从党的领导的，而且守护中央人民广播电台和中央电视台的警备部队有很高的政治觉悟，因此，根本不需要我带领部队去进行军事占领，也不必用别的部队去替换原来的部队。守护电台、电视台的还是原来那班人员。虽然在我去之前，警备一师已增派了一些战士去电台，但这是他们为加强警卫力量而做的内部兵力调配，与“带领军队去占领电台”完全是两码事。事实上我只是同邱巍高和警备一师副师长王甫三个人前往广播事业局去进行一场特殊的战斗。

我们到达广播大楼时已将近晚上10点钟了。我们在警备部队中挑选了20名战士。我带着10名战士直奔局长邓岗的办公室。他还没有下班，但像是准备睡一会儿的样子，因为他来开门时衣服扣子没有扣好。他大概是因为这么晚了，忽然来了这些不速之客，显得有些紧张。为了说明来意，我把华国锋的手令拿给他看。他看完手令，好久不说话。我见他在思索犹豫，就对他说：“你如果想给姚文元打电话请示，也可以。”他似乎明白了我话中的含义，连忙说：“没必要了。”我接着说：“那好，请你把领导班子的人统统找到你办公室来，就说有事要商量。”

在邓岗打电话召集人的同时，我请邱巍高和王甫带着另外10名战士去掌握电台的播音室。他们立即在直播室和机房门前加强了岗哨。

邓岗召集来的广播局核心小组成员有11位，在这个会议上，我把华国锋手令念了一遍，要求大家遵照党中央的指示，把工作做好。晚上11点40分，邓岗又召集各部门领导的紧急会议，传达了中央的指示。

接着，我给华国锋同志打电话报告：“已经控制住了，领导人都在我这里，你放心。”

我考虑，光靠我和邱巍高、王甫三个人，工作难以运转，因此对邱巍高说："应该再调一些人来。"他同意我的意见，并说："要找人，我们那里只有武的，没有文的，还是从中联部找人吧！"我觉得这个主意好，立即打电话到中联部，把张香山和冯铉两位副部长请来，还找了其他一些同志。他们的任务主要是和电台的同志一道审查播出前的节目胶带，包括文字节目和歌曲、音乐节目。我告诉他们，主要掌握两点：一是播出中不能泄露有关粉碎"四人帮"的消息；二是凡节目中提到或涉及"按既定方针办"的，一律删去，还要撤换一些不妥的节目。

我对邓岗说："我们得住在这里，你也不要回家了。"于是，就在邓岗的办公室内架了几张行军床。头三天我们睡觉不脱衣、不脱鞋，连吃饭、喝水都不离开办公室，由警卫战士送来，完全是一种战斗生活，准备随时应付突发情况。特别是第一天晚上，没有那么多床，我和邱巍高轮流睡一张床，我睡一会儿，再换他睡一会儿。所谓"睡"，不过是躺一躺，放松一下筋骨，眼睛却瞪得大大的，脑袋里在翻江倒海，考虑还有什么漏洞没有？还有不周全的地方没有？还会出现什么突然发生的情况？应当采取什么防范措施？"四人帮"虽然被抓起来了，但还要防止他们的余党、死党狗急跳墙。新闻舆论阵地长期受"四人帮"严密控制，他们经营了十来年，会不会跳出几个亡命之徒来？我个人的安危生死事小，万一电台、电视台出事，其传播速度和范围比报纸要快、要远，就将迅速波及全国，影响到国外，从而打乱党中央的战略部署。这种影响比我当年指挥的任何一个战役的影响都要大……越想越感到责任重大，越想越难以入睡，索性起来继续伏案工作。

据邱巍高同志后来告诉我，他当时作了四项布置：第一是控制电台的要害部位，如直播室、机房、制高点等，加强了岗哨和验证；第二是保持电台秩序的稳定，内紧外松，不要让别人看出异常来；第三是保证所有进驻人员的安全；第四是对警备部队进行教育。

10月6日晚上的事，第二天在广播事业局内部一传十、十传百，很快就全知道了。广大干部和群众对粉碎“四人帮”的行动是衷心拥护和非常高兴的。个别人思想上比较紧张，但表面上也很正常。在党中央解决“四人帮”的问题的过程中，我们奉命到中央广播事业局，夺回在这个重要宣传阵地的领导权，总的来说比较顺利，没有出现什么大的问题，取得了这场特殊战斗的重大胜利。[①]

① 耿飚，《耿飚回忆录（1949—1992）》，南京，江苏人民出版社，1998：291~296页。

第三十七章　中华民族的胜利

1976年10月6日的夜晚，万籁无声，大地一片沉睡。就在这寂静的晚上，为了全国人民的安宁，中共中央政治局代表全党全国人民的最高利益，一枪未发，兵不血刃，粉碎了“四人帮”集团。其惊心动魄，正如叶剑英5个月以后在中央上作会议闭幕式上讲的那样：

“无限风光在险峰！”

对“四人帮”采取了果断措施以后，华国锋、叶剑英等驱车前往位于北京西郊的玉泉山。10月6日深夜，中共中央政治局会议在这里举行。会前，华国锋与叶剑英商定了会议的主要议程：1.由华国锋代表中共中央向中央政治局通报，中央已采取断然措施，对王洪文、张春桥、江青、姚文元实行隔离审查；2.确定中国共产党中央委员会主席和中国共产党中央军事委员会主席的人选。当谈到第二项议程时，叶剑英对华国锋说，主席生前已经有交代，你应当担此重任。华国锋说，我提议，还是由叶帅主持中央工作。叶剑英说，你是主席生前选定的接班人，我们提交会议讨论决定吧。

在此期间，在北京的中共中央政治局委员和候补委员李先念、汪东兴、陈锡联、苏振华、纪登奎、吴德、倪志福、陈永贵和吴桂贤等陆续来到玉泉山9号楼的会议室。

以后，当年叶剑英的一位警卫人员在《叶剑英——叶剑英身边工作人员和亲人的回忆》一书中，披露了当时的一段亲身经历：举行中共中央政治局会议的9号楼会议室还没布置完，有的政治局委员已经到了。他们大多数还不知道发生了什么事，更不知道开会讨论的问题，有的人还以为是叶帅病了呢！最先进入会议室的是纪登奎，以后是陈永贵、吴桂贤和另一位委员。他们一来，看到摆的座位，谁都没有到前排就座，都坐在为秘书做记录用的位置上。不一会儿，李先念同志赶到了，他一进9号楼大门就问："叶帅怎么啦？有什么病呀？"按过去的惯例，有人来开会或来看叶帅都是我在大门口迎送。那天我实在忙不过来，就请王文理秘书去迎接。王文理秘书向李先念说："叶帅没有病，是要开会。"李先念听后，说："开什么会呀？"边说边进入会议室。10月6日晚上10点30分，开会的人员到齐了，我一看先来的纪登奎、陈永贵、吴桂贤和另一位还坐在后排长沙发上，就请他们到前排来坐。纪登奎说："你的座位不够，还有四个没有来呀！"我说："人到齐了，请到前边来吧。"他们你看看我，我看看你，还是没有到前边来。这时，汪东兴同志说话了，他说："马头说得对，人到齐了，你们都到前边来坐。"这样，他们才坐到前排的座位上。

当出席中共中央政治局会议的中央政治局委员和候补委员全部到齐并就座以后，华国锋和叶剑英面带微笑，携手并肩走进了会议室。华国锋、叶剑英向与会人员一一点头示意。看到除"四人帮"以外的在京中共中央政治局委员和候补委员已经全部到齐以后，就在会议室主席台就座。华国锋作为中共中央第一副主席主持中央政治局会议并首先讲话，代表中共中央向政治局委员和候补委员通报对"四人帮"实行隔离审查的决策。他说：同志们，今晚把大家请到这里来，是要向大家通报一个重要事情——王洪文、张春桥、江青和姚文元趁毛主席逝世之机，秘密勾结，疯狂活动，阴谋篡夺党和国家的最高领导权。为了及时粉碎这个将给中国人民带来严重灾难的反革命集团，10月6日晚8时，党中央不得不采取断然措施，对“四人帮”实行隔离审查。

接着，叶剑英作了重要报告。

紧张、热烈、严肃、庄重的中共中央政治局会议从1976年10月6日夜晚一直开到10月7日凌晨。中共中央政治局委员和候补委员听了华国锋和叶剑英的报告以后，欢欣鼓舞，表示完全赞同。大家在发言中表示，完全赞成华国锋、叶剑英代表党中央对“四人帮”所采取的果断行动，愤怒谴责“四人帮”的罪行。会议一致通过叶剑英的提议，推选华国锋任中国共产党中央委员会主席、中国共产党中央军事委员会主席，将来提请中央全会追认。会议决定尽快召集各地的党、政、军负责人进京，传达中共中央政治局的决定。

10月7日，中共中央政治局作出关于华国锋同志任中国共产党中央委员会主席、中国共产党中央军事委员会主席的决议。

中共中央政治局会议结束后，汪东兴向不在北京的中共中央政治局委员和候补委员李德生（当时担任沈阳军区司令员）、韦国清（当时担任中共广东省委第一书记、广州军区第一政治委员）、许世友（当时担任广州军区司令员）、赛福鼎（当时担任中共新疆维吾尔自治区委员会第一书记）——打电话通报了中共中央政治局关于粉碎“四人帮”的决策和推选华国锋任中共中央主席、中央军委主席的决议。他们都表示坚决拥护中共中央政治局的上述决定。

中共中央审定的《华国锋同志生平》指出：

1976年9月9日，毛泽东同志逝世，全国人民沉浸在巨大的悲痛之中。在党和国家的几位主要领导人相继逝世后，华国锋同志同“四人帮”篡党夺权的阴谋活动进行了坚决斗争，并提出要解决“四人帮”的问题，得到了叶剑英、李先念等中央领导同志的赞同和支持。同年10月，他和叶剑英等同志代表中央政治局，执行党和人民的意志，采取断然措施，一举粉碎“四人帮”，挽救了党，挽救了社会主义事业，党和国家事业的发展翻开了新的一页。华国锋同志在粉碎“四人帮”这场关系党和国家命运的斗争中起了决定性作用。党和人民不会忘记他做出的重要贡献。[①]

江青集团虽然横行了十年，最终却被中国人民的力量全部铲除，“十年内乱”就此结束。“文化大革命”的历史，证明发动“文化大革命”的主要论点既不符合马克思列宁主义，也不符合中国实际。这些论点对当时我国阶级形势以及党和国家政治状况的估计，是完全错误的。

“文化大革命”被说成是同修正主义路线或资本主义道路的斗争，这个说法根本没有事实根据，并且在一系列重大理论和政策问题上混淆了是非。“文化大革命”中被当作修正主义或资本主义批判的许多东西，实际上正是马克思主义原理和社会主义原则，其中很多是毛泽东同志自己过去提过或支持过的。“文化大革命”否定了新中国成立以来十七年大量的正确方针、政策和成就，这实际上也就在很大程度上否定了包括毛泽东同志自己在内的党中央和人民政府的工作，否定了全国各族人民建设社会主义的艰苦卓绝的奋斗。

上述的是非混淆必然导致敌我的混淆。“文化大革命”所打倒的“走资派”，是党和国家各级组织中的领导干部，即社会主义事业的骨干力量。党内根本不存在所谓以刘少奇、邓小平为首的“资产阶级司令部”。确凿的事实证明，硬加给刘少奇同志的所谓“叛徒”“内奸”“工贼”的罪名，完全是林彪、江青等人的诬陷。八届十二中全会对刘少奇同志所作的政治结论和组织处理，是完全错误的。“文化大革命”对所谓“反动学术权威”的批判，使许多有才能、有成就的知识分子遭到打击和迫害，也严重地混淆了敌我。

“文化大革命”名义上是直接依靠群众，实际上既脱离了党的组织，又脱离了广大群众。运动开始后，党的各级组织普遍受到冲击并陷于瘫痪、半瘫痪状态，党的各级领导干部普遍受到批判和斗争，广大党员被停

① 《华国锋同志生平》，新华社，2008-08-31。

止了组织生活，党长期依靠的许多积极分子和基本群众受到排斥。“文化大革命”初期被卷入运动的大多数人，是出于对毛泽东同志和党的信赖，但是除了极少数极端分子以外，他们也不赞成对党的各级领导干部进行残酷斗争。后来，他们经过不同的曲折道路而提高觉悟之后，逐步对“文化大革命”采取怀疑、观望，以至抵制、反对的态度，许多人因此也遭到了程度不同的打击。以上这些情况，不可避免地给一些投机分子、野心分子、阴谋分子以可乘之机，其中有不少人还被提拔到了重要的以至非常重要的地位。

实践证明，“文化大革命”不是，也不可能是任何意义上的革命或社会进步。它根本不是“乱了敌人”，而只是乱了自己，因而始终没有，也不可能由“天下大乱”达到“天下大治”。在我国，在人民民主专政的国家政权建立以后，尤其是社会主义改造基本完成、剥削阶级作为阶级已经消灭以后，虽然社会主义革命的任务还没有最后完成，但是革命的内容和方法已经同过去根本不同。对于党和国家机体中确实存在的某些阴暗面，当然需要作出恰当的估计并运用符合宪法、法律和党章的正确措施加以解决，但绝不应该采取“文化大革命”的理论和方法。在社会主义条件下进行所谓“一个阶级推翻一个阶级”的政治大革命，既没有经济基础，也没有政治基础。它必然提不出任何建设性的纲领，而只能造成严重的混乱、破坏和倒退。历史已经判明，“文化大革命”是一场由领导者错误发动，被反革命集团利用，给党、国家和各族人民带来严重灾难的内乱。

对于“文化大革命”这一全局性的、长时间的“左”倾严重错误，毛泽东同志负有主要责任。但是，毛泽东同志的错误终究是一个伟大的无产阶级革命家所犯的错误。毛泽东同志是经常注意要克服我们党内和国家生活中存在的缺点的，但他晚年对许多问题不仅没有能够加以正确的分析，而且在“文化大革命”中混淆了是非和敌我。他在犯严重错误的时候，还多次要求全党认真学习马克思、恩格斯、列宁的著作，还始终认为自己的理论和实践是马克思主义的，是为巩固无产阶级专政所必需的，这是他的悲剧所在。他在全局上一直坚持“文化大革命”的错误，但也制止和纠正过一些具体错误，保护过一些党的领导干部和党外著名人士，使一些负责干部重新回到重要的领导岗位。他领导了粉碎林彪反革命集团的斗争，对江青、张春桥等人也进行过重要的批评和揭露，不让他们夺取最高领导权的野心得逞。这些都对后来我们党顺利地粉碎“四人帮”起了重要作用。他晚年仍然警觉地注意维护我国的安全，顶住了社会帝国主义的压力，执行正确的对外政策，坚决支援各国人民的正义斗争，并且提出了划分三个世界的正确战略和我国永远不称霸的重要思想。在“文化大革命”中，我们党没有被摧毁并且还能维持统一，国务院和人民解放军还能进行许多必要的工作，有各族各界代表人物出席的第四届全国人民代表大会还能召开并且确定了以周恩来、邓小平同志为领导核心的国务院人选，我国社会主义制度的根基仍然保存着，社会主义经济建设还在进行，我们的国家仍然保持统一并且在国际上发挥重要影响，这些重要事实都同毛泽东同志的巨大作用分不开。因为这一切，特别是因为他对革命事业长期的伟大贡献，中国人民始终把毛泽东同志看作是自己敬爱的伟大领袖和导师。

党和人民在“文化大革命”中同“左”倾错误和林彪、江青反革命集团的斗争是艰难曲折的，是一直没有停止的。“文化大革命”整个过程的严峻考验表明：党的八届中央委员会和它所选出的政治局、政治局常委、书记处的成员，绝大多数都站在斗争的正确方面。我们党的干部，无论是曾被错误地打倒的，或是一直坚持工作和先后恢复工作的，绝大多数是忠于党和人民的，对社会主义、共产主义事业的信念是坚定的。遭到过打击和折磨的知识分子、劳动模范、爱国民主人士、爱国华侨以及各民族各阶层的干部和群众，绝大多数都没有动摇热爱祖国和拥护党、拥护社会主义的立场。在“文化大革命”中受迫害而牺牲的刘少奇、彭德怀、贺龙、陶铸等党和国家领导人以及其他一切党内外同志，将永远被铭记在各族人民心中。正是由于全党和广大工人、农民、解放军指战员、知识分子、知识青年和干部的共同斗争，使“文化大革命”的破坏得到了一定程度的遏制。我国国民经济虽然遭到巨大损失，仍然取得了进展。粮食生产保持了比较稳定的增长。工业交通、基本建设和科学技术方面取得了一批重要成就，其中包括一些新铁路和南京长江大桥的建成，一些技术先进的大型企业的投产，氢弹试验和人造卫星发射回收的成功，籼型杂交水稻的育成和推广，等等。在国家动乱的情况下，人民解放军仍然英勇地保卫着祖国的安全。对外工作也打开了新的局面。当然，这一切绝不是“文化大革命”的成果，如果没有“文化大革命”，我们的事业会取得大得多的成就。在“文化大革命”中，我们尽管遭到林彪、江青两个反革命集团的破坏，但终于战胜了他们。党、人民政权、人民军队和整个社会的性质都没有改变。历史再一次表明，我们的人民是伟大的人民，我们的党和社会主义制度具有伟大而顽强的生命力。

“文化大革命”之所以会发生并且持续十年之久，除了前面所分析的毛泽东同志领导上的错误这个直接原因以外，还有复杂的社会历史原因。主要是：

一是社会主义运动的历史不长，社会主义国家的历史更短，社会主义社会的发展规律有些已经比较清楚，更多的还有待于继续探索。我们党过去长期处于战争和激烈阶级斗争的环境中，对于迅速到来的新生的社会主义社会和全国规模的社会主义建设事业，缺乏充分的思想准备和科学研究。马克思、恩格斯、列宁、斯大林的科学著作是我们行动的指针，但是不可能给我国社会主义事业中的各种问题提供现成答案。从领导思想上来看，由于我们党的历史特点，在社会主义改造基本完成以后，在观察和处理社会主义社会发展进程中出现的政治、经济、文化等方面的新矛盾新问题时，容易把已经不属于阶级斗争的问题仍然看作是阶级斗争，并且面对新条件下的阶级斗争，又习惯于沿用过去熟悉而这时已不能照搬的进行大规模急风暴雨式群众性斗争的旧方法和旧经验，从而导致阶级斗争的严重扩大化。同时，这种脱离现实生活的主观主义的思想和做法，由于把马克思、恩格斯、列宁、斯大林著作中的某些设想和论点加以误解或教条化，反而显得有“理论根据”。例如：认为社会主义社会在消费资料分配中通行的等量劳动相交换的平等权利，即马克思所说的“资产阶级权利”应该限制和批判，因而按劳分配原则和物质利益原则就应该限制和批判；认为社会主义改造基本完成以后小生产还会每日每时地大批地产生资本主义和资产阶级，因而形成一系列“左”倾的城乡经济政策和城乡阶级斗争政策；认为党内的思想分歧都是社会阶级斗争的反映，因而形成频繁激烈的党内斗争，等等。这就使我们把关于阶级斗争扩大化的迷误当成保卫马克思主义的纯洁性。此外，在旷日持久的中苏论战的影响下，我们在国内进行了反修防修运动，使阶级斗争扩大化的迷误日益深入党内，以致党内同志间不同意见的正常争论也被当作是所谓修正主义路线的表现或所谓路线斗争的表现，使党内关系日益紧张化。这样，党就很难抵制毛泽东同志提出的一些“左”倾观点，而这些“左”倾观点的发展就导致“文化大革命”的发生和持续。

二是党在面临着工作重心转向社会主义建设这一新任务，因而需要特别谨慎的时候，毛泽东同志的威望也达到高峰。他逐渐骄傲起来，逐渐脱离实际和脱离群众，主观主义和个人专断作风日益严重，日益凌驾于党中央之上，使党和国家政治生活中的集体领导原则和民主集中制不断受到削弱以至破坏。这种现象是逐渐形成的，党中央对此也应负一定的责任。以马克思主义的观点来看，这个复杂现象是一定历史条件的产物，如果仅仅归咎于某个人或若干人，就不能使全党得到深刻教训，并找出切实有效的改革步骤。在共产主义运动中，领袖人物具有十分重要的作用，这是历史已经反复证明和不容置疑的。但是国际共产主义运动史上由于没有正确解决领袖和党的关系问题而出现过的一些严重偏差，对我们党也产生了消极的影响。中国是一个封建历史很长的国家，我们党对封建主义，特别是对封建土地制度和豪绅恶霸，进行了最坚决、最彻底的斗争，在反封建斗争中养成了优良的民主传统；但是长期封建专制主义在思想政治方面的遗毒仍然不是很容易肃清的，种种历史原因又使我们没有能把党内民主和国家政治社会生活的民主加以制度化、法律化，或者虽然制定了法律，却没有应有的权威。这就提供了一种条件，使党的权力过分集中于个人，党内个人专断和个人崇拜现象滋长起来，也就使党和国家难以防止和制止“文化大革命”的发动和发展。

1976年10月6日粉碎江青集团的伟大胜利，标志着历时十年的“无产阶级文化大革命”的结束。

10月7日，中国人民迎来了粉碎“四人帮”后的第一个黎明。邓小平首先从家属那里得知粉碎“四人帮”的消息。[①]

在艳阳高照，大地重光的时候，叶剑英首先想到了处于“软禁”中的邓小平。他让自己的孩子驾车，悄悄把邓小平接到自己的住地，把粉碎“四人帮”的特大喜讯，告诉了这位老战友。

邓小平听了以后，喜悦兴奋之情难以言表，高喊了一声“老兄！”两双扭转乾坤的老革命家的手，紧紧握在了一起。此时此刻，真是千言万语也难以表述他们激动万分的心情。也许，在他们紧紧握着的双手中，表达着心中的共同话语：

人民胜利了！

无产阶级胜利了！

我们党胜利了！

叶剑英向邓小平详细介绍了粉碎“四人帮”的决策情况和经过，传达了刚刚开过的中央政治局会议的精神。并安排工作人员解决邓小平阅读中央文件等问题。他要大力创造一切有利条件，准备请邓小平早日“出山”，恢复工作。

12月14日，中共中央决定恢复邓小平看中央文件的权利。[②]

---

① 中共中央文献研究室：《邓小平年谱（1975—1997）》上册，北京，中央文献出版社，2004：152页。

② 中共中央文献研究室：《邓小平年谱（1975—1997）》上册，北京，中央文献出版社，2004：153页。

不久，经过叶剑英的周密安排，邓小平一家搬到了北京郊区的西山。

一天，叶剑英到玉泉山5号楼开会以后，对自己的办公室主任传达了中央的指示。叶剑英说：邓小平同志要住到西山，为了他今后的工作的方便，想给他一套文件，中央确定了由你直接给他送，其他人不要进去了，住在哪个地方，其他人也不要告诉。中央办公厅直接写你的名字，你把这套文件直接转给他，这个楼是25号。

此后，叶剑英办公室主任就把中央办公厅秘书局发给自己的每套文件，送给邓小平阅读。叶剑英的这一举动，为邓小平及时了解和掌握国际国内动态，密切注视国内形势的发展，随时出来工作，提供了方便。

邓小平，这位早在青年时代就献身共产主义事业的老共产党人，虽然在革命的征途上几起几落，却犹如火中的凤凰，愈加展现出锐利的思想锋芒和一往无前的拼搏精神。他要在有生之年，为中华民族的腾飞，为中国人民的幸福欢乐，为中国社会主义事业的蓬勃兴旺，做出新的贡献。

历史在召唤着邓小平，人民在召唤着邓小平。邓小平的新的复出，已是指日可待了。

第三十八章　邓小平举世瞩目的复出

“粉碎‘四人帮’，人民喜洋洋。”邓小平和全国人民一样，热烈欢呼中国共产党粉碎“四人帮”的伟大历史性胜利。1976年10月10日，即粉碎“四人帮”后的第4天，邓小平就写信给中共中央，表达了自己万分喜悦的心情。他在信中写道：

> 最近这场反对野心家、阴谋家篡党夺权的斗争，是在伟大领袖毛主席逝世后这样一个关键时刻紧接着发生的，以国锋同志为首的党中央，战胜了这批坏蛋，取得了伟大的胜利……我同全国人民一样，对这个伟大斗争的胜利，由衷地感到万分的喜悦，情不自禁地高呼万岁，万岁，万万岁！我用这封短信表达我的内心的真诚的感情。

邓小平的信写得热情洋溢，充满了真挚感情。

当时，叶剑英、李先念等老一辈无产阶级革命家对邓小平的处境都极为关注，多次提出让邓小平重新出来工作的问题。

叶剑英是一位在粉碎“四人帮”的斗争中为党为人民立下了不朽功

勋的老帅，念念不忘请邓小平出来工作的问题。粉碎“四人帮”后的第3天，当叶剑英得知华国锋将要在中央打招呼会议上的讲话中，要求各省、直辖市、自治区党委负责人和各大军区负责人“要继续批邓、反击右倾翻案风”的情况后，极为焦虑，认为会影响和阻碍邓小平恢复工作，所以，立即于次日向华国锋提出：“赶快让小平同志出来工作，恢复他原来的职务。”

以后，叶剑英、李先念等又多次提出要让邓小平重新出来工作的问题。叶剑英说：小平同志具有治党治国的全面经验，是我们党内难得的人才。毛主席、周总理多次赞扬过他。现在，党内、军内的绝大多数同志和全国人民，都强烈要求让小平同志出来工作。我们应该尽快把小平同志请出来。

在“批邓、反击右倾翻案风”中被打成邓小平“全面整顿”的“黑干将”的胡耀邦，在粉碎“四人帮”后，见到叶剑英派来的儿子叶选宁时，曾对他说：祝贺你爸爸同华主席他们一道，为我们的党和国家立下了不朽功勋。现在，我们党的事业面临着中兴。

如何实现中兴呢？胡耀邦认为：中兴伟业，人心为上。他请叶选宁代他向叶剑英捎三句话：

“停止批邓，人心大顺；冤案一理，人心大喜；生产狠狠抓，人心乐开花。”

胡耀邦还请叶选宁把“中兴伟业，人心为上”这句话转告给华国锋。因为1962年胡耀邦作为共青团中央第一书记挂职下放，任中共湖南省委书记处书记兼湘潭地委第一书记时，与当时在湖南工作的华国锋曾经共过事，也是老熟人了。

鉴于有的人仍然坚持“继续批邓、反击右倾翻案风”，叶剑英在一次中共中央政治局会议上，郑重提出：我建议小平同志出来工作，我们在座的同志总不会害怕他吧？

其实，叶剑英讲话中的“害怕”二字是有所指的。这就是毛泽东在起用邓小平时讲过的邓小平独特的个性特点和干脆果断的工作作风。

为此，毛泽东当时针对某些人对邓小平的非议，特意指出："有些人怕他，他办事比较果断"；"人家有点怕你（指邓小平），我送你两句话：柔中有刚，绵里藏针，外面和气一点，内部是钢铁公司"。

邓小平1975年主持中央工作时，勇于负责，雷厉风行，大刀阔斧，该批评的批评，该整顿的整顿，该调整领导班子就调整领导班子，确实在某些人的眼里，邓小平不是那么"一团和气"，不是那么温文尔雅，在实际工作中充分领教了邓小平"钢铁公司"的威力。

对于叶剑英关于让邓小平早日出来工作的提议，中共中央政治局委员、国务院副总理李先念坚决支持。他明确表示自己的态度说："完全同意叶帅意见，应该让小平同志尽快出来工作。"

1977年1月，是周恩来逝世一周年。由于周恩来逝世的时候，"四人帮"蓄意压制广大人民群众的悼念活动，在清明节后又制造了天安门事件，使干部、群众心中都憋了一口气。到了1977年1月周恩来逝世一周年时，"四害"已经被铲除，人民群众终于可以堂堂正正地悼念周恩来了。于是天安门广场再一次出现了自发的大规模的悼念活动。在悼念中，人们不仅向周恩来总理的英灵报告"四人帮"已经被粉碎的喜讯，而且也表达了要求邓小平早日恢复工作的强烈愿望。

但是，由于有的人坚持"两个凡是"的错误方针，在1976年"反击右倾翻案风运动"中遭到"四人帮"诬陷的邓小平，这时仍然未能立即出来工作。

对于粉碎"四人帮"以后，邓小平不能迅速出来主持工作，领导拨乱反正的推进，许多老革命家和老同志与广大人民群众一样，看在眼里，急在心头，极为忧虑。1976年12月，中共中央军委顾问（"文化大革命"前担任中共中央书记处书记、国务院副总理、中央军委秘书长、中国人民解放军总参谋长）罗瑞卿与乌鲁木齐军区司令员杨勇、兰州军区司令员韩先楚一起，以高度的历史责任感和对党的事业负责的态度，从北京飞往南方，就如何促成邓小平尽快出来工作，与南方一些党政军负责同志商量。

罗瑞卿等人到武汉以后，因武汉军区司令员杨得志、政治委员王平刚好出去开会，都不在武汉，罗瑞卿一行首先同武汉军区副政委王猛等同志交换了意见，大家都希望邓小平能够早一些出来工作。

1976年12月底，罗瑞卿一行飞抵广州。他们先后与广州军区的一些老同志进行了座谈，各市地也有许多人提出，必须尽快让邓小平出来工作。根据了解到的干部、群众的意见，罗瑞卿和杨勇等郑重向中央负责同志提出：建议召开中央工作会议，讨论揭批“四人帮”，请邓小平出来工作……

在一个晴朗的日子，罗瑞卿与杨勇专门去看了虎门炮台。罗瑞卿深有感触地说：“中国近代就是在这里首先开始了抵御帝国主义的侵略，到了虎门，就能知道什么是中华民族的精神。”在枝繁叶茂的大榕树环抱着的“林公则徐纪念碑”旁，罗瑞卿顽强地从轮椅中站起来，拄着双拐，挪到纪念碑前，留下了一幅他那高大挺拔的身躯与庄重威严的纪念碑浑然一体的照片。在经历了“文化大革命”的岁月以后，罗瑞卿虽九死犹未悔，历磨难志更坚。在罗瑞卿身上所体现出来的，不正是我们民族精神的写照吗！

1977年2月，罗瑞卿一行回到武汉，开始与武汉军区司令员杨得志、政治委员王平等负责同志商谈。当他们看到刊登“两个凡是”的报纸后，立刻返回了北京。

就在老一辈无产阶级革命家和广大人民群众迫切要求纠正“文化大革命”的错误、恢复邓小平工作的形势下，有的人却提出了“两个凡是”的错误方针。

1977年2月7日，《人民日报》《红旗》杂志、《解放军报》发表社论《学好文件抓住纲》。这个社论公开提出：“凡是毛主席作出的决策，我们都坚决维护；凡是毛主席的指示，我们都始终不渝地遵循。”

这就是“两个凡是”的错误方针。它的实质，是要把毛泽东晚年的

“左”倾错误延续下来。

早在1976年10月26日，华国锋在听取中央宣传口的工作汇报时就提出：当前，1.要集中批“四人帮”，连带批邓；2.“四人帮”的路线是极右路线；3.凡是毛主席讲过的，点过头的，都不要批评；4.“天安门事件”要避开不说。[①]

这是华国锋作为中共中央主席第一次提出“两个凡是”的主张。

1977年1月，华国锋又要写作班子把“两个凡是”写在为他准备的一个讲话提纲中。以后，主管中央宣传工作的汪东兴提出写社论，又把“两个凡是”稍加修改移在一篇社论稿中，并报华国锋批准发表。

“两个凡是”的错误方针公开发表后，立即受到强烈要求纠正“文化大革命”的严重错误，强烈要求为“天安门事件”彻底平反，强烈要求让邓小平早日恢复工作的老一辈无产阶级革命家和广大人民群众的坚决抵制和反对。

当时任中共中央委员、中央宣传口负责人的耿飚回忆说：

> 1976年10月下旬，华国锋同志在谈到报刊上开展批判“四人帮”的问题时提出，要注意把“四人帮”的罪行与毛主席的指示区分开，凡是毛主席所说的话、所作的指示，都不要批判。后来，负责中央宣传工作的汪东兴同志叫人把华国锋的上述意见概括成两句话：“凡是毛主席作出的决策，我们都坚决维护；凡是毛主席的指示，我们都始终不渝地遵循。”并把它写进一篇题为《学好文件抓住纲》的社论中，命宣传口通知《人民日报》《解放军报》和《红旗》杂志等报刊发表，还要宣传口组织各个新闻单位抓紧宣传“两个凡是”的观点。这样，该观点便离开了批判“四人帮”的特定环境而变成了具有普遍

① 中共中央党史研究室：《中国共产党历史大事记》，北京，人民出版社，1991：323页。

指导意义的政策观点。

我接到这篇社论稿后，便和宣传口的领导成员一起进行讨论。大家认为，如果按照这“两个凡是”的提法，首先是会影响到邓小平同志复出工作的问题。但是，听了李鑫同志（当时任中央办公厅副主任）传达汪东兴同志的指示后，觉得还是应该按照组织原则，遵照中央的决定，把社论稿送到“两报一刊”编辑部去发表。至于组织宣传“两个凡是”的工作，我们只是向各新闻单位的领导同志传达了汪东兴的指示，并未对此作出具体的要求和部署，以后也未进行检查。

现在回想起来，我们当时对“两个凡是”观点的认识还很肤浅。直到十一届三中全会后，我们对此的认识才逐渐深刻起来，明白了“两个凡是”在理论上和实践中的错误。①

1977年春的一天，沈阳军区司令员、革命战争时期邓小平的老部下李德生到北京西山看望叶剑英。这时邓小平也住在西山。叶帅对李德生说：“你去看看你们的老政委。”李德生来到邓小平住地，见到邓小平虽然面容有点消瘦，但自信、达观、刚毅，有一种坚不可摧的气度。他一边和李德生握手，一边让座，并问李德生这次因何到北京来。李德生作了回答，并问候了他身体和饮食起居情况，希望他保重身体。在近一个小时的会面中，邓小平侃侃而谈。他说，历史是人民创造的，群众运动力量很大，个人是微不足道的。邓小平在谈话中阐述了马克思主义关于人民群众是推动历史前进的决定性力量的基本原理：人民的革命潮流是不可抗拒的，没有全国亿万人民的力量，就不会有“四五”天安门悼念活动，就不会有粉碎“四人帮”的伟大胜利。

1977年3月，中共中央在北京召开工作会议。叶剑英、陈云等老一辈无产阶级革命家为了党和人民的利益，公开提议要求让邓小平出来工作，

① 耿飚，《耿飚回忆录（1949–1992）》，南京，江苏人民出版社，1998：297~298页。

要求为天安门事件平反，受到许多与会同志的热烈赞同。

萧劲光在回忆录续集中，回顾了提出“两个凡是”以后，老一辈无产阶级革命家的普遍看法：

> 1977年年初，人们从粉碎“四人帮”后的兴奋中渐渐冷静下来，热烈地期盼以华国锋同志为首的党中央能够拨乱反正，拿出治国大纲，迅速扭转形势。国家百废待举，究竟什么是扭转形势最根本的枢纽，不仅群众不明白，党亦在一个探索的过程中。2月7日，《人民日报》《红旗》杂志、《解放军报》两报一刊社论提出“凡是毛主席作出的决策，我们都坚决维护；凡是毛主席的指示，我们都始终不渝地遵循”的方针，这个方针在当时看起来似乎是继承毛主席遗志的，是理所当然的，实际上却是拨乱反正的障碍。按照“两个凡是”，当时两个大家最关心的问题就无法解决，一个是“批邓、反击右倾翻案风”不能改，一个是“天安门事件”的案不能翻。对此我是不赞成的，我和陈云同志谈过，和王震、王诤、耿飚等一些老同志也谈过。我认为邓小平同志是受“四人帮”打击迫害的，说他是天安门事件的总后台完全是莫须有的罪名。邓小平同志1975年的整顿是正确的，工作有魄力、有成绩，应尽早恢复工作。而毛泽东同志在晚年有些事情是错误的，不能以凡是毛主席说过的就一成不变（为原则）。对天安门事件，我们老同志也有所议论，认为不能说是“反革命事件”。大家在一起议一议，谈一谈，感到大多数老同志的心都是相通的，所见也基本相同，思想上也越来越感到这两件事的解决势在必行。经过一段时间的考虑，陈云同志决定向中央上书，直言自己的意见，我们这些老同志自然十分赞同，又十分高兴，因为陈云同志德高望重，推举陈云同志挑头，代表大家向中央陈述这些意见，也正是这段时期大家在酝酿之中的事情。
>
> 中央工作会议即将召开的前夕，记不清具体是哪一天了，王震同

志打电话邀我去商量要事。同去的还有王诤、耿飚等同志，大家在一起议论的中心议题还是那两件事。过了一会儿，陈云同志也来了，陈云同志发表了意见，大意是说中央工作会议要召开了，他写了一个书面意见，准备在会上作个书面发言。他对坐在旁边的我说："请劲光同志给大家念念吧。"这篇书面发言，主要内容就是现在收集在《陈云文选》第三卷中的《粉碎"四人帮"后面临的两件大事》。[①]

1977年3月10日至22日，中共中央召开工作会议，初步总结粉碎"四人帮"以来的工作，部署当年的工作任务。华国锋在讲话中，继续沿用"文化大革命"中的一些错误提法，仍然认定天安门事件是"反革命事件"，认为继续"批邓、反击右倾翻案风"是正确的等。会上，陈云、王震等老同志郑重提议，要让邓小平出来工作，要为天安门事件平反。

陈云于3月13日在中央工作会议的书面发言中指出：

"粉碎'四人帮'反革命集团，这是我们党的一个伟大胜利，对中国革命具有伟大的历史意义。"

"我对天安门事件的看法：1.当时绝大多数群众是为了悼念周总理。2.尤其关心周恩来同志逝世后党的接班人是谁。3.至于混在群众中的坏人是极少数。4.需要查一查'四人帮'是否插手，是否有诡计。"

"因为天安门事件是群众关心的事，而且当时在全国也有类似事件。"

"邓小平同志与天安门事件是无关的。为了中国革命和中国共产党的需要，听说中央有些同志提出让邓小平同志重新参加党中央的领导工作，是完全正确、完全必要的，我完全拥护。"

"我国目前总的形势是好的。虽然有些困难，但这是暂时的困难。只

① 萧劲光：《萧劲光回忆录》（续集），北京，解放军出版社，1989：356~357页。

要全党团结在党中央周围，共同商量，同心同德，经过努力，这些困难是一定会克服的，我们的前途是光明的。”[②]

陈云旗帜鲜明的书面发言，说出了大家的心声，反映了与会同志的共同心愿，引起了强烈的反响。

虽然，由于某些人仍旧推行“两个凡是”的错误方针，陈云这个深受许多与会同志拥护的书面发言未能在会议简报上刊登。但是，“继续批邓”“天安门事件是反革命事件”的意见，由于陈云、王震、萧劲光等同志在会上旗帜鲜明地提出了反对意见，而引起了许多与会同志对这两个问题的深入思考。老一辈革命家坚持原则的斗争，得到了许多与会同志的热烈赞同。这次中央工作会议，尽管还没有实现解决粉碎“四人帮”后面临的这两件大事的目标，但在中央工作会议上能够将这两个问题提上议事日程，改变了一家之言的局面，毕竟是一大进步。

1977年4月10日，邓小平虽然还没有恢复工作，但他从高度的历史责任感和对党的事业高度负责的态度，对“两报一刊”2月7日社论《学好文件抓住纲》提出的“凡是毛主席作出的决策，我们都坚决维护；凡是毛主席的指示，我们都始终不渝地遵循”的错误方针，提出了批评。邓小平在写给中共中央的信中提出：“我们必须世世代代地用准确的、完整的毛泽东思想来指导我们全党、全军和全国人民，把党和社会主义的事业，把国际共产主义运动的事业，胜利地推向前进。”

5月3日，中共中央向全党转发了邓小平的这封信，肯定了邓小平的正确意见。邓小平对“两个凡是”的批评，开了思想解放运动的先河。

5月24日，邓小平在同中央两位同志的谈话中指出，“两个凡是”不符合马克思主义。邓小平说：

前些日子，中央办公厅两位负责同志来看我，我对他们讲，“两

② 《陈云文选》第3卷，北京，人民出版社，1995：230~231页。

个凡是”不行。按照“两个凡是”，就说不通为我平反的问题，也说不通肯定1976年广大群众在天安门广场的活动“合乎情理”的问题。

把毛泽东同志在这个问题上讲的移到另外的问题上，在这个地点讲的移到另外的地点，在这个时间讲的移到另外的时间，在这个条件下讲的移到另外的条件下，这样做，不行嘛！毛泽东同志自己多次说过，他有些话讲错了。他说，一个人只要做工作，没有不犯错误的。又说，马恩列斯都犯过错误，如果不犯错误，为什么他们的手稿常常改了又改呢？改了又改就是因为原来有些观点不完全正确，不那么完备、准确嘛。毛泽东同志说，他自己也犯过错误。一个人讲的每句话都对，一个人绝对正确，没有这回事情。他说：一个人能够“三七开”就很好了，很不错了；我死了，如果后人能够给我以“三七开”的估计，我就很高兴、很满意了。

这是个重要的理论问题，是个是否坚持历史唯物主义的问题。彻底的唯物主义者，应该像毛泽东同志说的那样对待这个问题。马克思、恩格斯没有说过“凡是”，列宁、斯大林没有说过“凡是”，毛泽东同志自己也没有说过“凡是”。

我对那两位同志说：今年4月10日我给中央写信，提出“我们必须世世代代地用准确的、完整的毛泽东思想来指导我们全党、全军和全国人民，把党和社会主义的事业，把国际共产主义运动的事业，胜利地推向前进”，这是经过反复考虑的。毛泽东思想是思想体系。我和罗荣桓同志曾经同林彪作过斗争，批评他把毛泽东思想庸俗化，而不是把毛泽东思想当做体系来看待。我们要高举旗帜，就是要学习和运用这个思想体系。[①]

1977年上半年，邓小平在武汉期间的一次谈话，更加鲜明地表示了在

① 《邓小平文选》第2卷，北京，人民出版社，1994：38~39页。

原则问题上绝不妥协绝不退让的马克思主义政治家的气魄。当时任武汉军区政治委员的王平回忆说：

> 那时，我和杨得志同志（武汉军区司令员）正在各部队了解情况。到了新乡，军区来电报告，邓小平同志到了武汉，请我们马上返回。在武汉，小平同志同我们进行了长时间的谈话，讲了许多问题，使我们茅塞顿开。其中他谈到华国锋同志1977年年初提出的“两个凡是”的方针。他说，“两个凡是”是不对的，是违背毛主席的实践论和实事求是原则的。小平同志讲，毛主席一旦觉察到自己有错误，他是能够改正的。在历史上，毛主席也多次作过自我批评。比如，1973年12月21日，毛主席在接见参加中央军委会议的同志时就作了自我批评。毛主席说，他是听了林彪一面之词，错整了贺龙、罗瑞卿和杨、余、傅。因此，不能说凡是毛主席说错了、做错了的也不能改。他说，毛泽东思想的精髓就是“实事求是”，我们要完整地、准确地理解和掌握毛泽东思想。小平同志还谈到当时让他出来工作的问题。有人提出，先要他作个检讨，承认“天安门事件”是反革命事件。他说，这个我不能作检讨，让我出来就出来，不让我出来就不出来，不能拿原则做交易。他还提到，华国锋在当时情况下当主席是合适的，但是要防止有人给他出坏点子。[①]

此后，叶剑英、邓小平、陈云、聂荣臻、徐向前和一大批老同志，亲自出面，宣传实事求是的优良作风。9月28日，陈云在《人民日报》发表的《坚持实事求是的革命作风》这篇重要文章中强调指出：“实事求是，这不是一个普通的作风问题，这是马克思主义唯物主义的根本思想路线问题。所以，是否坚持实事求是的革命作风，在实际上是区别真假马列主

---

① 王平：《王平回忆录》，北京，解放军出版社，1992：594页。

义、真假毛泽东思想的根本标志之一。”在这些老同志的带动下，开始了中国共产党在思想理论上的大规模的拨乱反正。10月，在胡耀邦和党内一大批老同志的支持和帮助下，《人民日报》发表《把“四人帮”颠倒了的干部路线是非纠正过来》的文章，为干部路线上的拨乱反正和解放干部大造舆论。以此为开端，在平反冤假错案、落实党的政策方面，开始出现新的局面。

经过叶剑英等老一辈无产阶级革命家的反复工作，在全党、全军、全国人民强烈要求邓小平出来工作的情况下，中国共产党于1977年7月16日至21日在北京召开了十届三中全会。

全会一致通过《关于追认华国锋同志任中国共产党中央委员会主席、中国共产党中央军事委员会主席的决议》。

全会一致通过《关于恢复邓小平同志领导职务的决议》。决定恢复邓小平的中共中央委员、中央政治局委员、中央政治局常委、中共中央副主席，中央军委副主席，国务院副总理，中国人民解放军总参谋长的职务。

全会还通过《关于王洪文、张春桥、江青、姚文元反党集团的决议》，指出，王洪文、张春桥、江青、姚文元是一个反革命阴谋集团，永远开除王洪文、张春桥、江青、姚文元的党籍，并撤销他们党内外一切职务。

全会完全同意中共中央政治局关于提前召开中国共产党第十一次全国代表大会的决议。

邓小平在会上作了重要讲话。他说：“全会决定恢复我的工作，作为一名老共产党员，还能在不多的余年里为党、为国家、为人民做一点力所能及的事情，在我个人来说是高兴的，我感谢全会的信任。粉碎了‘四人帮’，我实在高兴。我现在73岁了，想再活二十年到三十年，但自然规律不以人们的意志为转移。外国通讯社讲我74岁，把我加了一岁，实际是73岁。现在我的身体还好，‘零件’都还健全，还可以做几年工作。”

邓小平还说：“坦率地说，我自己也考虑了一下，出来工作，可以有两种态度，一个是做官，一个是做点工作。我想，谁叫你当共产党人呢，既然当了，就不能够做官，不能够有私心杂念，不能够有别的选择，应该老老实实地履行党员的责任，听从党的安排。”①

在1977年8月召开的中国共产党第十一次全国代表大会上，邓小平当选为中共中央副主席。1978年3月，当选为第五届全国政协主席。

邓小平恢复中央领导工作后，立即以政治家的深谋远虑和战略家的远见卓识，首先推动思想路线的拨乱反正，领导并坚定不移地支持开展真理标准问题的讨论，旗帜鲜明地反对“两个凡是”的错误方针，提出必须完整地、准确地理解毛泽东思想的科学体系。

邓小平恢复工作后，立即为在“反击右倾翻案风”中被“四人帮”迫害致死的国家教育部部长周荣鑫平反昭雪，恢复名誉。对此，世界舆论十分关注，进行了广泛报道。

法新社8月29日报道说：

以江青为首的激进派“四人帮”的四名成员自去年10月被捕以来，今天第一次正式被控犯了一桩严重罪行——把前教育部长周荣鑫“迫害致死”。

新华社说，昨天在北京八宝山革命公墓为这位前部长举行了追悼仪式，悼念这位前部长并为他恢复名誉。

新华社说，周荣鑫“受到‘四人帮’的诬陷迫害”。

已经复职的副主席邓小平也出席了追悼会。

华国锋主席、中国共产党的四位副主席和政治局委员们都向这位部长送了花圈。这位部长的骨灰将遵照他的遗愿撒到大海里。

这是官方第一次透露周荣鑫逝世。周荣鑫是在猛烈的批判运动，特别是北京的北大和清华两所著名大学的批判运动达到高潮的时候逝世的。

---

① 中共中央文献研究室：《邓小平年谱（1975—1997）》上册，北京，中央文献出版社，2004：162页。

去年5月曾在外交人士中得到消息说周荣鑫是因中风或心脏病发作而逝世的，但未得到官方的证实。周荣鑫的逝世当时看来是可疑的。

谷牧副总理为这位“为共产主义事业贡献了自己的一生”和“对‘四人帮’的干扰破坏进行了坚决抵制”的“优秀的”“忠诚的”党员致了悼词。

谷牧副总理号召全国人民“学习”前部长周荣鑫的“革命精神”，“把揭批‘四人帮’的伟大斗争进行到底”。

路透社8月29日报道说：

中国今天证实前教育部长周荣鑫已经逝世，周是现在被清洗的激进派领导人去年春天发动的反右倾运动的受害者。

新华社说，昨天在北京郊区八宝山革命公墓为他举行了隆重的追悼会，“恢复他的名誉”。

谷牧副总理致了悼词，新华社援引谷牧副总理的话说，五十九岁的周荣鑫是中共优秀党员。他坚决贯彻执行毛主席的无产阶级革命路线，忠于党。还赞扬已故周荣鑫在任教育部长期间的工作是有成绩的。

周荣鑫第一次是在60年代“文化大革命”期间受到攻击，被说成是右翼“走资派”，遭到清洗。后来他被恢复了名誉，于1975年出任教育部部长。但是，不到几个月他又成了激进派发起的“反击右倾翻案风”的对象。当时批判他是因为他抱怨大学的水平大大下降，并且企图篡改毛主席的教育方针。①

① 1977年8月30日《参考消息》。

第三十九章　抓住拨乱反正的“牛鼻子”

1976年10月粉碎江青集团的胜利，从危难中挽救了党和社会主义事业，使我们的国家进入了新的历史发展时期。

从这时开始到中共十一届三中全会之前的两年中，广大干部和群众以极大的热情投入各项工作。揭发批判江青集团的罪行，清查“四人帮”的帮派体系，取得了很大成绩。党和国家组织的整顿，冤假错案的平反，开始部分地进行。工农业生产得到比较快的恢复。教育科学文化工作也开始走向正常。党内外同志越来越强烈地要求纠正“文化大革命”的错误，但是遇到了严重的阻碍。这固然是由于十年“文化大革命”造成的政治上思想上的混乱不容易在短期内消除，同时也由于当时担任中共中央主席的华国锋在指导思想上继续犯了“左”的错误。

1977年8月召开的中共第十一次全国代表大会，在揭批“四人帮”和动员全党建设社会主义现代化强国方面起了积极作用。但是，由于当时历史条件的限制和华国锋的错误的影响，这次大会没有能够纠正“文化大革命”的错误理论、政策和口号，反而加以肯定。

实现新中国成立以来的伟大转折，是历史前进的必然要求。

1978年11月10日至12月15日，中共中央在北京召开中央工作会议。参加会议的有省、市、自治区和大军区的主要负责人，中央党、政、军各部门和群众团体的主要负责人210多人。

在中央工作会议开幕之前，中共中央政治局常委会举行会议，议定中央工作会议的主题。华国锋提出了农业问题、今后两年国民经济计划的安排问题和召开国务院务虚会问题等三项议题。邓小平在会上指出："只有解决好思想路线问题，才能提出新的正确政策。"为此，邓小平建议中央工作会议在讨论华国锋提出的三项议题之前，先讨论全党工作重点的转移问题。中共中央政治局常务委员会同意了邓小平的意见。

1978年11月10日，中央工作会议正式开幕。

华国锋首先讲话，并宣布会议的三项议题：

1.讨论如何进一步贯彻执行以农业为基础的方针，尽快把农业生产搞上去的问题，讨论《关于加快农业发展速度的决定》和《农村人民公社工作条例（试行草案）》两个文件。

2.商定1979、1980两年国民经济计划的安排。

3.讨论李先念在国务院务虚工作会上的讲话。

按照以上的三项议题，这次中央工作会议与以往的中央工作会议一样，只是一次研究、讨论经济问题的会议。预定半个月结束。在宣布三项议题之后，根据邓小平在中共中央政治局常委会上的提议和政治局常委会的一致意见，华国锋又代表中共中央政治局常委提出：

"在讨论上面这些议题之前，先讨论一个问题，这就是在新时期总任务总路线指引下，从明年一月起把全党工作重点转移到社会主义现代化建设上来的问题。"

"这是新形势的需要，列宁和毛主席都曾提出过按照形势的需要，实现这种转移。"

"这是关系全局的问题，是我们这次会议的中心。"

按照华国锋的意见，这次中央工作会议先用两三天时间讨论邓小平提出的全党工作重点转移问题，然后就转入预定的农业问题、国民经济计划安排问题等具体经济问题的讨论。

然而，正是邓小平关于讨论全党工作重点转移的意见和中央工作会议对这个问题的热烈讨论，开启了汹涌澎湃的思想解放洪流，使这次会议为中共十一届三中全会，为中国共产党在社会主义时期的历史性转折，为举世瞩目的当代中国改革开放和社会主义现代化建设的伟大起点，奠定了基础。

中央工作会议就中央政治局根据邓小平建议提出的全党工作重点转移到社会主义现代化建设上来的问题，进行了认真的讨论。同时有一些老同志提出，与此相适应，还应当解决历史上的一些重大是非问题，以发展安定团结的政治局面，保证党的工作重点顺利转移。

20世纪20年代入党的老资格革命家陈云在东北组的发言中说：中央政治局常委、中央政治局一致主张，从明年起把工作着重点转到社会主义建设上来。实现四个现代化是全党和全国人民的迫切愿望。我完全同意中央的意见。安定团结也是全党和全国人民关心的事。干部和群众对党内是否能安定团结，是有所顾虑的。

陈云指出，华主席说，对于那些在揭批“四人帮”运动中遗留的问题，应由有关机关进行细致的工作，妥善解决。我认为这是很对的。但是，对有些遗留的问题，影响大或者涉及面很广的问题，是需要由中央考虑和作出决定的。对此，中央应该给予考虑和决定。

接着，陈云以坚定有力的语言，明确地提出了需要中央工作会议讨论和解决的六个重大历史遗留问题：

1.薄一波同志等61人所谓叛徒集团一案。他们出反省院是党组织和中央决定的，不是叛徒。

2.1937年7月7日中央组织部关于所谓自首分子的决定这个文件，是我在延安任中央组织部长（1937年11月）以前作出的，与处理薄一波同志等问题的精神是一致的。我当时还不知道有这个文件，后来根据审查干部中遇到的问题，在1941年也写过一个关于从反省院出来履行过出狱手续，但继续干革命的那些同志，经过审查可给予恢复党籍的决定。这个决定与“七七决定”精神是一致的。这个决定也是中央批准的。我认为，中央应该承认“七七决定”和1941年的决定是党的决定。对于那些在“文化大革命”中被错误定为叛徒的同志应给予复查，如果并未发现有新的真凭实据的叛党行为，应该恢复他们的党籍。此外，据我所知，在抗日战争时期和解放战争时期，在敌我边际地带有一个所谓“两面政权”问题。当时党组织决定一些党员在敌伪政权中任职，掩护我党我军的工作。这些党员，在“文化大革命”中也大多被定为叛徒。这是一个涉及数量更大的党员的政治生命问题，也应该由党组织复查，对并无背叛行为的同志应该恢复党籍。

总之，“七七决定”、1941年决定中所涉及的同志和在“两面政权”中做了革命工作的同志，对他们作出实事求是的、经得起历史检验的结论，这对党内党外都有极大的影响。不解决这些同志的问题，是很不得人心的。这些同志都已是六七十岁的人了，现在应该解决他们的问题。

3.陶铸同志、王鹤寿同志等是在南京陆军监狱坚持不进反省院，直到七七抗战后由我们党向国民党要出来的一批党员，他们在出狱前还坚持在狱中进行绝食斗争。这些同志，现在或者被定为叛徒，或者虽然恢复了组织生活，但仍留着一个“尾巴”，例如说有严重的政治错误。这些同志有许多是省级、部级的干部。陶铸一案的材料都在中央专案组一办。中央专案组是“文化大革命”时期成立的，他们做了许多调查工作，但处理中也有缺点错误。我认为，专案组所管的属于党内部分的问题应移交给中央组织部，由中央组织部复查，把问题放到当时的历史情况中去考察，作出实事求是的结论。像现在这样，既有中央组织部又有专案组，这种不正常的状态，应该结束。

4.彭德怀同志是担负过党和军队重要工作的共产党员，对党贡献很大，现在已经死了。过去说他犯过错误，但我没有听说过把他开除出党。既然没有开除出党，他的骨灰应该放到八宝山革命公墓。

5.关于天安门事件。现在北京市又有人提出来了，而且还出了话剧《于无声处》，广播电台也广播了天安门的革命诗词。这是北京几百万人悼念周总理，反对“四人帮”，不同意批邓小平同志的一次伟大的群众运动，而且在全国许多大城市也有同样的运动。中央应该肯定这次运动。

6.“文化大革命”初期，康生同志是“中央文革”的顾问。康生同志那时随便点名，对在中央各部和全国各地造成党政机关瘫痪状态是负有重大责任的。康生同志的错误是很严重的，中央应该在适当的会议上对康生同志的错误给予应有的批评。

我提出以上六点，请同志们批评指正。①

陈云在发言中，郑重提出的六个问题，实际上涉及纠正“文化大革命”中及以前的“左”倾错误的重大问题，因此得到与会同志的热烈拥护。

在讨论中，与会同志还提出了“一月风暴”“二月逆流”“批邓、反击右倾翻案风”等许多在“文化大革命”中被颠倒了的重大是非问题。

根据与会同志的要求和历史发展的需要，中央政治局常委决定，应当放手让大家讲话，使与会同志能够敞开思想，畅所欲言，敢于讲心里话，讲实在话，这样才能更好地总结工作，肯定成绩，批评错误，分清是非。

于是，许多老同志根据实事求是的原则，在发言中指出了“文化大革命”的错误，并对粉碎江青集团以来提出和坚持“两个凡是”的错误方针，继续“左”倾错误展开了批评；对今后工作的一些重大决策，提出了

① 《陈云文选》第3卷，北京，人民出版社，1995：232~234页。

许多积极的建议。

11月13日上午，出席中央工作会议的中共中央组织部部长、中共中央党校副校长胡耀邦在西北组作了较为系统的发言。他说：

> 我赞成把“文化大革命”中尚未解决的一些大是大非问题搞清楚。林彪、陈伯达、“四人帮”，还有康生，欺骗、蒙蔽毛主席，搞了许多假东西。这些大是大非问题的解决，关系到安定团结，关系到实事求是的作风，关系到教育子孙后代，关系到维护毛主席旗帜的问题……
>
> 我们有1700万脱产干部，在历次运动中有17%的人受到种种“审查”，人数达200万之多；下面还有不脱产的基层干部被“审查”，也有200万。其中有多少人受到冤屈现在还不知道，总之是不在少数。对受冤屈的人应按照彻底唯物主义的精神，有错必纠，有错必改。否则，危害安定团结的因素消除不了，重点的转移也难顺利。这件事情应当在1979年庆祝建国30年前基本完成，有些事可以“一风吹”。

胡耀邦认为，61个人的问题，毛主席在世时，小平同志在政治局就提出，定他们叛徒是不公道的。对于彭德怀问题、陶铸问题、王鹤寿问题等，主张坚决平反昭雪。

胡耀邦较早地提出了康生的问题。他说：康生的问题，我对他的历史情况不了解。他在1942年抢救运动中，犯了那么大的错误，从不作一句自我批评。在“文化大革命”中，他做了大量坏事，民愤极大。据中央党校统计，被他点名戴上叛徒、国（民党）特（务）、死不改悔走资派帽子的，就有600多人。把朱委员长、叶副主席都放到“有严重问题”里面。在这方面，他超过了林彪、陈伯达。他指使南开大学搞所谓“南方叛徒集团”，反周总理。“61个叛徒”也是他点的名，康生在“文革”中也是罪魁祸首，“四人帮”应该改称“五人帮”，康生是“五人帮”的第一名。

胡耀邦进一步提出：“文化大革命”的教训要总结一下。为什么林彪、“四人帮”能在台上十年之久？根本教训是什么问题？为什么康生自己不检讨，毛主席替他赔不是？

胡耀邦认为，我们党内生活长期不正常，存在“党内有党，法外有法”的现象。他披露了邓小平说的一句话：党内要有一大批敢于思考问题、敢于说话、敢于处理问题的干部。他主张要揭露党的生活中的矛盾。

胡耀邦主张实现全党工作重点转移。他谈到工作重点转移的必要性时，引证毛泽东说过的“要波浪式前进，一浪未平，一波又起”，指出不要等波峰已平，再提出新任务，否则就会产生松劲、骄傲情绪。①

为了配合中央工作会议讨论的一系列重大问题，11月15日胡耀邦审阅并同意发表由他提出思路、中央党校《理论动态》组撰写的《平反冤案的历史借鉴》文稿，并指示提前到20日刊出。《理论动态》第98期发表该文，《人民日报》在同一天作为“特约评论员”文章于第一版全文刊出。这篇文章把平反冤假错案同实践标准相联系，把胡耀邦反复讲过的话表述出来：“我们必须坚持以客观事实为根据，而不是以某些人的主观意志为转移，对冤案、错案、假案进行平反昭雪。”“事实是最顽强的东西。一切不实之词和错误处理，都经不起实践的检验，都经不起实践的考验，最终都是站不住的。”这篇文章有力地配合了正在召开的中央工作会议，产生了很好的政治效果和社会效果。

---

① 郑仲兵：《胡耀邦年谱资料长编》上册，时代国际出版有限公司，2005：334~335页。

第四十章　中共中央知难而进

在1978年的中央工作会议期间，根据与会同志，特别是老一辈无产阶级革命家在会上提出的问题，中央政治局常务委员会进行了认真的研究和讨论，提出了解决问题的意见。对于与会同志普遍关注的平反冤假错案，解决历史遗留问题的问题，作出了明确的回答。

11月25日，中央工作会议举行第三次全体会议。华国锋、叶剑英、邓小平、李先念、汪东兴出席会议。华国锋主持会议并代表中央政治局讲话。他说，这次会议发扬民主，开得生动活泼。大家各抒己见，畅所欲言。这样敞开思想讨论问题，是很好的。从明年1月起，把全党工作的着重点转移到社会主义现代化建设上来，大家一致赞成，认为中央这个决定是正确，适时的。经过这次会议讨论，全国范围的大规模的揭批“四人帮”的群众运动要在今年内结束，这个问题就这样定下来了。当然，不是“一刀切”，有的地区和单位结束运动的时间可以晚一些。揭批“四人帮”群众运动结束以后，还会有一些遗留的问题，也要努力解决好，做到善始善终。但是，这都不影响全党工作着重点的转移。他还谈了农业问题和会议对关于农业问题的两个文件的讨论情况，认为把这两个文件搞好，有利于统一思想，尽快地把农业搞上去，推动农业现代化的建设。

然后，根据中央政治局常务委员会和中央政治局的研究，华国锋宣布了对有关冤假错案和历史遗留问题的处理意见。他说，在讨论全党工作着重点转移这个问题的时候，同志们提出了“天安门事件”和“文化大革命”中在中央和地方遗留下来的比较重要的若干问题。这些问题，中央政治局常委会过去多次议过，准备加以解决。这几天，中央又研究了大家的意见。现在，我代表中央政治局讲以下几个问题：

1.关于“天安门事件”问题。粉碎“四人帮”以后不久，中央就着手解决在天安门事件和这一类事件中革命群众被迫害的问题。随着揭批“四人帮”运动的深入，这方面的问题大都陆续得到解决。但是，问题解决得还不彻底，还没有为“天安门事件”的性质平反。中央认为，“天安门事件”完全是革命的群众运动，应该为“天安门事件”公开彻底平反。今年11月14日，中央政治局常委会批准北京市委宣布：1976年清明节，广大群众到天安门广场沉痛悼念敬爱的周总理，愤怒声讨“四人帮”，完全是革命行动。对因悼念周总理、反对“四人帮”而受到迫害的同志要一律平反，恢复名誉。江苏、浙江、河南等省的省委，对同类事件，也作了类似的处理。

2.实践证明，反击右倾翻案风是错误的。中央政治局决定：中央1975年发的23、24、26、27号文件，1976年发的2、3、4、5、6、8、10、11号文件全部予以撤销。贯彻执行这些文件的党委和个人是没有责任的，责任由中央承担。（华国锋在11月25日全体会议上共讲了八个问题，在以后正式传达中增加为九个，其中的第二条即为定稿中新增加的一条。——作者注）

3.关于所谓“二月逆流”问题。所谓“二月逆流”，完全是林彪一伙颠倒是非，蓄意诬陷，其目的是为了打倒当时反对他们的几位老帅和副总理，进而打倒周总理和朱委员长。在“九一三”林彪反革命武装政变彻底破产以后，1971年11月14日，毛主席接见了成都地区座谈会的人员，周总理和叶帅参加了这次接见。当叶帅走进会场时，毛主席说："你们再不要讲他'二月逆流'了。'二月逆流'是什么性质？是他们对付林彪、陈伯达、王、关、戚。"毛主席多次讲过："这件事搞清楚了，不要再讲'二月逆流'。"这就是说，毛主席在那时候，就已经为"二月逆流"翻了案。现在，中央决定，由于这个案件受到冤屈的所有同志，一律恢复名誉；受到牵连和处分的所有同志，一律平反。过去各种文件、材料中关于所谓"二月逆流"的不实之词，都应该作废。

4.关于薄一波同志等"61人案件"问题。现已查明，这是一起重大错案。1975年，小平同志主持中央工作时，在一次政治局会议上曾提出，61人的问题必须解决，把登"反共启事"的责任归咎于他们是不公道的。当时由于"四人帮"的捣乱和破坏，这个问题没有得到解决。今年1月间，中央常委就议过要为这一案件平反的问题；6、7月间，中央要组织部对这一案件进行复查，向中央写出报告，来解决这个问题。中央组织部于今年11月3日向中央提出报告，其中说："大量事实证明，薄一波同志等在反省院的表现是好的，他们履行敌人规定的手续，登'反共启事'出反省院，是执行党组织的指示，根据登'反共启事'出反省院的问题，定61人为叛徒集团，是不正确的。"中央讨论了这一问题，决定为这一重大错案平反。关于这个问题，中央还要发一个正式文件。

5.关于彭德怀同志的问题。彭德怀同志是我们党的一位老党员，曾经担任过党政军的重要领导职务，对党和人民做出过重大贡献。他在历史上也犯有大大小小的错误，但是，经过审查，怀疑他里通外国是没有根据的，应予否定。彭德怀同志已于1974年11月29日病逝，他的骨灰应该安放到北京八宝山革命公墓第一室。

6.关于陶铸同志的问题。陶铸同志也是我们党的一位老党员，在几十年的工作中，对党对人民是有贡献的。经过复查，过去把他定为叛徒是不对的，应予平反。陶铸同志已于1969年11月30日病逝，他的骨灰应该安放到北京八宝山革命公墓第一室。

7.关于杨尚昆同志的问题。……经过复查，过去把他定为阴谋反党、里通外国是不对的，应予平反。中央决定，恢复杨尚昆同志的党的组织生活，分配工作。

以上讲的，是中央对几个重要案件的处理。至于同志们提出的其他几个在党内担任过重要职务的人的平反问题，不可能都在这次会议上一一予以解决。中央决定，中央专案一办、三办（包括原中央专案二办）和“五一六”专案联合办公室都要结束工作，全部案件移交中央组织部。未了案件，由中央组织部根据中央处理上述案件的精神，抓紧复查，作出相应的结论。各级党委设立的专案组也应逐步结束工作。他们审查的案件，属于党内问题的，移交给党的纪律检查委员会或党的组织部；属于敌我矛盾的，移交给政法部门。今后不再采取成立专案组审查干部的办法。

8.关于康生同志和谢富治同志的问题。康生同志和谢富治同志有很大的民愤，党内干部和群众对他们进行揭发和批判是合情合理的。有的同志提议设立专案组审查他们的问题。中央意见，不设立专案组，有关揭发他们的材料，可以送交中央组织部审理。

9.关于一些地方性重大事件的问题。最近，有的地方提出了某些重大事件需要重新处理，比如，武汉的七二〇事件，河南七二五问题，四川的产业军问题等等。中央决定，这类地方性的重大事件，一律由各省、市、自治区党委根据情况实事求是地予以处理。中央发过文件的，要将处理意见先报中央批准（湖北省委关于为七二〇事件平反的请示报告，已经中央批准）。处理这些问题时，可以开群众大会，可以发文件。但不要登报，也不在电台广播。这些问题，涉及“文化大革命”运动中曾经分裂为两派的广大群众，一定要慎重周到地处理好，防止重新引起派性斗争。毛主席早就讲过：在工人阶级内部，没有根本的利害冲突。在无产阶级专政下的工人阶级内部，更没有理由一定要分裂成为势不两立的两大派组织。我们要本着毛主席教导的精神，积极引导群众向前看，消除资产阶级派性，做好团结工作。

还有两个问题要讲一讲。一是在三支两军中有些同志犯了支一派压一派的错误。这个问题要放在当时的历史条件下来看。三支两军是中央决定的，总的责任由中央承担。由于林彪、“四人帮”的干扰，加上情况复杂，有些同志犯这种性质的错误是难免的，不要追究个人责任了。至于少数人严重违法乱纪，贪污盗窃，情节恶劣，可以另案处理。二是在周总理逝世以后的悼念活动中，治丧委员会办公室发过一个电话通知，通知中说，各省、市、自治区不要派人来京参加追悼活动，各地不组织吊唁、开追悼会、戴黑纱等活动。这个通知是在“四人帮”当道的情况下政治局通过的，执行这个通知的常委和个人是没有责任的。

在代表中央政治局宣布了对以上问题的处理决定以后，华国锋说，在我们党的工作着重点即将转移到社会主义现代化建设上来的时候，我们在这次会议上郑重地处理上面这些问题，是完全必要的。中央的方针是既要解决问题，又要稳定局势。按照这个方针处理好这些问题，就能有利于安定团结，有利于搞好社会主义现代化建设。这对于恢复和发扬毛主席培育的我们党的实事求是、联系群众、团结——批评——团结的优良传统，也具有重大意义。现在，巩固和发展安定团结的大好局面，是全党全军全国各族人民的强烈愿望。国际上也十分注意我们国内局势是不是能够保持稳定。要发展经济，要改善人民生活，要做好反侵略战争的准备，要加快社会主义现代化建设，安定团结是关键。维护全党全国的安定团结，事关大局，一定要搞好。在这方面，高级干部要起模范作用，要善于引导群众向前看，认真做好党内外群众的思想工作。我们一定要调动一切积极因素，化消极因素为积极因素，团结一切可以团结的力量。团结起来，为了一个共同目标，建设社会主义现代化强国。让我们全党一心，举国一致，高举毛主席的伟大旗帜，为实现这个伟大目标而努力奋斗。

第四十一章 “总设计师”应对复杂问题

邓小平恢复工作初期，按照中共中央的工作分工，主管科学工作、教育工作和军队工作。从1978年的中央工作会议开始，邓小平成为中央领导工作的核心人物、中国改革开放的“总设计师”。

在粉碎江青集团、结束“十年内乱”只有两年，“两个凡是”仍然禁锢着相当一部分人的头脑的情况下，中共中央政治局根据中央工作会议和党内外广大干部、群众的强烈要求，正式决定为“文化大革命”中及其以前的一系列冤假错案彻底平反，尤其是为震惊中外的天安门事件平反，在国内、国际都引起了强烈反响，都需要做大量的思想工作和释难答疑的工作。

为此，在中央工作会议期间，邓小平一方面参与会议的主持、领导与决策，一方面以极大的精力和政治智慧，来回答、解决和处理伴随着拨乱反正进程而出现的一系列新情况、新问题。

1978年11月25日下午，邓小平和华国锋、叶剑英、李先念、汪东兴听取中共北京市委第一书记、北京市革命委员会主任林乎加，中共北京市委第三书记、北京市革命委员会副主任贾庭三和中国共青团中央书记处第一书记韩英、中国共青团中央书记处书记胡启立汇报天安门事件平反后广大干部、人民群众的反应和北京市街头出现的大字报的情况。

听完上述汇报后，邓小平指出：天安门事件平反后，群众反映强烈，大家很高兴，热烈拥护，情况是很好的。当然也出现一些问题。我们的工作要跟上去，要积极引导群众，不能和群众对立。我们一定要高举毛主席的伟大旗帜。毛主席的旗帜是全党全军全国各族人民团结的旗帜，也是国际共产主义运动的旗帜。现在，有的人提出一些历史问题，有些历史问题要解决，不解决就会使很多人背包袱，不能轻装前进。有些历史问题，在一定的历史时期内不能勉强去解决。有些事件我们这一代人解决不了的，让下一代人去解决，时间越远越看得清楚。有些问题可以讲清楚，有些问题一下子不容易讲清楚，硬要去扯，分散党和人民的注意力，不符合党和人民的根本利益。现在报上讨论真理标准问题，讨论得很好，思想很活泼，不能说那些文章是对着毛主席的，那样人家就不好讲话了，但讲问题，要注意恰如其分，要注意后果。迈过一步，真理就变成谬误了。毛主席的伟大功勋是不可磨灭的。我们不能要求伟大领袖、伟大人物、思想家没有缺点错误，那样要求不是马克思主义者的态度。外国人问我，对毛主席的评价，可不可以像对斯大林评价那样三七开？我肯定地回答，不能这样讲。党中央、中国人民永远不会干赫鲁晓夫那样的事。

邓小平还指出：现在中央的路线，就是安定团结，稳定局势，搞社会主义现代化。国际上也十分注意我们国内局势是不是能够保持稳定。引进新技术，利用外资，你稳定了，人家才敢和你打交道。安定团结是实现四个现代化的必要政治条件，不能破坏安定团结的局面。这是中央的战略部署，这是大局。我们处理任何问题，都要从大局着眼，小局服从大局，小道理服从大道理。不搞什么新运动，不要提中央没有提的什么运动。要引导群众向前看。平反工作，中央和各地都在抓紧处理，都是有领导、有步骤地进行的。林彪、“四人帮”破坏造成的一些遗留问题，都可以逐步解决。解决这些问题是为了创造一个安定团结的稳定局势，把各种积极因素调动起来。[①]

邓小平的谈话，既强调了为天安门事件平反的正确性，又强调要高举毛泽东的伟大旗帜，同时还强调安定团结的重要性，充满了唯物辩证法，具有极强的针对性和说服力。

当时，中国大规模的拨乱反正和平反冤假错案也引起了国际舆论和国际社会的广泛关注。国际上对华友好的政党、团体对此尤其关心。日本是中国的近邻，主张中日友好的日本民主社会党专门组织了访华团，到中国实地观察了解中国政治形势的新发展和新变化。1978年11月26日上午，邓小平专门拨冗会见由日本民主社会党中央委员会委员长佐佐木良作率领的日本民主社会党第二次访华团，并就日本客人提出的关于中国国内形势问题发表意见。

在谈到天安门事件问题时，邓小平明确指出：过去对天安门事件的评价是不对的，北京市委肯定天安门事件是广大群众悼念周总理、反对“四人帮”，是革命行动，这是我们中央批准的，实际上就是我们中央表示的态度。不久前，《人民日报》发表了一篇评论员文章《实事求是，有错必纠》，国际上反响很大。这篇文章主要是针对天安门事件讲的。有错必纠是毛主席历来提倡的。对天安门事件处理错了，当然应该纠正。如果还有别的事情过去处理不正确，也应该实事求是地加以纠正。勇于纠正错误，这是有信心的表现。当然，解决这样复杂的问题总要有一个过程，现在时机成熟了。有人有一个错觉，以为重新评价天安门事件又要乱，其实不会，人民是可以信任的。过去“四人帮”不让发表不同意见，结果激起了1976年清明节人民的义愤。天安门事件确实没有任何组织，完全是群众自发的啊！反映了人民的觉悟水平、政治水平。群众是最希望安定团结的局面的。现在不但中央的领导，地方的领导也一样，都一心一意要搞四个现

① 中共中央文献研究室：《邓小平年谱（1975—1997）》上册，北京，中央文献出版社，2004：435~436页。

代化。搞四个现代化没有安定团结的局面是不行的。

在谈到“文化大革命”问题时，邓小平说：我们处理这些问题就是要把过去的问题了结一下，使全国人民向前看。所有错案、冤案，人民和干部不满意的事，一起解决。了结了这些问题，大家心情就舒畅了，一心一意向前看，搞四个现代化。对这个问题，可以说我们全党是百分之百的一致。

在谈到自力更生和接受外援的关系时，邓小平说：毛主席历来有两句话，自力更生，力争外援。“四人帮”把第二句话丢掉了，而且说，什么东西中国人都能搞出来，吸收外国的东西就是崇洋媚外，所以，把事情搞糟了。但是，人们没有理解为什么毛主席强调自力更生。我们长期以来没有条件接受外国的援助。从建国以后到1972年以前，有什么条件？那时你日本给过我们援助吗？美国能给我们吗？欧洲能给我们吗？我们不强调自力更生怎么办？就是那时，毛主席也是讲两句话，不是一句话。所以，“四人帮”不粉碎，我们就没有这个条件，国际条件有了，国内条件没有。对这个问题要有历史分析。现在我们的方针是，尽量吸收国际先进经验，引进资金和技术，加速我们的发展。这个方针现在才能实行，在这方面我们全党全民是一致的。当然，引进外国的技术和资金，这也要量力而行，处理得当。①

邓小平的这一席话，直截了当、光明磊落地回答了日本客人关于中国天安门事件平反、“文化大革命”评价、接受外国经济援助等十分敏感的问题，深刻地、完整地、科学地阐述了中国共产党在这些问题上的原则和立场，在国际上引起了很好的反响。

对此，日本著名报纸《读卖新闻》专门发表题为《在中国发了芽的社会主义民主》，评论说：

① 中共中央文献研究室：《邓小平年谱（1975—1997）》上册，北京，中央文献出版社，2004：436~437页。

> 中国党的副主席邓小平26日会见民社党访华团时，就现在进行的评价“文化大革命”问题坦率地讲述了“党中央的见解”。这种会见的讲话内容通过新华社详细地报道出去，完全是没有前例的。邓小平在讲话中，第一次表明了党领导的基本态度，即对现在北京贴出的大字报中批评毛泽东和否定“文化大革命”的内容表示反对，但是，通过大字报表明意见的权利是受宪法保障的“正常的事情”，不打算压制。这些讲话，可以说表明了党领导机构的想法，即“文化大革命”中的错误要进行纠正，要排除神化毛泽东和把毛泽东思想绝对化，努力搞好“四个现代化”。党领导机构对大字报的态度使人感到，这说明中国正在注意培育中国独特的这种社会主义民主方式。[①]

正确处理中美关系是中国外交政策的重要组成部分，在毛泽东生前由毛泽东直接掌握，周恩来和邓小平具体执行。毛泽东逝世，邓小平复出后，中美关系始终由邓小平直接掌握。1978年11月27日上午，邓小平在会见美国专栏作家罗伯特·诺瓦克时，回答了有关国际形势和中美关系等方面的问题。

在谈到中美关系问题时，邓小平指出：如果站得高一点看，不管中国政治家或美国政治家，都认为两国关系早点实现正常化好，越早越好。如果说中日和平友好条约的签订，首先是亚洲、太平洋地区和平、安全和稳定的因素的话，我想中美关系正常化，对全球的和平、安全和稳定比中日条约的意义更大。在谈到中国实现四个现代化面临的主要障碍时，邓小平指出：障碍是技术力量不够，管理水平太低。但我们相信中国人不蠢，可以学会。我们正在采取一些措施，派尽可能多的人去各国学习。

在回答中国现在是否也正在考虑对政治制度进行某些改革，比如采用西方那种竞选制度、干部通过选举产生等问题时，邓小平指出：整个制

① 1978年12月2日《参考消息》。

度我们同西方不一样，你们叫议会制，我们是人民代表大会制，这个制度不会改变。我们现在制度中存在的上层建筑不适应生产力发展的状况要改变。工人参加管理的方式要改进，要用经济规律来管经济。我相信，现在的制度如果搞得好，在某些方面加以适当改革，我们这个制度比你们那个制度做起事来要便利得多。我们过去有些东西是学苏联的，现在看来那些东西是落后了。

在回答中国是否采用南斯拉夫工人自治的形式问题时，邓小平指出：国家与国家的情况有很多不一样，各有各的特点，各有各的发展体制。当然，我们要研究他们的经验，但是不能简单地照搬别人的经验，要根据自己的条件来决定。根本的一点，是要承认自己落后，承认现在很多方法不对头，需要改，要承认这一点，并且找出适当的方法。

在谈到对毛泽东、毛泽东思想的评价时，邓小平指出：中国人民都知道，没有毛泽东主席就没有新中国。这个历史是抹不掉的。毛主席从来就提倡把马列主义的真理同中国革命的具体实践相结合，不是照抄照搬某句话。毛主席历来反对本本主义。我们对待毛泽东思想也是一样。你们大概注意到了，我们提倡要完整地、准确地掌握和运用毛泽东思想。因为有些问题毛主席在世时不可能提出。按照马列主义的原理，我们不能要求任何伟大的人物、伟大的领袖每句话在任何时候都是适用的。

在回答一些大字报批判了一些人是否是一个信号，说明不久将要把他们开除出中共中央政治局时，邓小平指出：不会。对一个人的评价不能只看他一段时间的表现。我们现在开的会主要是议论如何实现四个现代化的问题，但现在也确实想把过去有些冤案、错案和群众不满意的东西清理一下。群众对有些犯了错误的同志，可以进行批评。这些批评我看基本上是对的。我们对有些问题也要清理一下，比如说，北京市委宣布天安门事件是革命行动，而不是反革命事件。这是我们党中央的意见，全国人民的意见。这个问题清理一下就过去了，目的就是引导全国人民向前看。搞四个现代化，这是我们会议的中心问题。

邓小平还指出：凡是错误的都要纠正。有些人一提到纠正就怕，好像一提纠正就是针对毛主席的。这个看法就错了。现在，有人对我们进行的“实践是检验真理的唯一标准”这个理论问题的讨论有议论。我认为，有这些争论是好事，千篇一律倒是僵化的表现。你们的报纸有多少不同的议论？我们过去的报纸办得太单调，所以现在一有争论就有人以为是“权力之争”了。这是过去简单化形成的这么一种印象。[①]

邓小平的这次谈话，涉及中美关系问题、中国实现现代化问题、中国的政治制度问题、中国经济体制改革的方向问题、对毛泽东思想的评价问题、中国一些城市出现大字报问题、“实践是检验真理的唯一标准”的讨论问题……，范围广阔，内涵丰富，几乎包含了所有国际社会关注的问题，是一次向全世界阐述中国政策的重要谈话。

“周公吐哺，天下归心。”这是中国古代形容周朝著名政治家周公的一句成语。在中央工作会议期间，邓小平日理万机，席不暇暖，国际国内、党内党外、会上会下，各种事情、各类文件、各方面的问题潮水一般向他涌来。他高瞻远瞩，指挥若定，举重若轻，驾轻就熟，要言不烦，深思熟虑，大刀阔斧，多谋善断，将亟待解决的问题一一妥善解决。

1978年11月27日晚上，邓小平和华国锋、叶剑英、李先念、汪东兴听取中共中央工作会议各组召集人彭冲（当时任中共中央政治局委员、全国政协副主席、中共上海市委第三书记、上海市革命委员会第二副主任）、王恩茂（当时任中共中央委员、中共吉林省委第一书记、吉林省革命委员会主任、吉林省军区第一政治委员）、秦基伟（当时任中共中央委员、中共中央军委委员、中国人民解放军北京军区第一政治委员）、段君毅（当时任中共中央委员、中共河南省委第一书记、河南省革命委员会主任、中国人民解放军河南省军区第一政治委员）、汪锋（当时任中共中央委员、

① 中共中央文献研究室：《邓小平年谱（1975—1997）》上册，北京，中央文献出版社，2004：437~439页。

中共新疆维吾尔自治区委第一书记、新疆维吾尔自治区革命委员会主任、新疆维吾尔自治区政协主席、中国人民解放军新疆军区第一政治委员）、安平生（当时任中共中央委员、中共云南省委第一书记、云南省革命委员会主任、中国人民解放军昆明军区第一政治委员）的汇报。

在华东组提出“文化大革命”初期捏造的“二月兵变”需要澄清时，邓小平指出：我那时就说，这个事不可能。当时我是总书记，但调两个团到北京也不行。那时规定，调一个连，归大军区管，调一个营，归军委、总参谋部管。

在华东组提出对“一月风暴”的评价问题迟讲不如早讲时，邓小平指出：“一月风暴”问题，势必要解决，还是早一点讲好。

在西南组提出为天安门事件、“61人叛徒集团”“二月逆流”和彭德怀、陶铸冤案等问题平反，势必涉及对毛主席的评价问题，建议中央应有一个统一的说法时，邓小平指出：毛主席那时身体不好，连华国锋同志也不能见到他。

在大家提出邓小平11月26日同日本民主社会党委员长佐佐木良作谈话的十九条内容可否向干部传达，并根据谈话精神向群众做工作时，邓小平强调：那个谈话的概括基本正确。毛主席的伟大功勋是不可磨灭的。没有毛主席，就没有新中国。毛主席的伟大，怎么说也不过分，不是拿语言可以形容得出来的。毛主席不是没有缺点错误的，我们不能要求伟大领袖、伟大人物、思想家没有缺点错误，那样要求就不是马克思主义者。毛主席讲马克思、列宁写文章就经常自己修改嘛。对毛主席的缺点错误，这个问题是不能回避的，在党内还是讲一讲好。外国人问我，对毛主席的评价，可不可以像对斯大林评价那样三七开？我肯定地回答，不能这样讲。党中央、中国人民永远不会干赫鲁晓夫那样的事。

在中南组提出康生的问题时，针对《五一六通知》附件之二讲《二月提纲》是背着康生搞的这一说法，邓小平指出：康生是《二月提纲》的组织人之一。

在谈到对中央几个有错误的领导人如何处理的问题时，邓小平指出：现在国际上就看我们有什么人事变动，加人可以，减人不行，管你多大问题都不动，硬着头皮也不动。这是大局。好多外国人要和我们做生意，也看这个大局。[①]

正确对待和处理中美关系问题、台湾问题和西藏问题，中国共产党和中国政府具有一贯的始终不渝的方针。既坚持坚定的原则性，又具有策略上的灵活性，坚决维护中华人民共和国和中华民族的根本利益，对此，1978年11月28日，邓小平在会见美国友好人士斯蒂尔时，重申了中国政府在上述问题上的原则立场。

邓小平首先指出：粉碎“四人帮”以后，我们现在最好的现象是，从中央到地方的领导人一心扑向四个现代化。总的方向、大的方针是一致的，至于在一些细节上、具体问题做法上，有这样那样的看法是正常的。现在我们恢复毛主席提出的“百花齐放、百家争鸣”的方针，允许有不同意见，让不同的意见讲出来，这才真正是稳定的表现、有信心的表现。

在谈到中美关系时，邓小平指出：现在中美关系的焦点恐怕不是三个条件问题。美国方面要中国承担不使用武力解放台湾的义务，这不行。在实现关系正常化上，我们最大的让步就是允许采取日本方式，美国可在台湾继续投资，继续保持它的经济利益。我们多次讲过，台湾归还中国，实现祖国统一，在这个前提下，我们将尊重台湾的现实来解决台湾问题。当然台湾的社会制度同我们现在的社会制度不同，在解决台湾问题时，会照顾这个特殊问题，“中华民国”的名称要取消，它可以成为地方政府。根据现实情况，可以保留它的资本主义制度。

在谈到西藏问题时，邓小平说：毛主席曾经采取了照顾西藏特殊条件的政策。人民解放军解放西藏，但那里还存在达赖喇嘛的农奴社会。那时

① 中共中央文献研究室：《邓小平年谱（1975—1997）》上册，北京，中央文献出版社，2004：440~441页。

我们就跟达赖喇嘛说，西藏地区在相当长的一段时间内不搞土地改革。我们履行了这个诺言。一直到达赖喇嘛跑了，我们才搞了土地改革。达赖可以回来，但他要作为中国公民，现在还叫“独立国的领袖”行吗？对于台湾和西藏的上层人士，我们的要求就一个：爱国。而且我们提出爱国不分先后。[①]

邓小平的这一谈话，是中国政府关于中美关系问题、台湾问题、西藏问题的最直接、最明确、最权威、最开诚布公的宣示。这个谈话，充分体现了中国政府在上述问题上的一贯立场——原则问题绝不妥协、绝不让步、绝不含糊；具体问题可以在坚持原则的前提下逐步解决。其中，哪些问题必须坚持原则，寸步不让；哪些问题可以通过谈判获得解决，邓小平都讲得清清楚楚，斩钉截铁，一目了然。

当时，中国正处于伟大的历史转折时刻，为了给中国的改革开放和现代化建设创造一个良好的国际环境，使国际社会了解中国的政策和中国对若干重大问题的不容动摇的原则立场，邓小平做了大量工作，付出了极大的心血。

1978年11月29日，邓小平会见日本公明党中央委员会委员长竹入义胜率领的日本公明党第七次访华团。在谈到日本福田赳夫首相在日本自民党总裁选举中失利一事时，邓小平说：我们不会忘记他在缔结中日和平友好条约问题上下的决心。

邓小平指出：我现在还有一个愿望，就是想到华盛顿去，不晓得能否实现。美国人总是说，你为什么不到华盛顿去？那里有台湾的大使馆，我怎么能去呢？中美关系实现正常化了，中国领导人就可以去了。这要看美国政府、卡特总统的决心。只要两国领导人站在更高的立场上，把这个问题当做政治问题来解决，就比较容易达成一致。我们注意到美国政府和美

① 中共中央文献研究室：《邓小平年谱（1975—1997）》上册，北京，中央文献出版社，2004：442页。

国人民都有这个愿望，对我们来说，当然希望越快越好。

邓小平还指出：北京正在召开的最高领导人会议（即中央工作会议），主要是讨论四个现代化的问题。要搞四个现代化，就要创造一个良好的政治气氛，求得一个安定团结的政治局面，使党内外广大群众心情舒畅。对过去有些事情，群众不满意的，也确实有错的，要按照毛主席实事求是、有错必纠的方针，把它纠正过来，把那些冤案、错案了结了。大的就是天安门事件这样的问题，错了就改嘛，改了就完了。对有些人，过去搞得不对的，搞过头了的，要改过来，比如对彭德怀同志的评价。这样去引导全党、全国人民一心一意奔向四个现代化。实际上，我们现在议的就是怎么样万众一心搞四个现代化，中心议题就是这个。[①]

在中央工作会议上，邓小平还在中共中央政治局常务委员会召集的部分中国人民解放军大军区司令员和省委第一书记参加的“打招呼会议”上指出：历史问题只能搞粗，不能搞细。一搞细就要延长时间，这就不利。要以大局为重。外国人对其他事没兴趣，主要看中国安定不安定。中央的人事问题，任何人都不能下，只能上。现有的中央委员，有的可以不履行职权，不参加会议活动，但不除名，不要给人印象是权力斗争。对“文化大革命”问题，现在也要回避。清华大学几个青年贴大字报说：“反周民必反，反毛国必乱。”这个话水平很高。[②]

① 中共中央文献研究室：《邓小平年谱（1975—1997）》上册，北京，中央文献出版社，2004：443页。

② 中共中央文献研究室：《邓小平年谱（1975—1997）》上册，北京，中央文献出版社，2004：445页。

第四十二章　中国改革开放的政治宣言

在1978年的中央工作会议期间，邓小平亲拟了一个预定在闭幕会上讲话的提纲。这份提纲是邓小平用铅笔写在16开的白纸上的，一共3页，近500字，列了7个方面的问题：

1.解放思想，开动机器；

2.发扬民主，加强法制；

3.向后看为的是向前看；

4.克服官僚主义、人浮于事；

5.允许一部分先好起来；

6.加强责任制，搞几定；

7.新的问题。[①]

邓小平亲拟了这份提纲以后，召集中共中央组织部部长胡耀邦等人来谈起草讲话稿的问题。邓小平按照这个提纲，谈了讲话稿所要写的几个部

① 中共中央文献研究室：《邓小平年谱（1975—1997）》上册，北京，中央文献出版社，2004：445~446页。

分的问题，对需要阐明的思想观点、方针政策都一一作了交代，讲得很具体。讲话稿的题目也是邓小平提出的。邓小平问这个题目好不好，胡耀邦等人说好，觉得题目很新鲜、醒目。邓小平将提纲交给他们，指示他们负责重新起草稿子。这时中央工作会议正在民主大发扬的热烈气氛中进行，议程已经过半，时间很紧迫。胡耀邦于是赶忙找了国务院政治研究室有关同志执笔起草。两天之后初稿形成，送给邓小平。他再次召集胡耀邦等同志逐字逐句地边念边作修改。以后又经过若干文字润色，形成了最后的讲话稿。提纲第一个问题讲了“实践是检验真理的标准——争论的必要”，重申坚持党的“实事求是、理论和实际相结合、一切从实际出发”的思想路线，号召“全党全民动脑筋”。这个问题写成了讲话稿的第一部分：“解放思想是当前的一个重大政治问题。”

提纲第二个问题强调“民主集中制的中心是民主”，要求实行“民主选举，民主管理（监督）”，坚持“政治与经济的统一”，提出“目前一个/段时期主要反对空头政治”，主张“权力下放”。这些观点集中体现在讲话稿的第二部分：“民主是解放思想的重要条件。”

提纲第三个问题提出了“向后看是为的向前看”的方针，指出“解决遗留问题要快，要干脆利落，时间不宜长”；同时强调对毛主席和对“文化大革命”的评价都“要以大局为重”，“安定团结十分重要”，对于犯错误的人要“给机会”，“总结经验，改了就好”。这些精神，在讲话稿的第三部分“处理遗留问题为的是向前看”中作了具体的阐述和发挥。

提纲第四、五、六、七个问题，在讲话稿中综合为第四部分：“研究新情况，解决新问题。”当时改革开放在中央工作会议上尚未正式列入议事日程，但提纲提出的这几个问题，实际上大都是讲的改革。这说明正是邓小平提出了中国改革开放的新思路。

基于要把工作重心转移到经济建设上来的观点，邓小平在提纲中突出强调了经济管理方法和管理制度改革的必要性，明确主张要“克服官僚主义、人浮于事”，“学会管理，选用人才，简化手续，改革制度（规章）”，要“用经济方法管理经济”，并且提出要搞试点，“以一批企业作出示范”。主张在经营管理上“加强责任制”，“搞几定”，而且要“从引进项目开始”，“请点专家”，即要借鉴国外的先进管理方法。考虑到经济体制改革后可能出现的问题，邓小平在提纲中强调了企业党委的改革，提出要“扩大管理人员的权力”，“党委要善于领导，机构要很小”，还提出“人员考核的标准”，“多出人员的安置”要通过“开辟新的行业”的办法来找出路，这实际上为改革不合理的管理制度、人事制度和产业结构提出了新的思路。

在提纲中最为引人注目的两个思想观点，一是“允许一部分先好起来”，明确指出“这是一个大政策”。这是改变长期形成并成为顽症的平均主义的分配体制，以“先好起来”的示范作用推动整个国民经济发展、人民生活改善的一个基本政策。二是“自主权与国家计划的矛盾，主要从价值法则供求关系（产品质量）来调节”。邓小平在强调下放自主权，发挥国家、地方和企业这三方面的积极性的同时，已经清醒地预见到自主权与国家计划的矛盾问题，并且大胆地提出了通过价值法则供求关系（实际上就是市场）来调节的观点。在提纲中还写下“国内市场的重要”这样的语言。这在当时的历史条件下是极其可贵的。可以说，这是邓小平后来建立社会主义市场经济体制思想的最早萌芽。①

12月13日，中央工作会议举行闭幕会，邓小平在会上作了重要讲话。他首先高度评价了这次中央工作会议的重要意义：

这次会议解决了全党的工作重心转移问题。中央提出了把全党工作的重心转到实现四个现代化上来的根本指导方针，解决了过去遗留下来的一系列重大问题，必将使全党、全军和全国各族人民提高斗志，增强信心，加强团结。现在，我们可以有把握地说，全党、全军和全国各族人民在党中央的正确领导下，在新的长征中，一定会不断取得新的胜利。

① 韩纲：《一份邓小平珍贵手稿的发现》。

这次会议开得很好，很成功，在党的历史上有重要意义。我们党多年没有开过这样的会了，这一次恢复和发扬了党的民主传统，开得生动活泼。我们要把这种风气扩大到全党、全军和全国各族人民中去。

这次会议讨论和解决了许多有关党和国家命运的重大问题。大家敞开思想，畅所欲言，敢于讲心里话，讲实在话。大家能够积极地开展批评，包括对中央工作的批评，把意见摆在桌面上。一些同志也程度不同地进行了自我批评。这些都是党内生活的伟大进步，对党和人民的事业将起巨大的促进作用。①

然后，邓小平围绕“解放思想，实事求是，团结一致向前看”这个主题，集中阐述了四个问题：

“1.解放思想是当前的一个重大政治问题。”

“2.民主是解放思想的重要条件。”

“3.处理遗留问题为的是向前看。”

“4.研究新情况，解决新问题。”

根据这四个问题，邓小平深入阐述了经过长期思考形成的一系列关于拨乱反正、正本清源、解放思想、改革开放、进行社会主义现代化建设的基本思想、观点：

第一，提出了改革开放和社会主义现代化建设必须解放思想的观点。

邓小平认为，在经历了“文化大革命”的“十年内乱”以后，“解放思想是当前的一个重大政治问题”。他要求全党，要坚持马克思主义实事求是的思想路线。他指出：解放思想，开动脑筋，实事求是，团结一致向前看，首先是解放思想。只有思想解放了，我们才能正确地以马列主义、毛泽东思想为指导，解决过去遗留的问题，解决新出现的一系列问题，正确地改革同生产力迅速发展不相适应的生产关系和上层建筑，根据我国的实际情况，确定实现四个现代化的具体道路、方针、方法和措施。

① 《邓小平文选》第2卷，北京，人民出版社，1994：140~141页。

第二，提出了“民主是解放思想的重要条件”的观点。

邓小平强调，“民主是解放思想的重要条件”。要重申“三不主义”：不抓辫子，不扣帽子，不打棍子。在党内和人民内部的政治生活中，只能采取民主手段，不能采取压制、打击的手段，宪法和党章规定的公民权利、党员权利、党委委员的权利，必须坚决保障，任何人不得侵犯。前几天对“天安门事件”进行了平反，全国各族人民欢欣鼓舞，大大激发了人民群众的社会主义积极性。群众提了些意见应该允许，即使有个别心怀不满的人，想利用民主闹一点事，也没有什么可怕。要处理得当，要相信绝大多数群众有判断是非的能力。

第三，提出了“对于思想问题，无论如何不能用压服的办法，要真正实行‘双百’方针”的观点。

邓小平指出，一个革命政党，就怕听不到人民的声音，最可怕的是鸦雀无声。对于思想问题，无论如何不能用压服的办法，要真正实行“双百”方针。一听到群众有一点议论，尤其是尖锐一点的议论，就要追查所谓“政治背景”、所谓“政治谣言”，就要立案，进行打击压制，这种恶劣作风必须坚决制止。

第四，提出了“不仅要发扬政治民主，还要发扬经济民主”的观点。

邓小平认为，为了尽快把我国的经济建设搞上去，不仅要发扬政治民主，还要发扬经济民主。他说：现在我国的经济管理体制权力过于集中，应该有计划地大胆下放，否则不利于充分发挥国家、地方、企业和劳动者个人四个方面的积极性，也不利于实行现代化的经济管理和提高劳动生产率。应该让地方和企业、生产队有更多的经营管理的自主权。我国有这么多省、市、自治区，一个中等的省相当于欧洲的一个大国，有必要在统一认识、统一政策、统一计划、统一指挥、统一行动之下，在经济计划和财政、外贸等方面给予更多的自主权。

第五，提出了“必须使民主制度化、法律化”的观点。

邓小平指出，为了保障人民民主，必须加强法制。必须使民主制度化、法律化，使这种制度和法律不因领导人的改变而改变，不因领导人的看法和注意力的改变而改变。他说：现在的问题是法律很不完备，很多法律还没有制定出来。往往把领导人说的话当作“法”，不赞成领导人说的话就叫作“违法”，领导人的话改变了，“法”也就跟着改变。所以，应该集中力量制定刑法、民法、诉讼法和其他各种必要的法律，例如工厂法、人民公社法、森林法、草原法、环境保护法、劳动法、外国人投资法等等，经过一定的民主程序讨论通过，并且加强检察机关和司法机关，做到有法可依，有法必依，执法必严，违法必究。

第六，提出了“处理遗留问题为的是向前看”的观点。

邓小平说，这次会议，解决了一些过去遗留下来的问题，分清了一些人的功过，纠正了一批重大的冤案、错案、假案。这是解放思想的需要，也是安定团结的需要。目的正是为了向前看，正是为了顺利实现全党工作重心的转变。邓小平强调：我们的原则是“有错必纠”。凡是过去搞错了的东西，统统应该改正。有的问题不能够一下子解决，要放到会后去继续解决。但是要尽快实事求是地解决，干脆利落地解决，不要拖泥带水。

第七，提出了正确评价革命领袖的观点。

邓小平在讲到对毛泽东的评价问题时指出，毛泽东同志在长期革命斗争中立下的伟大功勋是永远不可磨灭的。回想在1927年革命失败以后，如果没有毛泽东同志的卓越领导，中国革命有极大的可能到现在还没有胜利，那样，中国各族人民还处在帝国主义、封建主义、官僚资本主义的反动统治之下，我们党就还在黑暗中苦斗。所以说没有毛主席就没有新中国，这丝毫不是什么夸张。毛泽东思想培育了我们整整一代人。我们在座的同志，可以说都是毛泽东思想教导出来的。没有毛泽东思想，就没有今天的中国共产党，这也丝毫不是什么夸张。毛泽东思想永远是我们全党、全军、全国各族人民的最宝贵的精神财富。我们要完整地、准确地理解和掌握毛泽东思想的科学原理，并在新的历史条件下加以发展。当然，毛泽东同志不是没有缺点、错误的，要求一个革命领袖没有缺点、错误，那不是马克思主义。我们要领导和教育全体党员、全军指战员、全国各族人民科学地、历史地认识毛泽东同志的伟大功绩。

第八，提出了要正确评价“文化大革命”的观点。

邓小平强调，“文化大革命”已经成为我国社会主义历史发展中的一个阶段，总要总结，但是不必匆忙去做。要对这样一个历史阶段作出科学的评价，需要做认真的研究工作，有些事要经过更长一点的时间才能充分理解和作出评价，那时再来说明这一段历史，可能会比我们今天说得更好。

第九，提出了在新的历史条件下“研究新情况、解决新问题”的观点。

邓小平说，要向前看，就要及时地研究新情况和解决新问题，否则我们就不可能顺利前进。各方面的新情况都要研究，各方面的新问题都要解决，尤其要注意研究和解决管理方法、管理制度、经济政策这三方面的问题。

第十，提出了“如果现在再不实行改革，我们的现代化事业和社会主义事业就会被葬送”的观点。

邓小平指出，官僚主义是小生产的产物，同社会化的大生产是根本不相容的。要搞四个现代化，把社会主义经济全面地转到大生产的技术基础上来，非克服官僚主义这个祸害不可。现在，我们的经济管理工作，机构臃肿，层次重叠，手续繁杂，效率极低。政治的空谈往往淹没一切。这并不是哪一些同志的责任，责任在于我们过去没有及时提出改革。但是如果现在再不实行改革，我们的现代化事业和社会主义事业就会被葬送。

第十一，提出了“要学会用经济方法管理经济”的观点。

邓小平认为，自己不懂就要向懂行的人学习，向外国的先进管理方法学习。不仅新引进的企业要按人家的先进方法去办，原有企业的改造也要采用先进的方法。他还说，今后，政治路线已经解决了，看一个经济部门的党委善不善于领导，领导得好不好，应该主要看这个经济部门实行了先进的管理方法没有，技术革新进行得怎么样，劳动生产率提高了多少，利润增长了多少，劳动者的个人收入和集体福利增加了多少。各条战线的各级党委的领导，也都要用类似这样的标准来衡量。这就是今后主要的政治。离开这个主要的内容，政治就变成空头政治，就离开了党和人民的最大利益。

第十二，提出了在管理制度上“要特别注意加强责任制”的观点。

邓小平说，现在，各地的企事业单位中，党和国家的各级机关中，一个很大的问题就是无人负责。名曰集体负责，实际上等于无人负责。一项工作布置之后，落实了没有，无人过问，结果好坏，谁也不管。所以亟须建立严格的责任制。列宁说过：“借口集体领导而无人负责，是最危险的祸害”，“这种祸害无论如何要不顾一切地尽量迅速地予以根除”。他强调，任何一项任务、一个建设项目，都要实行定任务、定人员、定数量、定质量、定时间等几定制度。

第十三，提出了“实行党委领导下的厂长负责制”的观点。

邓小平认为，在实行党委领导下的厂长负责制的时候，要切实做到职责分明。一要扩大管理人员的权限，责任到人就要权力到人。二要善于选用人员，量才授予职责。三要严格考核，赏罚分明。

第十四，提出了新时期“用人的政治标准”的观点。

邓小平强调，进行现代化建设，要发现专家，培养专家，重用专家，提高各种专家的政治地位和物质待遇。用人的政治标准是什么？为人民造福，为发展生产力、为社会主义事业做出积极贡献，这就是主要的政治标准。

第十五，提出了要允许一部分地区、一部分企业、一部分工人农民收入先多一些、生活先好起来的观点。

邓小平指出，在经济政策上，我认为要允许一部分地区、一部分企业、一部分工人农民，由于辛勤努力成绩大而收入先多一些，生活先好起来。一部分人生活先好起来，就必然产生极大的示范力量，影响左邻右舍，带动其他地区、其他单位的人向他们学习。这样，就会使整个国民经济不断地波浪式地向前发展，使全国各族人民都能比较快地富裕起来。

第十六，提出了“实现四个现代化是一场深刻的伟大的革命”的观点。

邓小平强调，实现四个现代化是一场深刻的伟大的革命。在这场伟大的革命中，我们是在不断地解决新的矛盾中前进的。因此，全党同志一定要善于学习，善于重新学习。根本的是要努力把马克思主义的普遍真理同我国实现四个现代化的具体实践结合起来。当前大多数干部还要着重抓紧三个方面的学习：一个是学经济学，一个是学科学技术，一个是学管理。学习好，才可能领导好高速度、高水平的社会主义现代化建设。从实践中学，从书本上学，从自己和人家的经验教训中学。要克服保守主义和本本主义。几百个中央委员，几千个中央和地方的高级干部，要带头钻研现代化经济建设。①

邓小平的这个讲话，既是对中央工作会议的重要总结，又为即将召开的中共十一届三中全会提出了重要指导思想，论述了中国进行改革开放和社会主义现代化建设需要解决的一系列基本问题，是一篇马克思主义的重要文献，是当代中国改革开放的“政治宣言”。

邓小平提出中国要实行改革开放，震撼了中国，也震撼了世界。1978年12月出版的法国《观点》杂志把中国副总理邓小平列为当年的新闻人物，因为他“把中国对世界开放”了，并赢得了美国对中国的承认。法国《观点》杂志还把邓小平称为“不倒的第二号人物，不倒的重返政坛的人”。②

① 本章所有关于邓小平在中央工作会议闭幕会上所作的《解放思想，实事求是，团结一致向前看》的重要讲话的引文，均据《邓小平文选》第2卷，北京，人民出版社，1994：140~153页。

② 1978年12月25日《参考消息》。

第四十三章　中国特色社会主义的起点

1978年12月15日，中央工作会议在开了创纪录的36天以后，胜利结束。

在中央工作会议前后，发生了两件足以震撼全中国和全世界的大事。

一是经中共中央政治局常务委员会批准，1978年11月14日中共北京市委正式公开宣布：1976年清明节，广大群众到天安门广场沉痛悼念敬爱的周总理，愤怒声讨“四人帮”，完全是革命行动。对因悼念周总理、反对“四人帮”而受到迫害的同志，一律平反，恢复名誉。这个决定，得到了广大群众的热烈拥护。

二是经过中国政府与美国政府的长期谈判和磋商，1978年12月16日，中美两国政府分别在北京和华盛顿同时发表《联合公报》，决定自1979年1月1日起建立外交关系。中美建交联合公报重申了上海公报中双方一致同意的各项原则，并且指出，美国承认中华人民共和国政府是中国的唯一合法政府，台湾是中国的一个省。在中美建交的同日，美国将宣布断绝同台湾的外交关系。

经过中央工作会议的充分准备，1978年12月18日至22日，中共十一届三中全会在北京举行。出席会议的中央委员169人，候补中央委员112人，各地方和中央有关部门的负责人列席会议。由于在此之前召开了36天的中央工作会议已经对十一届三中全会的预定内容做了充分准备，所以三中全会只开了5天，便顺利解决了所有重大问题。

中共十一届三中全会结束了1976年10月以来党的工作在徘徊中前进的局面，开始全面地、认真地纠正“文化大革命”中及其以前的“左”倾错误。

这次全会的主要内容是：

坚决批判了“两个凡是”的错误方针，充分肯定了必须完整地、准确地掌握毛泽东思想的科学体系；

高度评价了关于真理标准问题的讨论，确定了解放思想、开动脑筋、实事求是、团结一致向前看的指导方针；

果断地停止使用“以阶级斗争为纲”这个不适用于社会主义社会的口号，作出了把工作重点转移到社会主义现代化建设上来的战略决策；

提出了要注意解决好国民经济重大比例严重失调的要求，制定了关于加快农业发展的决定；着重提出了健全社会主义民主和加强社会主义法制的任务；

审查和解决了党的历史上一批重大冤假错案和一些重要领导人的功过是非问题。

全会还增选了中央领导机构的成员。

这些在领导工作中具有重大意义的转变，标志着中国共产党重新确立了马克思主义的思想路线、政治路线和组织路线。

中共十一届三中全会指出：1975年，邓小平同志受毛泽东同志委托主持中央工作期间，各方面工作取得很大成绩，全党全军和全国人民是满意的。邓小平同志和中央其他领导同志一道，按照毛泽东同志的指示，对“四人帮”的干扰破坏进行了针锋相对的斗争。“四人帮”硬把1975年的政治路线和工作成就说成是所谓“右倾翻案风”，这个颠倒了的历史必须重新颠倒过来。

会议指出：1976年4月5日的“天安门事件”完全是革命行动。以“天安门事件”为中心的全国亿万人民沉痛悼念周恩来同志、愤怒声讨“四人帮”的伟大革命群众运动，为我们党粉碎“四人帮”奠定了群众基础。全会决定撤销中央发出的有关“反击右倾翻案风”运动和“天安门事件”的错误文件。

在中共十一届三中全会上，根据与会同志的意见和要求，全会决定：

增选陈云同志为中央政治局委员、政治局常务委员、中央委员会副主席；

增选邓颖超、胡耀邦、王震三位同志为中央政治局委员。

全会考虑到第十一次全国代表大会以来党的生活的实际变化和目前党的工作的迫切需要，决定采取临时措施，增补黄克诚、宋任穷、胡乔木、习仲勋、王任重、黄火青、陈再道、韩光、周惠九位同志为中央委员，将来提请党的第十二次代表大会对这一增补手续予以追认。

全会决定设立中央纪律检查委员会，选举陈云同志为中央纪律检查委员会第一书记，邓颖超同志为第二书记，胡耀邦同志为第三书记，黄克诚同志为常务书记，王鹤寿等同志为副书记，并选举了中央纪律检查委员会的常务委员和委员。

中共十一届三中全会闭幕后，中共中央政治局于12月25日召开会议，研究了新增选的一位中央委员会副主席和三位中央政治局委员的具体工作分工问题。会议决定：

陈云副主席分管中央纪律检查委员会、国家公安部、最高人民检察院、最高人民法院、国家民政部等纪检系统和政法系统的工作。

邓颖超分管中华全国总工会、中国共产主义青年团、中华全国妇女联合会等群众团体和群众组织的工作。

王震仍按照过去的分工，分管国防工业各部门，即国家第三、第四、第五、第六机械工业部的工作。

胡耀邦分管中央日常工作和宣传工作。中央政治局会议还根据中央工作会议和十一届三中全会上许多老一辈无产阶级革命家和与会同志的建议和意见，对中央机关和国家机关的一些主要负责人进行了组织调整，以利于更好地贯彻执行中共十一届三中全会的路线、方针和政策。会议决定：

1.设立中央秘书长、副秘书长，协助中央领导同志处理中央日常工作。任命胡耀邦为中央秘书长兼中央宣传部部长，胡乔木为中央副秘书长兼中央毛泽东著作编辑委员会办公室主任，姚依林为中央副秘书长兼中央办公厅主任。

2.任命宋任穷为中央组织部部长，胡耀邦不再兼任中央组织部部长职务。

3.免去张平化的中央宣传部部长职务，调任中央党校副校长（以后又调任国家农业委员会副主任）。

4.调陕西省委第一书记王任重任国务院副总理兼国家农业委员会主任，待提请全国人大常委会讨论通过后公布。

5.调中央党校副校长马文瑞任中共陕西省委第一书记。

6.任命冯文彬为中央办公厅第一副主任。

7.任命杨德中为中央办公厅警卫局局长兼中央警卫师师长、师党委书记。

8.任命金明为商业部部长，姚依林不再兼任商业部部长职务。

9.任命刘澜涛为中央统一战线工作部第一副部长、中国人民政治协商会议全国委员会秘书长，建议在1979年举行的中国人民政治协商会议第五届全国委员会第二次会议上增选为全国政协副主席。

10.免去汪东兴的所有兼职（汪东兴在中共十一大上当选为中央委员会副主席，同时兼任中央办公厅主任、党委书记，中央办公厅警卫局局长、党委书记，8341部队政治委员、党委书记，中央毛泽东著作编辑委员会办公室主任、党委书记等领导职务）。

中共十一届三中全会是中共历史上的重要会议：

一是会议讨论并决定把全党工作的重点转移到社会主义现代化建设上来。根据新的全党工作重点，全会果断地停止使用不适用于社会主义社会的“以阶级斗争为纲”“无产阶级专政下继续革命”等错误口号。

二是会议坚决地批判了“两个凡是”的错误方针，充分肯定必须完整地、准确地掌握毛泽东思想的科学体系，高度评价了关于真理标准问题的讨论，确定了解放思想、开动脑筋、实事求是、团结一致向前看的指导方针。

三是全会公报重申中共中央1956年至1957年作出的中国“大规模的急风暴雨式的群众阶级斗争已经基本结束”的正确论断，指出“对于社会主义社会的阶级斗争，应该按照严格区别和正确处理两类不同性质的矛盾的方针去解决，按照宪法和法律规定的程序去解决，绝不允许混淆两类不同性质矛盾的界限，绝不允许损害社会主义现代化建设所需要的安定团结的政治局面。”这实际上是在中国社会主要矛盾这个根本问题上重新恢复和确认了中共八大的正确论断。

四是全会开始全面地、认真地纠正“文化大革命”中和以前的“左”倾错误，及时地作出了从1979年起，把全党工作重点转移到社会主义现代化建设上来的战略决策，解决了中国共产党从1957年以来未能解决好的工作重点转移问题，这是中国共产党在政治路线上最根本的拨乱反正。

五是全会指出，在经济建设问题上，从纠正急于求成的错误倾向和全党要注意解决好国民经济重大比例严重失调等问题出发，必须采取一系列新的重大措施，对陷于失调的国民经济比例关系进行调整，并且对权力过分集中的经济管理体制着手认真的改革，在自力更生的基础上积极发展同世界各国平等互利的经济合作，努力采用世界先进技术和先进设备，并大力加强实现现代化所必需的科学教育工作。在这里，中共中央开始提出改革开放、对内搞活经济的方针。

六是全会制定了发展农业生产的一系列政策和措施。认真调动广大农民的社会主义积极性，在经济上充分关心中国农民的物质利益，在政治上切实保障中国农民的民主权利，决心首先集中主要精力把农业搞上去。

七是全会审查和解决了中国共产党历史上一批重大冤假错案和一些重要领导人的功过是非问题，纠正了过去对彭德怀、陶铸、薄一波、杨尚昆等同志所作的错误结论，肯定了他们对党对人民的贡献。

八是全会着重提出了健全党规党纪和民主集中制，加强社会主义民主与法制的任务。

九是全会采取了一系列重大组织措施，增选了中央领导成员。选举产生了中央纪律检查委员会。

十是全会标志着党从根本上冲破了长期“左”倾错误的严重束缚，端正了党的指导思想，使广大干部和群众从过去盛行的个人崇拜和教条主义中解放出来，在思想上，政治上和组织上全面地恢复和确立了马克思主义的正确路线，结束了1976年10月以来党的工作在徘徊中前进的局面，将党领导的中国社会主义事业引向健康发展的道路。

中共十一届三中全会，形成了以邓小平为核心的第二代中央领导集体。中共十一届三中全会，胜利完成了中国共产党在社会主义时期具有深远历史意义的伟大转折。

中国新民主主义革命时期的遵义会议确立了毛泽东在中共中央的领导地位，形成了以毛泽东为核心的第一代中央领导集体，把中国革命引向了胜利。中共十一届三中全会形成了以邓小平为核心的第二代中央领导集体，必然把中国社会主义现代化建设事业引向胜利。

以后，邓小平曾经这样说过：

“党的十一届三中全会建立了一个新的领导集体，这就是第二代的领导集体。在这个集体中，实际上可以说我处在一个关键地位。”

“任何一个领导集体都要有一个核心，没有核心的领导是靠不住的。第一代领导集体的核心是毛主席。因为有毛主席作领导核心，‘文化大革命’就没有把共产党打倒。第二代实际上我是核心。因为有这个核心，即使发生了两个领导人的变动，都没有影响我们党的领导，党的领导始终是稳定的。”①

在中共十一届三中全会路线指引下，全党全国人民解放思想，实事求是，拨乱反正，改革开放，中国社会主义事业胜利向前发展。

① 《邓小平文选》第3卷，北京，人民出版社，1993：309~310页。

跋：“道可道，非常道”

蓦然回首，从事党史研究已经30年了。

我认为：人生的意义就在于不断进取，不断创造新的社会价值。

30年来，读书、工作、研究与写作，始终伴随着我的每一天，没有双休日，没有节假日，没有丝毫懈怠，甘苦备尝。

数十遍通读《马克思恩格斯选集》第一至四卷、《毛泽东选集》第一至四卷、《邓小平文选》第一至三卷；

通读了所有公开出版、内部出版的《毛泽东文集》《毛泽东军事文选》《毛泽东建国以来文稿》《邓小平军事文选》以及所有中国老一辈革命家的“选集”“文集”“文选”和回忆录；

通读了中共中央文献研究室组织编撰的《毛泽东传》《刘少奇传》《周恩来传》《朱德传》《任弼时传》《陈云传》；

通读了《毛泽东年谱》《刘少奇年谱》《周恩来年谱》《朱德年谱》《任弼时年谱》《邓小平年谱》《陈云年谱》；

通读了中共中央党史研究室组织撰写的《中国共产党七十年》、《中国共产党历史》（第一卷、第二卷）、《中国共产党简史》、《中国共产党历史大事记》、《中国共产党新时期历史大事记》等等……

每当社会上有新的中共历史、中共历史人物、中共重要人物回忆录；每当听到新的中共党史类著作、资料、年谱、回忆录、大事记问世，我总是想方设法，先睹为快，如饥似渴，废寝忘食，一口气读完，方才罢手。

对于美国、苏联、俄罗斯、日本、中国台湾、中国香港出版的有关中共历史的书籍、资料、回忆录、研究著作，也千方百计找到，一一浏览，以求"知己知彼"。

回首往事，不爱钱，不爱权，唯一爱好是读书与写作。因此，在读书之余，发表了一批党史研究文章，出版了一批党史研究的著作。

"道可道，非常道；名可名，非常名。"这是中国古代著名哲学家老子留下的一句名言。

据史书记载，在中国古代的春秋战国时期，一天晚上，负责"把关"——中原地区与西北地区咽喉要隘——函谷关的"关长"，夜观天象，发觉次日有"贵人"通过函谷关。于是，第二天早上，"关长"凌晨即起，将函谷关内外打扫得干干净净，等待"贵人"到来。

黎明时分，但见一老者鹤发红颜，骑着一头青牛，飘然而至。"关长"遂上前迎接，并说：我昨天夜观天象，但知今日有"贵人"到此；今天早上，紫气东来，紫阳高照，果然是"贵人"老子驾临，不胜荣幸……

两人叙说完毕，老子便要出关，到广袤的大西北地区传播其思想。"关长"急忙恳切地说：先生此去，不知何时能归，请把您多年潜心研究的思想精髓留下来吧。于是，老子遂执墨笔在函谷关的墙壁上一挥而就，一口气写下了5000多字的《道德经》。

这是老子朴素辩证唯物主义思想的精华所在，也是迄今为止在世界上最受推崇的一部中国古代哲学著作。

"道可道，非常道；名可名，非常名。"即出此经典著作之中。老子这句话的意思是：凡是可以讲出来的"道"，不是能够永久存在的"道"；凡是能够讲出来的"名"，不是能够永久存在的"名"。"道"

和“名”与世上任何事物一样，都是一定历史阶段的产物，不可能与世永存。“有无相生，难易相成，长短相效，高下相倾。”“祸兮，福之所倚；福兮，祸之所伏。”真正的学问是只可意会不可言传的。

在这里，我想借用老子“道可道，非常道；名可名，非常名”这句话所要表达的意思是：我的这部著作，既然“道可道”，那就一定是“非常道”；既然“名可名”，那就一定是“非常名”。因此，就让它作为党史研究一定阶段的一个“历史的见证”吧。

作者

后　记

中国共产党第十八次代表大会政治报告指出："学习党的历史，深刻认识党的两个历史问题决议总结的经验教训。"中共中央总书记习近平认为党史是各级领导干部和广大党员、人民群众的"教科书""必修课""营养剂""清醒剂"，体现了对党史的高度重视。

《中国之魂——小平出山》反映的是中国共产党在"文化大革命"这一"特殊历史时期"的曲折历程和邓小平在"文化大革命"这一"特殊历史时期"的"特殊经历"。一位学者读了这部书稿后认为，这是一部以邓小平在"文化大革命"时期历经曲折和磨难、在粉碎江青集团后步入辉煌的人生经历为主线的"简明'文化大革命史'"。

我觉得，这种说法不无道理。

我撰写这部著作的目的是：反映邓小平和中国人民与中华民族一起，同甘苦、共患难，经历了"十年内乱"。然后，邓小平领导中国共产党和中国人民深刻总结历史经验和教训，开创了中国特色社会主义。

中共中央在《关于建国以来党的若干历史问题的决议》中指出："历史已经判明，'文化大革命'是一场由领导者错误发动，被反革命集团利用，给党、国家和各族人民带来严重灾难的内乱。"[①]中共中央在《关于建

① 中共中央：《关于建国以来党的若干历史问题的决议》，1981-06-27。

国以来党的若干历史问题的决议》中强调："党和人民在'文化大革命'中同'左'倾错误和林彪、江青反革命集团的斗争是艰难曲折的，是一直没有停止的。'文化大革命'整个过程的严峻考验表明：党的八届中央委员会和它所选出的政治局、政治局常委、书记处的成员，绝大多数都站在斗争的正确方面。我们党的干部，无论是曾被错误地打倒的，或是一直坚持工作和先后恢复工作的，绝大多数是忠于党和人民的，对社会主义、共产主义事业的信念是坚定的。遭到过打击和折磨的知识分子、劳动模范、爱国民主人士、爱国华侨以及各民族各阶层的干部和群众，绝大多数都没有动摇热爱祖国和拥护党、拥护社会主义的立场。在'文化大革命'中受迫害而牺牲的刘少奇、彭德怀、贺龙、陶铸等党和国家领导人以及其他一切党内外同志，将永远被铭记在各族人民心中。正是由于全党和广大工人、农民、解放军指战员、知识分子、知识青年和干部的共同斗争，使'文化大革命'的破坏受到了一定程度的限制。我国国民经济虽然遭到巨大损失，仍然取得了进展。粮食生产保持了比较稳定的增长。工业交通、基本建设和科学技术方面取得了一批重要成就，其中包括一些新铁路和南京长江大桥的建成，一些技术先进的大型企业的投产，氢弹试验和人造卫星发射回收的成功，籼型杂交水稻的育成和推广，等等。在国家动乱的情况下，人民解放军仍然英勇地保卫着祖国的安全。对外工作也打开了新的局面。当然，这一切绝不是'文化大革命'的成果，如果没有'文化大革命'，我们的事业会取得大得多的成就。在'文化大革命'中，我们尽管遭到林彪、江青两个反革命集团的破坏，但终于战胜了他们。党、人民政权、人民军队和整个社会的性质都没有改变。历史再一次表明，我们的人民是伟大的人民，我们的党和社会主义制度具有伟大而顽强的生命力。"②

中共中央发表《关于建国以来党的若干历史问题的决议》时，我曾将这个决议下功夫熟读背诵了下来。在研究党史中，一直自觉遵循这个重

② 中共中央：《关于建国以来党的若干历史问题的决议》，1981-06-27。

要文献对中华人民共和国成立以来历史问题评价的基本精神。撰写这部著作时，依然如此。这部著作在2004年邓小平诞辰100周年时已完成初稿，由于未能及时出版，就索性精心打磨、修改十多年，以此纪念邓小平诞辰114周年。

“读史使人明智。”历史可以给予人们智慧，历史可以给予人们力量，历史可以给予人们信心。进入21世纪后，中国共产党面临着新的发展形势，国家面临着新的前所未有的发展时期，中华民族面临着千年不遇的发展机遇，总结历史经验，汲取历史教训，运用历史智慧，对于更好地开辟未来具有非常重要的意义。回顾历史，展望未来，《关于建国以来党的若干历史问题的决议》是评价中华人民共和国成立后历史的政治底线。在新的历史时期，要坚持历史决议，发展历史决议，在历史决议的基础上前进。

本书在撰稿过程中，薛梅芳、李景林、李鹏、李颖、薛庆芳、杨国和、杨飞、张勤民、薛静、薛庆玲、王金多、王鹏飞、薛志超、马静、张玉民、刘肃纯、刘静雅、张凯、聂继红、张帆等都为收集资料、打印文稿付出了劳动。

借此机会，谨向中共中央文献研究室领导同志和有关同志、国家新闻出版广电总局领导同志和有关同志、湖南新闻出版广电局和湖南人民出版社领导同志与有关同志、审读专家和责任编辑，表示衷心的感谢。审读专家逐字逐句审读了书稿，提出了宝贵意见，根据审读专家提出的增加注释的建议，作者对本书中的重要史料和重要史实全部增加了权威性的注释，从而进一步增加了本书的科学性和准确性。本书责任编辑章红立、廖忠“善做善成，善始善终”，工作负责，一丝不苟，为本书问世做出了积极贡献。

最后，衷心感谢中共中央党史研究室领导同志和全体同志长期以来对我的谆谆教诲和有力支持！

作者于出版前夕

图书在版编目（CIP）数据

中国之魂：小平出山 / 薛庆超著. —长沙：湖南人民出版社，2018.4
ISBN 978-7-5561-1953-0

I. ①中… II. ①薛… III. ①邓小平（1904-1997）—生平事迹 IV. ①A762

中国版本图书馆CIP数据核字（2018）第050620号

ZHONGGUO ZHI HUN XIAOPING CHUSHAN
中国之魂——小平出山

著　　者　薛庆超
责任编辑　廖　忠
装帧设计　谢俊平

出版发行　湖南人民出版社［http://www.hnppp.com］
地　　址　长沙市营盘东路3号
邮　　编　410005

印　　刷　湖南关山美印有限公司
版　　次　2018年4月第1版
印　　次　2022年3月第2次印刷
开　　本　710 mm × 1000 mm　1/16
印　　张　31
字　　数　461千字
书　　号　ISBN 978-7-5561-1953-0
定　　价　98.00元

营销电话：0731-82683348　　（如发现印装质量问题请与出版社调换）